Margit Hiller

Blumenwanderungen Bayerische Alpen

mit Alpenvorland und angrenzendem Tirol

30 ausgewählte Touren

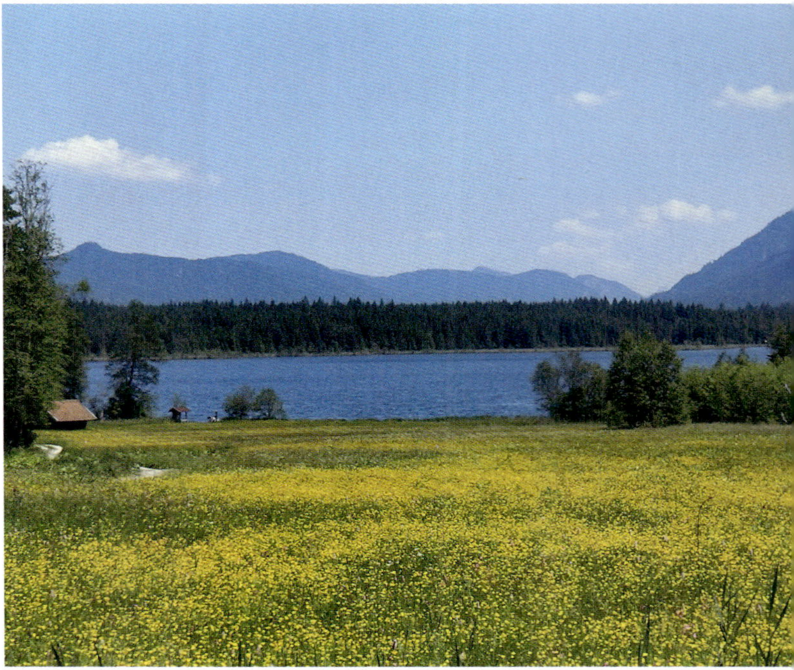

ROTHER
BERGVERLAG

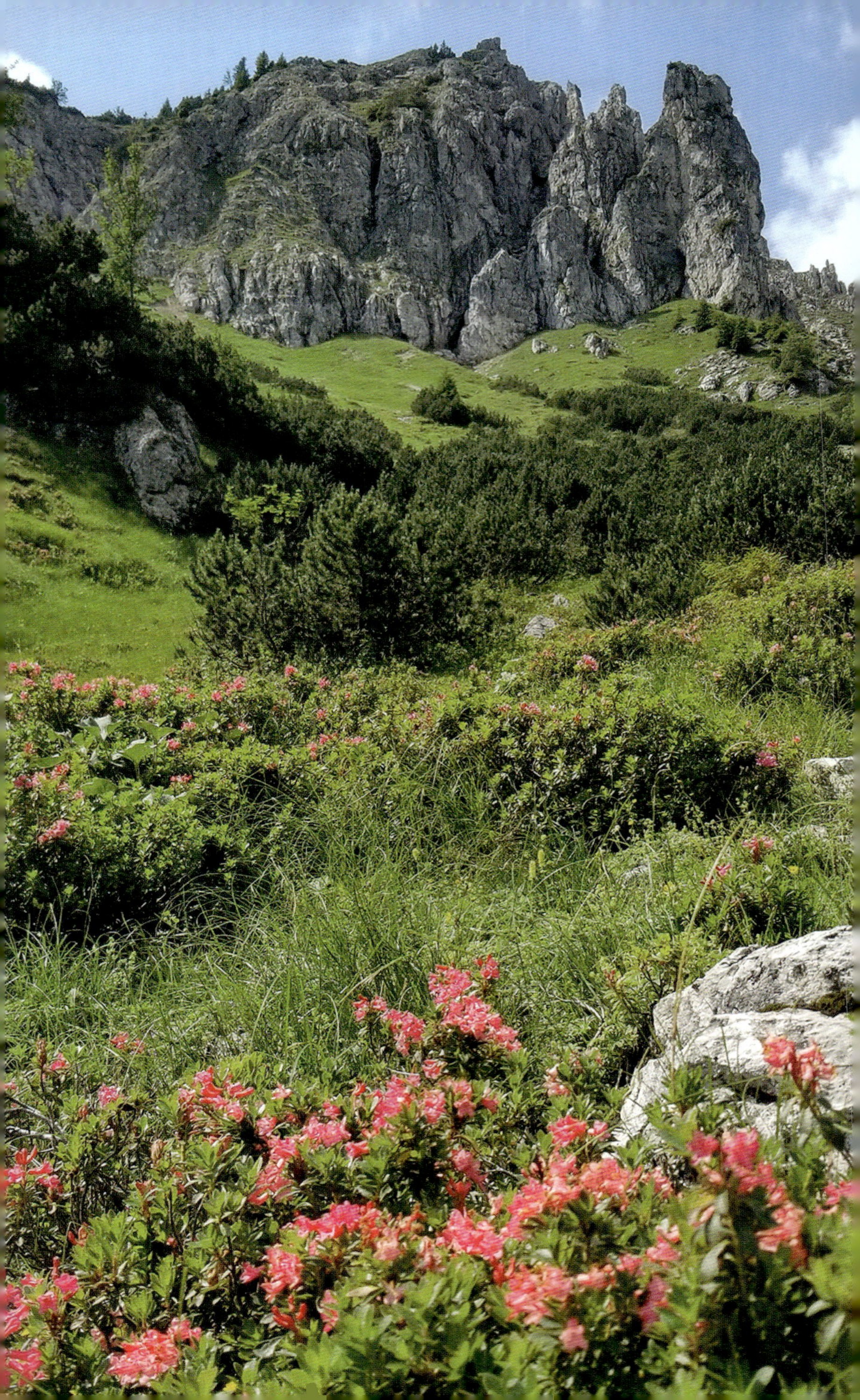

Vorwort

Also in meinem Fall war eindeutig der Opa schuld. Mit ihm, einem leidenschaftlichen Naturliebhaber, Wanderer und Spaziergänger, »auf Tour« gehen zu dürfen, war immer ein besonderes Erlebnis für mich Münchner Stadtkind. Viel hat der Opa unterwegs nicht zu meiner Bespaßung unternommen, aber mir – soweit bekannt – die angetroffenen Tiere und Blumen erklärt. Gelangweilt habe ich mich nie. Auch wenn es nicht für mein Geh- oder Radfahrtempo spricht: Die Angewohnheit, beim Wandern oder Radeln immer mit einem halben Auge auf die Pflanzen am Wegesrand zu schauen, habe ich beibehalten. Und ich langweile mich in der Natur weniger denn je.
Bunt blühende Blumenwiesen gehören für mich also von Kindesbeinen an zum Idealbild einer Berglandschaft. Wie viel ärmer an Formen und Farben wäre doch die Welt ohne Blumen! Ist Ihnen schon einmal aufgefallen, dass Blumen immer schöner werden, je genauer man sie anschaut? Und dass es schlichtweg unmöglich ist, inmitten blühender Wiesen schlechte Laune zu haben? Mit bis zu 70 verschiedenen Arten pro Quadratmeter sind die bunten Streuwiesen des Alpenvorlands doch um so viel artenreicher als die weit verbreiteten, massiv gedüngten Agrarflächen mit dem immer gleichen gelben Zweierlei aus Löwenzahn und Hahnenfuß! Mit welchen »Tricks« und in welcher Vielfalt die filigranen Alpenblumen im harschen Lebensraum Gebirge überleben, sich anpassen und bewähren, verdient einfach nur Bewunderung. Und seltsamerweise wird das Thema (Gebirgs-)Pflanzen umso spannender, je mehr man darüber weiß. Achtung also – Sie könnten sich ein Hobby auf Lebenszeit einhandeln!
Drei Punkte sind mir wichtig: 1) Nein, ich verrate hier nicht die letzten »geheimen« Standorte seltener Pflanzen! Alle Touren in diesem Buch verlaufen auf markierten, beschilderten Wegen bzw. auf gut ausgetretenen, deutlich erkennbaren Pfaden. Alle im Buch genannten Pflanzen sind in unmittelbarer Nähe des Wegs zu entdecken und wurden auch von dort fotografiert (zur Not herangezoomt). Es gibt also überhaupt keine Notwendigkeit für Abschneider oder ein Querfeldein-Stapfen. 2) Niemand muss Botanik-Profi sein, um an den hier vorgestellten Wanderungen Freude zu haben. Alle Touren sind, auch unabhängig von der Blumenpracht, lohnend und landschaftlich reizvoll. Jeder kann dabei selbst entscheiden, wie tief er in die Botanik einsteigen mag. 3) Bitte gehen Sie verantwortungsvoll und pfleglich mit den Pflanzen und Tieren unterwegs um und vermitteln Sie diese Werte auch an die nächste Generation. Manchmal hilft dabei ja der Gedanke, dass es wir Menschen sind, die auf die Pflanzen angewiesen sind – sie liefern schließlich u. a. Sauerstoff, Nahrung, Heilmittel, Baumaterial und Energie. Die Pflanzen hingegen brauchen uns Menschen nicht!
Egal, ob kurze Wanderung oder ausgewachsene Bergtour – ich wünsche Ihnen viel Spaß und Freude unterwegs und viele interessante (botanische) Entdeckungen!

Frühling 2023 Margit Hiller

Alpenrosen-Pracht beim Aufstieg zum Lösertaljoch (Tour 3).

Inhalt

Top-Touren

Hönig
Abwechslungsreiche Rundtour, gutmütiger Gipfel – in puncto Artenvielfalt und seltene Pflanzen eine Klasse für sich *(Tour 1, 5.00 Std.).*

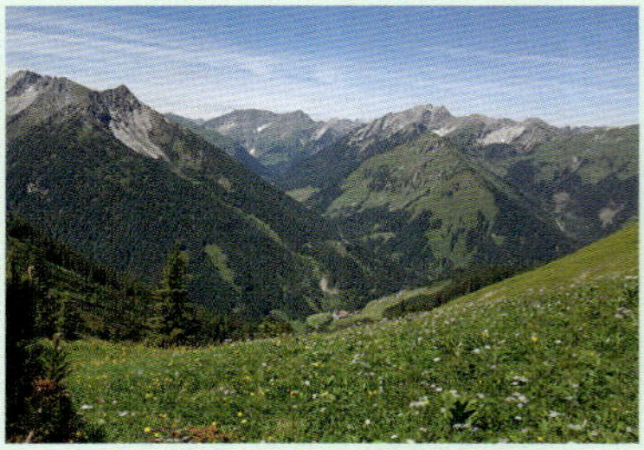

Hasentalkopf
Landschaftliches Juwel und botanisches Raritäten-Kabinett im Herzen der Ammergauer Alpen *(Tour 3, 6.00 Std.).*

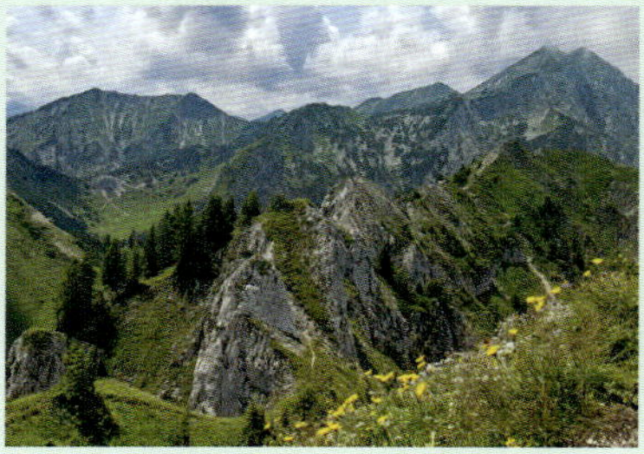

Hörnle
Aussichtsreiche Voralpen-Wanderung durch die berühmten, artenreichen Ammergauer Wiesmahdhänge *(Tour 5, 5.30 Std.).*

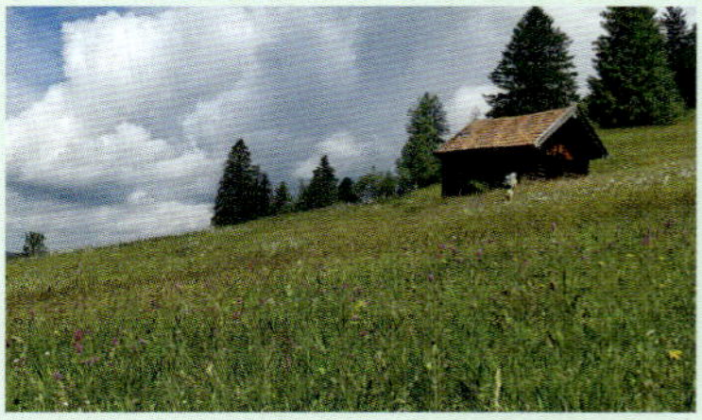

Das Mesnerbichl bei Andechs
Eiszeitliches Relikt und hinreißendes botanisches Schatzkästchen mitten im Agrarland *(Tour 9, 2.00 Std.).*

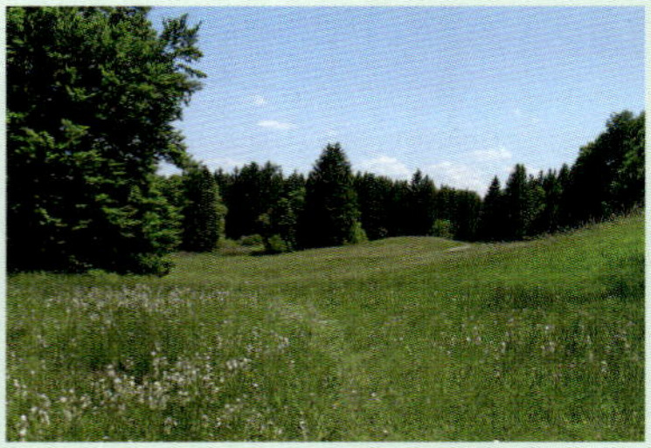

Isartal und Rißsattel
Wo die Isar noch Wildfluss sein darf: Kanada-Feeling und Orchideen-Paradies *(Tour 16, 6.45 Std.).*

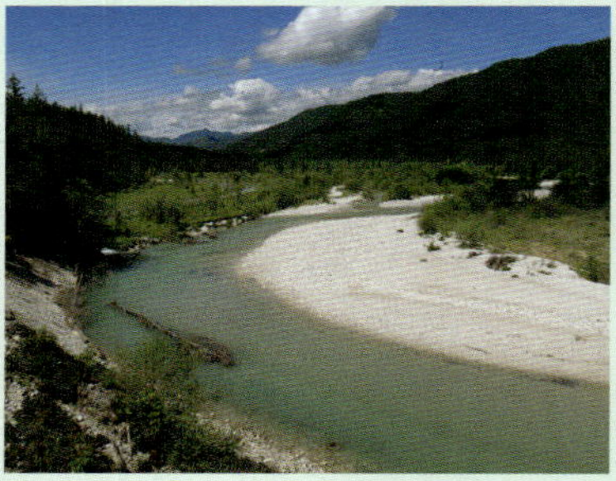

Rotwand
Von der Eiszeit verschonter, leicht erreichbarer Gipfel mit einem »Best of« heimischer Alpenblumen *(Tour 23, 4.00 Std.).*

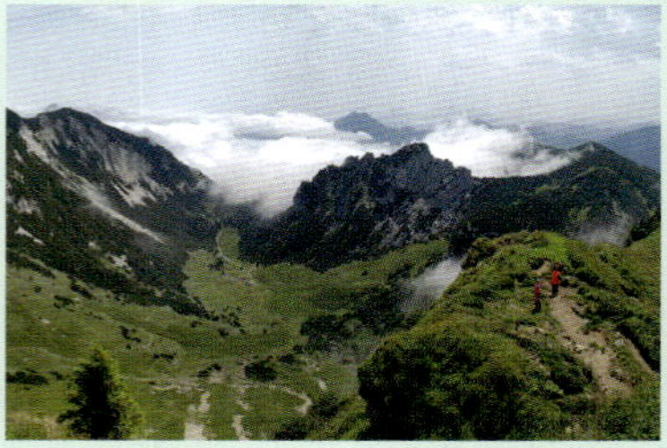

Allgemeine Hinweise

Schwierigkeitseinstufungen und Anforderungen

Zur besseren Übersicht sind die Touren in drei Schwierigkeitskategorien eingeteilt. Natürlich kann diese Einstufung nur als Anhaltspunkt dienen, letztendlich tragen immer auch der persönliche Trainingszustand und die äußeren Bedingungen (Nässe, Vereisung, Nebel etc.) maßgeblich zum subjektiv empfundenen Schwierigkeitsgrad bei. Bei einigen Touren stehen Varianten zur Verfügung, die u. U. eine andere Schwierigkeitskategorie aufweisen als die Hauptroute.

■ Leicht

Wanderungen dieser Kategorie verlaufen auf breiten Wegen mit geringer Höhendifferenz und / oder moderaten Steigungen. Problematische oder ausgesetzte Stellen müssen nicht befürchtet werden. »Blaue« Touren können auch von Ungeübten und Familien begangen werden; sie eignen sich auch für nicht ganz optimale Wetterverhältnisse.

■ Mittel

Touren der mittleren Kategorie verlaufen auf schmaleren Bergwegen, die auch steinig, wurzelig oder ausgewaschen sein können. Trittsicherheit und solides Schuhwerk sind hier Voraussetzung. Einzelne Passagen können auch recht steil oder exponiert sein, sodass ein Mindestmaß an Schwindelfreiheit nützlich ist. »Rote« Touren weisen eine größere Höhendifferenz auf und stellen daher erhöhte Anforderungen an die Ausdauer.

■ Schwierig

Touren in der anspruchsvollsten Kategorie führen über schmale, teilweise nur fußbreite Pfade oder Felspassagen und mitunter in sehr steiles, bisweilen ausgesetztes Gelände. Gelegentlich kann der Einsatz der Hände nötig sein. Bergerfahrung, Trittsicherheit und Schwindelfreiheit sind ebenso nötig wie gute Kondition.

Gefahren

Alle Touren in diesem Buch folgen markierten und / oder beschilderten Wegen oder gut sichtbaren, deutlichen Trampelpfaden. Stürme, Muren, Felsstürze oder Lawinen können Weganlagen allerdings kurzfristig oder dauerhaft beschädigen. Auch kann sich von heute auf morgen der Zustand von Wegen ändern; so können z. B. starke Regenfälle Wegstücke wegreißen, unterspülen oder vermuren. Nässe oder Vereisung verwandelt auch einfache Wege in gefährliche Rutschbahnen. Bis in den

Leicht exponierte Wegstelle beim Abstieg zu den Knappenhäusern (Tour 7).

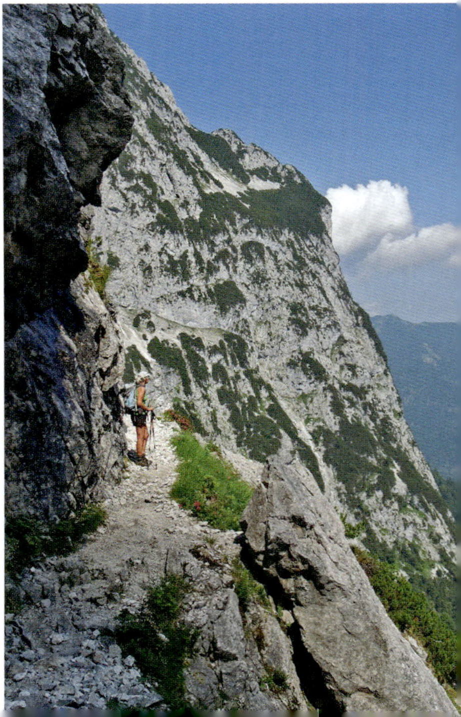

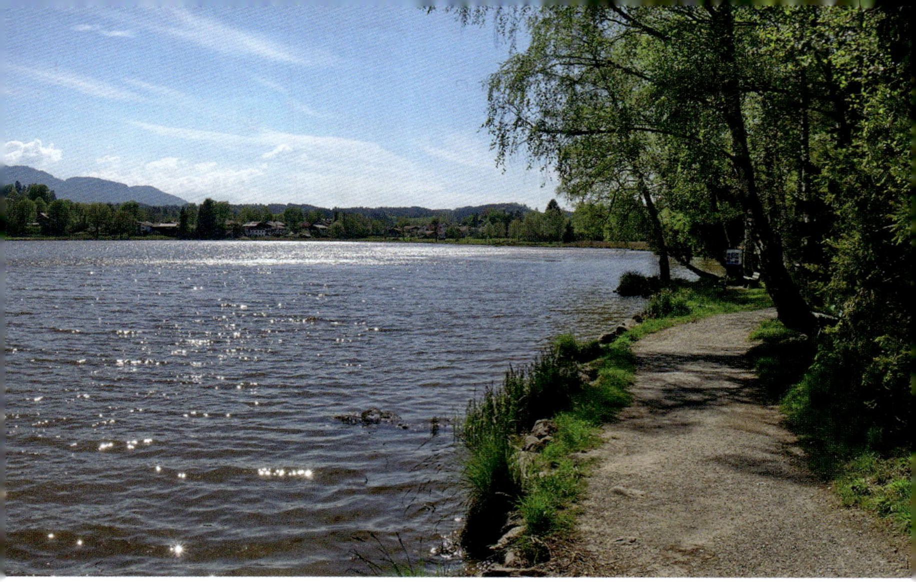

Idyllischer Uferweg am Bayersoier See (Tour 4).

Frühsommer hinein können pickelharte Altschneefelder und Lawinenreste eine echte Gefahr darstellen. Leider sind die Monate mit der größten Vielfalt an blühenden Pflanzen auch die Monate mit der intensivsten Gewittertätigkeit. Neben einem gründlichen Studium des Bergwetterberichts (s. S. 9) hilft da nur frühzeitiger Aufbruch und ggf. die Wahl einer Tour mit Abkürzungs- oder Unterschlupfmöglichkeit (z. B. Hütte, Alm).

Besonders nach einem nassen Frühling können Zecken zu echten Plagegeistern werden, vor allem die kaum einen Millimeter großen Jungzecken. Zu empfehlen: zeckentaugliches Insekten-Repellent mit langer Wirkungsdauer, gegen FSME impfen lassen.

Notruf

Der Euronotruf hat die Nummer 112. In Österreich lautet die Nummer für den alpinen Notruf 140.

GPS-Tracks und Koordinaten der Ausgangspunkte

Auf **gps.rother.de** stehen zu diesem Wanderbuch GPS-Tracks und die Koordinaten der Ausgangspunkte zum kostenlosen Download bereit. Dieser QR-Code führt direkt zum Download.

1. Auflage, Passwort: **331701wxu**

Die GPS-Tracks können in die **Rother App** importiert werden. In der App kann man unterwegs stets sehen, wo man gerade ist und wo es langgeht. **Anleitungen dazu: rother.de/gps**

Trotz sorgfältiger Prüfung können wir Fehler und zwischenzeitliche Veränderungen nicht ausschließen. Verlassen Sie sich für die Orientierung niemals einzig und allein auf die GPS-Daten, sondern beurteilen Sie die Verhältnisse vor Ort.

Ausrüstung

Für Touren der Kategorie blau reichen in der Regel Freizeitschuhe oder Trekkingschuhe mit gutem Profil. Bitte beachten Sie, dass einige der leichten Touren in oder durch Moorgebiete führen – die Schuhe sollten also nass werden dürfen!

Für Wanderungen der Kategorien rot und schwarz sollten stabile Bergschuhe mit guter Profilsohle getragen werden. In puncto Bekleidung hat sich das »Zwiebel-Prinzip« bewährt: lieber mehrere dünne Schichten, die beliebig kombiniert werden können, als eine einzige Schicht, die beim Gehen zu warm und beim Pause-Machen zu kalt ist. Der Rucksack sollte außerdem enthalten: Wind- bzw. Regenschutz, Sonnenschutz, Erste-Hilfe-Set, Mobiltelefon, Getränke und zumindest einen kleinen Notproviant. Bei größeren Höhenunterschieden können Teleskopstöcke die Gelenke wesentlich entlasten (empfehlenswert bei Vorschädigung) und geben zusätzlich Sicherheit an rutschigen Wegstellen.

Wetterbericht

Die Alpen machen bekanntlich ihr eigenes Wetter, das auch das Alpenvorland beeinflusst. Mit dem Wetter im restlichen Deutschland hat das meist wenig bis gar nichts zu tun. Daher braucht man zur Tourenplanung einen auf das Zielgebiet spezialisierten Wetterbericht. Zu empfehlen:

- br.de/wettervorhersage/wetter-bayern/oberbayern: Wetterbericht des Bayerischen Rundfunks, mit ortsspezifischer Vorhersage für die Bayerischen Alpen und das Alpenvorland.
- wetter.orf.at/tirol: Wetterbericht des Österreichischen Rundfunks; die Wettervorhersage für Nordtirol passt erfahrungsgemäß auch für die Bayerischen Alpen.
- bergfex.at/tirol/wetter/prognose: Wetterbericht der Zentralanstalt für Meteorologie und Geodynamik; auch hier passt das Nordtirol-Wetter für die Bayerischen Alpen. Zusätzlich können gezielt einzelne Orte ausgewählt werden.

Frühlingswiesen vor verschneitem Estergebirge (Tour 8).

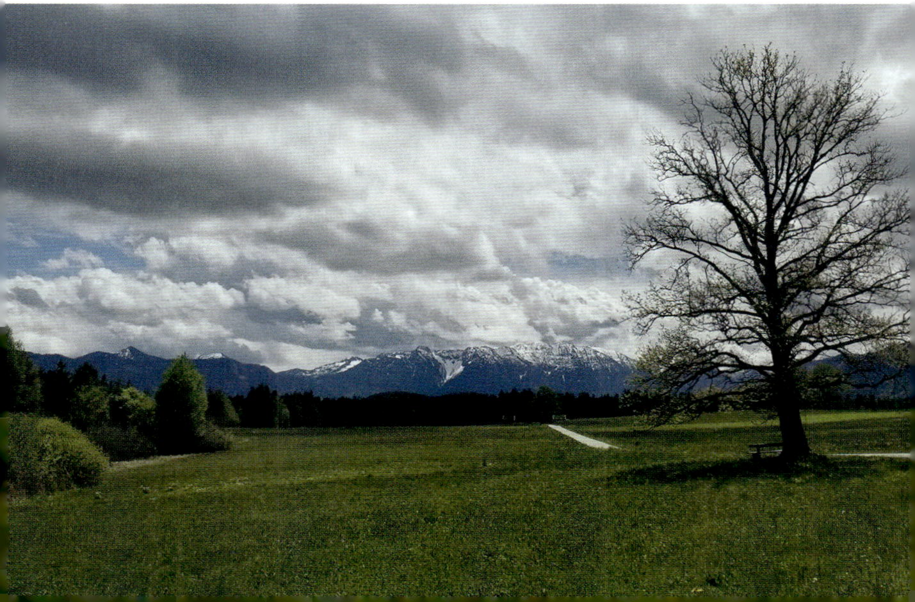

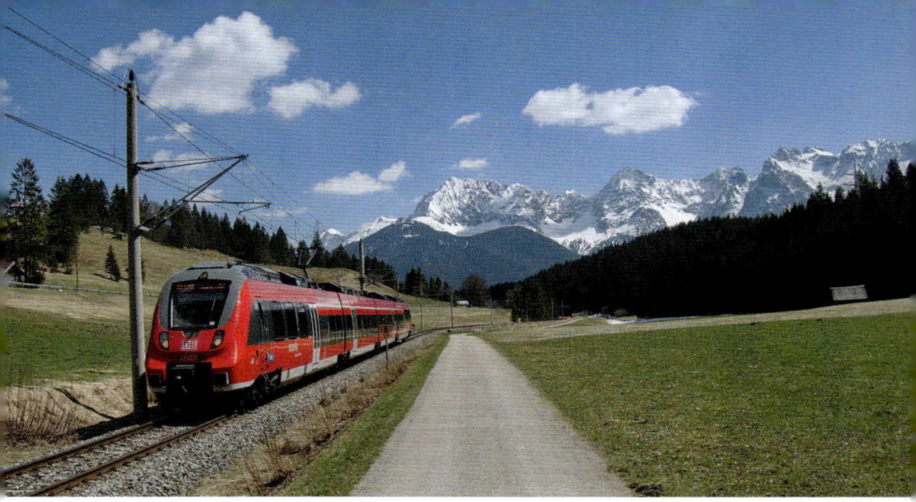

Viele Ausgangspunkte sind gut mit öffentlichen Verkehrsmitteln zu erreichen (z. B Tour 11).

Gehzeit

Die im Tourenkopf angegebenen Gehzeiten können nur einen groben Richtwert darstellen. Zu unterschiedlich sind individuelle Gehgeschwindigkeit und Leistungsfähigkeit. Zudem können widrige äußere Faktoren (Nässe, Nebel, Schneereste) die Gehzeiten stark erhöhen. Pausen zum Trinken, Rasten oder Fotografieren sind nicht miteingerechnet. Bitte beachten: Beim Blumen-Bewundern, -Fotografieren und -Bestimmen kann man leicht die Zeit aus den Augen verlieren!

Für einige Touren stehen Varianten zur Verfügung, mit denen die Wanderung abgekürzt oder erweitert werden kann.

Beste Jahreszeit

Meist findet man in den angegebenen Monaten die größte Blumenvielfalt. Bei Touren, die ganz im Zeichen eines bestimmten »Pflanzen-Stars« stehen, besteht im angegebenen Zeitfenster die größte Wahrscheinlichkeit, die gewünschten Pflanzen in blühendem Zustand zu erleben. Der in der Kurzinfo ausgewiesene Zeitraum stellt lediglich eine Empfehlung und einen Erfahrungswert dar, keine Garantie. Je nach Verlauf der Schneeschmelze im Frühling und der Witterung können sich Pflanzen auch mal außergewöhnlich früh entwickeln oder eben »verspäten«. Aber auch außerhalb des empfohlenen Zeitraums haben die Touren auf jeden Fall ihren Reiz.

Anreise

Während die bekannten Tourismusziele meist gut mit öffentlichen Verkehrsmitteln angebunden sind, ist das Angebot abseits der Hauptorte oft lückenhaft und nur sehr bedingt an die Bedürfnisse von Wanderern angepasst (zu späte bzw. zu spärliche Verbindungen). Bitte vergewissern Sie sich vor Antritt einer Tour, dass die genannten Verbindungen auch (noch) zur Verfügung stehen.

Wanderparkplätze sind meist gebührenpflichtig. Auch wenn Parkautomaten immer öfter Zahlung per EC-Karte oder App akzeptieren, ist ein kleiner Vorrat an Ein- und Zwei-Euro-Münzen im Handschuhfach empfehlenswert.

Einkehr

Auf etlichen Touren kommt man an bewirtschafteten Hütten oder Almen vorbei, wo man einkehren kann. Das Angebot reicht von fast schon hotelartigen Tourismusbetrieben bis zu kleinen Sennereien mit einfachem Getränkeausschank. Ebenso individuell sind die Öffnungszeiten. Almen sind oft nur zur Weidesaison bewirtschaftet, Schlechtwetterphasen können dabei den Almbetrieb verspätet anlaufen lassen bzw. frühzeitig beenden. Auch bei Hütten mit Sommer- und Wintersaison muss man i. d. R. mit mehrwöchigen Betriebsferien im Spätherbst und Frühsommer rechnen. Zudem kann man aus anderen Gründen (Ruhetag, Notfälle bei Tier oder Mensch, Renovierung, behördliche Auflagen, Pächterwechsel etc.) mal vor verschlossenen Türen stehen. Man sollte sich also nicht auf Einkehrmöglichkeiten unterwegs verlassen; zumindest ausreichend Wasser und ein paar Snacks (z. B. Nüsse, Müsliriegel, Trockenfrüchte) sollten immer im Rucksack sein.

Wanderkarten

Bis auf wenige Ausnahmen verlaufen die Touren dieses Buchs auf markierten und gut beschilderten Wanderwegen. Die abgedruckten Kärtchen sind für die Durchführung der Touren ausreichend. Für eine bessere Übersicht empfiehlt sich aber die zusätzliche Mitnahme einer Wanderkarte, mindestens im Maßstab 1:50.000. Das Alpenvorland und der bayerisch-tirolerische Grenzraum werden von den meisten gängigen Kartenherstellern abgedeckt.

Gastfreundlich und beliebt: die Schuhbräualm (Tour 24).

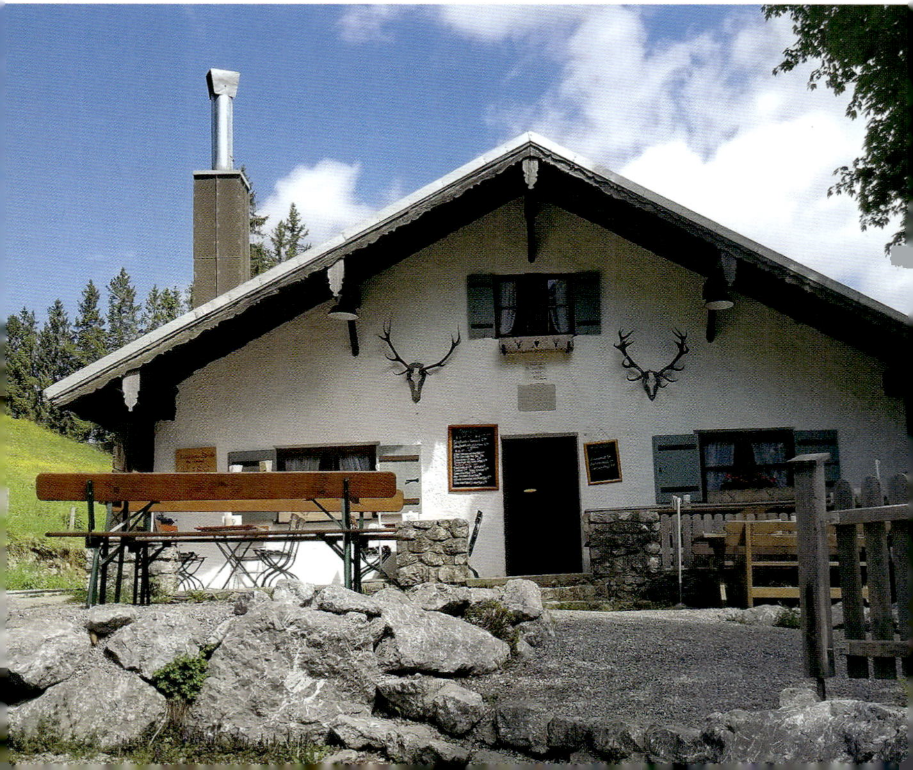

Der Umwelt zuliebe ...

Auch beim Wandern hinterlassen wir einen ökologischen Fußabdruck, aber im Einklang mit der Natur unterwegs zu sein, ist gar nicht so schwer!

VORBEREITUNG UND ANFAHRT

- Sich vorab informieren, worauf in Bezug auf Natur und Umwelt in der jeweiligen Wanderregion besonders zu achten ist.
- Soweit möglich mit Bahn und Bus anreisen, Wander- und Rufbusse nutzen.
- Ist eine Anfahrt mit dem Auto nötig, Fahrgemeinschaften bilden.
- Bei weiten Anfahrten Mehrtagestouren planen oder von einem Quartier vor Ort aus mehrere Touren absolvieren.
- Flugreisen möglichst reduzieren und durch Beiträge zu Klimaschutzprojekten kompensieren.

KLEIDUNG UND AUSRÜSTUNG

- Beim Kauf von Outdoor-Kleidung auf umweltfreundliche und faire Herstellung achten und Kleidungsstücke möglichst viele Jahre nutzen.
- Ausrüstung kann man eventuell auch gebraucht kaufen oder ausleihen.
- Reparieren statt neu kaufen.

VERPFLEGUNG

- Beim Einkauf Bio-Ware, regionale und saisonale Erzeugnisse bevorzugen.
- Hütten und Gasthäuser auswählen, die regionale Produkte verwenden.
- Auf Einwegflaschen und Plastikverpackungen verzichten, stattdessen wiederverwendbare Trinkflaschen und Brotzeitboxen benutzen.

ÜBERNACHTUNG

- Bei lokalen Anbietern buchen, damit Menschen vor Ort profitieren.
- Auf Hütten und in anderen Unterkünften Strom und Wasser sparen.

UNTERWEGS

- Wege benutzen und Abkürzer vermeiden.
- Sperrungen von Wegen und Schutzgebieten respektieren.
- Keine Blumen pflücken und keine Pflanzen entnehmen.
- Waldbrandgefahr beachten.
- Müll wieder mit nach Hause nehmen und dort entsorgen.
- Toilettengänge in freier Natur möglichst vermeiden.
- Lärm vermeiden.
- Hunde an die Leine nehmen.

ROTHER BERGVERLAG

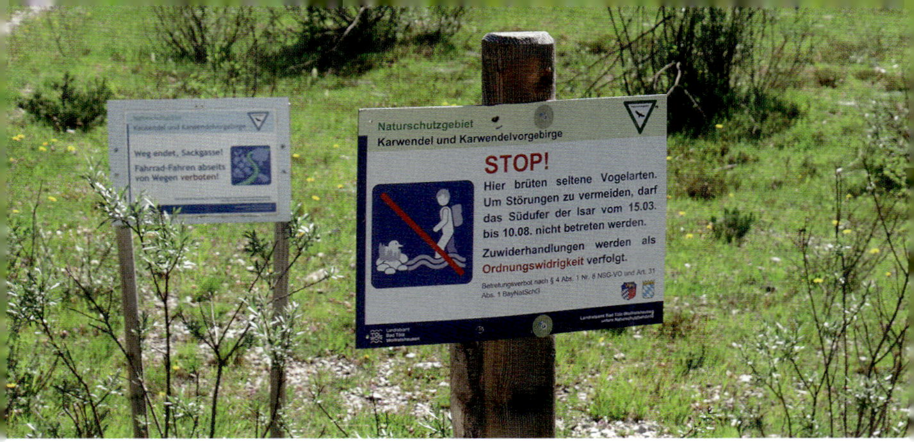

Saisonale Betretungsverbote am Isar-Ufer (Tour 16).

Wander-Regeln unterwegs

Dass jeder Mensch das Recht hat, sich in der Natur zu erholen und ihre Schönheit zu genießen, ist sowohl in der Bayerischen Verfassung (Artikel 141) als auch im Bayerischen Naturschutzgesetz (BayNatSchG, Artikel 26) verankert. Beide Gesetzestexte schließen aber auch die Verpflichtung ein, mit der Natur pfleglich umzugehen, sie zu schonen und nicht zu schädigen. Auf folgende Einschränkungen ist zu achten:

- Im Zeitraum zwischen Aussaat und Ernte gilt ein Betretungsverbot für Felder und Äcker.
- Auch ohne explizite Verbotsschilder gilt generell ein Betretungsverbot von Wiesen und Weiden vom Beginn der Vegetationsperiode im Frühjahr bis zur Winterruhe, also etwa von März bis Oktober. Landwirte sind meist wenig begeistert, wenn auf ihren Futterwiesen herumspaziert oder ein Picknick abgehalten wird. Das zertretene Gras wird im Wachstum gestört, außerdem lässt sich niedergedrücktes Gras nicht mehr gut mähen. Also bitte im entsprechenden Zeitraum auf den Wegen bleiben.
- In Naturschutzgebieten gilt das Wegegebot grundsätzlich ganzjährig.
- Regional werden von Landratsämtern zunehmend Schutzzonen für besonders gefährdete Wildtiere ausgewiesen; hier gilt meist ein zeitlich begrenztes Betretungsverbot. Dabei können aber einzelne Wege explizit ausgenommen sein (s. Tour 22, Variante).
- Temporäre Wegsperrungen wegen Waldarbeiten, Wegschäden etc.

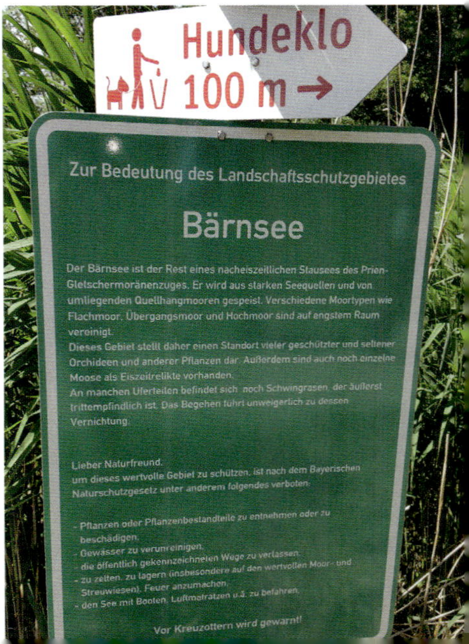

Verbotsschild mit charmanter Alternative (Tour 27).

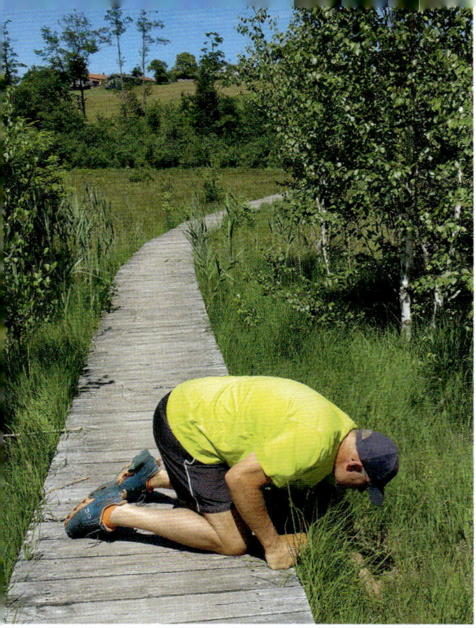

Am Bärnsee (Tour 27) ist Fotografieren »ohne Flurschaden« einfach.

Pflanzen-Regeln unterwegs

- Bitte pflücken Sie keine Blumen und graben Sie erst recht keine Pflanzen aus. Lassen Sie die Pflanzen doch bitte einfach in der Natur und nehmen Sie stattdessen Fotos mit nach Hause.
- In Naturschutzgebieten gelten grundsätzlich alle Pflanzen als geschützt (unabhängig vom jeweiligen Schutzstatus oder Gefährdungsgrad laut BNatSchG oder der Roten Liste).
- Bitte verzichten Sie auf Abschneider, diese zerstören die Vegetation.
- Eine Bitte an Fotografen: Auch wenn es schwerfällt (die Autorin weiß das!) – verzichten Sie für die Pflanzen-Nahaufnahme bitte auf die beliebte Bauchlage in der Wiese. Sie haben zwar anschließend vielleicht ein »Star-Porträt« einer tollen Pflanze, haben dabei aber auch zig andere, vielleicht noch im Wachstum begriffene Pflanzen »geplättet«. Diese werden dann im selben Jahr nicht mehr blühen und sich nicht fortpflanzen.

Geschützte und gefährdete Pflanzen

Auf EU-Ebene definieren die EU-Artenschutzverordnung und die sogenannte FFH-Richtlinie (FFH = Flora-Fauna-Habitat) die europaweit geschützten Tier- und Pflanzenarten. Sie werden auf nationaler Ebene ergänzt durch das Bundesnaturschutzgesetz (BNatSchG) und die Bundesartenschutzverordnung (BArtSchV), die die speziell in Deutschland geschützten Arten rechtsverbindlich festlegen. Die Aufstellung entsprechend geschützter Pflanzen und Tiere findet man im Internet beim Bundesamt für Naturschutz unter wisia.de (unter Recherche). Dort kann man gezielt nach bestimmten Pflanzennamen suchen oder sich die gesamte Liste geschützter Pflanzen anzeigen lassen (dazu links Auswahl der Gruppe »Höhere Pflanzen«).

Der gelbe Wolfs-Eisenhut ist genauso schön und genauso giftig wie der Blaue Eisenhut.

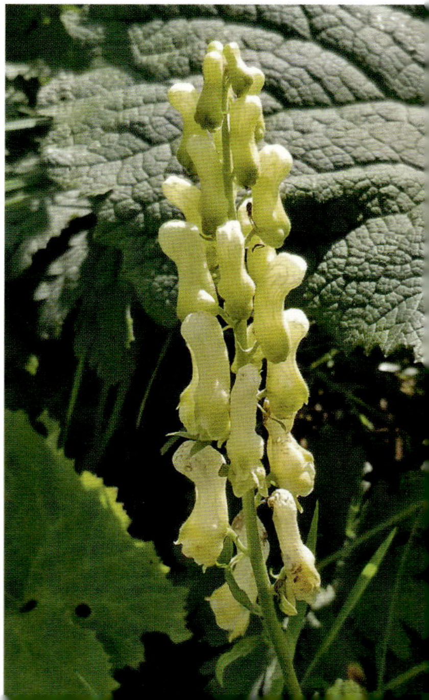

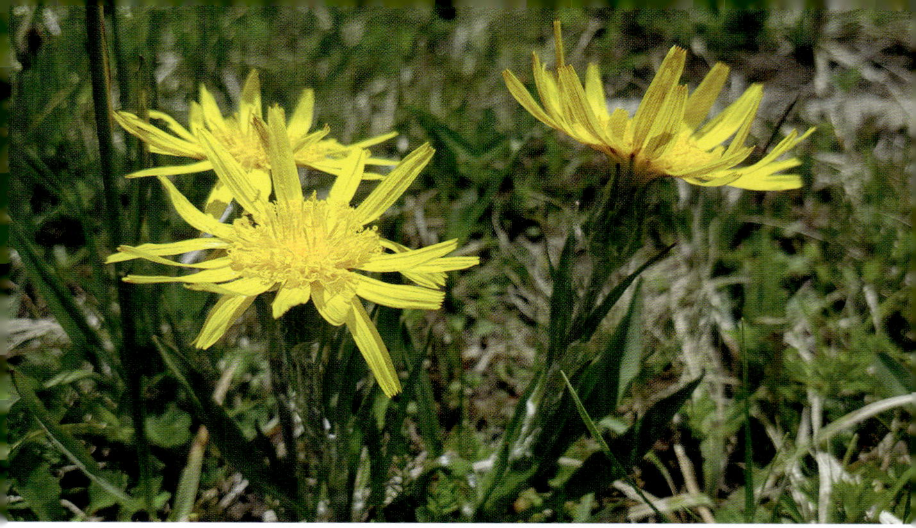

Stark gefährdet durch die Zerstörung geeigneter Standorte: Niedrige Schwarzwurzel.

Ebenfalls vom Bundesamt für Naturschutz werden die sogenannten Roten Listen veröffentlicht. Sie dokumentieren den Gefährdungsgrad aller in Deutschland vorkommenden Tier- und Pflanzenarten und dienen nicht als Rechtsgrundlage, sondern als stets verfügbares Frühwarnsystem und als Basis für umweltrelevante Planungen. Unter rote-liste-zentrum.de kann man sich entweder die gesamte Rote Liste der Pflanzen herunterladen oder über die »Artensuchmaschine« den spezifischen Status einer bestimmten Pflanzenart anzeigen lassen. Bei floraweb.de kann man gezielt – mit deutschen oder botanischen Namen bzw. Namensteilen – nach bestimmten Pflanzen suchen und deren Gefährdungsgrad und Schutzstatus in übersichtlicher Form anzeigen lassen.

Da die Roten Listen lediglich den Status von Gutachten haben, heißt »gefährdet« nicht automatisch auch »geschützt«. So gibt es Pflanzenarten, die laut Roter Liste ungefährdet und häufig sind, aber trotzdem den besonderen Schutz nach BNatSchG genießen. Auch die umgekehrten Fälle gibt es: Eine auf der Roten Liste als »gefährdet« eingestufte Pflanze kann durchaus nach BNatSchG ungeschützt sein.

Auf der anderen Seite der Grenze zu Österreich wird der Pflanzenschutz durch die Tiroler Naturschutzverordnung (T-NV 2006, Anlagen 1-3) geregelt (tirol.gv.at/umwelt/umweltrecht/na00, dann weiter zu Tiroler Naturschutzverordnung).

Purpur-Klee alias Fuchsschwanz-Klee.

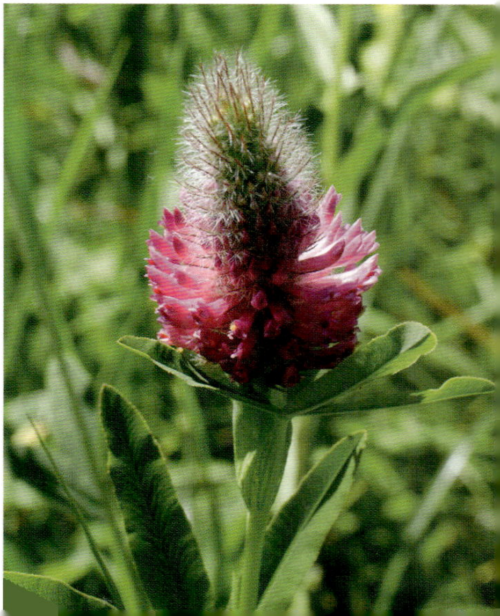

Nördlicher Alpenrand und das Alpenvorland

Der Lebensraum der Pflanzen am Nordrand der Alpen und im Alpenvorland wurde und wird durch eine Vielzahl an Faktoren geprägt. Manche haben sich auf natürliche Weise entwickelt, manche wurden vom Menschen geschaffen.

Naturlandschaften

Vor rund 90 Mio. Jahren kollidierte die afrikanische mit der eurasischen Kontinentalplatte. In mehreren Schüben entstanden so die Alpen, quasi als überdimensionale Knautschzone. Dabei wurden Korallenriffe, Sedimente und Gesteinsschichten gestaucht, hochgehoben, aufgefaltet und unter Druck und Hitze umgewandelt, zudem drang magmatisches Material aus dem Erdinneren an die Oberfläche und erstarrte – ein Mosaik aus unterschiedlichen Gesteinen entstand. In Kombination mit Verwitterungsprozessen, Erosion, Ablagerung und klimatischen Faktoren entwickelten sich so ganz unterschiedliche Böden. Der botanische Zuzug in der frisch aufgefalteten Alpenregion erfolgte aus drei Richtungen: aus dem Tiefland nördlich der Alpen, aus dem Mittelmeerraum und von klimatisch ähnlichen Gebirgen in Zentralasien.
Maßgeblich geprägt wurde die Landschaft der nördlichen Alpen und des Voralpenlands durch eine Abfolge von Eiszeiten mit wärmeren Zwischenphasen. Die letzte Kaltzeit, die sogenannte Würm-Eiszeit, erreichte vor ca. 20.000 Jahren ihren Höhepunkt und ließ Berge und Täler auf einer Breite vom Wallis bis zum Salzburger Land unter einer Hunderte Meter dicken Eisschicht verschwinden. Nur wenige Gipfel ragten als sogenannte Nunataks (auch Nunatakker) wie Inseln aus dem Eismeer heraus (s. Tour 23, Rotwand). Der Ammersee und der zuflusslose Starnberger See z. B. sind nichts anderes als mit Schmelzwasser gefüllte Becken früherer Gletscherzungen. Das vom Gletscher mitgeführte Gesteinsmaterial lagerte sich unter, neben und vor den Eismassen ab und bildet heute in verschiedenen charakteristischen Formationen (z. B. Moränen, Drumlins) die typische Hügellandschaft des Alpenvorlands (s. Tour 9, Mesnerbichl). Vom Gletscherstrom isolierte und später abgeschmolzene Eisblöcke sind als sogenannte Toteislöcher für ganze Seenplatten verantwortlich (s. Tour 10, Osterseen). Letztlich sind auch die Moore im Alpenvorland – von denen allerdings 95% der Flurbereinigung, der Entwässerung oder dem Torfabbau zum Opfer fielen – als verlandete Gletscherseen ein Erbe der Eiszeit (s. Tour 14, Loisachfilze).
Während der Eiszeiten wurden die Gebirgspflanzen in tiefere Lagen und in unvergletscherte Gebiete nördlich der Alpen gedrängt. Dort vermischten sie sich mit arktischen Pflanzen, die ihrerseits vor den skandinavischen Eismassen nach Süden auswichen. In den nachfolgenden Warmphasen erfolgte eine Rückwanderung dieser arktisch-alpinen Flora in die Bergregionen. Einige Arten überlebten auch an Ort und Stelle am Rand der Gletscherströme oder auf Nunataks.

Kulturlandschaften

Aber nicht nur Plattentektonik und Eiszeiten haben das Voralpenland und den nördlichen Alpenrand geprägt, sondern auch der Mensch.

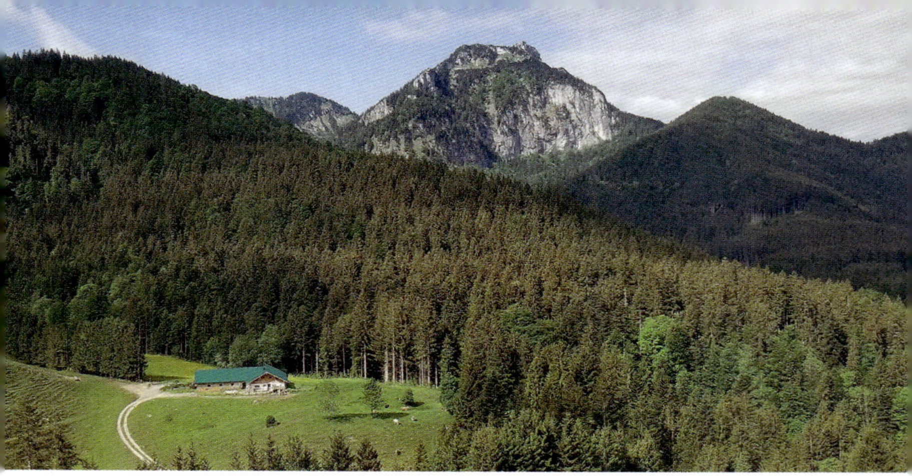

Das Almgelände der Hillsteiner Alm, im Hintergrund der Breitenstein (Tour 24).

Die ursprüngliche Landschaftsform ohne menschliches Eingreifen wäre nämlich schlichtweg: Wald, und zwar ein relativ artenarmer.
Statt das Vieh auf eingezäunten Weiden zu halten, war es in früheren Zeiten üblich, die Tiere zur Futtersuche einfach in den Wald zu treiben. Es entstanden sogenannte Hutewälder. Im Lauf der Jahre schufen die Tiere durch das Abfressen von Austrieben und Unterholz zunächst Schneisen im Wald, allmählich bildeten sich so immer offenere Landschaften im Wechsel mit verbliebenen Baumgruppen und Waldgürteln (s. Tour 4, Geizenmoos).
Auch Almen – oft als Idealbild einer Berglandschaft geltend – sind keine natürlichen Landschaftsformen, sondern durch menschlichen Pragmatismus, manchmal auch durch schiere Not entstanden. Bisweilen reichte in den eng eingeschnittenen Tälern einfach die Fläche nicht aus, um das Vieh im Sommer weiden zu lassen und gleichzeitig das Heu für den Winter zu gewinnen. Also mussten weiter oben liegende Bergwiesen mitgenutzt werden. Da das Mähen des Grases auf steilen Hängen und der Abtransport über weite Distanzen schwierig bis unmöglich war, wurde eben das Vieh zum Futter gebracht – es ging in die »Sommerfrische«. Dass die Bergkräuter besonders nahrhaft sind und das Vieh durch Wind und Wetter abgehärtet und widerstandsfähig wird, ist ein zusätzlicher Pluspunkt der Almwirtschaft (s. Tour 24, Rampoldplatte).
Besonders artenreich sind die sogenannten Streuwiesen (nicht zu verwechseln mit Streuobstwiesen!). Aufgrund des feuchten bis nassen Bodens waren sie als Viehweide oder Futterwiese ungeeignet, sondern dienten »nur« zur Gewinnung von Einstreu für die winterliche Stallhaltung. Diese Wiesen blieben also ungedüngt und wurden nur einmal pro Jahr – nämlich im Herbst – gemäht. Durch den späten Zeitpunkt der Mahd hatten die pflanzlichen (und tierischen) Wiesenbewohner genügend Zeit, ungestört ihr »Jahresprogramm« zu vollenden und die nächste Generation auf den Weg zu bringen. Ebenso sorgte die Mahd aber auch für den Erhalt der Freiflächen und verhinderte Verbuschung (s. Tour 5, Hörnle). Auf diese Art werden unter Naturschutz stehende Wiesen auch heute noch gepflegt.

Lebensraum Gebirge

Der Lebensraum Gebirge wird geprägt durch kleine, eng benachbarte Zonen mit jeweils unterschiedlichen Lebensbedingungen und spezialisiertem Bewuchs. Windexponierte, aber schneefreie Grate beherbergen meist ganz andere Pflanzenarten als die Mulden direkt daneben, die lange den Schnee halten. Je nach Hangneigung und -ausrichtung variieren Sonnenstunden und Windeinfluss. Höhenlage und Hangexposition beeinflussen Temperatur und UV-Einstrahlung. Und auch die Pflanzen selbst stehen miteinander in Wechselwirkung: Auf freien Wiesen herrschen andere Licht- und Windverhältnisse als am Waldrand. Eine wesentliche Rolle für die alpine Flora spielt die Bodenbeschaffenheit. Natürlich gibt es Pflanzenarten, die sowohl mit den basischen Böden auf Kalk- und Dolomitgestein als auch mit den sauren Böden der Silikat-Standorte zurechtkommen. Die meisten Gebirgspflanzen haben aber eindeutige Vorlieben, sie sind entweder kalkliebend oder kalkmeidend. Besonders artenreich sind Gebiete mit kleinräumig wechselnden Standortfaktoren.

Das Stängellose Leimkraut drückt sich besonders eng an den Boden.

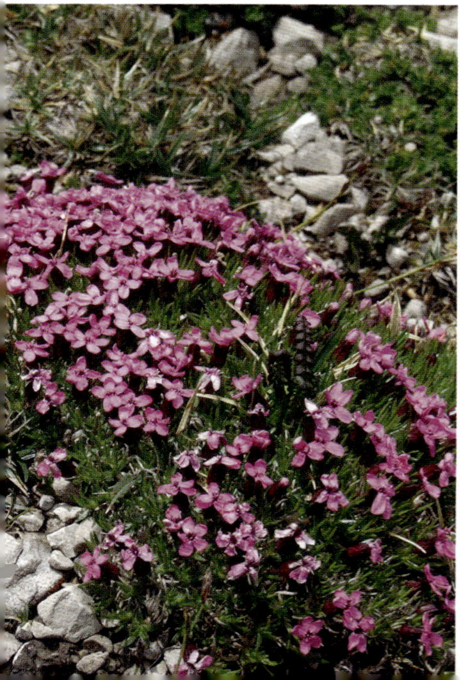

Charakteristika

Das Gebirge bietet für Pflanzen keine einfachen Bedingungen. Folgende Faktoren charakterisieren den Lebensraum Gebirge und stellen die dort lebenden Pflanzen Tag für Tag vor elementare Herausforderungen:

- Kurze Vegetationsperioden mit spätem Frühlingsbeginn, frühem Wintereinbruch und langer Schneeabdeckung (eine dicke Schneedecke kann allerdings auch isolierend wirken und vor Austrocknung schützen)
- Krasse Temperaturunterschiede zwischen Tag und Nacht, ebenso zwischen Schön- und Schlechtwetter
- Extreme UV-Einstrahlung
- Tiefe Wintertemperaturen mit Gefahr von Frostschäden und Austrocknung (aus gefrorenem Boden kann kein Wasser gesaugt werden)
- Starker Wind (er kann Pflanzen nicht nur mechanisch schädigen, sondern verstärkt auch Kälte und Austrocknung)
- Wassermangel auf steinigem Untergrund (Wasser ist prinzipiell reichlich vorhanden, kann aber im felsigen oder gerölligen Untergrund nicht gespeichert werden)
- Nährstoffarme Böden, wenig Mikroorganismen, wenig Abbau von Verwelktem
- Schäden durch Lawinen, Felssturz, Schneebruch
- Beweglicher Untergrund (Geröll)

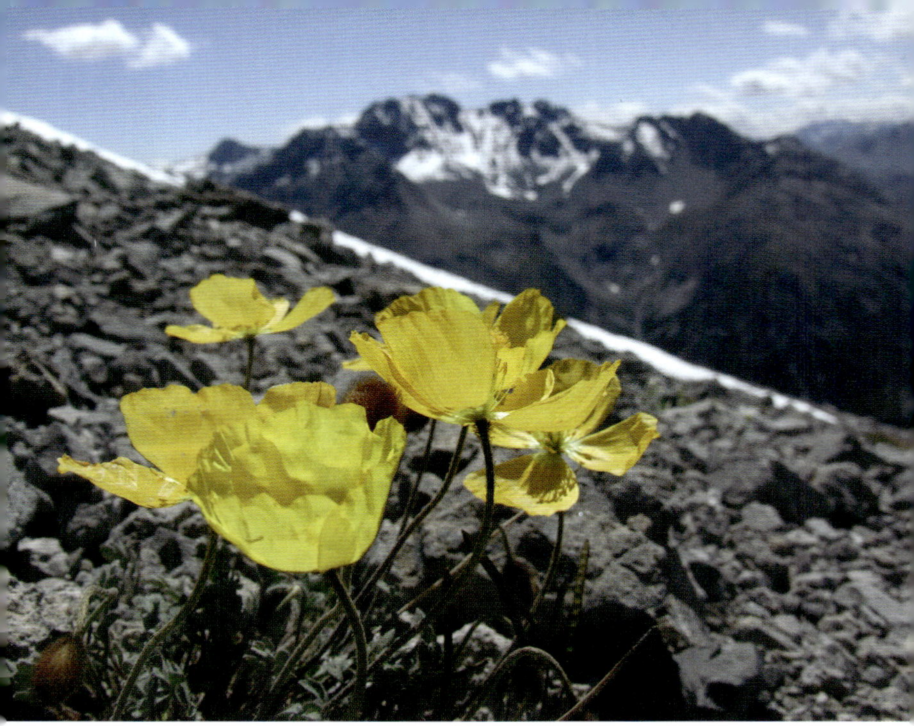

Der Alpen-Mohn trotzt den widrigen Bedingungen mit besonders langen Wurzeln.

Überlebensstrategien der Pflanzen

Eine Fülle von spezifischen Eigenschaften und Anpassungsmechanismen ermöglicht Gebirgspflanzen das Überleben unter schwierigen Bedingungen:

- Durch dichten, niedrigen Polsterwuchs schaffen sich Pflanzen ein eigenes Mikroklima (quasi eine »Heizung«). Im Inneren des Polsters kann zudem Feuchtigkeit gespeichert werden. Absterbende Pflanzenteile werden gleich innerhalb des Polsters zu Humus verwandelt (Beispiel: Alpen-Mannsschild).
- Kleinwüchsigkeit und Bodennähe schützen gegen Wind (Beispiel: Stängelloses Leimkraut).
- Dichte Behaarung hilft gleichermaßen gegen Kälte und Hitze und wirkt als Verdunstungs- und UV-Schutz (Beispiel: Edelweiß und Gewöhnliches Katzenpfötchen).
- Ledrige, verkleinerte oder wachsartig überzogene Blätter schützen gegen zu viel Sonne und übermäßige Verdunstung (Beispiel: Fels-Aurikel).
- Dicke, fleischige Blätter dienen als Wasserspeicher (Beispiel: Hauswurz-Arten).
- Für das normale »Jahresprogramm« reicht die kurze Vegetationszeit im Gebirge oft nicht aus. Manche Pflanzen bilden daher ihre Blütenknospen schon im Herbst aus und gewinnen dadurch im Frühling einen Zeitvorsprung (Beispiel: Schneerose, Seidelbast). Ebenfalls einen Zeitvorteil bringt das Überwintern mit grünen Blättern (Beispiel: Weiße Silberwurz), zumal in schneefreien Winterperioden auch Fotosynthese möglich ist. Im Vorjahr angelegte Kohlenhydratspeicher sorgen als Nahrungsreserven zudem für schnellen Austrieb im Frühling.

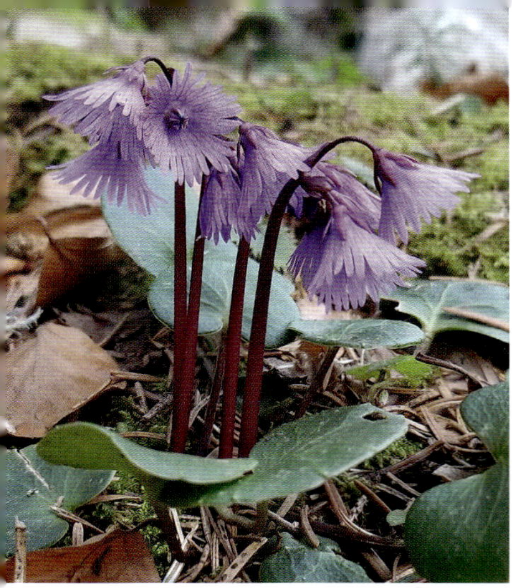

Zart, aber widerstandsfähig: Gewöhnliche Alpenglöckchen (Soldanellen).

■ Manchen Frühblühern reicht schon das wenige Licht, das durch die Schneedecke dringt, um mit der Fotosynthese zu beginnen (Beispiel: Gewöhnliche Alpenglöckchen, auch Soldanellen genannt).

■ Manche Arten verzichten komplett auf Samenbildung und vermehren sich ausschließlich durch unterirdische Ausläufer oder Brutknöllchen (Beispiel: Knöllchen-Knöterich).

■ Mangels Insekten haben einige Pflanzen Mechanismen zur Selbstbestäubung entwickelt oder fahren eine Doppelstrategie aus Fremdbestäubung und Selbstbestäubung (Beispiel: Wald-Sauerklee).

■ Um die spärlichen Nährstoffe optimal aufnehmen zu können, investieren Gebirgspflanzen in ein reich verzweigtes Wurzelwerk. Im Gebirge vorkommende Exemplare haben z. T. ein fünfmal längeres Wurzelgeflecht als vergleichbare Arten im Flachland (Beispiel: Alpen-Mohn).

■ Durch biologisches »Frostschutzmittel« in den Zellen wird der Gefrierpunkt abgesenkt (Beispiel: Gletscher-Hahnenfuß).

■ Einige Pflanzen (Beispiel: Steinbrecharten) sind geradezu darauf spezialisiert, neue Standorte, wie sie z. B. nach Felsstürzen oder Lawinenabgängen entstehen, zu besiedeln. Sie bereiten – im wahrsten Sinne des Wortes – den Boden für nachfolgende Arten, von denen sie dann allerdings oft verdrängt werden.

■ Auch für sich bewegenden Untergrund (Geröll) gibt es Spezialisten. Sie durchziehen den Schutt mit langen Kriechtrieben, die sich nach Abreißen von der Mutterpflanze einfach neu verwurzeln (Beispiel: Zwerg-Glockenblume), bilden lange oberirdische Triebe, die nur lose auf dem Schutt aufliegen (Beispiel: Alpen-Leinkraut) oder bringen das Geröll mit kräftigen Trieben und starkem Wurzelwerk sogar zum Stillstand (Beispiel: Gletscher-Hahnenfuß).

Besondere Standorte

Gebirgspflanzen sind ohnehin schon stark spezialisierte Überlebenskünstler; manche Standorte verlangen aber ein besonderes Maß an Zähigkeit, Widerstandskraft und Anpassung.

Felsige Grate und Rippen sind zwar meist schneefrei, aber gnadenlos dem Wind und der Kälte ausgesetzt. Pflanzen, die dort wachsen, können zwar dank der Schneefreiheit mitunter auch im Winter Fotosynthese betreiben, durch den Wind laufen sie aber permanent Gefahr, aufgrund übermäßiger Verdunstung zu viel Wasser zu verlieren oder mechanisch beschädigt zu werden. Als echte Expertin für solche **Windgrate** drückt die Gämsheide ihre kurzen Kriechsprosse dicht an die Bodenoberfläche und nutzt so die Restwärme der Felsen. Winzige Rollblättchen mit ledriger Oberfläche reduzieren die Verdunstung effektiv.

In flachen Senken und Mulden oberhalb der Baumgrenze, sogenannten **Schneetälchen**, bleibt der Schnee besonders lange liegen. Das bringt für die dort lebenden Pflanzen zwar Wind- und Kälteschutz, die schneefreie Zeit, in der Fotosynthese und Fortpflanzung möglich sind, ist aber auf wenige Monate begrenzt. Zudem müssen die pflanzlichen Bewohner mit dauerhaft nassem Boden zurechtkommen. Wer staunt nicht über die so zart wirkenden Soldanellen, die – bereits fertig blühend – schon aus dem kleinsten Loch in der Schneedecke drängen?

Eigentlich ist das Gebirge ja ein vergleichsweise nährstoffarmer Lebensraum, an den sich eine Vielzahl von Pflanzen angepasst hat. Dort aber, wo sich über viele Jahrzehnte regelmäßig Weide- oder Wildtiere zum Rasten oder Fressen versammeln, entsteht durch die Hinterlassenschaften der Tiere kleinräumig stark gedüngter, stickstoffreicher Boden, sogenannte **Lägerflure**. Vor allem rund um Almen findet man daher oft die typische hochgewachsene Lägerflur-Gesellschaft mit Blauem Eisenhut, Alpen-Ampfer, Alpen-Greiskraut, Brennnesseln und Gutem Heinrich. Da die Nährstoffe noch lange im Boden bleiben, kann man bisweilen am typischen Lägerflur-Bewuchs sogar den früheren Standort längst verfallener Almen erkennen.

Eiszeitliche Schmelzwasserströme verfrachteten einst große Mengen an Gebirgspflanzen ins Flachland, einige konnten sich dauerhaft dort ansiedeln. Auch Bergbäche und Flüsse wie Lech, Loisach oder Isar transportieren jedes Jahr Unmengen an Samen und Pflanzenteilen aus dem Gebirge ins Alpenvorland. Meist werden diese **Alpenschwemmlinge** jedoch an Stellen abgeladen, die für sie ungeeignet sind (zu stark gedüngt, zu große Konkurrenz durch andere Pflanzen). Manche jedoch »landen« glücklicherweise auf ungedüngten, nährstoffarmen Böden, die ihrer eigentlichen Heimat im Gebirge ähneln, und können sich dauerhaft auch im Flachland behaupten. So kann man z. B. in der Pupplinger Au oder in den Loisachfilzen (Touren 13 und 14) den Großblütigen Enzian finden. Staustufen oder Hochwasserschutzmaßnahmen bringen den Transport von Gebirgspflanzen per »Wassertaxi« allerdings zunehmend zum Erliegen.

Das Alpen-Greiskraut schätzt die Bodendüngung durch Kühe.

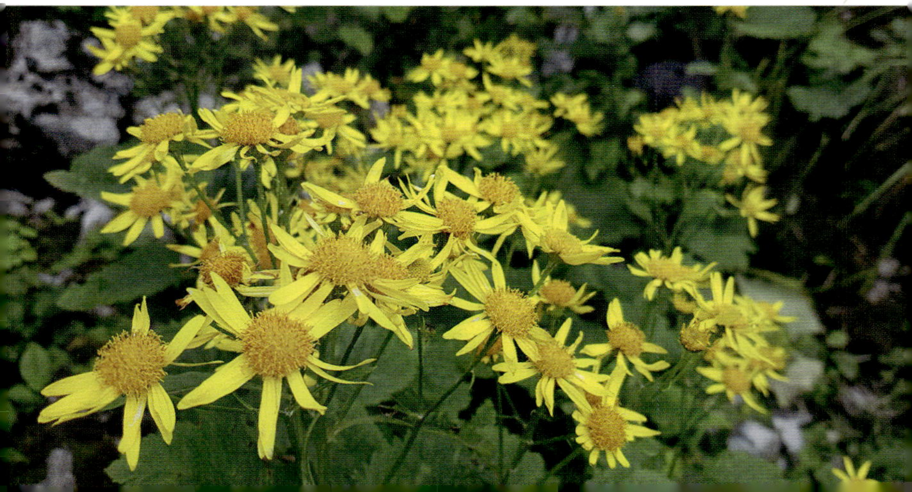

Der botanische »Staffelstab«: Vikariisimus

Vikariierend nennt man eng verwandte Pflanzenarten, die sich in Abhängigkeit von bestimmten Bedingungen gegenseitig vertreten.

Beim **geografischen (horizontalen) Vikariismus** hat das vikariierende Artenpaar den Lebensraum räumlich unter sich aufgeteilt. So besiedelt z. B. der Purpur-Enzian *(Gentiana purpurea)* die westliche Alpenregion etwa bis zur Grenze Vorarlberg–Tirol. Dort übernimmt der Ungarische Enzian *(Gentiana pannonica)*, der sich nach Osten bis zum Balkan ausbreitet.

Beim **vertikalen Vikariismus** vertritt sich das vikariierende Artenpaar in Abhängigkeit von der Höhe. So kommt z. B. der Scharfe Hahnenfuß *(Ranunculus acris)* im Flach- und Hügelland häufig vor, in größeren Höhen findet man stattdessen eher den eng verwandten Berg-Hahnenfuß *(Ranunculus montanus)*.

Hat das vikariierende Artenpaar unterschiedliche Vorlieben bezüglich des Bodens, so spricht man vom **ökologischen Vikariismus**. So leben z. B. auf kalkhaltigen Böden der Großblütige Enzian *(Gentiana clusii)* und die Bewimperte Alpenrose *(Rhododendron hirsutum)*, auf Silikatböden dagegen der Kochsche Enzian *(Gentiana acaulis)* und die Rostrote Alpenrose *(Rhododendron ferrugineum)*.

Klimawandel

Wie sich der Klimawandel auf die alpine Flora auswirkt und noch auswirken wird, ist sicher noch nicht abschließend erforscht. Eine Tendenz lässt sich jedoch bereits eindeutig feststellen: Es wird Gewinner und Verlierer geben. Wärmeliebende Pflanzenarten, denen das Gebirge bisher zu unwirtlich war, besiedeln mit steigenden Temperaturen relativ zügig höhergelegene Standorte und verändern so ihren Lebensraum (Arealverschiebung). Viele Arten können ihren Lebensraum auf diese Weise sogar erweitern. Hochspezialisierte Alpenpflanzen hingegen, die ohnehin in höheren Regionen leben, können nicht im gleichen Tempo nach oben ausweichen und bekommen nun – zusätzlich zum schwierigen Lebensraum – auch noch Konkurrenzdruck von neu nach oben steigenden, durchsetzungsstarken Pflanzen. Für diejenigen Arten, die ohnehin schon die höchsten Lagen bewohnen (z. B. Gletscher-Hahnenfuß), wird der Lebensraum dann entsprechend kleiner und es gibt kaum Ausweichmöglichkeiten mehr.

Zudem gefährdet das zunehmende Verschwinden der Gletscher die gerade im Hochsommer so wichtige Wasserversorgung der Gebirgsflora. Geringere Schneehöhen bedeuten auch weniger Isolation gegen winterliche Kälte, Stürme und Austrocknung.

Gefahren für Pflanzen- und Tierwelt

Im Alpenvorland dürfte der »Flächenfraß« eines der Hauptprobleme für die Pflanzen- und Tierwelt sein. Wachsende Siedlungen, Straßenbau und die allerorts wie Pilze aus dem Boden schießenden Gewerbegebiete und Logistikzentren verbrauchen in Bayern durchschnittlich 11 Hektar Fläche (Stand 2021) – und zwar täglich! Das entspricht in etwa der Größe von 15 Fußballfeldern. Bebaute und versiegelte Flächen sind für Pflanzen und Tiere in der Regel auf Dauer verloren, zumal ja auch nicht mehr genutzte Flächen nur in den seltensten Fällen zurückgebaut werden. Im gleichen Maß, wie sich der

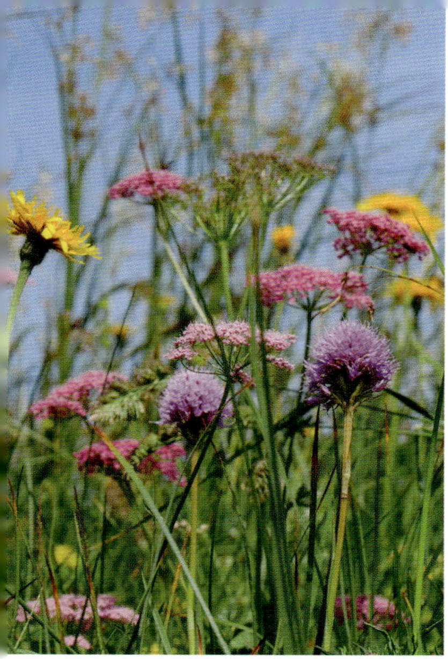

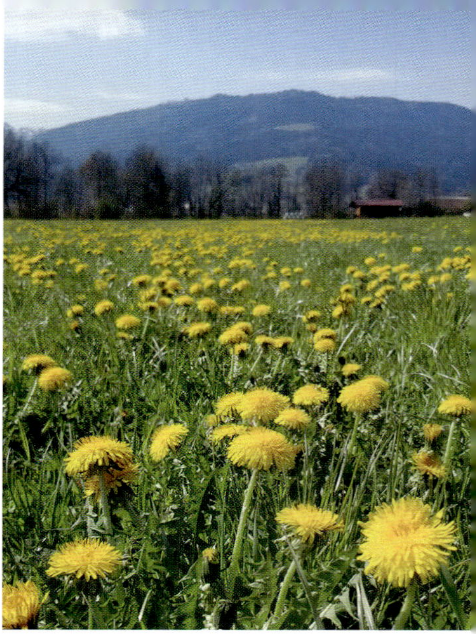

Links: naturbelassene Wiese; rechts: massiv gedüngte Wiese ohne Artenvielfalt.

Mensch ausbreitet, geht den Pflanzen und Tieren Lebensraum verloren. Entwässerung und Trockenlegung von Moor-, Sumpf- und Feuchtgebieten zugunsten von Bau- und Ackerland hat in den letzten Jahrzehnten etliche spezialisierte Tier- und Pflanzenarten an den Rand des Aussterbens gebracht. Nur noch 5% der ursprünglichen Moore sind erhalten! Technischer Hochwasserschutz durch Verbauungen und Staustufen mag segensreich für die Anwohner sein, verändert aber den so artenreichen Lebensraum Auwald (der an sich auch ein höchst effizienter Hochwasserschutz wäre) grundlegend.

Dünger aus der Landwirtschaft wird durch Regen ausgeschwemmt und in benachbarte Gewässer oder Naturflächen transportiert. Über die Luft erreicht er auch entlegene Naturschutzgebiete oder Gebirgsregionen und kann so mittelfristig die Artenzusammensetzung dort verändern (stickstoffliebende Arten breiten sich dadurch schneller aus und verdrängen die ursprüngliche Gebirgsflora).

Punktuell wird derzeit versucht, einige der früher begangenen Umweltsünden durch Renaturierung wiedergutzumachen. Allerdings leiden viele Naturflächen an ihrer Kleinräumigkeit oder Zersplitterung. Eine genetische Durchmischung, wie sie für die meisten Pflanzen und Tiere nötig wäre, um robust auf Umweltveränderungen reagieren zu können, kann hier nicht mehr stattfinden.

Auch wenn der Mensch vieles falsch macht – sich ganz »rauszuhalten« ist auch nicht immer optimal. Werden Kulturlandschaften wie Almen oder Streuwiesen aufgegeben und nicht mehr gepflegt, würden die artenreichen Flächen in wenigen Jahren verbuschen und schließlich von einem dichten Wald überzogen. Botanische Schatzkästchen wie das Mesnerbichl (Tour 9) wären ohne die behutsamen Pflege- und Schutzmaßnahmen engagierter Naturfreunde vermutlich längst verloren.

Von Bienchen und Blümchen

Generative und vegetative Vermehrung

Generell vermehren sich Pflanzen vegetativ und / oder generativ. Bei der vegetativen Vermehrung über Ausläufer, Kriechsprosse, Brutknollen oder Rhizome entstehen logischerweise identische Abbilder der Mutterpflanze, also Klone. Bei der generativen oder geschlechtlichen Vermehrung verschmelzen männliche Spermien mit weiblicher Eizelle, das Erbgut der im Samen heranreifenden »Babypflanzen« wird also neu kombiniert. Ständige genetische Durchmischung verspricht bessere Anpassung an sich verändernde Umweltbedingungen und mehr Robustheit gegen Krankheiten.

Fremdbestäubung

Für die generative Vermehrung müssen Pollen mit männlichen Spermazellen zu einem weiblichen Blütenteil, der Narbe, gelangen. Als Pollen-Transporteure dienen dabei entweder Insekten oder der Wind.

Ein eingespieltes Team – Tagpfauenauge und Berg-Distel.

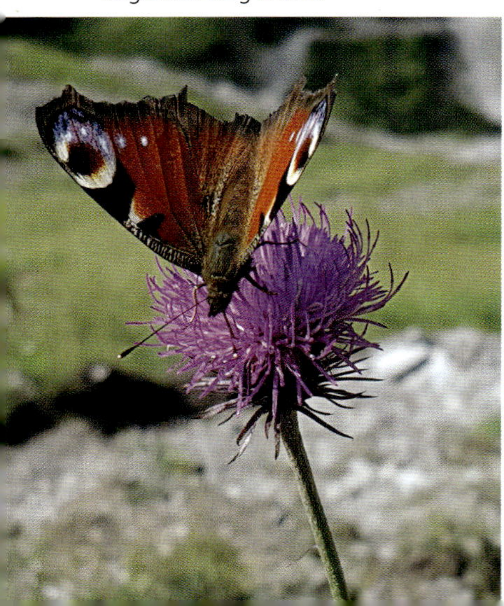

Wer Insekten anlocken will, muss in seine Blüten investieren: Große oder ungewöhnlich geformte Blütenkronen, intensive Farben und Zeichnungen, unwiderstehlicher Duft oder Nektar zur Belohnung stehen bei Insekten hoch im Kurs. Allerdings passen nicht alle Insekten zu allen Blüten und umgekehrt.

Käfer stehen auf helle Blüten mit starkem Duft. Da Käfer nicht gerade die geschicktesten Flugkünstler sind und es mit der Landegenauigkeit oft ein wenig hapert, sind große, stabile, schüsselförmige Blüten für sie gut geeignet. Blüte und Pollenquelle müssen offen zugänglich sein.

Bienen und Hummeln »fliegen« im wahrsten Sinne des Wortes auf gelbe und bläuliche Blüten, rot können sie nicht wahrnehmen. Sie bevorzugen zygomorphe Blüten, also Blüten, die genau aus zwei spiegelgleichen Seiten bestehen, mit bequemem Landeplatz und farbig abgesetzten Saftmalen, die als Wegweiser zur Nektarquelle fungieren. Dank Rüssel können sie auch leicht vertiefte Nektarquellen erreichen.

Tagfalter lieben kräftige Farben und ebenfalls Saftmale. Nachtfalter hingegen mögen weiße oder pastellfarbige Blüten, die auch nachts kräftig duften. Dank ihres besonders langen Rüssels können Falter auch schmale, röhrenförmige Blüten mit tief liegender Nektarquelle erreichen.

Fliegen kann man weder mit poppigen Farben noch mit lieblichem Duft imponieren. Sie bevorzugen grünliche, braune oder rötliche Blüten – am bestem mit leckerem Aasgeruch! Bisweilen haben sich Pflanze und bestäubendes Insekt in hohem Maß aneinander angepasst. Manche Blüten können aufgrund ihrer Form nur von Insekten mit bestimmtem Körperbau bestäubt werden. Der Blaue Eisenhut z. B. vertraut seine Bestäubung vorwiegend Hummeln an. Er bietet ihnen nicht nur einen bequemen Landeplatz, sondern hilft ihnen auch durch eine spezielle Führungsschiene für den Hummelrüssel, die im Blütenhelm verborgenen Nektarquellen zu finden.

Wer seine Bestäubung dagegen dem Wind anvertraut, kann seine Blüten auf die zur Fortpflanzung relevanten Teile reduzieren und braucht weder Farbe noch Nektar noch Duft. Da der Wind seine Fracht aber nicht zielgerichtet abliefert, müssen windbestäubte Pflanzen eine Unmenge an Pollen bereitstellen, die natürlich auch leicht und »flugfähig« sein sollten. Die den Pollen aufnehmenden Narben müssen offen im Wind stehen – bei nach unten hängenden, engen Glöckchen z. B. wird die Windbestäubung wohl kaum klappen.

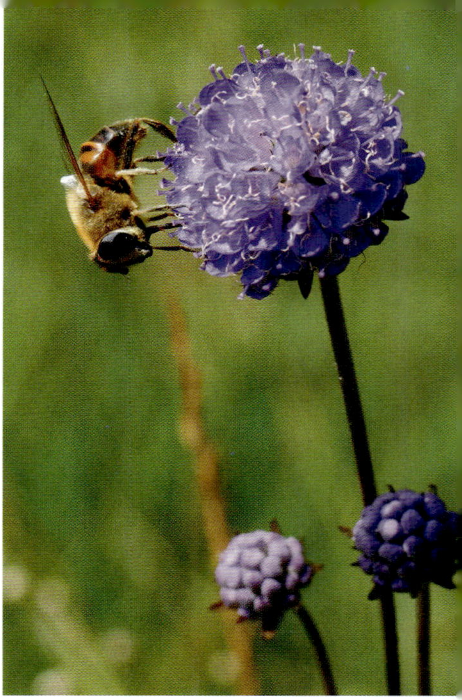

Klassische Win-Win-Situation: Eine Biene besucht den Teufelsabbiss.

Selbstbestäubung

Viele Pflanzen haben zwittrige Blüten, d. h. jede Blüte enthält sowohl die männlichen Blütenteile (Staubblätter) mit den Pollen als auch die weiblichen Blütenteile (Fruchtblätter) mit den Eianlagen. Damit ist – theoretisch und praktisch – Selbstbestäubung möglich.

In der Regel wird Fremdbestäubung bevorzugt, da hier die genetische Vielfalt gefördert wird und keine Degeneration durch Inzucht auftreten kann. Manche Pflanzen haben sogar effektive Sicherheitsvorkehrungen gegen Selbstbestäubung getroffen: So reifen etwa männliche und weibliche Blütenteile zu unterschiedlicher Zeit oder sind räumlich voneinander getrennt. Auch Selbststerilität kommt vor – die Bestäubung mit dem eigenen Pollen führt dann nicht zur Samenbildung. Allerdings kann Selbstbestäubung durchaus nützlich sein für Pflanzen, bei denen Fremdbestäubung eher unwahrscheinlich ist. Pflanzen an extremen Standorten (z. B. große Höhe, tiefer Wald, arktischer Lebensraum) oder mit besonders früher Blütezeit können nicht unbedingt mit regelmäßig vorbeikommenden Insektenscharen rechnen. Bei Pionierpflanzen, die gerade erst dabei sind, einen neuen Lebensraum zu besiedeln, gibt es noch viel zu wenige Exemplare, als dass Fremdbestäubung durch Wind funktionieren würde. Für sie ist Selbstbestäubung immer noch besser als gar keine Fortpflanzung. Und nicht zuletzt gibt es viele Pflanzen, die eine Doppelstrategie fahren und sich alle Optionen offenhalten – eine von beiden Bestäubungsarten wird dann schon funktionieren.

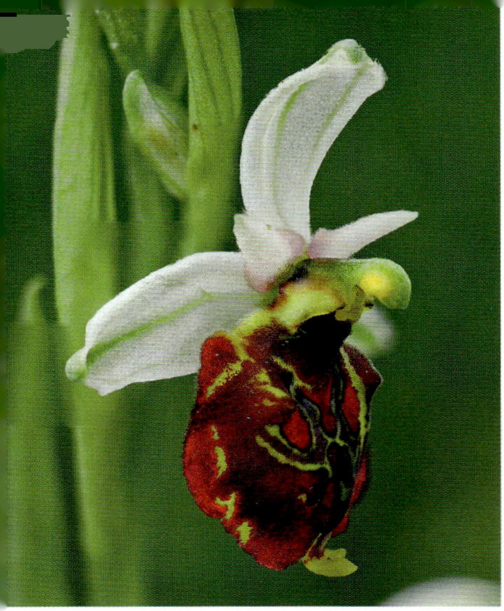 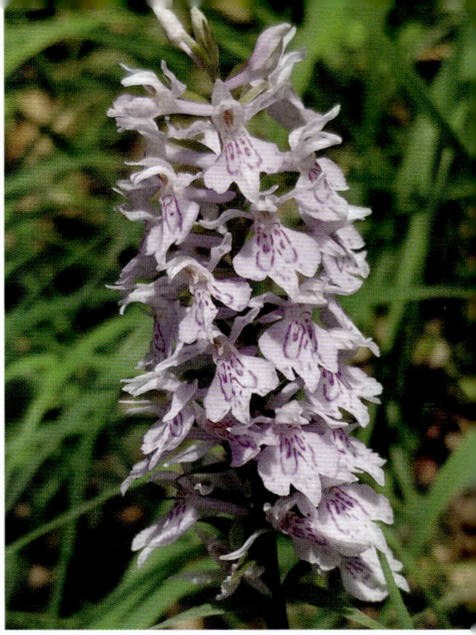

Der Hummel-Ragwurz (links) ahmt einen Insektenkörper nach, das Fuchs' Knabenkraut (rechts) lockt durch attraktive Zeichnung.

Betrüger auf allen Seiten

Eigentlich ist die Pflanzenbestäubung durch Insekten eine klassische Win-Win-Situation. Die Pflanze sichert so ihre Fortpflanzung und die Durchmischung ihres Gen-Pools, das Insekt wird für seinen Pollentransport mit Nektar, Ölen, Duftstoffen oder einem kuscheligen Schlaf- und Brutplatz im Inneren der Blüte belohnt. Allerdings gibt es sowohl auf Tier- als auch auf Pflanzenseite »Betrüger«, die zwar gerne die Vorteile dieser Symbiose nutzen, aber keinerlei Gegenleistung erbringen.

Die botanischen »Betrüger« heißen Täuschblumen, besonders viele findet man in der Familie der Orchideen. Sie locken Insekten an, indem sie deren Futter-, Sexual- oder Brutverhalten ausnutzen. Die Orchideen der Gattung Ragwurz z. B. imitieren mit ihren Blüten Aussehen und Duft paarungsbereiter Insektenweibchen und lassen das liebestolle Insektenmännchen quasi nebenbei die Bestäubung erledigen (Sexualtäuschblumen). Nektartäuschblumen wie z. B. die Knabenkraut-Arten versprechen mit optischen Reizen (Farbflecken, Sporn) reiche Belohnung für das Insekt, de facto führen sie aber kaum Nektar. Ködertäuschblumen wie z. B. der Aronstab gaukeln den bestäubenden Fliegen und Mücken durch Aasgeruch ideales Brutsubstrat vor, bei der Eiablage der Insekten erfolgt dann die Bestäubung der Pflanze.

Aber auch unter den Insekten gibt es »Rowdies«, die sogenannten Nektarräuber: Manche Nektarquellen sind nämlich nur für Insektenarten mit passendem Körperbau erreichbar. So gelangen z. B. nur relativ schlanke Insekten mit langem Rüssel in die schmalen, nektarführenden Sporne der Akeleien. Kurzrüsselige, pummelige Hummeln müssen draußen bleiben, beißen aber einfach von außen ein Loch in den Sporn und holen sich so den Nektar, ohne eine Bestäubungsleistung zu erbringen. Durch das Loch bedient sich dann gleich noch die restliche Insektenwelt.

Pflanzenbestimmung

Ob man ein Bestimmungsbuch oder eine App benutzt, bleibt jedem selbst überlassen, ebenso, ob man die Bestimmung gleich vor Ort versucht oder anhand von Fotos im heimischen Wohnzimmer. Erfahrungsgemäß neigt man beim Fotografieren allerdings dazu, sich zu sehr auf die Blüte zu konzentrieren; dabei sind andere Pflanzenteile oft viel aussagekräftiger. Fotografieren bzw. notieren Sie nach Möglichkeit die folgenden Details:

- Blütenfarbe und Blütenform: z. B. radiär oder zygomorph, Anzahl und Form der Kronblätter, Aussehen von Kelchblättern und Staubblättern, Saftmale, Farbmuster, Sporne usw.
- Blütenstände (Anordnung der Blüten am Spross): z. B. Dolde, Rispe, Quirl, Köpfchen
- Blütezeit, Funddatum
- Blattform: z. B. eiförmig, herzförmig, handförmig, gefingert, linealisch, lanzettlich, nierenförmig
- Blattstruktur Ober- und Unterseite: z. B. glatt, glänzend, behaart, klebrig
- Blattränder: z. B. glatt, gekerbt, gebuchtet, dornig
- Stängel: z. B. glatt, behaart, dornig, kantig, gerillt, mit Farbverläufen oder Flecken
- Anordnung der Laubblätter: z. B. gegenständig, wechselständig, grundständig, quirlartig
- Samen / Fruchtstände (falls vorhanden): z. B. Schoten, Hülsen, Kapseln
- Standort: z. B. nasse Senke, alpine Matten, Felsregion, Schutt, Ufer, Moor, ungefähre Höhe
- Gesellschaft: Welche Pflanzen, die Sie kennen, wachsen in unmittelbarer Nähe?

Wer etwas tiefer in die Pflanzenbestimmung einsteigen möchte, ist gut beraten, sich ein wenig mit den Pflanzenfamilien zu beschäftigen. Einige von ihnen, z. B. Korbblütler, Doldenblütler, Kreuzblütler, Lippenblütler und Orchideen, sind anhand ihrer Charakteristika relativ leicht zu erkennen und bringen die Bestimmung schon mal ein ganzes Stück voran.

Schmetterlingsblütler: Wald-Wicke.

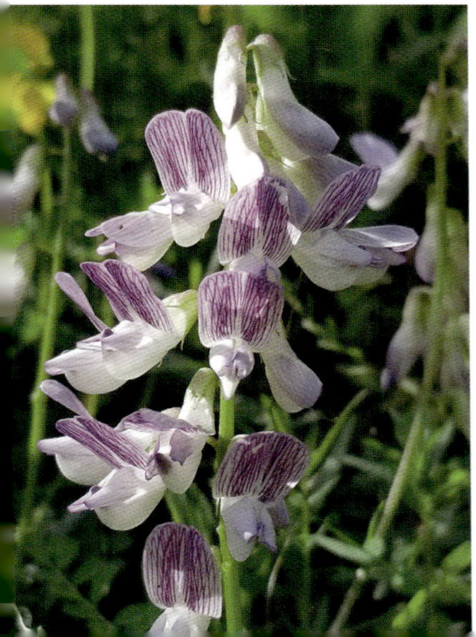

Kreuzblütler: Bitteres Schaumkraut.

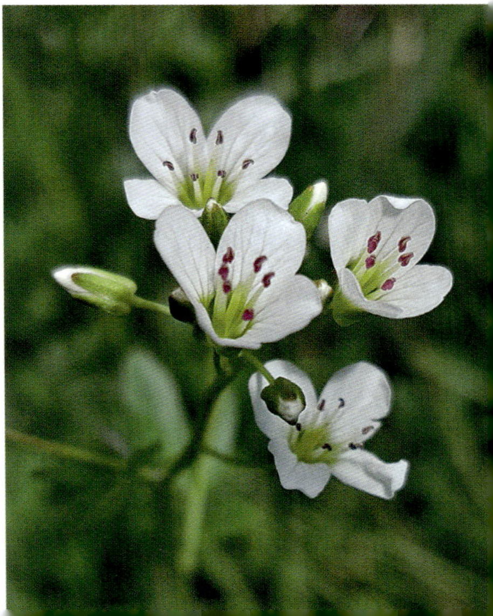

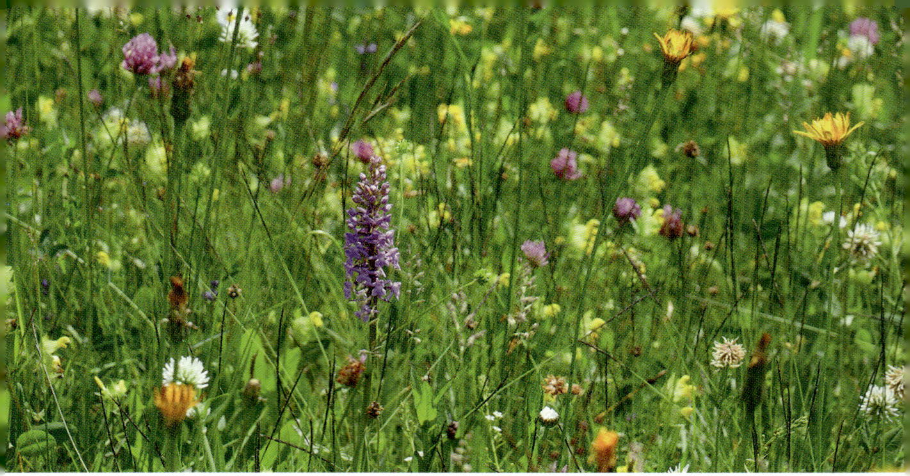

Rund um den Geroldsee (Tour 11) sind die Wiesen noch bunt und artenreich.

Bücher

Einfache und vergleichsweise leichtgewichtige Taschenbücher zur Bestimmung der häufigsten (Alpen-)Blumen gibt es von vielen Verlagen. Die folgende Auswahl umfasst bewährte Standardwerke, die jeweils mit einer stattlichen Anzahl von Arten und einfach anzuwendenden Bestimmungskriterien punkten:

- Spohn, Margot / Spohn, Roland / Golte-Bechtle, Marianne: Was blüht denn da? Kosmos Verlag 2021. 870 Pflanzenarten mit 2000 Zeichnungen (in Zusammenarbeit mit Flora Incognita); allgemeines Bestimmungsbuch, nicht auf Alpenflora spezialisiert.
- Hoppe, Ansgar: Blumen der Alpen. Kosmos Verlag 2014. Über 500 Arten; praktisches Rucksack-Format für unterwegs.
- Griebl, Norbert: Die Kosmos Alpenflora. Kosmos Verlag 2021. Rund 1200 Arten, incl. Verbreitungskarten; spezialisiert auf die Arten der alpinen und subalpinen Stufe; auch noch rucksacktauglich.
- Caspari, Claus / Caspari, Stefan / Schauer, Thomas: Der illustrierte Pflanzenführer. BLV. Rund 1500 Arten mit detailgenauen Zeichnungen.

Apps

Wer digitale Medien bevorzugt, kann eine der folgenden kostenlosen und derzeit (Stand 2022) werbefreien Pflanzenbestimmungs-Apps auf das Smartphone laden. Bei beiden kann die Pflanze entweder direkt aus der App heraus fotografiert werden oder es können früher aufgenommene Fotos verwendet werden. Die Bestimmung kann anhand von Blüten, Blättern, Früchten oder einer Kombination daraus erfolgen. Für beide Apps ist eine Internetverbindung nötig.

- Flora Incognita: Sehr gut gelungene App einer interdisziplinären Forschungsgruppe, intuitiv zu bedienen, absolut praxistauglich und auf die mitteleuropäische Flora spezialisiert. Zusätzlich zur Bestimmungsfunktion sind über 4800 Pflanzenarten mit ausführlichen Steckbriefen hinterlegt (floraincognita.de).
- Pl@ntNet: Ebenfalls intuitiv zu bedienende App zu Pflanzen aus aller Welt, die auf reiner Bilderkennung basiert. Anwender, die ihre Fotos hochladen, tragen zur Erweiterung der Bilddatenbank bei. Statt eigenen Pflanzensteckbriefen werden Links zu Google und Wikipedia etc. angeboten (plantnet.org).

Websites

Natürlich kann man die fotografierten Pflanzen auch in Ruhe daheim am PC bestimmen. Die folgenden Websites helfen dabei:

- flora-de.de: das absolute Nonplusultra der Pflanzenbestimmung im Netz, bei dem man sich anhand von Ja/Nein-Entscheidungen zur richtigen Pflanzenart »durchhangeln« kann. Perfekt für Pflanzenfreunde mit Vorkenntnissen.
- pflanzen-bestimmung.de: Durch Anklicken vorgefertigter Filterkriterien (z. B. Farbe, Blütenform) wird die Auswahl der infrage kommenden Pflanzen immer weiter eingegrenzt. Ideal für noch nicht so versierte Blumenbestimmer.
- alpenblumen.net: Einfach gehaltene Blumenbestimmung anhand der beiden Kriterien Blütenfarbe und Blütezeit; nett ist das Blumenerkennungs-Lernspiel.
- steinundkraut.de: Auf der Website der Autorin kann das umfangreiche Pflanzenarchiv nach Farbe, Blütezeit, Vorkommen und Pflanzenfamilie durchsucht werden. Im dicken Tourenarchiv kann man auch gleich noch neue Wanderziele finden.
- Wenn alle Stricke reißen und ein abgelichtetes Pflänzchen auch mit viel Mühe einfach nicht zu identifizieren ist, kann man sich an die hilfsbereiten und höchst kompetenten Spezialisten von pflanzenbestimmung.flora-germanica.de wenden [Rubrik »Welche Wildpflanze (Europa) ist das?«]. Allerdings sollte man dann auch detaillierte, aussagekräftige Fotos zum Hochladen haben und bereits eine gewisse Vorleistung bzw. Eingrenzung erbracht haben.

Am Ostersee (Tour 10) gibt es Bestimmungshilfen vor Ort.

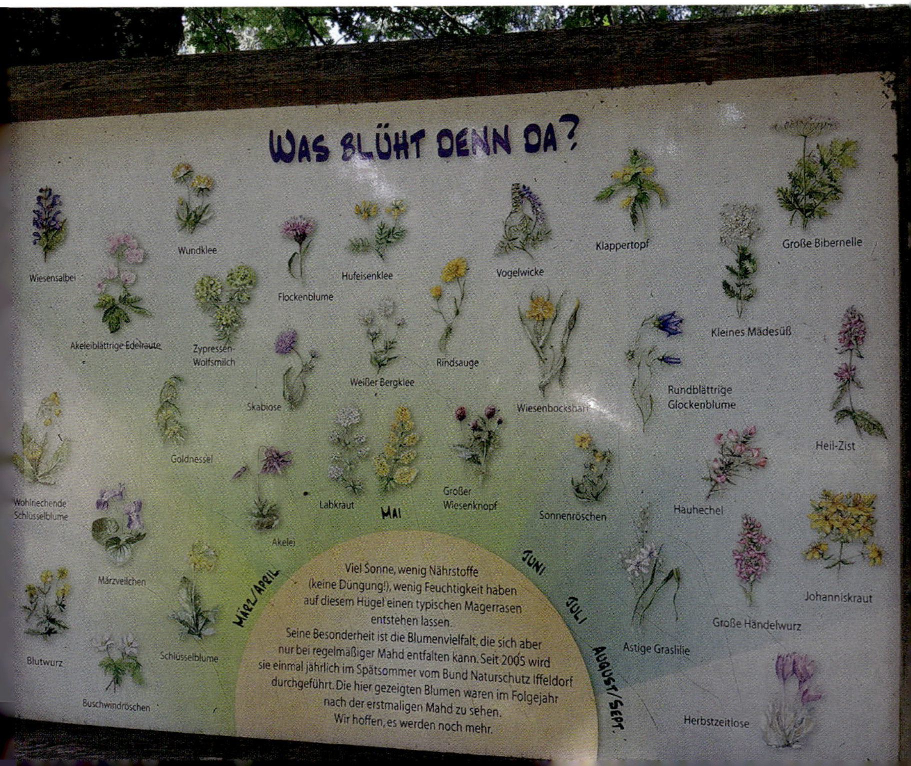

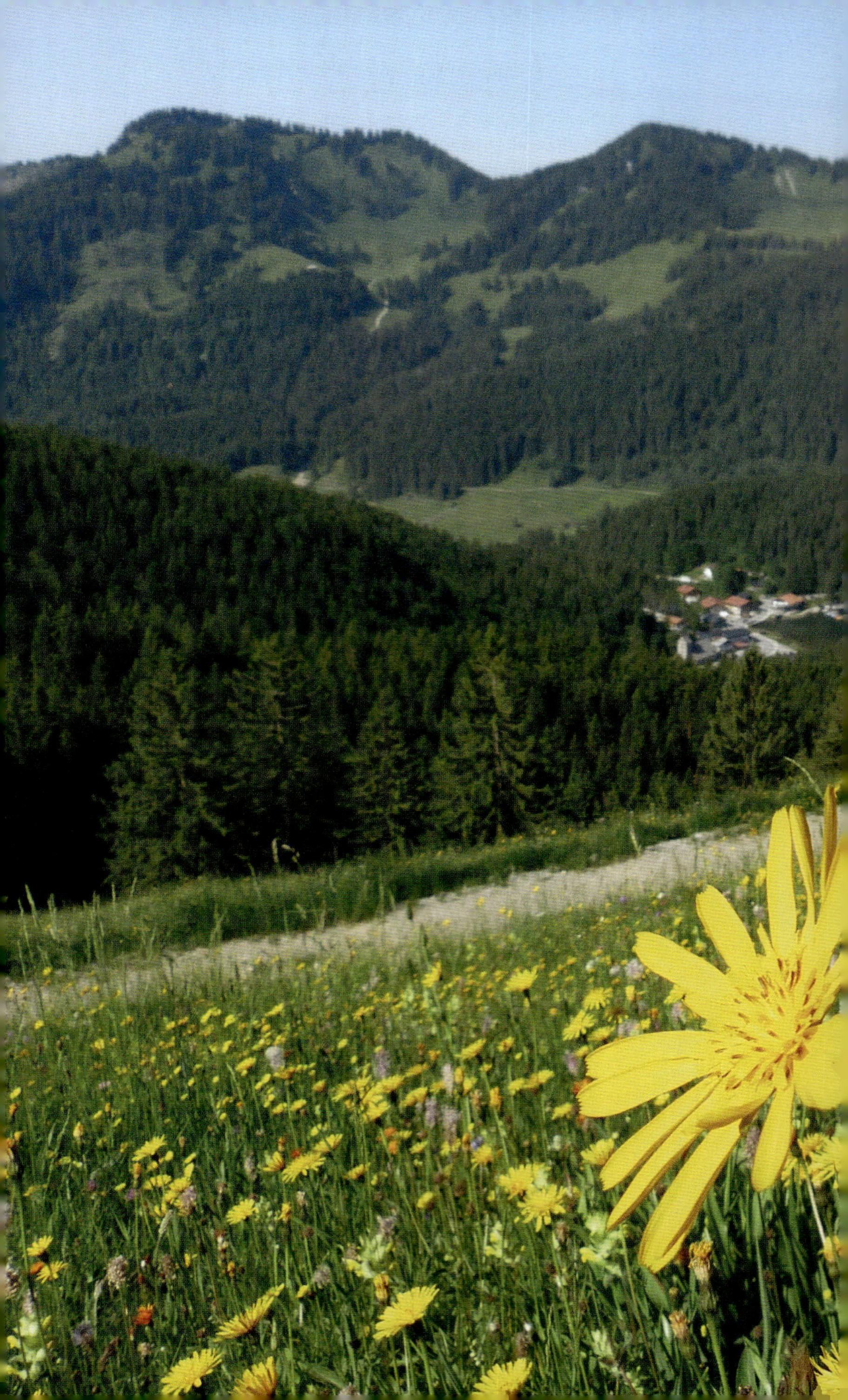

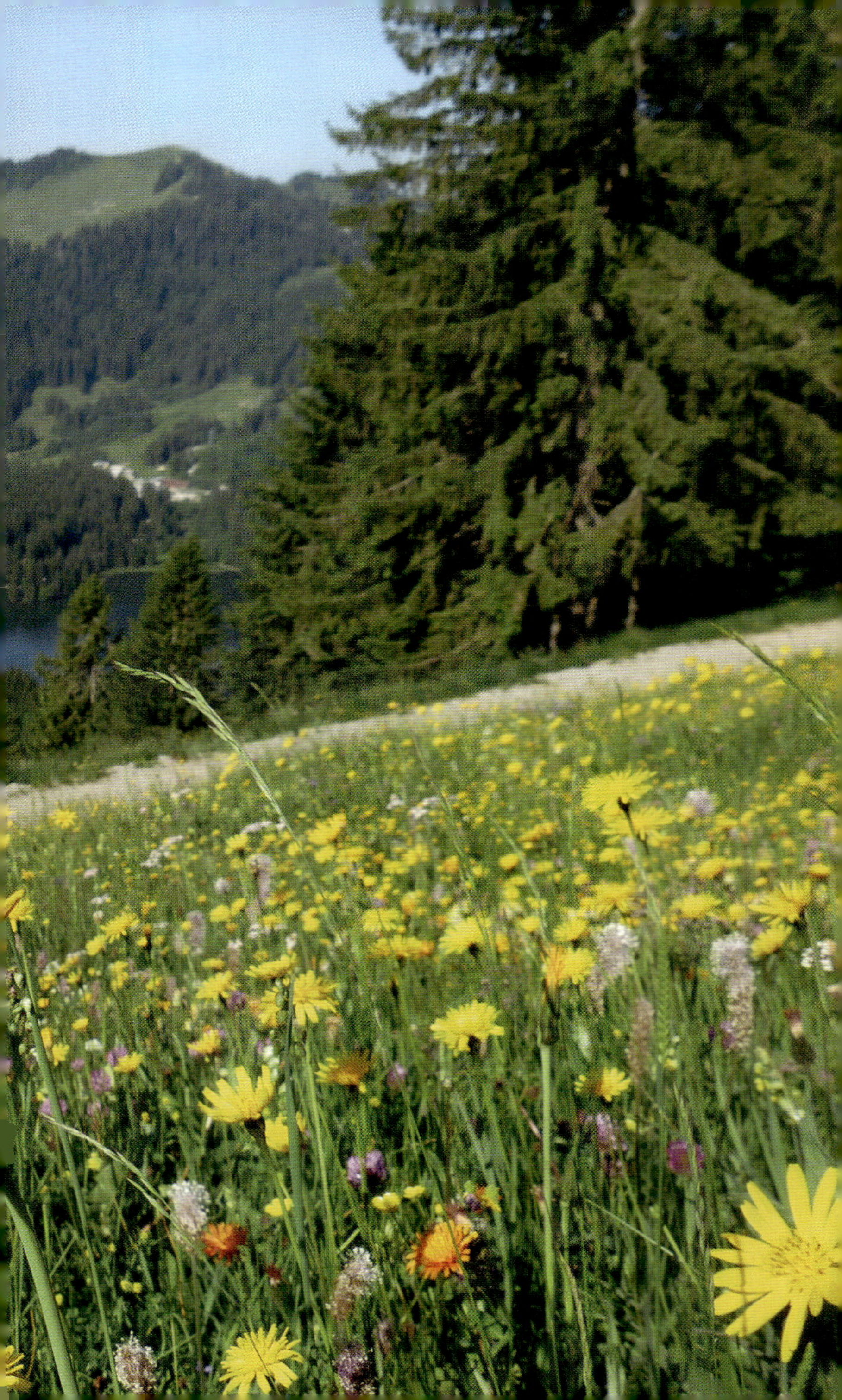

1 Hönig, 2034 m
Auf einen gutmütigen Außenposten der Lechtaler Alpen

TOP | 5.00 Std. | 11,4 km | ↗ 800 m | ↘ 800 m

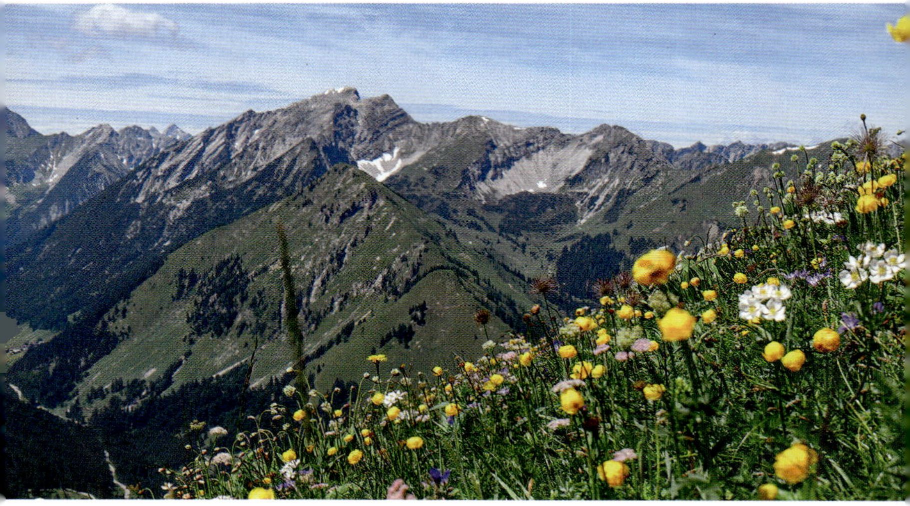

Bunte Bergwiesen beim Anstieg, im Hintergrund Knittelkarspitze und Steinkarspitzen.

Mehr Blumen- und Artenreichtum geht nicht

Dass sich die Lechtaler Alpen deutlich von den benachbarten Gebirgsgruppen unterscheiden, fällt schon aus der Ferne auf: Statt schroffer Felswände, Kare und Geröllrinnen wie im Karwendel und Wetterstein ziehen sich hier sattgrüne, blumenreiche Steilgraswiesen bis zu einer Höhe von 2500 m hinauf. Der gutmütige Hönig spielt unter all den blumenreichen Lechtaler Gipfeln nochmals in einer eigenen Liga, besticht er doch nicht nur durch unglaublichen Artenreichtum, sondern auch durch eine Vielzahl recht seltener Alpenblumen, die allesamt direkt entlang des Wegs wachsen. Botanisches Schaulaufen der Extraklasse! Mit den hier beschriebenen An- und Abstiegswegen ergibt sich zudem eine perfekte, abwechslungsreiche Rundtour mit aussichtsreicher Kammwanderung im Mittelteil. Mehr Pluspunkte kann eine Bergtour nicht bieten!

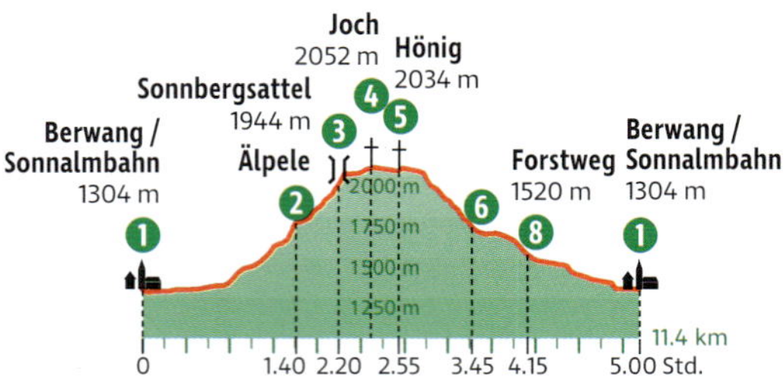

Ausgangspunkt: Berwang, Großparkplatz an der Sonnalmbahn, 1304 m. Anfahrt mit dem Pkw entweder von Füssen / Reutte oder über Garmisch-Partenkirchen und Lermoos auf der B 179 nach Bichlbach und auf der Namloser Landstraße hinauf nach Berwang (Navi: Sonnalmbahn, 6622 Berwang; N47° 24.563' E10° 45.143'). Bus 151 von Reutte Bhf. oder Bichlbach (dort jeweils Anschluss zur Außerfernbahn), Haltestelle direkt an der Sonnalmbahn.
Anforderungen: Durchwegs gut angelegte, nicht exponierte Bergwege. Aufstieg zum Älpele auf recht schmalem Steig; durch dichten Bewuchs und Bachnähe oft rutschig, hier auch einige ausgewaschene Bach- und Lawinenrinnen, die Trittsicherheit erfordern. Weiterer Aufstieg zum Gipfel und Abstieg in bequemen Serpentinen und auf bestens gewarteten Wanderwegen.
Einkehr: Kögele-Hütte (Variante 2, Mai bis Oktober geöffnet, Mittwoch Ruhetag), Gastronomie in Berwang.
Beste Jahreszeit: Juni bis Juli.
Varianten: 1) Vom Sonnbergsattel aus können Konditionsstarke zusätzlich die Vordere Suwaldspitze, 2155 m, mitnehmen. Am Wegweiser nach links, auf dünner Steigspur im Wiesengelände hinauf zu einem Rücken, über eine kurze Schrofenbank bergab und dann längere Zeit auf sehr schmaler, teilweise bröseliger Spur durch die gesamte Nordflanke der Vorderen Suwaldspitze. Den Gipfel im Westen umrunden. Auf der Rückseite nicht zu lange den immer schwächer werdenden Steigspuren folgen, die die Südflanke queren (sie lösen sich zunehmend auf und führen zu weit vom Gipfel weg), sondern gleich nach der Umrundung steil auf bröseligen Spuren hinauf zum Kreuz. Botanische Extras: Tüpfel-Enzian *(Gentiana punctata)* und Steinröschen *(Daphne striata)*. Schwierigkeit schwarz, keine Markierungen, insgesamt eine gute Stunde extra!
2) Als Einkehrmöglichkeit kann man die schön gelegene Kögele-Hütte einbauen. Dazu bei 7 nicht rechts, sondern links gehen (beschildert) und in ca. 20 Min. zur Kögele-Hütte absteigen. Von dort erreicht man in wenigen Minuten bei 8 die Hauptroute.
Hinweis: Den Weg zum Älpele sollte man nicht zu früh im Jahr gehen, da dort im Winter i. d. R. diverse Lawinen abgehen und der Weg dadurch oft beschädigt wird. Meist muss man noch bis in den Frühsommer hinein mit pickelharten Lawinenresten auf dem Weg rechnen. Aber die größte Blumenpracht entfaltet sich ohnehin erst ab Mitte Juni.

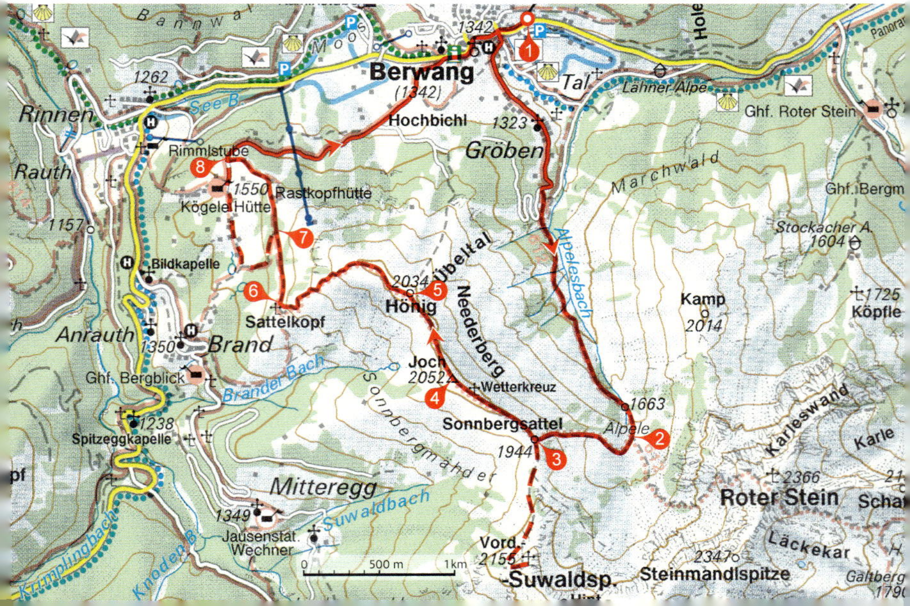

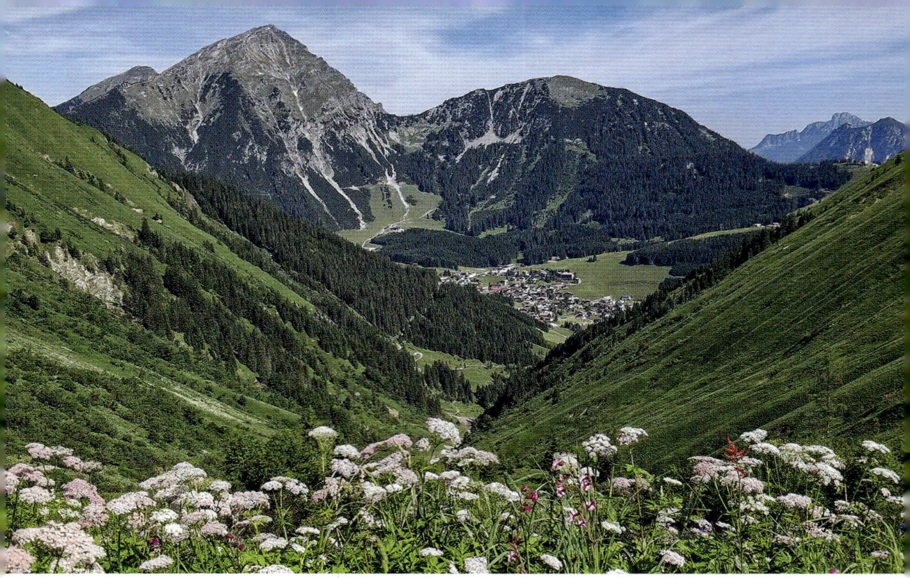

Rückblick auf Berwang vom blumenübersäten Älpele aus.

Vom Großparkplatz bzw. der Bushaltestelle gegenüber der Sonnalmbahn in **Berwang** ❶ folgen wir der Berwanger Hauptstraße bergauf Richtung Kirche und biegen nach wenigen Minuten an einer Kreuzung links ab (Wegweiser Älpele / Hönig). Schnell haben wir Berwang hinter uns gelassen und gelangen durch bunte Blumenwiesen zu den verstreuten Häusern des Ortsteils Gröben. Hier finden wir zwischen dem stämmigen Wiesen-Bärenklau *(Heracleum sphondylium)* und dem sonnengelben Wiesen-Bocksbart *(Tragopogon pratensis)* mit dem Fuchs' Knabenkraut *(Dactylorhiza fuchsii)* schon die erste Orchidee – erkennbar an kräftiger rosa Schleifenzeichnung. Hinter den letzten Häusern folgen wir dem breiten Forstweg und halten uns an einer beschilderten Gabelung links. Spätestens jetzt sollte man sich die Restmüdigkeit aus den Augen reiben, denn die Tour beginnt gleich mit einem botanischen Paukenschlag: Auf Höhe einer Aussichtsbank links sind rechter Hand zahlreiche Exemplare der Fliegen-Ragwurz (*Ophrys insectifera*, s. Steckbrief S. 135) auf wenigen Quadratmetern versammelt! Aufgrund der steilen Böschung kann man bequem auf dem Weg stehen bleiben und hat die zarten Orchideen direkt vor der Nase und in perfekter Fotoposition!

Vor lauter Begeisterung sollte man aber nicht die Blumenfülle ringsherum übersehen: Auf den Hängen mit niedrigerem Bewuchs gesellen sich pastellgelbe filigrane Kelch-Simsenlilien *(Tofieldia calyculata)* und lilafarbene Kugel-Teufelskrallen *(Phyteuma orbiculare)* zum kräftig-gelben Gewöhnlichen Hornklee *(Lotus corniculatus)*. Den höheren Bewuchs bilden die intensiv gelben Sterne der Rindsaugen *(Buphthalmum salicifolium)*, Rote Lichtnelken *(Silene dioica)* und die länglichen, etwas bizarr wirkenden Schwarzen Teufelskrallen *(Phyteuma nigrum)*. Die formschöne Blüte des hochgiftigen Blauen Eisenhuts (*Aconitum napellus*, s. Steckbrief S. 50) erinnert tatsächlich an mittelalterliche Ritterhelme.

Der Forstweg endet; ein schmales Steiglein führt uns nun, immer einige Meter oberhalb des Bachs, ins Tal hinein. Man sieht dem Gelände und den vielen Schneisen an, dass hier im Winter oft Lawinen abgehen und das Tal bisweilen etwas »umbauen«. Stellenweise kann der Weg auch mal beschädigt sein, in der Regel gibt es aber gut festgetretene »Umgehungen«. Die riesigen Blätter und Blütendolden des Alpen-Kälberkropfs *(Chaerophyllum villarsii)* bedecken die Hänge zu beiden Seiten des Wegs. Zwischen diesen ausladenden Doldenblütlern kämpfen die pinkfarbenen, kunstvoll gewölbten Türkenbund-Lilien (*Lilium martagon*, s. Steckbrief S. 179) um ihren Platz an der Sonne. An einer feuchten Bachrinne finden wir direkt im Weg ein Büschel Alpen-Gänsekresse *(Arabis alpina)*. Nach einiger Zeit mischt sich in den Bewuchs zur Rechten eine neue Farbe und Form: die seltene Gelbe Platterbse *(Lathyrus laevigatus)*, deren Blüten von hellgelb nach braun-orange abblühen. Wo die schützenden Latschen bis zum Weg herunterziehen, hat auch ein anderer Schmetterlingsblütler, die Wald-Wicke *(Vicia sylvatica)* mit ihren weiß-blau gemusterten Blüten, ihren Lebensraum gefunden. Weiter geht es immer parallel zum Bach taleinwärts. Die flache Mulde des Älpeles, umrahmt von den schroffen Flanken des Roten Steins, ist im Talschluss schon gut zu erkennen. An feuchten Stellen treffen wir auf die gelbe Variante des Eisenhuts, den nicht minder giftigen und formschönen Wolfs-Eisenhut *(Aconitum lycoctonum)*, dazu im niedrigeren Bewuchs einen besonders prachtvollen Vertreter der Gattung Läusekraut, das Reichblättrige Läusekraut *(Pedicularis foliosa)* mit seinen kolbenförmigen, aus vielen hellgelben Blüten zusammengesetzten und von filigranen Blättern eingerahmten Blütenständen. Auch ein paar Narzissen-Windröschen, oder kurz Berghähnlein *(Anemone narcissiflora)*, haben sich weit heruntergewagt.

Das Tal weitet sich nun allmählich, wir wechseln die Bachseite und steigen im bequemen Zickzack hinauf zum Rand des Älpeles. Augen auf für eine weitere Pflanzenrarität: die Kleine Wachsblume *(Cerinthe minor)*, deren nach unten hängende gelb-roten Blütchen immer wie nicht ganz aufgeblüht wirken. In der

Gelbe Platterbse.

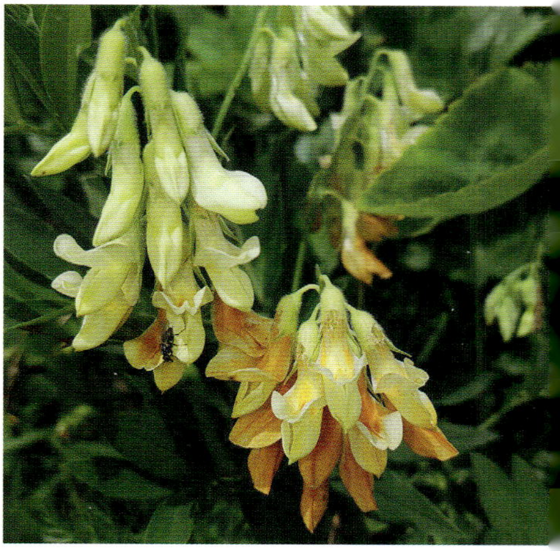

Reichblättriges Läusekraut.

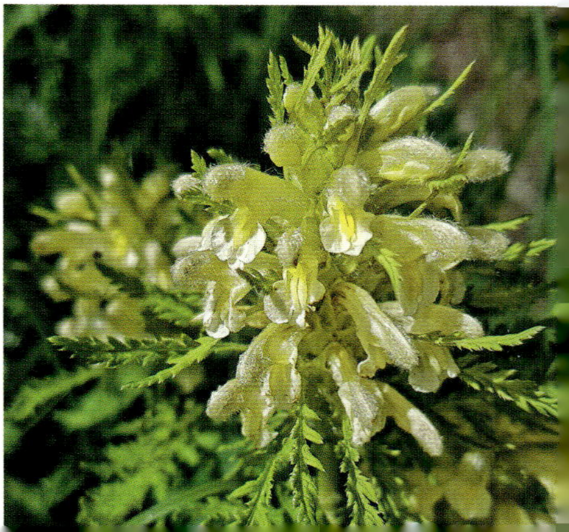

flachen Mulde des **Älpeles** ❷ bietet eine Sitzbank direkt an der Geländekante einen perfekten Rastplatz mit schönem Rückblick auf die bereits bewältigte Strecke und bis hinaus nach Berwang. Haben wir die strahlend gelben Trollblumen *(Trollius europaeus)* mit ihren dicht gepackten Blütenköpfen bisher nur ab und zu angetroffen, so sind sie in der feuchten Wiesensenke des Älpeles in großen Mengen zu finden, mit Berg-Baldrian *(Valeriana montana)* und Alpen-Mutterwurz *(Mutellina adonidifolia)* kommen noch zwei rosa Komponenten dazu.

Kurz nach der Rastbank schickt uns ein Wegweiser nach rechts. Hier ändert sich der Bewuchs fast schlagartig – die höheren Stauden bleiben zurück, die niedrigeren Bergspezialisten übernehmen das Gelände. Während wir in moderater Steigung auf gutem Weg den Wiesenhang hinaufsteigen, entdecken wir nicht nur das schon bekannte Reichblättrige Läusekraut in rauen Mengen, sondern mit dem rotbraun blühenden Gestutzten Läusekraut *(Pedicularis recutita)* noch einen weiteren Vertreter derselben Gattung. Großblütiger Enzian *(Gentiana clusii)*, Alpen-Fettkraut (*Pinguicula alpina*, s. Steckbrief S. 43) und die Weiße Silberwurz (*Dryas octopetala*, s. Steckbrief S. 167) mit ihren stark glänzenden Blättern übernehmen die felsigeren Stellen des Hangs, Glatte Brillenschötchen *(Biscutella laevigata)* und Trollblumen bringen noch zwei verschiedene Gelbtöne ins kunterbunte Bild. Weiter oben im stets gut begehbaren Wiesenhang nehmen die Bestände an Rostroten Alpenrosen (*Rhododendron ferrugineum*, s. Steckbrief S. 211) zu, die hinreißenden Berghähnlein wachsen zwischendrin auf großer Fläche. Wer bisher Mühe hatte, Berghähnlein (mehrblütig) und Alpen-Kuhschellen (*Pulsatilla alpina*, s. Steckbrief S. 172, einblütig) zu unterscheiden, kann nun »am lebenden Objekt« üben – je weiter wir uns dem Sonnbergsattel nähern, desto mehr prachtvolle Kuhschellen mit ihren charakteristischen halskrausenartigen Hochblättern mischen sich nämlich unter den Bewuchs. Die letzten Minuten hinauf zum Sonnbergsattel sind zwar etwas steiler und manchmal rutschig, bleiben aber völlig ungefährlich. Schon wieder springen uns neue Pflanzen ins Auge: Die Orchideen-

Berghähnlein hört auch auf den Namen Narzissen-Windröschen.

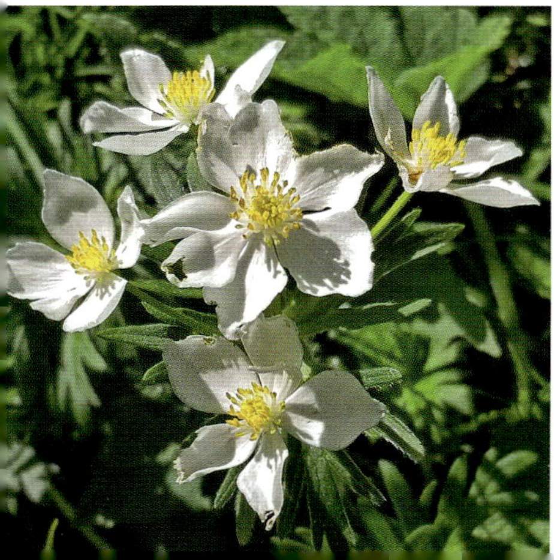

Der Blütenstand der Kugelorchis ist erst pyramidenförmig, später kugelig.

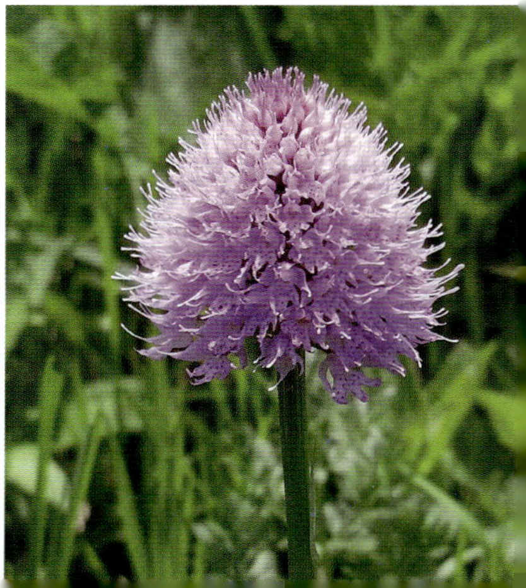

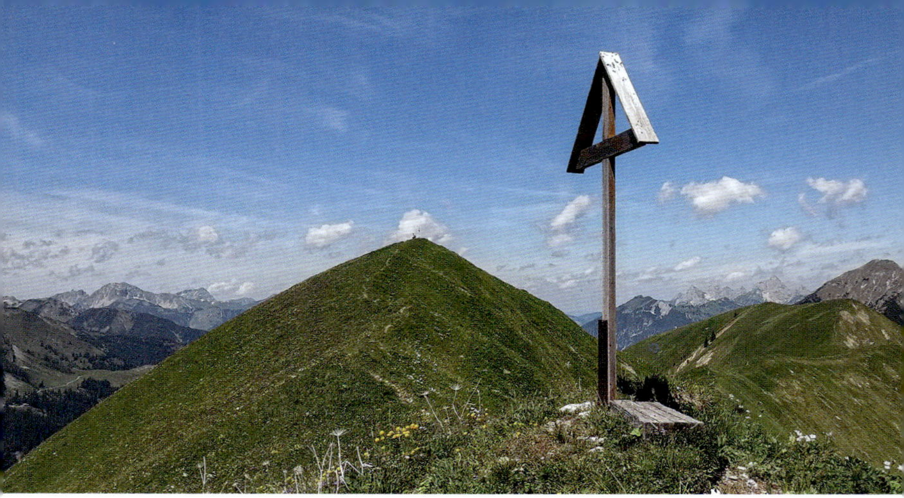

Aussichtsreiche Kammwanderung zum Hönig-Gipfel.

Familie bekommt durch das Breitblättrige Knabenkraut (*Dactylorhiza majalis*, s. Steckbrief S. 88), die Mücken-Händelwurz (*Gymnadenia conopsea*, s. Steckbrief S. 222) und die Kugelorchis *(Traunsteinera globosa)* Zuwachs, mit dem Alpen-Hahnenfuß *(Ranunculus alpestris)* und dem auffallend dunkellila gefärbten Alpenhelm *(Bartsia alpina)* kommen zwei Spezialisten für größere Höhen hinzu. Vorsicht beim Studieren des Wegweisers am **Sonnbergsattel ❸**, 1944 m, – direkt am Kreuzungspunkt wachsen einige Exemplare des zarten und leicht zu übersehenden hellgelben Weißzüngels *(Pseudorchis albida)*, was die Orchideen noch um ein weiteres Familienmitglied bereichert. Wer zunächst noch die Vordere Suwaldspitze besuchen will (s. Variante 1), wendet sich hier nach links, alle anderen nach rechts. Der folgende Aufschwung hinauf zum Kamm ist etwas steiler, im gutmütigen Wiesengelände aber unproblematisch. »Verziert« wird er – außer mit Kugelorchis, Weißzüngel, Händelwurz, Kuhschelle und Berghähnlein – noch durch den intensiv pinkfarbenen Alpen-Süßklee *(Hedysarum hedysaroides)*.

Am immer angenehm breiten Kamm beginnt reinstes »Hügelhüpfen«. Wie auf einem Panoramaweg ergeben sich wunderbare Blicke in die sanft-grüne Bergwelt der nördlichen Lechtaler Alpen, aber auch zu anspruchsvolleren Gipfelzielen im Süden. Auf den steilen Wiesen zur Linken ändert sich der Bewuchs zugunsten riesiger Bestände des Allermannsharnisch (*Allium victorialis*, s. Steckbrief S. 160). Die entfernten Verwandten von Lauch und Bärlauch mit ihren kugelförmigen pastellgelben Blüten begleiten uns nun bis zum Gipfel. Nach der ersten Wiesenkuppe mit dem Wetterkreuz steigen wir in eine sanfte Senke hinunter und setzen das aussichtsreiche Panoramawandern fort. Der nächste Gupf im Kammverlauf ist das sogenannte **Joch ❹**, 2052 m, mit einfachem Metallkreuz. Wieder durchqueren wir mit Höhenverlust eine Senke, bevor wir dann im endgültig letzten Aufschwung den Hauptgipfel des **Hönig ❺**, 2034 m, mit großem Kreuz, Sitzbank und fantastischem Rundumblick erreichen.

Wir verlassen den Gipfel in nordwestlicher Richtung und steigen auf engen, äußerst bequem angelegten Serpenti-

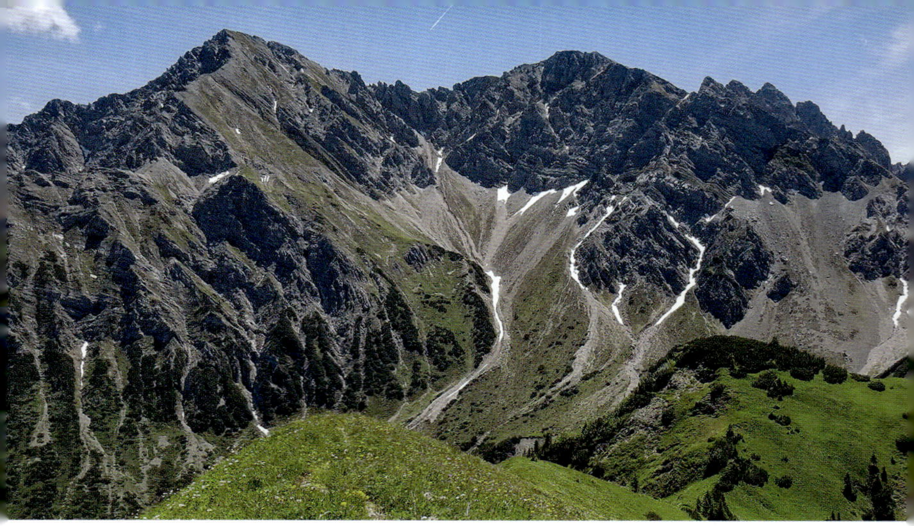

Blick vom Hönig-Kamm über das Älpele hinweg zum Roten Stein.

Gewöhnliche Strauß-Glockenblume
(Campanula thyrsoides ssp. thyrsoides)
Familie: *Glockenblumengewächse (Campanulaceae)*
Standort: *Alpine Matten, steinige Rasen, Felsregionen in sonniger Lage; von 1000 bis 2700 m*
Blütezeit: *Juni bis August*
Charakteristik: *Bis 60 cm hoch, davon 40 cm kolbenförmiger Blütenstand. Blüht typischerweise von unten nach oben auf, kann aus bis zu 200 dicht gepackten Einzelblüten bestehen. Einzelblüten pastellgelb, außen behaart, mit glockenförmig verwachsenen Kronblättern. Laubblätter länglich und schmal, sowohl grundständig als auch bis in den Blütenstand hinein am Stängel verteilt.*
Status: *Gefährdet und nach BArtSchG besonders geschützt. Nach T-NV ungeschützt.*
Verwandtschaft: *Krainer Strauß-Glockenblume (von Kärnten ostwärts vorkommend, mit lang gestrecktem, zylindrischem Blütenstand)*

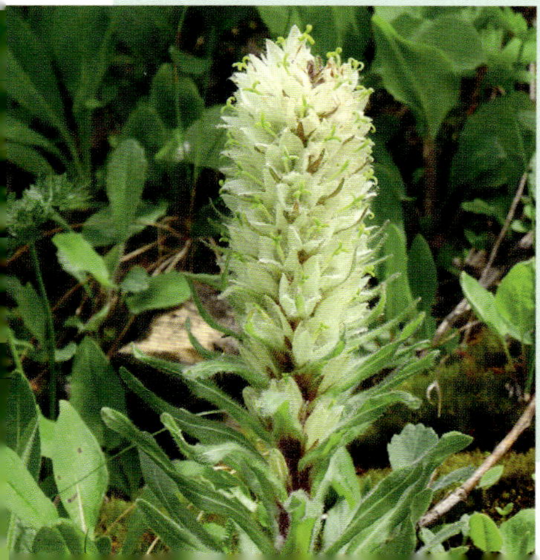

Wissenswertes: *Normalerweise gilt die Strauß-Glockenblume als zweijährig. Im ersten Jahr wird nur die Blattrosette gebildet, im zweiten Jahr entwickeln sich die Blüte und nachfolgend die Samen, danach stirbt die Pflanze ab. Je nach Standort kann es aber auch 5 bis 10 Jahre bis zur Blühreife dauern. Die nach der Blüte ausgebildeten Kapselfrüchte können bis zu 150 Samen enthalten – pro Frucht! Bei 100 bis 200 Blüten pro Pflanze kommt da eine recht stattliche Samenmenge zusammen, die vom Wind verbreitet wird.*

nen durch ein unglaubliches Blumenmeer den weitläufigen Wiesenhang hinab: Zu den bekannten, in Massen auftretenden Arten kommt mit dem Stattlichen Knabenkraut *(Orchis mascula)* noch eine weitere Orchideenart dazu. Und nun Tusch und Applaus für den botanischen Höhepunkt des Abstiegs: prachtvolle Exemplare der zartgelben Gewöhnlichen Strauß-Glockenblumen (*Campanula thyrsoides*, s. Steckbrief S. 38)!
Am unteren Ende des langen Wiesenhangs halten wir uns an einem **Wegweiser 6** rechts Richtung Berwang. In der nun folgenden Hangquerung wird der angenehm zu begehende Weg zur reinsten Strauß-Glockenblumen-Promenade – zu beiden Seiten finden sich hier äußerst stattlichen Exemplare, dazu mit Weißer Waldhyazinthe *(Platanthera bifolia)* und dem Kleinen Zweiblatt *(Neottia cordata)* die Orchideen-Arten Nummer 8 und 9. Nach einem kurzen Waldgürtel kann man sich an einer **Verzweigung 7** entweder für den Einkehr-Abstecher zur Kögele-Hütte (links, s. Variante 2) entscheiden oder für den direkten Abstieg nach Berwang (rechts). Letzterer führt uns zur unbewirtschafteten Rastkopfhütte; auf dem schütteren Rasen davor wachsen Gewöhnlicher Hornklee und Gewöhnlicher Wundklee *(Anthyllis vulneraria)*, Mittlerer Wegerich *(Plantago media)*, Stattliches Knabenkraut, Mücken-Händelwurz und große Bestände des orange-gelben Gold-Pippaus *(Crepis aurea)*. Wir halten uns direkt vor der Rastkogelhütte links und nehmen für den weiteren Abstieg einfach die Skipiste. Kaum zu glauben, dass auf diesem eigentlich recht karg wirkenden Hang wieder zahlreiche Strauß-Glockenblumen wachsen – und am Pistenrand etliche Türkenbund-Lilien. Die Piste mündet in einen quer laufenden **Forstweg 8**, wo wir rechts abbiegen (die Besucher der Kögele-Hütte kommen von links dazu). Der Forstweg bringt uns in bequemem Gefälle bis zum Ortsrand von Berwang, dabei durchwandern wir kunterbunte Blumenwiesen. Wir erreichen den Ort etwas oberhalb der Kirche und schlendern entlang der Hauptstraße zurück zum Ausgangspunkt bei der Sonnwendbahn in **Berwang 1**. Wer mit öffentlichen Verkehrsmitteln unterwegs ist, kann diese traumhafte Rundtour auch schon an der Bushaltestelle Kirchplatz beenden.

Blumenreicher Abstieg, im Hintergrund der Rotlech-Stausee und die Allgäuer Alpen.

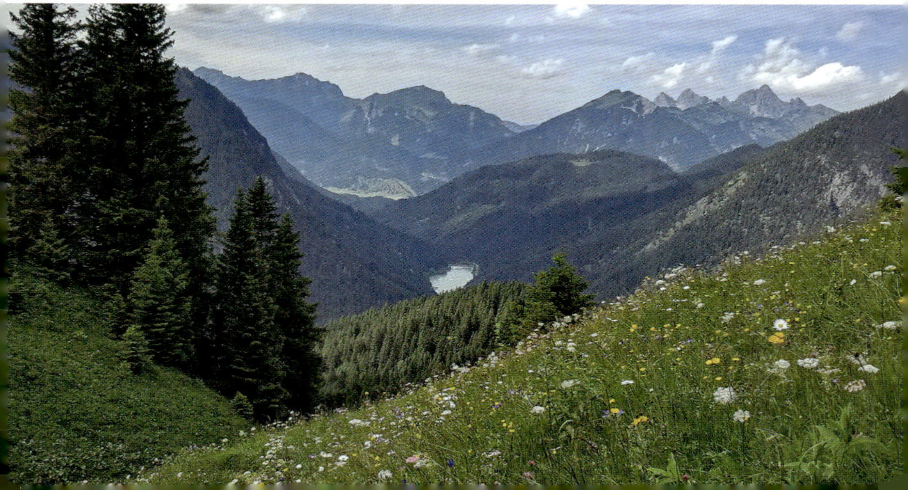

Geierkopf-Westgipfel, 2143 m

Hoch über dem Plansee

6.45 Std. | 11,2 km | ↗ 1240 m | ↘ 1240 m

Botanische Grüße vom Gardasee und fleischfressende Pflanzen

Die gute oder die schlechte Nachricht zuerst? Der Westgipfel der Geierköpfe ist in puncto Aussicht kaum zu überbieten. Der Blick reicht von den Allgäuer und Lechtaler Alpen bis zum Wetterstein und den Ammergauer Alpen. Der Tiefblick auf Plansee und Heiterwanger See mit ihren unterschiedlichen Färbungen braucht den Vergleich mit Norwegen oder Kanada absolut nicht zu scheuen. Allerdings ist der südseitige Anstieg durchaus schweißtreibend und gerade im unteren Teil recht ruppig, passagenweise auch luftig. Trittsicherheit und Schwindelfreiheit sollte man also unbedingt mitbringen.

Botanisch punkten die Geierköpfe mit drei ausgemachten Pflanzen-Stars, die das Gelände unter sich aufteilen: Im unteren Bereich beeindrucken große Vorkommen der Monte-Baldo-Segge, die normalerweise nur deutlich südlich der Alpen vorkommt und an den Geierköpfen einen völlig isolierten, nördlichen Außenposten bildet; im mittleren Teilstück kann man mit dem massenhaft auftretenden Alpen-Fettkraut eine der wenigen heimischen fleischfressenden Pflanzen kennenlernen; der Gipfelbereich schließlich wird von Tausenden Fels-Aurikeln in leuchtendes Gelb getaucht.

Eins-a-Gipfelblick über den Plansee und den Heiterwanger See zu Lechtaler und Allgäuer Alpen.

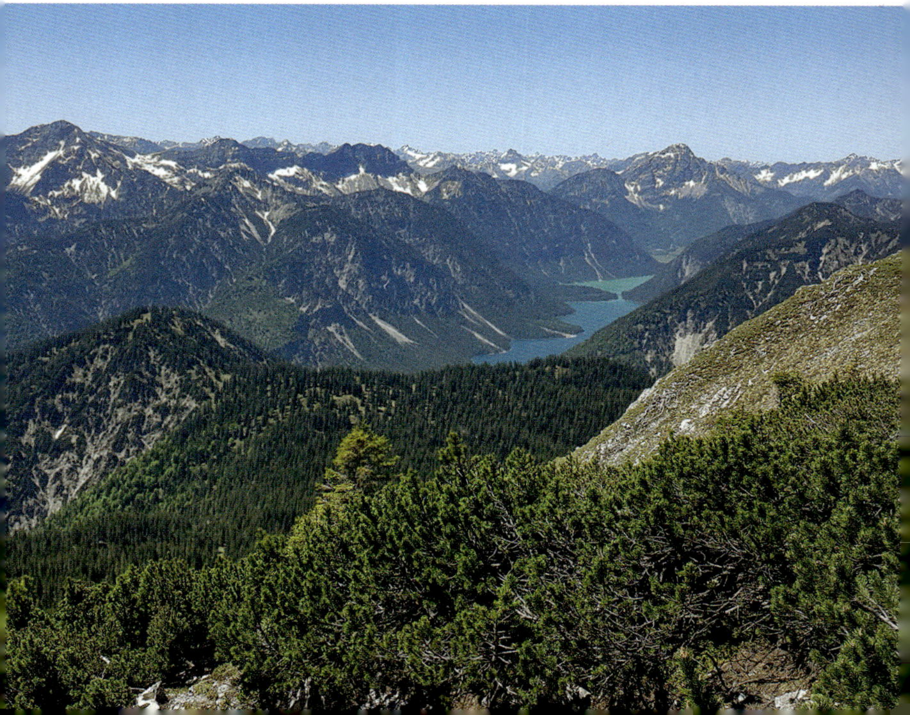

Ausgangspunkt: Plansee Nordufer, Wanderparkplatz hinter dem Campingplatz Sennalpe (kurz vor der Musteralpe), 984 m. Anfahrt mit dem Pkw auf der A 95 und der B 2 bis Oberau, dann auf der B 23 bis kurz hinter Ettal (hierher auch auf B 23 von Oberammergau) und auf der St 2060 über Linderhof zum Ort Plansee (Navi: Parkplatz am Plansee, 6600 Plansee; N47° 29.311' E10° 50.643').

Anforderung: Im Bereich zwischen ❷ und ❹ sehr schmale Steige im Steilgelände, passagenweise recht ausgesetzt, stellenweise erodiert. Absolute Trittsicherheit und Schwindelfreiheit nötig, keinesfalls bei Nässe begehen. Ab der Zwerchenbergalpe deutlich einfacheres Gelände mit gutem Weg; kurze, problemlose Kletterstelle (I. Grad).

Einkehr: Unterwegs keine, Musteralpe am Ausgangspunkt (mit Schaukäserei, ganzjährig geöffnet, Montag und Dienstag Ruhetag).

Beste Jahreszeit: Je nach Schneeschmelze Mitte Mai bis Ende Juni.

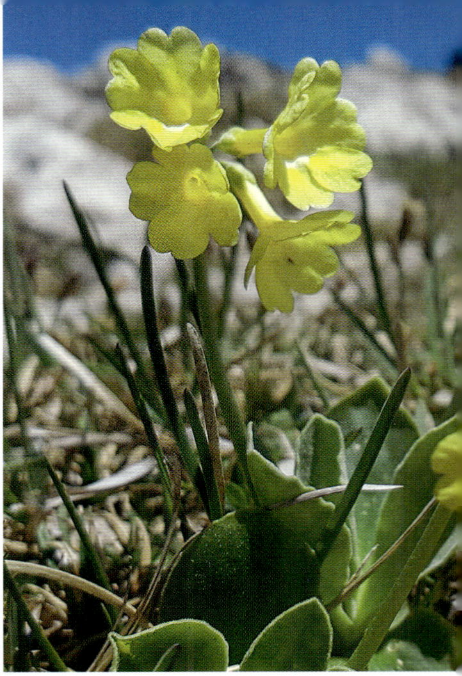

Die Fels-Aurikel ist an ihren glatten, fleischigen Blättern leicht zu erkennen.

Vom **Wanderparkplatz ❶** folgen wir kurz dem Forstweg Richtung Musteralpe, lassen deren Einfahrt aber links liegen und gehen am oberen Weg weiter. Ein gelbes Schild informiert uns, dass der Steig zu den Geierköpfen in rund 300 Metern beginnt. Auf dem Weg dorthin begleiten uns rosa Mehl-Primeln *(Primula farinosa)*, hellgelbe Glatte Brillenschötchen *(Biscutella laevigata)*, lila-blaue Berg-Flockenblumen *(Cyanus montanus)*, Schwarzviolette Akeleien (*Aquilegia atrata*, s. Steckbrief S. 186) und mit den stattlichen weißen Blütenständen des Schwertblättrigen Waldvögeleins *(Cephalanthera longifolia)* auch eine heimische Orchidee.

Tatsächlich weist uns nach den veranschlagten 300 Metern ein Holzschild am Baum (»Geierköpfe über Zwerchenberg-Hütte, für Geübte«)

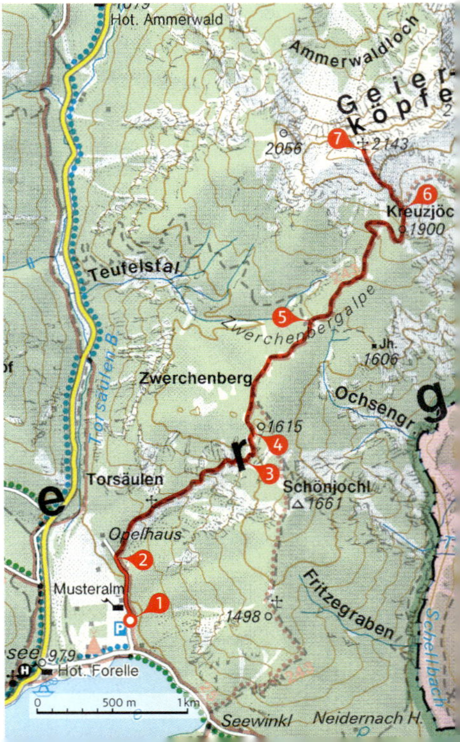

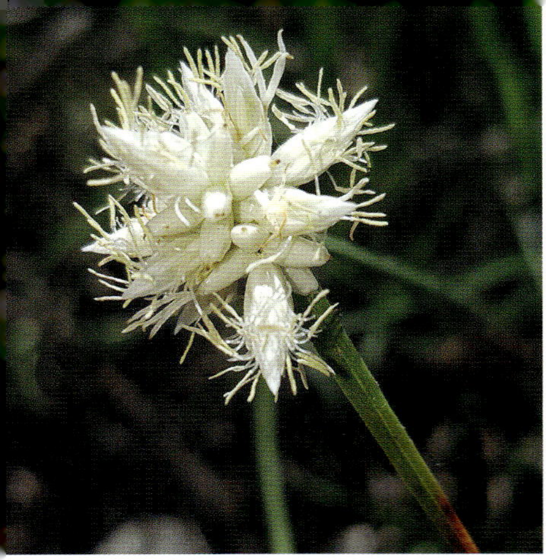

Monte-Baldo-Segge.

nach rechts in einen **Steig ❷**, der in moderater Steigung die Ausläufer einer breiten, teilweise wieder begrünten Schuttreisse quert. Wir arbeiten uns an ihrem linken Rand mittelsteil durch den lichten Wald. Zu den Schwertblättrigen Waldvögelein gesellt sich mit der Weißen Waldhyazinthe *(Platanthera bifolia)* eine weitere Orchideenart und – man glaubt es kaum – bereits nach wenigen Minuten ein großer Bestand der zarten weißen Monte-Baldo-Seggen *(Carex baldensis)*.

Allmählich wird die Schuttreisse zu einer ausgeprägten Schlucht und unser Steiglein, das meist direkt an der Abbruchkante entlangführt, muss immer wieder in engen und steilen Serpentinen nach links in den Steilhang ausweichen, um ausgewaschene und abgebrochene Stellen zu umgehen. Zum bekannten Bewuchs kommen in schattigen Bereichen nun das hübsche gelbe Zweiblütige Veilchen *(Viola biflora)* und einige Exemplare der ockerfarbenen Vogel-Nestwurz (*Neottia nidus-avis*), s. Steckbrief S. 192) dazu. Unser Steig verläuft nun für ein längeres Stück wieder direkt an der Kante der Schlucht. Hier sind solide Trittsicherheit und etwas Vorsicht geboten, das Steiglein ist bisweilen recht schmal und umrundet so manches ausgesetzte Eck. Zum Bewundern des Felsen-Baldrians *(Valeriana saxatilis)* und der Monte-Baldo-Seggen, die hier immer wieder entlang des Wegs in großer Zahl auftreten, sollte man sich also jeweils einen siche-

Das schmale Steiglein im Steilgelände erfordert Trittsicherheit.

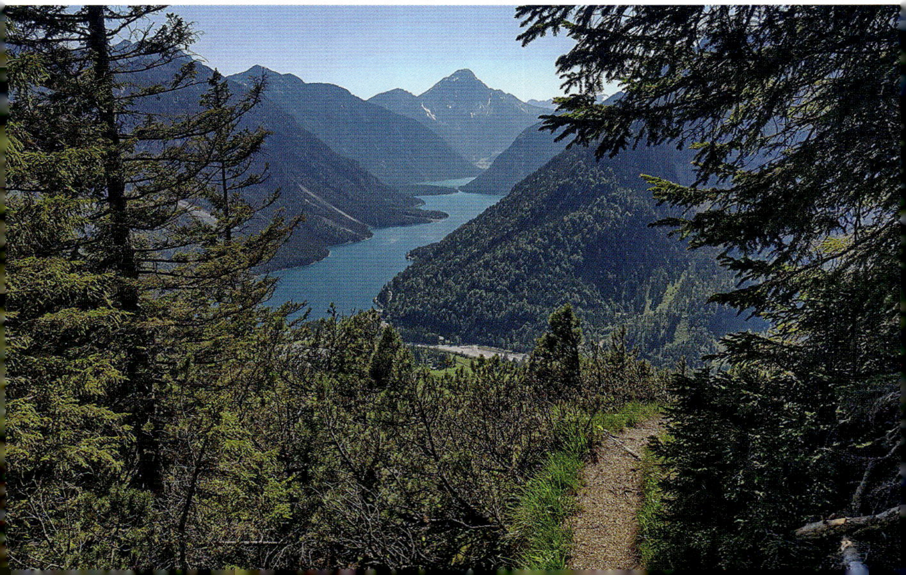

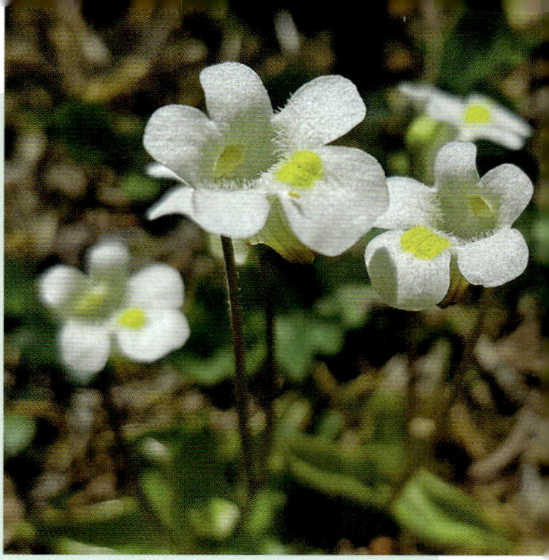

Alpen-Fettkraut *(Pinguicula alpina)*
Familie: *Wasserschlauchgewächse (Lentibulariaceae)*
Standort: *Sickerfeuchte Böden, Quellmoore, alpine Steinrasen, feuchte Felsen, Bachläufe; bis 3000 m*
Blütezeit: *Mai bis Juni*
Charakteristik: *Ca. 15 cm hoch. Fleischige, flach am Boden angedrückte Blattrosette, durch gelbgrüne Färbung auffallend. Stängel blattlos mit je einer Blüte. Blüte weiß mit zweiteiliger Ober- und dreiteiliger Unterlippe. Unterlippe mit deutlichen intensiv gelben Flecken.*
Status: *In Deutschland selten und nach BArtSchV besonders geschützt. Nach T-NV ungeschützt.*
Verwandtschaft: *Gewöhnliches Fettkraut (lilafarbene Blüte mit weißem Schlund)*
Wissenswertes: *Beide Fettkraut-Arten gehören zu den fleischfressenden Pflanzen (Karnivoren). Die Rosettenblätter weisen ein klebriges Fangsekret auf, in dem kleine Insekten hängen bleiben (Klebefalle). Drüsen auf der Blattoberseite scheiden ein Enzym aus, mit dessen Hilfe die Beute anschließend zersetzt und verdaut wird. Um den Vorgang zu beschleunigen, können die recht beweglichen Blätter das arme Opfer regelrecht einwickeln und so mit möglichst vielen Enzymdrüsen in Berührung bringen. Auf diese Weise erschließt sich das Fettkraut eine zusätzliche Nährstoff- bzw. Stickstoffquelle. Wie gut, dass die Blätter flach am Boden liegen und damit maximalen Abstand zur Blüte aufweisen – nicht, dass versehentlich ein zwecks Bestäubung willkommenes Insekt gefressen wird!*

ren Standplatz suchen. Allmählich mischt sich ins Weiß der Seggen auch das fleischfressende Alpen-Fettkraut (*Pinguicula alpina*, s. Steckbrief), das uns nun im Mittelteil tausendfach begleiten wird.

Eine breite Geröllrinne queren wir auf schmaler Steigspur, eine Stahlkette gibt an bröseligen Stellen Halt. Kurz noch folgt das Steiglein der Hangkante, dann haben wir einen **Bachübergang 3** mit Erfrischungs-

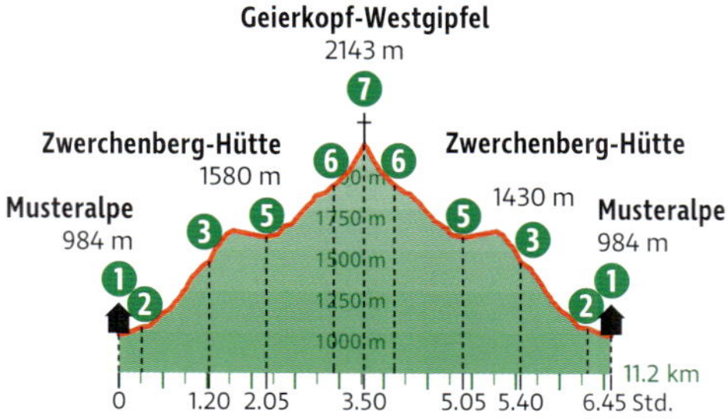

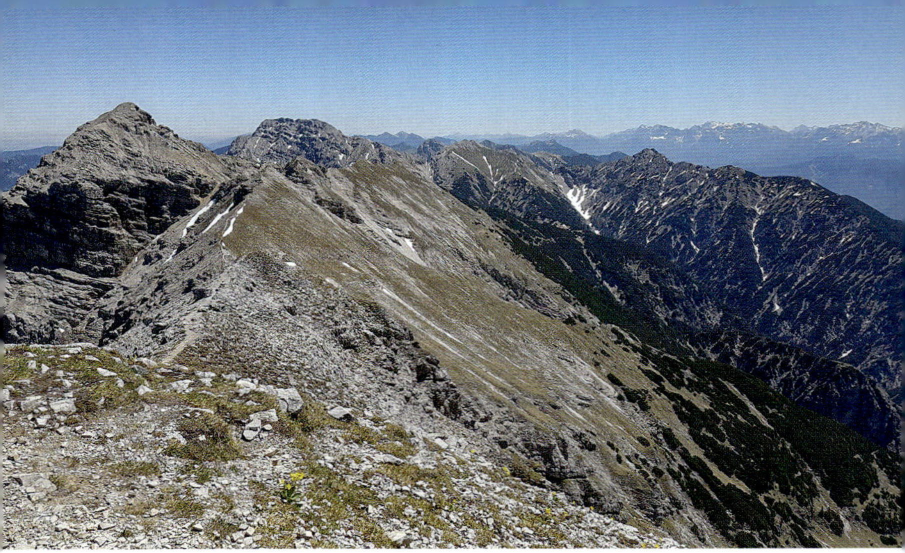

Ausblick nach Osten mit Geierkopf-Hauptgipfel, Kreuzspitze und Schellschlicht.

möglichkeit erreicht. Auf der anderen Seite geht es steil und wurzelig weiter, wenn auch nicht mehr so ausgesetzt. Zu den Nestwurzen und dem flächendeckend auftretenden Alpen-Fettkraut kommen nun blaue Farbakzente durch Großblütige Enziane *(Gentiana clusii)* und Frühlings-Enziane *(Gentiana verna)*.
Ein paar ausgewaschene Rinnen (nicht exponiert) müssen wir noch bewältigen, dann lehnt sich das Terrain an einer **Geländekante ❹** plötzlich zurück und wir betreten die weitläufigen Böden der Zwerchenbergalpe. Zum Alpen-Fettkraut gesellt sich nun der extrem schattenverträgliche Wald-Sauerklee *(Oxalis acetosella)*, der bei Gefahr (starke Erschütterung, Kälte, zu viel UV-Strahlung) seine Blättchen über spezielle Gelenke regenschirmartig zusammenklappen kann. Die zarten, weißen Blüten sollen mit violettfarbener Aderung und gelben Flecken Insekten anlocken, später kann eine zweite, geschlossene Blüte entwickelt werden, in der Selbstbestäubung stattfindet.
Mit leichtem Höhenverlust geht es angenehm und vergleichsweise erholsam durch lichten Wald. In den schattigen Senken liegen oft bis in den Frühsommer hinein Schneefelder, sodass wir stellenweise mit Gewöhnlichem Seidelbast (*Daphne mezereum*, s. Steckbrief S. 129) und Gewöhnlichem Alpenglöckchen *(Soldanella alpina)* noch die typische Frühlingsvegetation vorfinden. Unser Pfad mündet in den quer laufenden Weg ein, der vom Schönjöchl heraufkommt; wir halten uns entsprechend links (Gabelung für den Rückweg merken!). Recht bequem wandern wir in leichtem Auf und Ab über die sanften Böden bis zur **Zwerchenberg-Hütte ❺**, 1609 m. Hier kann man am Brunnen seine Wasservorräte auffüllen und auf der Hausbank eine kurze Pause einlegen.
Rechts vom großen Almkreuz geht es weiter. Mit etwas Höhenverlust führt unser Weg nun durch eine Senke in Richtung Bergfuß. Über tunnelartige Latschengassen und einige ausgewaschene Rinnen erreichen wir den Fuß des Gipfelstocks, wo ein fast luxuriö-

ser Zickzackweg beginnt. Neben den bekannten Pflanzen stoßen wir auch auf größere Bestände des Alpen-Hahnenfußes *(Ranunculus alpestris)*. Nun klärt sich auch, woher der fliederartige Duft kommt, der uns schon seit einiger Zeit in die Nase steigt: Der Gestreifte Seidelbast alias Steinröschen *(Daphne striata)* streckt seine sparrigen Zweige mit den hellrosa Blüten und den röhrenförmigen Kelchen am Wegrand aus und begleitet uns nun fast bis zum Gipfel. Der angenehme Serpentinenweg leitet uns hinauf zum Grat, wo von rechts der **Weg von Ammerwald 6** dazustößt.

Wir bleiben geradeaus auf der Kammhöhe und wandern mit mäßiger Steigung und herrlicher Aussicht auf den Gipfelaufbau zu. Ein paar unangenehm schottrige und bröselige Serpentinen leiten hinauf. Dabei kann man die entzückenden Fels-Aurikeln *(Primula auricula)* bewundern, die ab hier fast den gesamten Gipfelstock in helles Gelb tauchen. Sie unterscheiden sich durch die charakteristischen glatten und fleischigen Blätter deutlich von anderen gelben Primelarten (z. B. Schlüsselblumen). Vorbei an einer beeindruckenden Höhle erreichen wir einen etwa 4 Meter hohen Felsriegel, der dank vieler guter Griffe und Tritte aber problemlos zu ersteigen ist. Nur wenige Minuten müssen wir noch gut gangbare Kehren hinaufschnaufen, dann ist das Kreuz des **Geierkopf-Westgipfels 7**, 2143 m, erreicht. Auf der bequemen Liegewiese mit Fels-Aurikeln und der kaum zu überbietenden Aussicht auf mindestens vier Gebirgsgruppen und zwei wunderbare Seen kann die Rast schon mal ein wenig länger ausfallen, bevor wir uns auf bekanntem Weg an den Abstieg machen.

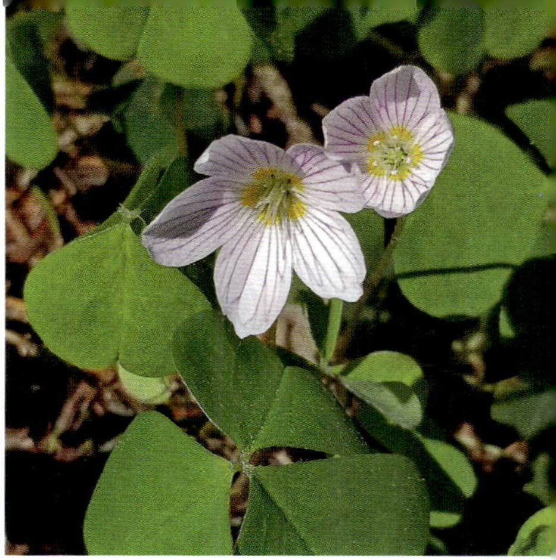

Wald-Sauerklee.

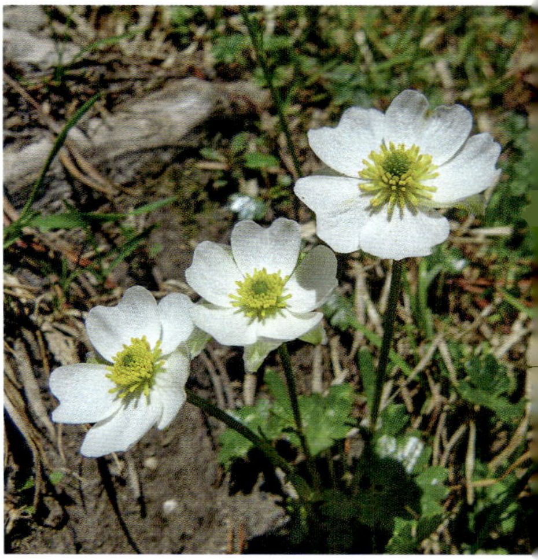

Alpen-Hahnenfuß.

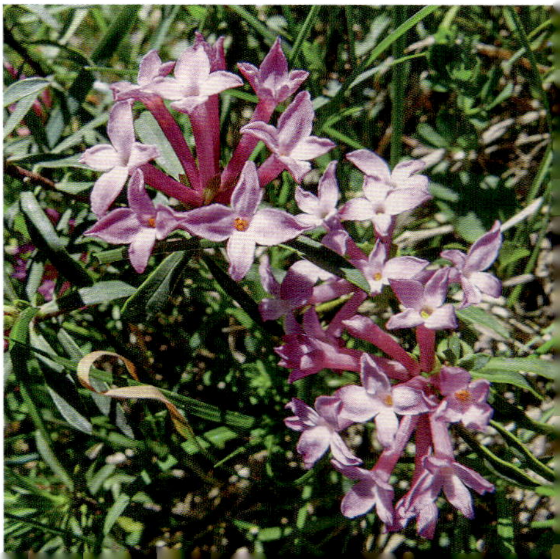

Steinröschen.

3 Hasentalkopf, 1797 m

Mittendrin in den Ammergauer Alpen

TOP | 6.00 Std. | 15 km | ↗ 850 m | ↘ 850 m

Bis zum Bauch in schönster Sommerflora

Die Ammergauer Alpen haben natürlich auch ihre bekannten Gipfel, im Herzen dieses kleinen, aber feinen Gebirgszugs gibt es aber noch etliche kaum überlaufene Ziele und jede Menge spektakulärer Landschaft. Der Hasentalkopf ist so ein Juwel, er lässt sich auf einer geradezu perfekten Runde besteigen oder umrunden. Landschaftlich sind nahezu alle »Zutaten« geboten, die eine Tour außergewöhnlich und abwechslungsreich machen: eine sehenswerte Schlucht, gutmütiges Wiesengelände, ein spannender Grat und ein idyllischer Dolinenkessel nebst See sowie ein derart vielfältiges Blumenmeer, wie man es selten erlebt. Wo findet man schon beide Alpenrosenarten am selben Berg und das in Massen? Ebenfalls in rauen Mengen treten beide Eisenhutarten und Türkenbund-Lilien auf. Wer sich hier langweilt, ist selber schuld!

Ebenfalls perfekt: Ob man den etwas ausgesetzten Gipfelzustieg oder die einfache Variante »unten herum« nehmen will, kann man am Scheinbergjöchl ganz spontan entscheiden.

Ausgangspunkt: Parkplatz Sägertal, 970 m, ca. 2 km westlich von Schloss Linderhof an der St 2060. Anfahrt mit dem Pkw auf der A 95 und der B 2 bis Oberau, dann auf der B 23 bis kurz hinter Ettal (hierher auch auf B 23 von Oberammergau) und auf der St 2060 über Linderhof (Navi: Parkplatz Sägertal, 82488 Ettal; N47° 33.748' E10° 56.135'). Bus 9622 von Oberammergau Bhf., Haltestelle Linderhof / Forsthaus, dann ca. 25 Min. entlang der St 2060.

Anforderungen: Überwiegend Forstwege und gut angelegte Steige im Wiesengelände, kaum exponiert, aber oft recht rutschig. Nur direkt nach der Verzweigung ❷ führt das schmale Steiglein für kurze Stellen hart an der Kante des Lösertalgrabens entlang. Der Gipfelzustieg vom Scheinbergjöchl ist nur gut fußbreit und führt durch steiles, schrofiges Gelände, hier sind Schwindelfreiheit und Trittsicherheit unbedingt nötig. Der Abstieg vom Gipfel zu ❻ ist extrem steil, aber dank der stufenartigen Steigspuren einfacher als erwartet. Bei Nässe lieber die Variante wählen! Insgesamt ist solide Kondition nötig.

Beste Zeit: Juni bis August.

Einkehr: Keine.

Tipp: Vom Parkplatz bis zum Ende der »Ausbaustrecke« ist ein Rad nützlich. Fitte Mountainbiker können u. U. sogar bis zu ❷ radeln.

Variante: Wem fußbreite Steigspuren im Steilgelände unangenehm sind, der sollte den Gipfel auslassen und am Scheinbergjöchl geradeaus dem markierten Hauptweg folgen (Kategorie rot). Er leitet mit Höhenverlust hinunter in den idyllischen Scheinbergkessel mit dem malerischen Dolinensee und trifft bei ❻ wieder auf die Gipfelroute.

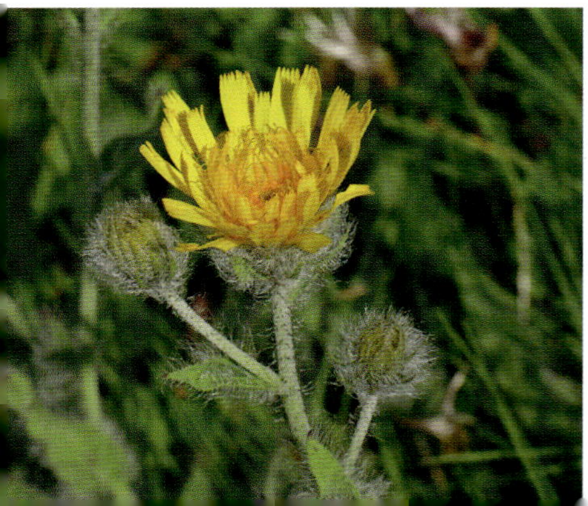

Zottiges Habichtskraut.

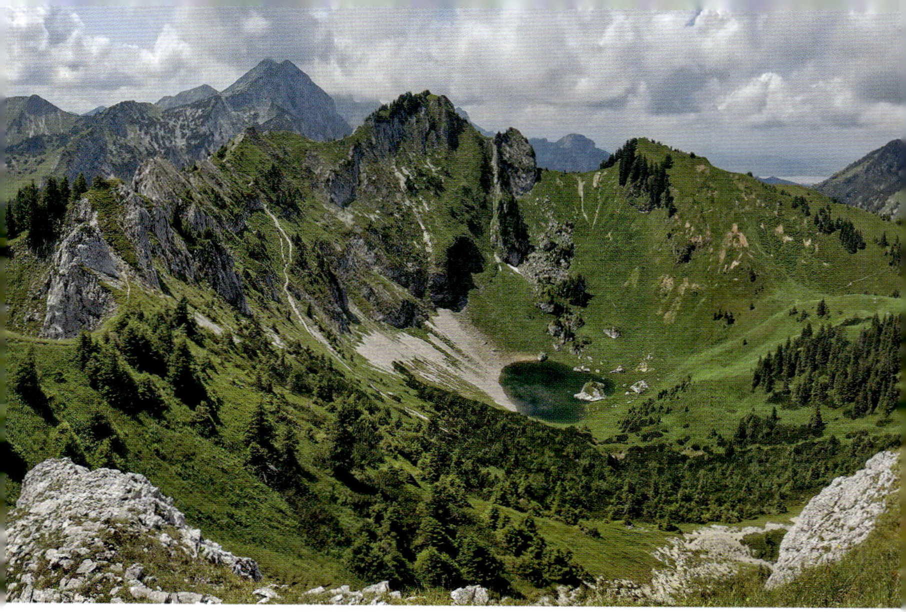

Wer den Gipfel auslässt, wandert durch den hübschen Wiesenkessel mit See.

Vom riesigen **Parkplatz 1** am Beginn des Sägertals nehmen wir den breiten Forstweg mit dem Wegweiser »Hasentalkopf«. Er führt zunächst über eine Brücke; direkt danach halten wir uns links. Nun geht es ein längeres Stück auf breitem Fahrweg und in moderater Steigung am Sägertalbach entlang. Den Uferbewuchs bilden – wenig überraschend – die Spezialisten für feuchten Untergrund, z. B. der hochgewachsene Arznei-Baldrian *(Valeriana officinalis)*, der Gewöhnliche Wasserdost *(Eupatorium cannabinum)*, der Kahle Alpendost *(Adenostyles glabra)* und der hellgelbe Wolfs-Eisenhut *(Aconitum lycoctonum)*. Am rechten Wegrand finden wir zahlreichen Mücken-Händelwurze (*Gymnadenia conopsea*, s. Steckbrief S. 222) mit ihren dicht gepackten, schlanken Blütenständen. Botanischer Höhepunkt auf der ersten Etappe sind die prächtigen Exemplare des Großblütigen Fingerhuts *(Digitalis grandiflora)* am Waldrand rechts.

Nach einiger Zeit gelangen wir zu einem Bachlauf, der auf einer originellen Baumstammbrücke gequert wird. Danach endet die »Ausbaustrecke« – der Weg bleibt zwar breit, wird aber steiniger und steiler. Zum Trost wird der Bewuchs immer vielfältiger: Der dunkelrot blühende Wald-Ziest

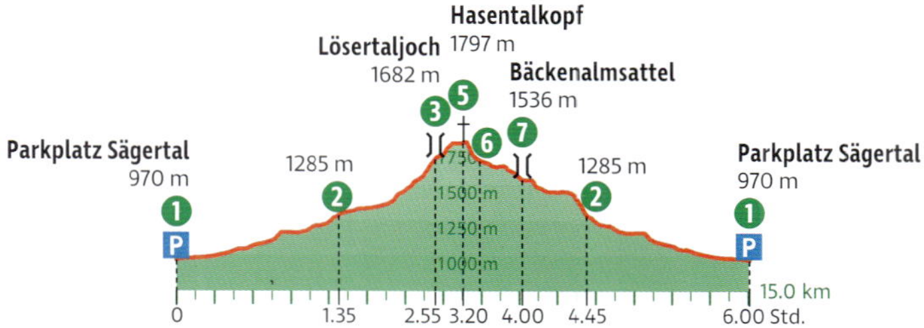

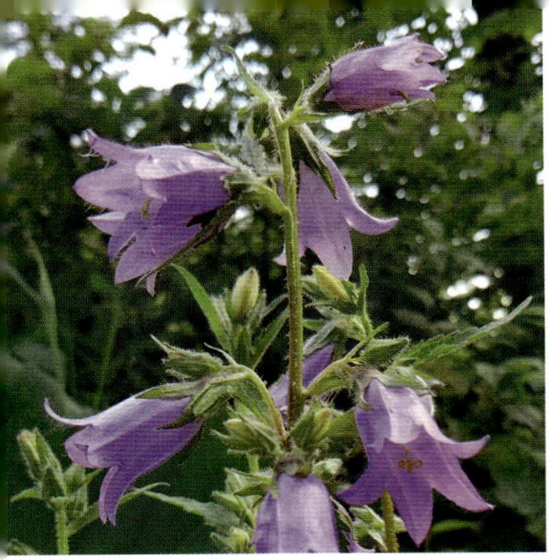

Nesselblättrige Glockenblume.

(Stachys sylvatica) ist auf jeden Fall eines genauen Blickes wert, ebenso die zauberhaften Wald-Wicken *(Vicia sylvatica)* mit ihrem weiß-blauen Streifen-Look. Das Fuchs' Knabenkraut *(Dactylorhiza fuchsii)* mit der weiß-rosafarben abgesetzten Schleifenzeichnung ist eine recht häufige Orchidee. In Serpentinen führt unsere Route nun mittelsteil durch den Wald. Dabei können wir die Spezialisten für schattige Standorte bewundern, allen voran die wunderschöne Türkenbund-Lilie (*Lilium martagon*, s. Steckbrief S. 179) mit den zurückgerollten, pinkfarbenen Blättern, die zartlila Nesselblättrigen Glockenblumen *(Campanula trachelium)* und die mitunter mannshohen Horste von Wald-Geißbart *(Aruncus dioicus)* und Alpen-Milchlattich *(Cicerbita alpina)*. Wir erreichen eine Kuppe im offenen Gelände und biegen an einer **Verzweigung ❷** mit Wegweiser links ab Richtung Lösertaljoch. Nicht dadurch verwirren lassen, dass der Hasentalkopf geradeaus ausgeschildert ist – von dort werden wir später zurückkommen!

Geradezu märchenhaft schlängelt sich der bisweilen etwas zugewachsene Weg durch hüfthohe Farne und Ausdauerndes Silberblatt *(Lunaria rediviva)*, dazwischen – an weniger dicht bewachsenen Stellen – zeigen sich die beige-braunen Blütenstände der Vogel-Nestwurz (*Neottia nidus-avis*, s. Steckbrief S. 192). Unser Pfad führt unmittelbar an der Kante des Lösertalgrabens entlang, wo sich der Bach schluchtartig eingeschnitten hat. Kurze Stellen können – vor allem nach schweren Regenfällen – etwas ausgewaschen und exponiert sein. Botanisch begleiten uns hier Wolfs-Eisenhut, der zarte Nesselblättrige Ehrenpreis *(Veronica urticifolia)*, intensiv lilafarbener Wald-Storchschnabel *(Geranium sylvaticum)* und das weiße Taubenkropf-Leimkraut *(Silene vulgaris)* mit den typisch aufgeblasenen Blütenkelchen. Schon bald knicken Graben und Weg aber nach Westen ab und die Schlucht wird zum harmlosen Bachlauf.

Abrupt endet das Waldstück und wir betreten schönes, weitläufiges Wiesengelände, in dem auch die Pflan-

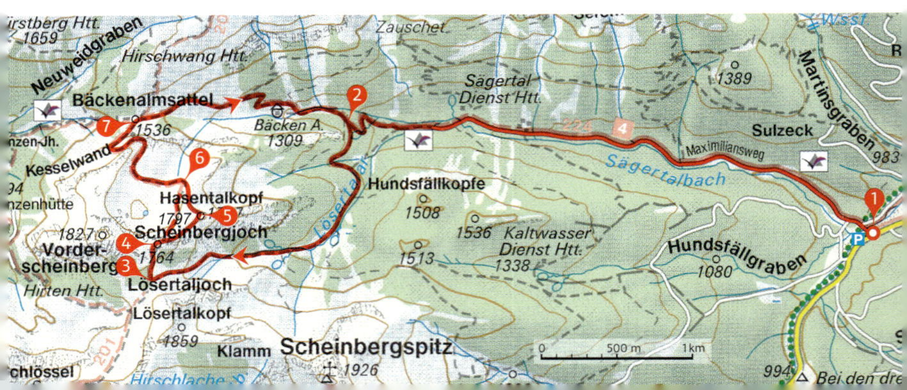

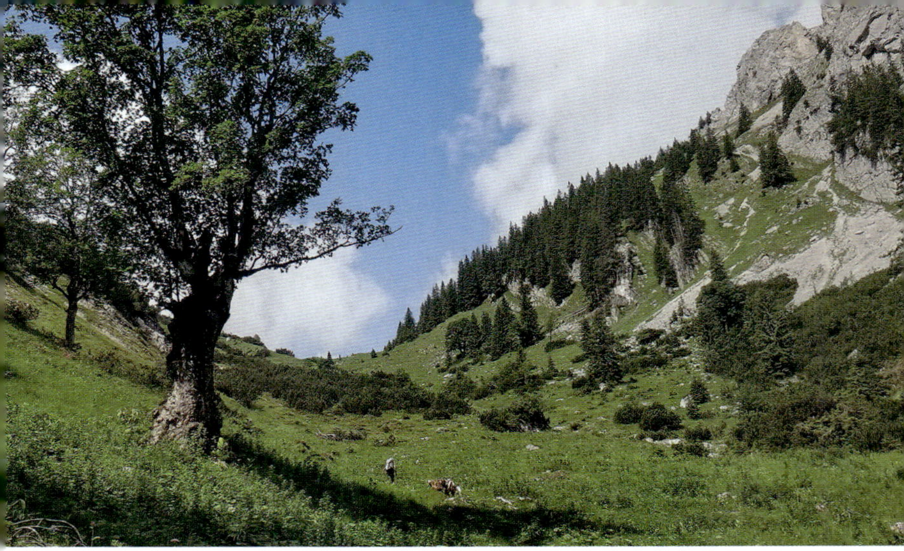

Der Aufstieg zum Lösertaljoch ist unschwierig, aber mitunter recht steil.

zenvielfalt schlagartig zunimmt: Rindsaugen *(Buphthalmum salicifolium)*, Alpen-Goldruten *(Solidago virgaurea* subsp. *minuta)* und Alpen-Greiskraut *(Senecio alpinus)* leuchten in sonnigem Gelb, dazwischen öffnen Große Sterndolden *(Astrantia major)* und Schwarzviolette Akeleien (*Aquilegia atrata*, s. Steckbrief S. 186) ihre formschönen Blüten. Die Orchideen-Fraktion wird durch die weiß blühende Grünliche Waldhyazinthe *(Platanthera chlorantha)* und das grünbraune Große Zweiblatt *(Neottia ovata)* verstärkt. Niedrig bewachsene Stellen werden von Alpen-Steinquendel *(Acinos alpinus)* und Knöllchen-Knöterich (*Bistorta vivipara*, s. Steckbrief S. 81) besiedelt. Die breiten, typisch zusammengedrehten und gerillten Blätter gehören dem Weißen Germer *(Veratrum album)*.

Zunächst geht es rechts vom Bach in moderater Steigung aufwärts; wo das Tälchen enger wird, wechseln wir die Bachseite. Zur bekannten Mücken-Händelwurz kommt nun die Duft-Händelwurz *(Gymnadenia odoratissima)* mit den deutlich kürzeren Spornen an den winzigen Blüten. Unbedingt eine Nase voll Vanillearoma nehmen! Mit dem Kopfigen Läusekraut *(Pedicularis rostratocapitata)* und den immer etwas bizarr wirkenden braun-rötlich-gelben Sommerwurzen *(Orobanche* spec.*)* sind auch die Schmarotzerpflanzen vertreten. Unter den sehenswerten Felszacken des Lösertalkopfs tauchen die ersten Alpenrosen-Inseln auf – wie zu erwarten handelt es sich um die kalkliebenden Bewimperten Alpenrosen (*Rhododendron hirsutum*, s. Steckbrief S. 211) mit den kleinen Härchen am Blattrand. Bis hinauf zum Lösertaljoch werden die Alpenrosen-Vorkommen immer mehr, sodass man – zur entsprechenden Blütezeit – in einem Traum aus Pink wandeln kann. Die großen Büschel des Blauen Eisenhuts (*Aconitum napellus*, s. Steckbrief S. 50) machen sich auch allmählich blühfertig. In Serpentinen und durch ein paar ausgewaschene Rinnen (nicht exponiert) steigen wir in wechselnder Steilheit hinauf ins **Lösertaljoch ❸**.

Blauer Eisenhut *(Aconitum napellus)*
Familie: *Hahnenfußgewächs (Ranunculaceae)*
Alias: *Echter Eisenhut, Sturmhut, Sturmkappe*
Standort: *Feuchte und nährstoffreiche Böden in Sonne oder Halbschatten, Bachufer, Auwälder; bis 2500 m. Typische Lägerflur-Pflanze auf Almen und alpinen Weideflächen.*
Blütezeit: *Juni bis August*
Charakteristik: *Bis 2 m hoch. Deutlicher Haupttrieb mit kräftigem, straff aufrechtem Stängel. Laubblätter wechselständig, handförmig eingeschnitten und stark zerschlitzt. Intensiv dunkelviolette Blüten traubig gehäuft am Triebende. Fünf Hüllblätter; das oberste bildet einen breiten Helm, die unteren beiden eine Insekten-Landebahn. Der Helm beherbergt zwei Nektarblätter, für Hummeln optimiert (nur ein Hummelrüssel passt genau in die Führungsrinne, über die der begehrte Nektar zu erreichen ist).*
Status: *Nicht gefährdet, nach BNatSchG dennoch besonders geschützt. Nach T-NV geschützt.*
Verwandtschaft: *Bunter Eisenhut (ebenfalls blau blühend, oft aber mit weißen oder grünlichen Blütenteilen, mit deutlich lang gezogenem Helm); Wolfs-Eisenhut (hellgelb blühend mit auffallend schmalem Helm). Beide ebenso giftig wie der Blaue Eisenhut.*
Wissenswertes: *Die Vertreter der Gattung Eisenhut zählen zu den giftigsten Pflanzen Europas. Die enthaltenen Alkaloide (u. a. Aconitin) finden sich in allen Pflanzenteilen und wirken direkt auf das zentrale Nervensystem. Bei Einnahme oder Kontakt mit Schleimhäuten können bereits wenige Gramm Pflanzenmaterial für einen Menschen tödlich sein. Vergiftungssymptome sind Übelkeit, Koliken, Sehstörungen, Schwindel, Krämpfe und Herzrhythmusstörungen bis hin zum Herzversagen sowie Lähmungserscheinungen bis hin zur letalen Lähmung der Atemmuskulatur. Das Gift kann auch durch die intakte Haut aufgenommen werden. Es gibt bis heute bei einer Eisenhutvergiftung kein spezifisches Gegenmittel, lediglich die Symptome können intensivmedizinisch behandelt werden.*
In früherer Zeit wurden mit Eisenhut versetzte Köder gegen Wölfe und Füchse eingesetzt (siehe Wolfs-Eisenhut!), ebenso diente Eisenhutextrakt als Pfeilgift. Angeblich starben auch mehrere römische Kaiser durch Eisenhutgift.

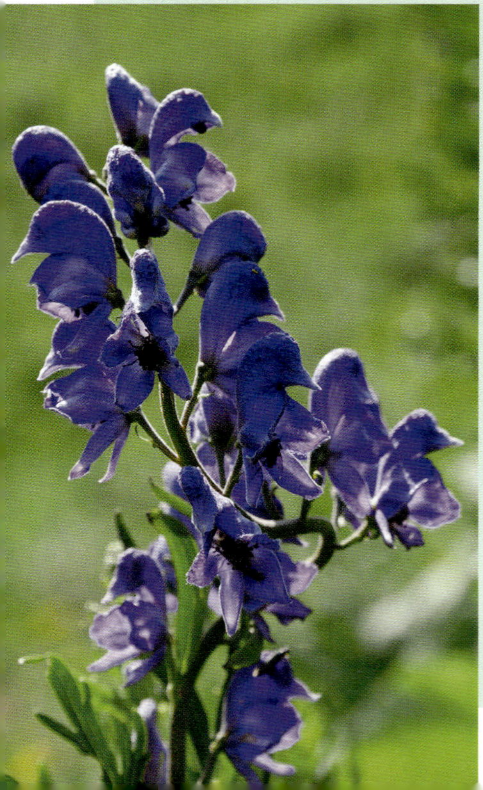

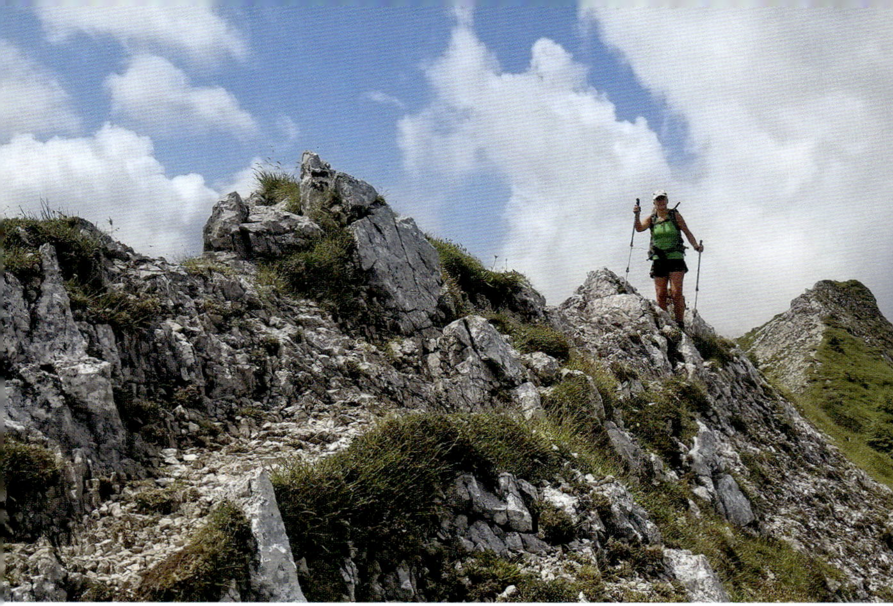

Der Gipfelzustieg führt im Auf und Ab über mehrere Gratzacken.

Auch wenn man hier erstmals den Blick nach Westen schweifen lassen kann, sollte man keinesfalls den Nahbereich vernachlässigen, denn das Lösertaljoch ist ein tolles Orchideen-Revier. Neben der intensiv pinkfarbenen Kugelorchis *(Traunsteinera globosa)* sind auch die Schwarzen Kohlröschen *(Nigritella rhellicani)* aufgrund ihrer Färbung und ihrer kompakten, kugeligen Blütenstände noch vergleichsweise leicht zu finden. Wo es Kohlröschen gibt, klappt es oft auch mit den Grünen Hohlzungen *(Coeloglossum viride)*, die beiden haben offenbar ähnliche Standortvorlieben. Die grünlichen, oft rötlich angehauchten Mini-Blütchen der Hohlzungen zu entdecken, erfordert ein geübtes Auge, wahlweise auch Geduld. Aus der Nähe betrachtet, zeigt sich die ganze Schönheit dieser seltenen Orchideen. Vierter im Bunde ist der zarte, hellgelbe Weißzüngel *(Pseudorchis albida)* mit den dicht gepackten Blütenständen.

Sobald wir uns losreißen können, folgen wir dem Kamm nach rechts (Wegweiser »Bäckenalmsattel«). Im felsigeren Gelände rundherum haben Gewöhnliche Sonnenröschen *(Helianthemum nummularium)*, Zottiges Habichtskraut *(Hieracium villosum)* und die hübschen Alpen-Astern *(Aster alpinus)* mit den gelben Röhren- und den violetten Zungenblüten ihre Heimat gefunden. Auch der Braun-Klee *(Trifolium badium)*, der von unten nach oben braun-gelb abblüht, siedelt hier.

Auf steilen, aber problemlosen Serpentinen gelangen wir zum aussichtsreichen **Scheinbergjöchl** **4**, 1764 m, wo sich ein absolut entzückender Blick auf unser Gipfelziel und den malerischen Scheinbergkessel mit dem Dolinensee bietet.

Wer den Gipfel auslassen möchte, geht geradeaus auf dem Hauptweg hinunter zum See (s. Variante). Gipfelaspiranten steigen zunächst rechts am Grat mit wenigen Schritten zu einem Felsgupf hinauf, wo

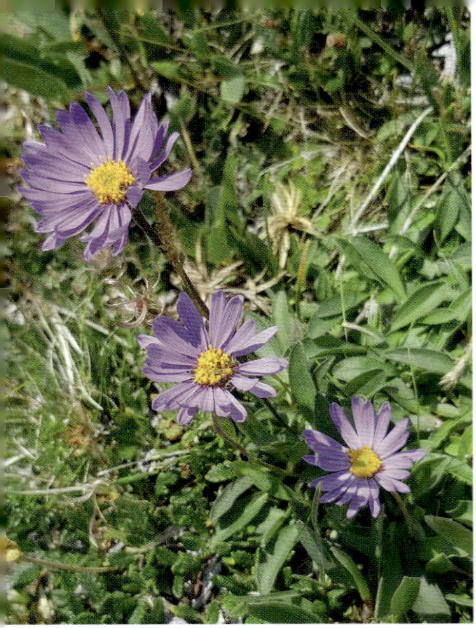

Die Alpen-Aster kann man bis zur einer Höhe von 3000 m antreffen.

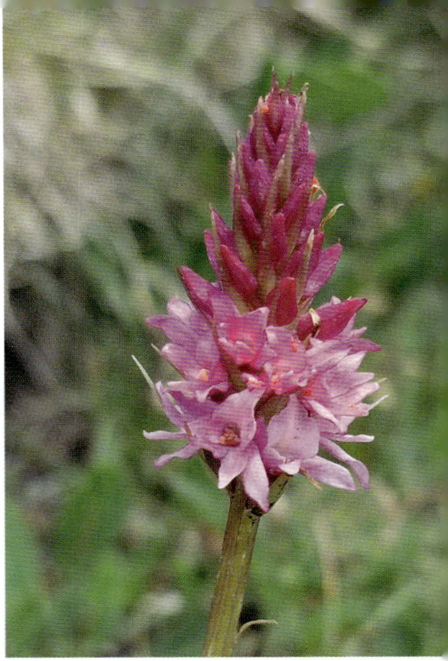

Die hübsche Wohlriechende Gymnigritelle.

man den größten Teil des Gipfelzustiegs einsehen und sich gegebenenfalls noch umentscheiden kann. Unmarkiert, aber deutlich erkennbar führen fußbreite Steigspuren mit etwas Gefälle durch den Steilhang und umgehen so etwas exponiert einen Felskopf in der linken Flanke. Über eine Felsrinne steigen wir ein paar Meter ab und jenseits der Einschartung auf erdigen Steigspuren wieder hinauf. Kopfiges Läusekraut und Schwarze Kohlröschen begleiten uns auf dem gesamten Gipfelzustieg. Nun überqueren wir einen Grasgupf, steigen vorsichtig im erdigen, oft rutschigen Gelände nochmals in eine Senke hinunter und erreichen über einen letzten Aufschwung direkt an der Gratkante entlang den höchsten Punkt des **Hasentalkopfs** **5**, 1797 m. Das Panorama ist wirklich spektakulär: Scheinbergspitze, Weitalpspitze und Hochplatte bauen sich in ungewöhnlicher Perspektive im Süden auf; im Norden kann man den ganzen Bergzug von der Klammspitze bis zum Grubenkopf einsehen. Mehr »Mittendrin« geht nicht in den Ammergauern! Ohne von der Gipfelbrotzeit aufstehen zu müssen, entdecken wir zwischen Kugel-Teufelskrallen *(Phyteuma orbiculare)*, Berg-Baldrian *(Valeriana montana)* und Sonnenröschen mit dem Stattlichen Knabenkraut *(Orchis mascula)* eine weitere Orchideenart. Und die ultimative Belohnung für alle Aufstiegsmühen: Einige auffällige Blütenköpfchen erinnern zwar an Kohlröschen, sind aber länglicher und haben einen ungewöhnlich leuchtenden, pink-weißen Farbverlauf – hier handelt es sich um Vertreter der Art Wohlriechende Gymnigritelle *(Gymnigritella* x *suaveolens)*, also Hybriden zwischen Kohlröschen und Händelwurz. Fantastisch, was die Ammergauer Alpen alles bieten!

Für den Abstieg muss man nicht unbedingt zurück zum Scheinbergjöchl, denn es gibt eine Abkürzung:

Nur wenige Meter steigt man auf dem bekannten Weg vom Gipfel ab. In der ersten Einsattelung führen dann deutliche Steigspuren nach rechts in die Steilflanke. Was auf den ersten Blick kaum machbar aussieht, entpuppt sich nach einigen Schritten als zwar sehr steile Hangflanke, die aber aufgrund der treppenartigen Steigspuren am Rand der Latschenzone wesentlich besser als erwartet bewältigt werden kann. Mit sicherem Abstand zum Felsabbruch rechts arbeiten wir uns Schritt um Schritt nach unten. Der Steilhang läuft in einer sanften Schulter aus, sodass wir wieder Zeit zum Blumen-Schauen haben: Mücken-Händelwurz und Duft-Händelwurz wachsen nah beisammen, dazu auch die Schwarzen Kohlröschen – kein Wunder, dass hier die hübschen Gymnigritelle-Hybriden entstanden sind!

Schmale, aber deutliche Steigspuren führen zunächst in nördlicher Richtung durch üppig bewachsene Wiesen. In feuchten Senken wuchern Bach-Nelkenwurz *(Geum rivale)* und Schlangen-Knöterich *(Bistorta officinalis)* um die Wette. Die großen dreiteiligen Blätter und die flachen weißen Dolden gehören der Echten Meisterwurz *(Peucedanum ostruthium)*, einer alten Heilpflanze. Mit einem Knick nach Westen gelangen wir zur **Einmündung 6** in den Hauptweg.

Auf der Nordseite umrunden wir den ungemein malerischen Scheinbergkessel mit dem hübschen See. Und nochmals setzt die Alpenflora einen drauf: Zu gelbem Wolfs-Eisenhut, pink gesprenkelten Türkenbund-Lilien und den traumhaften Blütenständen der Kugelorchis kommen nun noch die fast mannshohen Stängel des Gelben Enzian (*Gentiana lutea*, s. Steckbrief S. 148) und große Bestände des Allermannsharnisch (*Allium victorialis*, s. Steckbrief S. 160).

Über die grüne Rampe rechts unterhalb des Gipfelstocks verläuft der Abstiegsweg.

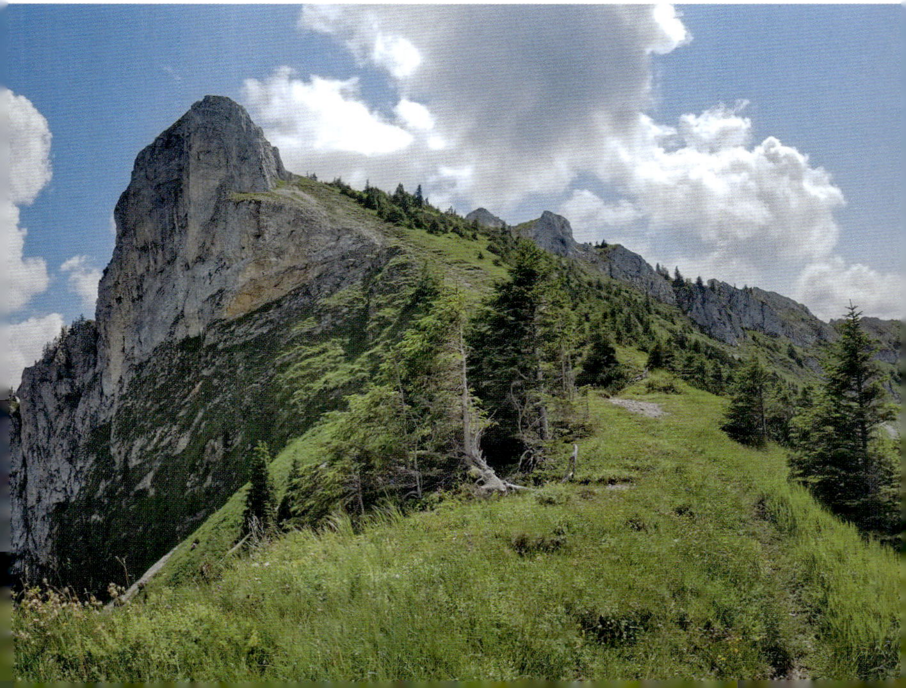

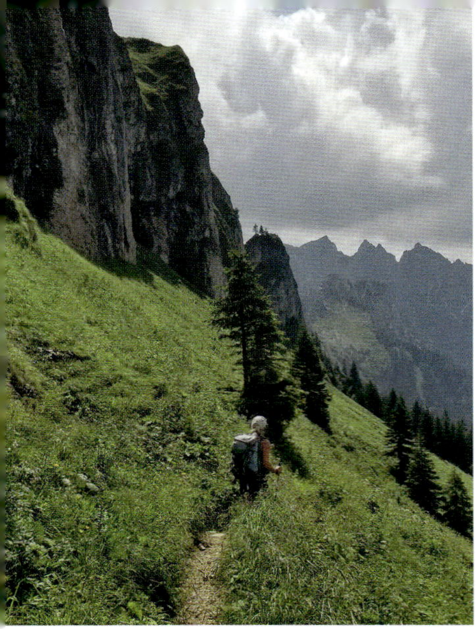

Bauchhohe Flora beim Abstieg zum Bäckenalmsattel.

Mit leichtem Gegenanstieg gelangen wir in eine Einsattelung und erleben gleich die nächste Überraschung: massenhaft Alpenrosen – aber nicht etwa die kalkliebenden Bewimperten Alpenrosen, die wir schon vom Aufstieg kennen, sondern die Rostroten Alpenrosen *(Rhododendron ferrugineum)*, die eigentlich eher im Silikatgestein des Alpenhauptkamms zuhause sind. Beide Alpenrosenarten am selben Berg gibt es nicht oft!

Braun-Klee.

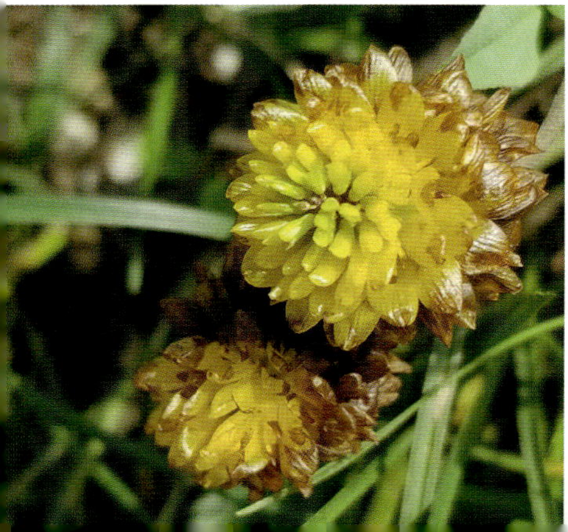

Ein steiler, aber sehr gut angelegter Serpentinensteig führt nun durch den langen Nordhang mit einem kunterbunten, artenreichen Mix schönster Alpenblumen: Wolfs-Eisenhut, Grauer Alpendost *(Adenostyles alliariae)*, Wiesen-Bärenklau *(Heracleum sphondylium)* und Blauer Eisenhut dominieren, dazwischen suchen Türkenbund, Schlangen-Knöterich, Wald-Storchschnabel, Taubenkropf-Leimkraut und Mierenblättriges Weidenröschen *(Epilobium alsinifolium)* ihren Platz an der Sonne. Ährige Teufelskrallen *(Phyteuma spicatum)*, Nesselblättriger Ehrenpreis, Berg-Flockenblumen *(Cyanus montanus)*, Große Sterndolden und Eisenhutblättriger Hahnenfuß *(Ranunculus aconitifolius)* hingegen ziehen sich in die schattigeren Bereiche zurück. Stellenweise muss man sich fast den Weg durch bauchhohe Sommerblumen bahnen, bis man am Fuß des langen Hangs auf einen quer laufenden Weg stößt. Wir halten uns rechts und erreichen kurz darauf den Wegweiser am **Bäckenalmsattel** ❼, 1536 m.
Geradeaus weiter führt unser Weg längere Zeit in moderatem Gefälle durch schönste Bergwiesen. Wer den richtigen Zeitpunkt erwischt hat, wandert durch ein Meer aus Blauem Eisenhut, etwas früher blühen – nicht minder schön – Gelber Enzian, Trollblumen *(Trollius europaeus)*, Arznei-Baldrian und Alpendost. Wir durchqueren ein lichtes Wäldchen und anschließend eine riesige Wiese, auf der früher die Bäckenalm stand. Am unteren Ende wechseln wir auf die rechte Bachseite und stoßen wenige Minuten später wieder auf die bekannte **Verzweigung** ❷. Wohl denen, die für den Rückweg durch das Sägertal zum **Parkplatz** ❶ ein Radl geparkt haben!

Bayersoier See und Geizenmoos

Moore vor der Kulisse der Ammergauer Alpen

3.45 Std. | 13,3 km | ↗100 m | ↘100 m

Von Moosen, Filzen und Orchideen

Rund um die Gemeinden Bad Bayersoien und Bad Kohlgrub, die Eckpunkte unserer Tour, dreht sich alles um das Thema Moor. Nicht umsonst kann man auf dieser gemütlichen, aber langen Wanderung gleich zwei Moorlehrpfade begehen, eine Moortretkur machen oder im Moorwasser des malerischen Sees schwimmen.

Die letzte Eiszeit hinterließ zahlreiche Seen, die allmählich verlandeten. Aus abgestorbenem Pflanzenmaterial, das unter Wasser aufgrund von Sauerstoffmangel nicht verrotten konnte, bildete sich mit der Zeit Torf, Niedermoore (im bayerischen und Tiroler Alpenraum »Moos« genannt) entstanden. Diese stehen noch in Kontakt mit dem Grundwasser und sind von Niederschlagsmengen unabhängig. Ständig weiterwachsende Torfmoose hoben die Moore schließlich über Grundwasserniveau, die entstandenen Hochmoore (im bayerischen und Tiroler Alpenraum »Filze« genannt) speisen sich ausschließlich aus Niederschlag. Moore sind hervorragende »Öko-Dienstleister« für Klima- und Hochwasserschutz, dennoch wurden bereits ca. 95 % ihrer Flächen in Bayern bzw. Deutschland zerstört.

Das Geizenmoos, eingebettet in die bayerische Bilderbuchlandschaft vor den Ammergauer Alpen, ist eine kleinere, weniger bekannte Alternative zum berühmten Murnauer Moos und entsprechend ruhig. Die Runde bietet schon früh im Jahr eine beeindruckende Blumenpracht, besonders hervorzuheben ist das massenhafte Vorkommen des hinreißenden Kleinen Knabenkrauts, das sich durch frühes Blühen die Pflanzenkonkurrenz vom Leib hält. Im Frühsommer kommen weitere Orchideenarten und der fleischfressende Sonnentau hinzu. Also eine Tour zum Lernen, Staunen und Genießen.

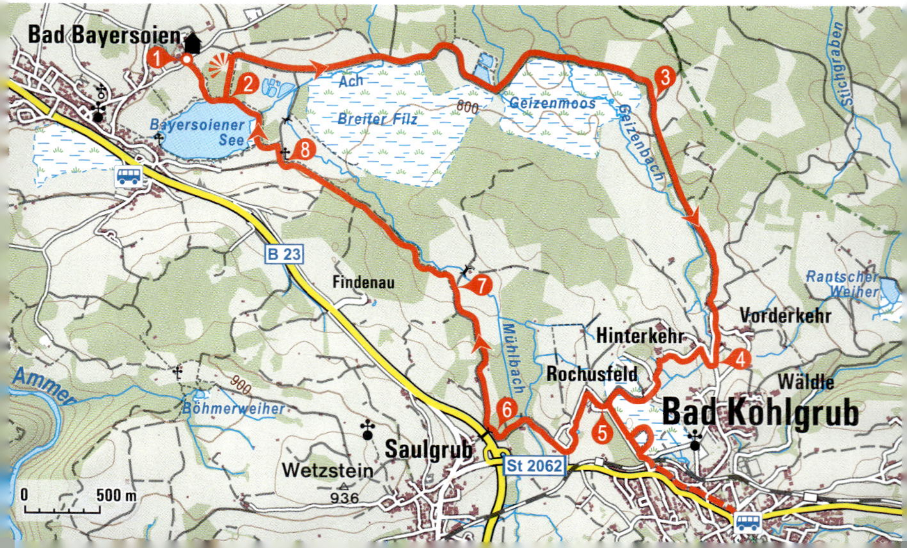

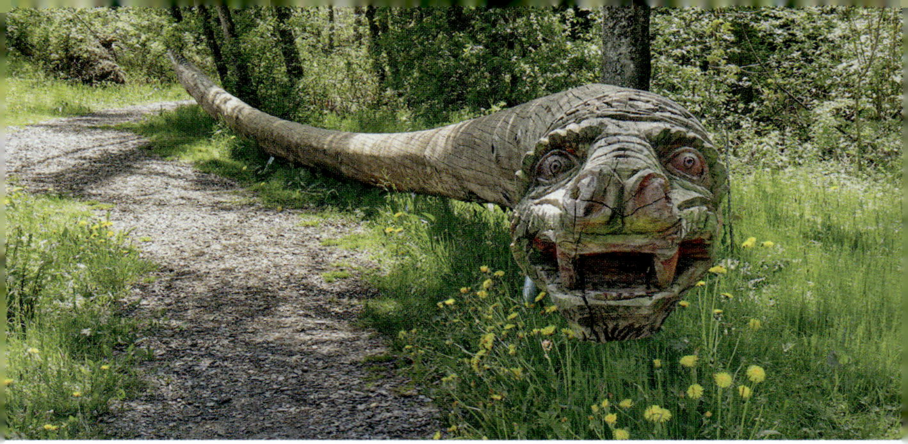

Am Moorlehrpfad bei Bad Kohlgrub gibt es Unterhaltung für Groß und Klein.

Ausgangspunkt: Bad Bayersoien, Parkhotel, 815 m. Anfahrt mit dem Pkw auf der A 95 bis Ausfahrt Murnau, durch Murnau und auf der St 2062 nach Saulgrub, dann auf der B 23 nach Bad Bayersoien; mehrere öffentliche Parkplätze am Nordufer des Sees in der Kurzone beim Parkhotel (Navi: Parkplatz Kirmesauer Straße, 82435 Bad Bayersoien; N47° 41.678' E11° 00.224'). Bus 9606 von den Bahnhöfen Garmisch-Partenkirchen, Oberau und Oberammergau, Haltestelle Bad Bayersoien, Eisplatz. Von der Bushaltestelle der Köchelstraße folgen, bei der ersten Gelegenheit rechts zum See und auf dem Seerundweg zum Nordufer.

Anforderungen: Überwiegend breite Wander- und Forstwege, nur geringe Steigungen. Kurze Passagen auf deutlichen Trampelpfaden.

Einkehr: Unterwegs keine, Gastronomie in Bad Bayersoien und Bad Kohlgrub (Variante).

Beste Jahreszeit: April bis Juni.

Varianten: 1) Lässt man den zweiten Moorrundweg bei 5 aus, verkürzt sich die Tour um 1 km.

2) Wem die Runde zu lang ist, der kann von 5 auf der Adele-Gerhard-Straße in südlicher Richtung ins Zentrum von Bad Kohlgrub wandern (vom Bahnhof Züge nach Murnau und Oberammergau) und sich von Bus 9606 zurück nach Bad Bayersoien chauffieren lassen.

Tipps: 1) Die Tour eignet sich auch gut zum Radeln.

2) Am Südufer des Bayersoier Sees ist Baden erlaubt. Das Moorwasser ist hautfreundlich und wird schnell warm.

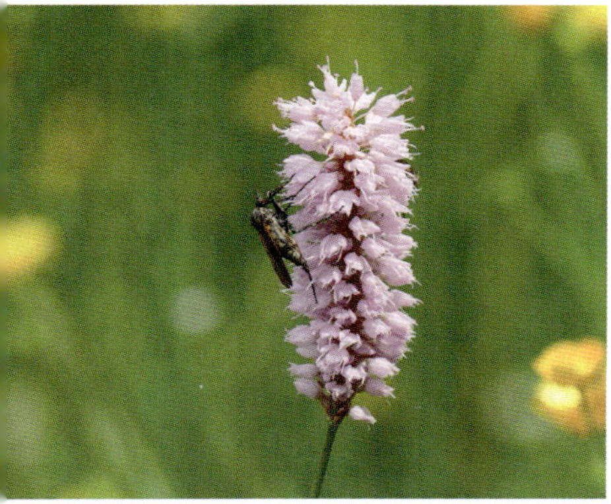

Schlangen-Knöterich.

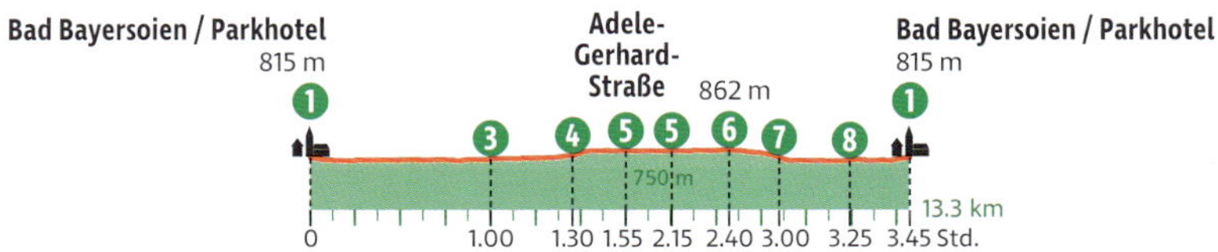

Von der Kurzone beim Parkhotel in **Bad Bayersoien** ❶ gehen wir zum See hinunter und folgen dem Seerundweg im Uhrzeigersinn. Für die wunderbar artenreichen Wiesen am Nordufer sollte man sich etwas Zeit nehmen. Ihr Bewuchs wechselt von April bis Juni mehrfach komplett durch. Im zeitigen Frühjahr besiedeln Mehl-Primeln *(Primula farinosa)* die noch bräunlichen Wiesen, im Uferbereich oder in Gräben entlang des Wegs kann man bereits die zarten weiß-rosa Blüten des Fieberklees (*Menyanthes trifoliata*, s. Steckbrief S. 113) mit den charakteristischen Fransen entdecken. Etwas später blühen hier das Breitblättrige Knabenkraut (*Dactylorhiza majalis*, s. Steckbrief S. 88), die immer leicht zerzaust wirkenden Kuckucks-Lichtnelken *(Silene flos-cuculi)*, kugelige Trollblumen *(Trollius europaeus)*, große Bestände des zartrosa Schlangen-Knöterichs *(Bistorta officinalis)* und die dunkelroten Köpfchen des Großen Wiesenknopfs *(Sanguisorba officinalis)*. Nahtlos geht die Blütezeit des Breitblättrigen Knabenkrauts über in die des Fleischfarbenen Knabenkrauts *(Dactylorhiza incarnata)* und des Traunsteiner Knabenkrauts *(Dactylorhiza traunsteineri)* – und in die sämtlicher Hybriden! Im Frühsommer sind die Uferwiesen dann überzogen mit einem Meer aus zartrosa Pracht-Nelken *(Dianthus superbus)* und weißem Breitblättrigem Wollgras *(Eriophorum latifolium)*. Rund um das »Naturkino«, einer Holzplattform mit Sitzgelegenheit direkt am See, siedeln dann zwei typische und besonders schöne Moorpflanzen: das pinkfarbene Sumpf-Läusekraut (*Pedicularis palustris*, s. Steckbrief S. 124) und die fantastische weiß-gelb-lachsrote Sumpf-Ständelwurz *(Epipactis palustris)*.

Am Schild »Kreuzotterbiotop« wenige Meter landeinwärts biegen wir links in den **Moorrundweg** ❷ ein und kommen nach wenigen Metern zu einem Holzsteg mit Aussichtsplattform und Infotafeln. Man kann hier nicht nur interessante Details über Moore lernen, sondern ab Juni

Noch Wünsche offen?

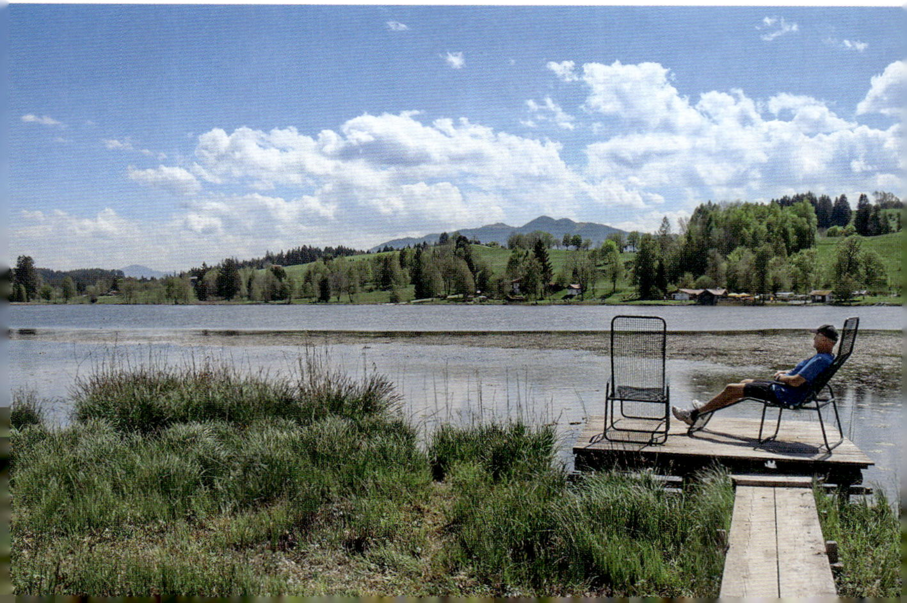

auch mit großer Wahrscheinlichkeit trockenen Fußes den Rundblättrigen Sonnentau (*Drosera rotundifolia*, s. Steckbrief) entdecken. Scheuen Sie sich nicht, auf der Plattform einfach mal die Bauchlage einzunehmen! An einer Einmündung mit weiteren Lerntafeln halten wir uns rechts und folgen der Beschilderung »Geizenmoos«. Zunächst führt der breite Rad- und Fußweg durch Agrarwiesen, die leicht am immer gleichen gelben Zweierlei aus Löwenzahn und Hahnenfuß zu erkennen sind. Nachdem wir zwei Abzweigungen linker Hand ignoriert haben, tun sich rechts vom Weg endlich große, naturbelassene Wiesen auf, in denen reiche Vorkommen von Breitblättrigem Knabenkraut, Mehl-Primeln, Trollblumen und Sumpf-Baldrian (*Valeriana dioica*) den dauerhaft feuchten Boden anzeigen. Etwas später im Jahr können Sie sich hier an weiteren Knabenkrautarten erfreuen, die aber nicht ganz leicht zu bestimmen sind, da mehrere Arten miteinander hybridisieren.

Rundblättriger Sonnentau *(Drosera rotundifolia)*
Familie: *Sonnentaugewächs (Droseraceae)*
Alias: *Himmelstau*
Standort: *Nasse und vollsonnige Standorte, wie z. B. Moore, Feuchtgebiete oder Gräben; bis 1600 m*
Blütezeit: *Juli bis August*
Charakteristik: *Ca. 10 cm hoch. Runde, grüne Fangblätter (s. u.) bilden eine grundständige Rosette, Durchmesser der Blätter weniger als 2 cm, mit ca. 200 knallroten, nach außen abstehenden Tentakeln. Blüten mit je fünf weißen Kronblättern, Gruppen von 5–15 Blüten auf deutlich längerem Stängel sitzend. Sie entwickeln sich erst im Hochsommer und öffnen sich nur bei sonnigem Wetter für wenige Stunden am Vormittag.*
Status: *Gefährdet und nach BArtSchV besonders geschützt. Nach T-NV geschützt. Für den Sonnentau ist besonders der Verlust vieler Moorflächen (z. B. durch Torfabbau, Flächenfraß, Absenkung des Grundwasserspiegels) dramatisch. Nährstoffeintrag kann außerdem die Artenzusammensetzung im Moor verändern und zu einer Verdrängung des Rundblättrigen Sonnentaus führen.*
Verwandtschaft: *Mittlerer Sonnentau, Langblättriger Sonnentau*
Wissenswertes: *Der Rundblättrige Sonnentau steht auf Fleisch. An seinen Fangtentakeln glitzert kein Tau, sondern ein Sekret, an dem Insekten kleben bleiben. Die Opfer sterben in der Folge durch Erschöpfung oder ersticken im Fangschleim. Die beteiligten Tentakel lösen eine Krümmung des Blattes aus, sodass möglichst viele der in der Blattmitte angeordneten Sekretdrüsen mit dem Beutetier in Berührung kommen. Das Opfer wird so zersetzt und verdaut, was mehrere Tage in Anspruch nehmen kann. Auf diese Art beschafft sich der Rundblättrige Sonnentau in seinem nährstoffarmen Lebensraum Moor eine zusätzliche Nahrungsquelle.*

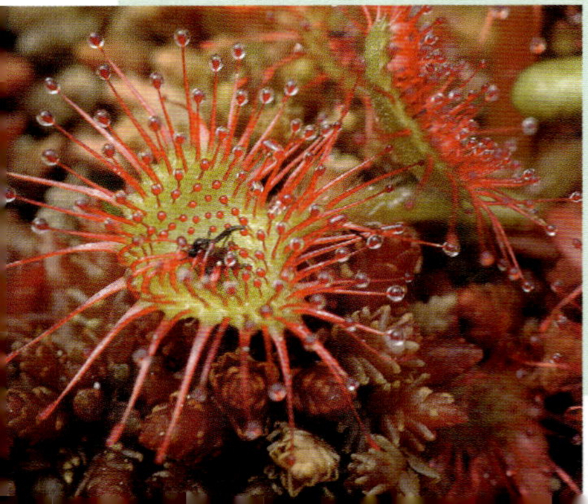

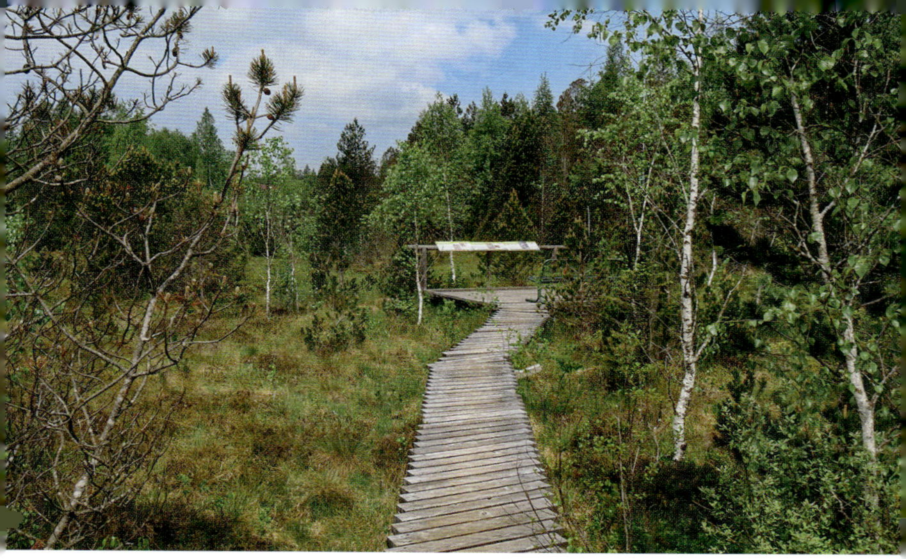

Der Moorrundweg ist nur wenige Meter vom Bayersoiener See entfernt.

Nach einer weiteren Moor-Infotafel kann man den Unterschied zwischen Wirtschaftswiesen und naturbelassenen Flächen in Augenschein nehmen: Während die stark gedüngten Wiesen links bereits früh im Jahr sattgrün und hochwüchsig, aber recht artenarm sind, sind die ungedüngten Flächen rechts mit der hübschen Birkengruppe dann noch bräunlich und weniger weit entwickelt, auf den zweiten Blick aber viel artenreicher (z. B. gibt es in nassen Senken Fieberklee). Wir durchqueren einen kurzen Waldgürtel, in den Gräben neben dem Weg leuchten sonnengelbe Sumpf-Dotterblumen *(Caltha palustris)*. In halbschattigen Lichtungen finden wir die breiten, längs gefalteten Blätter des hochgiftigen Weißen Germers *(Veratrum album)*, der seine riesigen Blütenstände – wenn überhaupt – erst im Hochsommer entfaltet.

Nach dem Waldstück öffnen sich nun zu beiden Seiten des Wegs weitläufige, naturbelassene Wiesen. Offenbar sind sie genau das richtige Biotop für das entzückende Kleine Knabenkraut *(Anacamptis morio)*. Es ist in der Regel die erste Orchideenart im Jahr, die blüht, denn wer kaum 20 cm hoch ist, kann sich auf keine Konkurrenz mit anderen Pflanzen einlassen und muss entsprechend früh blühen. Die meist dunkellila ausfallenden Blüten überziehen in Massen die noch bräunlichen Wiesen und sind an den seitlichen Kronblättern mit dem markanten, grünlichen Linienmuster eindeutig zu erkennen. Bitte bei der durchaus berechtigten Begeisterung nicht die Niedrige Schwarzwurzel *(Scorzonera humilis)* übersehen. Der gelbe Korbblütler ist ebenfalls Spezialist für feuchte Böden und durch den zunehmenden Verlust von Lebensraum in seinem Bestand gefährdet. Im Frühsommer fühlen sich auf dieser Wiese die Mücken-Händelwurz (*Gymnadenia conopsea*, s. Steckbrief S. 222) und das lilafarbene Gewöhnliche Fettkraut *(Pinguicula vulgaris)*, ein Vertreter der fleischfressenden Pflanzen, wohl. Auf diesem Teilstück darf man sich ruhig Zeit lassen und ein wenig entspannen, nicht umsonst haben die

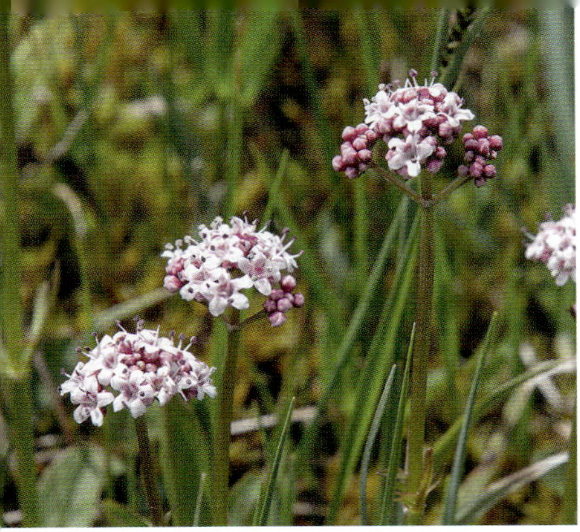

Sumpf-Baldrian.

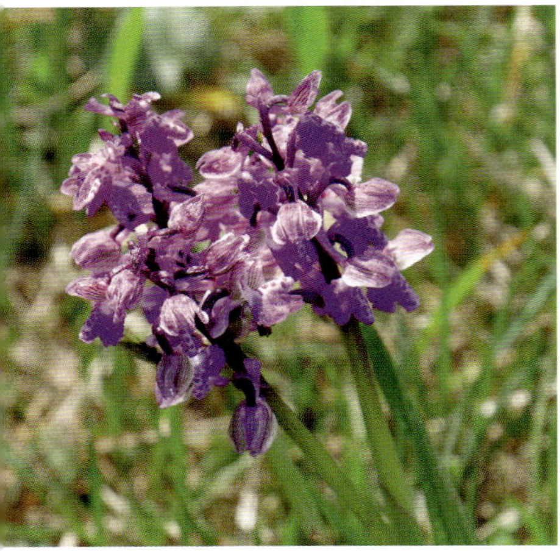

Kleines Knabenkraut.

Gemeinden Bad Bayersoien und Bad Kohlgrub hier Rastbänke mit Haikus auf Holzstelen aufgestellt.

Wir treffen auf eine **T-Kreuzung ❸**, die von bunt blühenden Wiesen eingerahmt ist: Die Frühlings-Enziane *(Gentiana verna)* und Trollblumen werden später im Jahr von stattlichen Kugel-Teufelskrallen *(Phyteuma orbiculare)* und dem seltenen, stark gefährdeten Spatelblättrigen Aschenkraut *(Tephroseris helenitis)*, einem durchaus bauchhohen gelben Korbblütler, abgelöst. Wir biegen rechts ab in Richtung Bad Kohlgrub. Wer noch etwas Würze für die Brotzeit braucht, kann sich im Bachgraben ein paar Blättchen vom Bitteren Schaumkraut *(Cardamine amara)* pflücken. Es sieht der Brunnenkresse ähnlich, weist aber violette Staubbeutel auf. Als typischer Kreuzblütler setzt das Bittere Schaumkraut bei Verletzung Senföle frei, die für viele Fraßfeinde giftig sind. Nur beim Fraßfeind Mensch versagt diese Strategie – der findet Senföl nämlich ausgesprochen lecker (wie z. B. bei Rettich, Radieschen und Meerrettich). Bei einer Rastbank und einer von links einmündenden Straße können wir das Picknick noch um Walderdbeeren erweitern. Flankiert von großen Horsten des weiß blühenden Eisenhutblättrigen Hahnenfußes *(Ranunculus aconitifolius)* erreichen wir den Ortsrand von Bad Kohlgrub, wo wir an einer Kreuzung dem Radweg nach rechts folgen.

Kurz danach biegen wir an einer weiteren **T-Kreuzung ❹** scharf rechts ab (Wegweiser »Hinterkehr, Rochusfeld«). Wenige Meter weiter, direkt vor dem Hof Hinterkehr, leitet uns die Beschilderung zum Moorrundweg nach links. Kurzzeitig geht es steil bergauf und der Weg scheint unvermittelt an einem Anwesen zu enden; ein Trampelpfad (rote Markierungsfähnchen, Weg 8b) führt aber direkt am Gartenzaun entlang. Wir durchqueren eine schöne Blumenwiese mit Kuckucks-Lichtnelken, stoßen wieder auf einen Teerweg und biegen dort links ab. An der V-Gabelung nehmen wir die rechte, obere Tangente (Wegweiser »Moortrail«) und genießen den Blick zum Staffelsee.

Wir treffen rechtwinklig auf einen Forstweg, die **Adele-Gerhard-Straße ❺**. Wer auf den zweiten Moorlehrpfad verzichten möchte, kann hier gleich rechts abbiegen; wir gehen aber zunächst links und gelangen kurz darauf zum Moorrundweg mit interessanten Infotafeln zu Entstehung und Nutzung des Moors. Der hübsch angelegte Meditationsplatz mit Teich ist ideal für eine Brotzeit – ein paar Zutaten haben Sie ja jetzt.

Auf der Adele-Gerhard-Straße geht es zurück zu 5 und geradeaus weiter bis zu einem einzelnen Bauernhof. Hinter dem Haus biegen wir links ab und folgen dem breiten Weg fast bis zur St 2062. Kurz davor nehmen wir den beschilderten Abzweig rechts (Wegweiser »Bayersoien über Findenauwald«) und passieren einen Bachübergang und einen Reitstall. Direkt vor einer quer laufenden **Teerstraße 6** biegen wir rechts ab und wenige Meter weiter nochmals rechts (Wegweiser »Bayersoien über Findenauwald«). Ein asphaltiertes Sträßchen führt bergab, schon bald halten wir uns an einer beschilderten **Gabelung 7** aber links.

Breitblättriges Knabenkraut, Mehl-Primeln und Trollblumen besiedeln die Wiesen. Im Waldgürtel, den wir nun betreten, sind noch lange die Frühlingsblüher anzutreffen. Das Kleeblättrige Schaumkraut *(Cardamine trifolia)* tritt gleich in ganzen Teppichen auf, an besonders nassen Stellen abgelöst vom gelbgrünen Wechselblättrigen Milzkraut *(Chrysosplenium alternifolium)* und dem Wald-Schachtelhalm *(Equisetum sylvaticum)*. Weiße *(Petasites albus)* und Rote Pestwurze (*Petasites hybridus*, s. Steckbrief S. 105) sind in verschiedenen Stadien der Entwicklung zu beobachten; vom zu Beginn »knubbeligen« Blütenstand bis zum hoch aufgeschossenen Fruchtstadium und den sich erst später entwickelnden riesigen Laubblättern.

In Sichtweite des Orts Bad Bayersoien und des Sees erreichen wir eine **Kreuzung 8**. Wer auf kürzestem Weg in den Ort zurück will, geht hier einfach geradeaus weiter. Schöner ist es aber, sich hier rechts zu halten und bei nächster Gelegenheit links abzubiegen. So gelangen wir wieder zum blumenreichen Ufer und können auf dem Seerundweg zum Ausgangspunkt in **Bad Bayersoien 1** zurückkehren.

Im Anmarsch auf Bad Kohlgrub, dahinter das Hörnle.

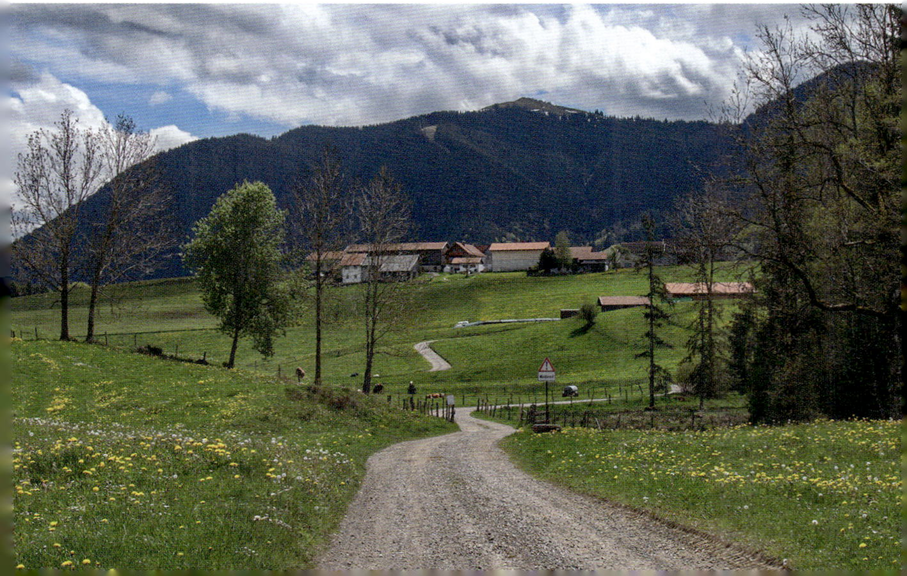

5 Hörnle, 1548 m

Perfekter Aussichtsposten über dem Ammertal

TOP | 5.30 Std. | 12,9 km | ↗830 m | ↘830 m

Artenreich und kunterbunt: die Ammergauer Wiesmahdhänge

Weil der Talgrund oft moorig und nass war, mussten die Bauern der Gegend jahrhundertelang das Heu für ihre Tiere auch von den umgebenden Bergflanken herunterholen. Natürlich war das ein sehr mühsames Unterfangen, das Ausbringen von Dünger bzw. Gülle war auf den entlegenen, steilen Hängen schlichtweg unmöglich. So erhielten sich über lange Zeit am Hörnle und dem benachbarten Aufacker ungedüngte Magerwiesen. In der Regel erfolgte im Spätsommer eine einzige Mahd, um Heu als Futtervorrat für den Winter zu machen. Die Pflanzen auf den sogenannten Wiesmahdhängen hatten also jedes Jahr genügend Zeit zum Blühen und Verbreiten ihrer Samen, gleichzeitig verhinderte die Mahd völliges Verbuschen. Zur außergewöhnlichen Artenvielfalt bei Pflanzen und Tieren trägt auch das enge Nebeneinander verschiedener Biotope am Hörnle bei: Halbtrockenrasen, Flachmoore und Nasswiesen mit ihren jeweiligen Spezialisten wechseln sich hier kleinräumig ab. Vom Blumenreichtum mal abgesehen: Die Überschreitung des Hörnle ist einfach auch eine entzückende Voralpenwanderung mit ungemein viel Aussicht nach allen Seiten. Auch wenn es zwischen Hörnlehütte und Hinterem Hörnle dank Seilbahnnähe mit der Bergeinsamkeit eher nicht so klappt, sind die beiden Zustiege meist überraschend ruhig.

Ausgangspunkt: Wanderparkplatz Kappel, 840 m, an der B 23 zwischen Wurmansau und Unterammergau (von Weitem sichtbar ist die benachbarte Wallfahrtskirche Heilig Blut). Anfahrt mit dem Pkw auf der A 95 bis Ausfahrt Murnau, dann auf der St 2062 bis hinter Bad Kohlgrub und auf der B 23 Richtung Unterammergau (Navi: Parkplatz Kappel, 82497 Unterammergau; N47° 37.538' E11° 02.009'). Bus 9606 von den Bahnhöfen Garmisch-Partenkirchen, Oberau und Oberammergau, Haltestelle Scherenau. Zu Fuß vom Bahnhof Unterammergau 15 Minuten.

Anforderung: Insgesamt gute Bergwege, stellenweise steil und wurzelig, aber nicht exponiert. Im Aufstieg auch längere Passagen auf Forstwegen.

Einkehr: Hörnlehütte (ganzjährig, hoernle-huette.de), Hörnlealm (zur Weidesaison).

Beste Zeit: Mai bis Juli.

Variante: Wer das Hintere Hörnle auslassen und die Tour verkürzen möchte, kann am Mittleren Hörnle bzw. an der Hörnlealm nach rechts abbiegen und über den Direktabstieg nach Kappel zurückkehren (kurzes Waldstück, dann Kuhweiden, Steig oft sehr matschig). Allerdings verpasst man dann die schönste Aussicht der Tour und ein paar botanische »Schmankerl«.

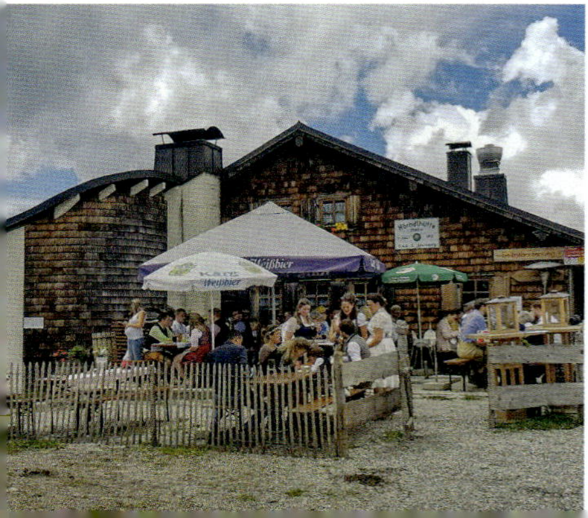

Die Hörnlehütte.

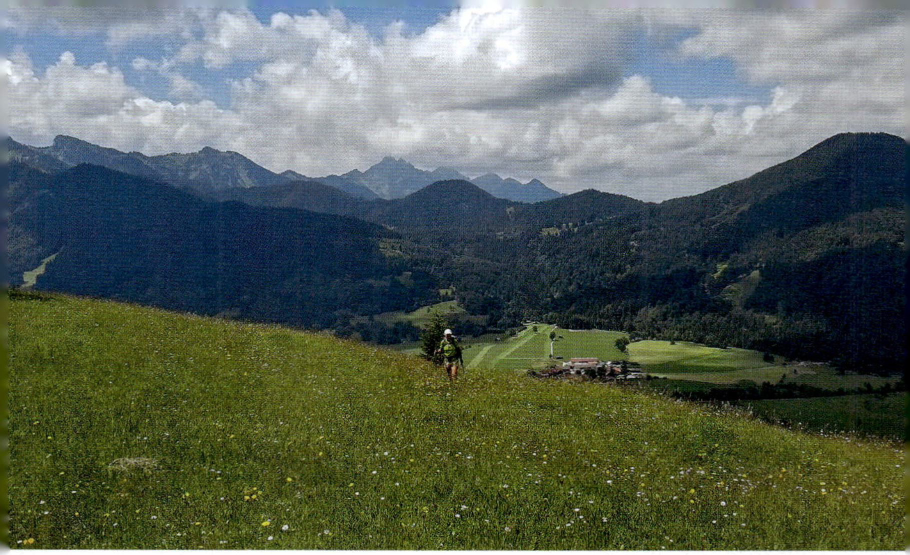

Durch die Wiesmahdhänge; Blick auf Unterammergau und Ammergauer Alpen.

Vom Parkplatz **Kappel** ➊ gehen wir auf der Asphaltstraße rechts unterhalb der Wallfahrtskirche Heilig Blut (alias Kappelkirche) vorbei und stoßen schon nach wenigen Metern auf die erste botanische Attraktion: reiche Bestände der hellrosa Pracht-Nelken *(Dianthus superbus)* mit ihren filigranen, fedrigen Kronblättern. An der nächsten Wegkreuzung halten wir uns noch kurz geradeaus; von rechts mündet hier unser Rückweg ein. Wenige Meter dahinter folgen wir aber dem Abzweig mit der Beschilderung »Hörnlehütte, Zeitberg« nach links. Wir durchqueren eine Bachsenke und ein kurzes Waldstück, wo wir am Wegrand auf den großwüchsigen Arznei-Baldrian *(Valeriana officinalis)* und den dunkelrot blühenden Wald-Ziest *(Stachys sylvatica)* treffen. Unser Weg mündet in ein Asphaltsträßchen, wo wir rechts abbiegen (Wegweiser »Hörnlehütte, Zeitberg«).

Nach einer Brücke und einem Stallgebäude geht es auf einem breiten Kiesweg durch ein Mosaik aus Kuhweiden, Wirtschaftswiesen und den ersten Wiesmahdhängen. Letztere begrüßen uns schon mit einem wunderbar bunten Mix aus Mücken-Händelwurz (*Gymnadenia conopsea*, s. Steckbrief S. 222), Skabiosen-Flockenblumen *(Centaurea scabiosa)*, Gewöhnlichem Heilziest *(Betonica officinalis)* und Rindsaugen *(Buphthalmum salicifolium)*. Der Große Wiesenknopf *(Sanguisorba officinalis)* ist an seinen dunkelroten,

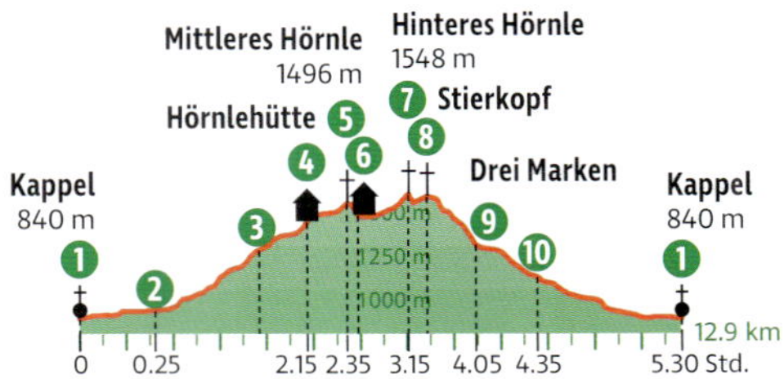

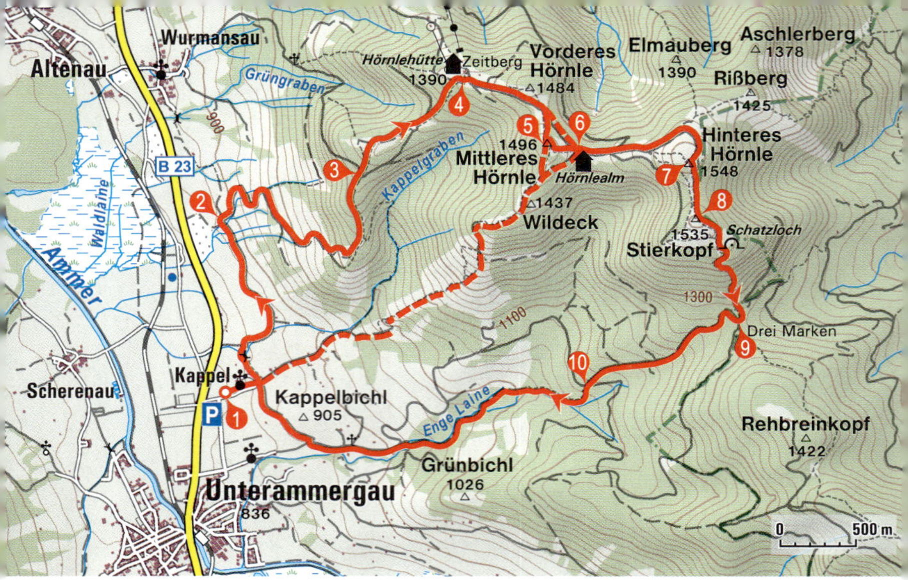

»knubbeligen« Blütenköpfchen leicht zu identifizieren. Die massiven, bis 40 cm hohen Stängel der Sommerwurzen *(Orobanche* spec.*)* mit den – je nach Art – braun-gelb, rötlich oder leicht violett gefärbten Blüten sind nicht etwa schon verwelkt. Als Vollschmarotzer haben sie kein Blattgrün, machen keine Fotosynthese, sondern zapfen alles, was sie zum Leben brauchen, bei ihren Wirtspflanzen ab. Leicht lassen sich die nassen Stellen in den Wiesen erkennen: Zwischen Breitblättrigem Wollgras *(Eriophorum latifolium)* und Acker-Witwenblume *(Knautia arvensis)* wächst dort das Breitblättrige Knabenkraut (*Dactylorhiza majalis*, s. Steckbrief S. 88) mit den meist intensiv gefleckten Blättern, der rosafarbene Schlangen-Knöterich *(Bistorta officinalis)* mit seinen walzenförmigen Blütenständen und die zarte, hellgelbe Kelch-Simsenlilie *(Tofieldia calyculata)*.

Nochmals stoßen wir auf ein **Teersträßchen ❷**, nochmals halten wir uns rechts und folgen weiter der Beschilderung »Hörnlehütte, Zeitberg«. Die mittelsteilen, breiten Serpentinen erlauben nun das reinste Schaulaufen durch ungemein schöne Wiesmahdhänge. Neben bereits bekannten Pflanzen freuen wir uns über ein buntes Durcheinander von Wiesen-Bocksbart *(Tragopogon pratensis)*, Roten Lichtnelken *(Silene dioica)*, weißen Großen Sterndolden *(Astrantia major)*, lila-blauen Berg-Flockenblumen *(Cyanus montanus)*, Akeleiblättrigen Wiesenrauten *(Thalictrum aquilegiifolium)* und zweierlei Arten Labkraut, das gelb blühende Echte Labkraut *(Galium verum)* und das weiß blühende Wiesen-Labkraut *(Galium mollugo* agg.*)*. Die Orchideen werden durch das elegante, langstängelige Fuchs' Knabenkraut *(Dactylorhiza fuchsii)* und das häufig vorkommende, aber leider etwas unscheinbare grünliche Große Zweiblatt *(Neottia ovata)* verstärkt. Direkt am Wegrand ist sowohl das Echte Mädesüß (*Filipendula ulmaria*, s. Steckbrief S. 202) als auch die Kriechende Hauhechel *(Ononis repens)* – geradezu der Prototyp eines Schmetterlingsblütlers – zu fin-

den. Etwas weiter oben treffen wir mit der Grünlichen Waldhyazinthe *(Platanthera chlorantha)* auf eine weitere Orchidee.
Eine markante Linkskehre kann auf einem schmalen Pfad abgekürzt werden, der mitten durch die Blumenpracht führt; hier bekommt die Orchideen-Familie nochmals Zuwachs, und zwar durch das Rote Waldvögelein *(Cephalanthera rubra)*. Nach einer engen Rechtskurve überwinden wir einen steilen, aber nur recht kurzen Aufschwung. Für den nächsten botanischen Paukenschlag sollte man den Augen etwas Zeit lassen – dann erspäht man in der Wiese zur Rechten auch vom Weg aus die zahlreichen Exemplare des Brand-Knabenkrauts *(Neotinea ustulata)*. Die Blüten sind im voll entwickelten Zustand weiß mit dunkelroten Tupfen, im Knospenzustand jedoch komplett dunkelrot, was dem Blütenstand den markanten Farbverlauf verleiht.
Linker Hand vom Hauptweg beginnt nun ein unbeschilderter, aber deutlich erkennbarer Zickzack-Steig mitten durch die Blumenpracht. Und wir stolpern gleich hinein ins nächste botanische Highlight: Wie schön, dass es hier von der recht selten gewordenen Echten Arnika (*Arnica montana*, s. Steckbrief S. 67) noch zahlreiche Exemplare gibt! Zudem finden wir enge Verwandte bereits bekannter Pflanzen: Zur Mücken-Händelwurz kommt die Duft-Händelwurz *(Gymnadenia odoratissima)* und zur Grünlichen Waldhyazinthe die Weiße Waldhyazinthe *(Platanthera bifolia)* – oder Hybriden der beiden. Auf einer flachen Kuppe angekommen, ist Gelegenheit für ein Orchideen-Suchspiel: Zielobjekt ist diesmal der Weißzüngel alias Weiße Höswurz *(Pseudorchis albida)*, der zwar mit bis zu 40 cm Stängellänge gar nicht so klein ist, dessen schmaler Blütenstand mit den winzigen hellgelben Einzelblütchen dennoch leicht zu übersehen ist.

Brand-Knabenkraut.

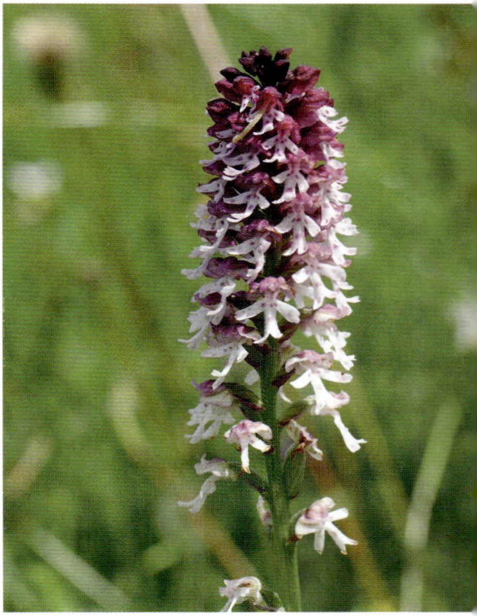

Pracht-Nelke.

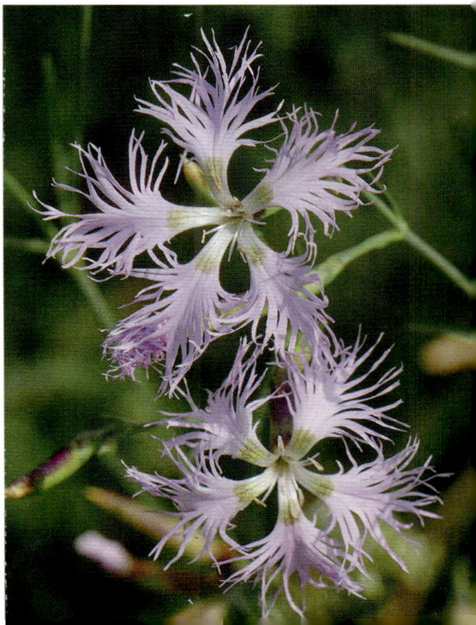

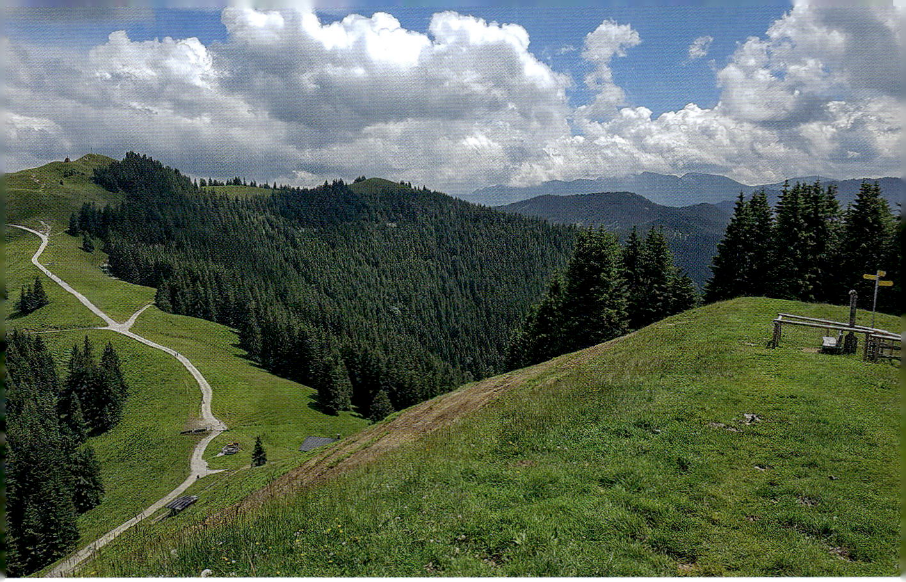

Vom MIttleren Hörnle (rechts) kann man den bequemen Weg zum Hinteren Hörnle (links) komplett einsehen.

Der nun wieder markierte Weg schwenkt nach links und führt recht steil und wurzelig durch einen Waldabschnitt, wo lediglich die prachtvollen Ährigen Teufelskrallen *(Phyteuma spicatum)* erwähnenswert sind. Nach dem Waldstück gelangen wir – wieder flacher und angenehmer – auf eine größere Lichtung, wo zu beiden Seiten des Wegs große Bestände des Alpen-Greiskrauts *(Senecio alpinus)* wachsen. Ein quer laufender **Forstweg 3** wird lediglich gekreuzt, es geht geradeaus weiter. Mit schöner Aussicht wandern wir über einen freien Höhenrücken, der durch Großköpfiges Habichtskraut *(Pilosella testimonialis)* und Gold-Pippau *(Crepis aurea)* stellenweise in hübschen Gelb-Orange-Variationen leuchtet. Nach einigen Metern bergab wird nochmal ein Forstweg überquert, dann trennt uns nur noch ein steiles, kurzes Waldstück von der Einkehr an der **Hörnlehütte 4**, 1390 m, und vom schönen Ausblick ins Alpenvorland.

Die Umgebung der Hütte ist den Kühen vorbehalten, wir schlagen daher den Weg Richtung Mittleres und Hinteres Hörnle ein. Auf breitem, durch Seilbahngäste meist gut frequentiertem Weg spazieren wir fast eben zur nächsten Verzweigung. Auf einem Wiesenpfad lässt sich in wenigen Minuten das **Mittlere Hörnle 5**, 1496 m, ersteigen, von der Bank beim Gipfelkreuz hat man bereits eine recht schöne Aussicht auf das Alpenvorland und den weiteren Tourverlauf. Über einen steilen Hang steigen wir ab zur **Hörnlealm 6**, die zur Weidesaison auch als Jausenstation dient. Wer Kraft sparen möchte, kann das Mittlere Hörnle auch auslassen und auf dem breiten Hauptweg direkt zur Hörnlealm weiterspazieren.

Wir durchwandern die weitläufige Senke zwischen Mittlerem und Hinterem Hörnle, die im Sommer den Kühen gehört und daher botanisch nicht ganz so ergiebig ist, und steigen gemütlich Kuppe um Kuppe hi-

Echte Arnika *(Arnica montana)*
Familie: *Korbblütler (Asteraceae)*
Alias: *Bergwohlverleih*
Standort: *Bevorzugt kalkfreie, saure Böden in sonniger Lage, wie nährstoffarme Gebirgswiesen, Magerrasen, Moor-Randbereiche; bis 2800 m*
Blütezeit: *Juni bis Juli*
Charakteristik: *Bis 60 cm hoch, duftende Blütenkörbchen meist einzeln am Sprossende, sonnengelbe Zungenblüten (oft verdreht oder zerzaust wirkend), etwas dunklere Röhrenblüten. Stängel dicht behaart, unverzweigt. Markant: vierteilige Blattrosette direkt über dem Boden, ein bis zwei gegenständige Blattpaare am Stängel (Korbblütler haben ansonsten meist wechselständige Blätter).*
Status: *Laut Roter Liste Deutschland als gefährdet eingestuft und nach BNatSchG besonders geschützt. Nach T-NV geschützt.*
Wissenswertes: *Arnika ist aufgrund verschiedener, nachweislich entzündungshemmend und antiseptisch wirkender Inhaltsstoffe seit dem 15. Jahrhundert bekannt als Heilpflanze bei stumpfen Verletzungen, rheumatischen Beschwerden, Gelenk- und Muskelschmerzen. Arnika darf nur äußerlich angewendet werden, kann aber allergische Hautreaktionen auslösen.*
Dass Arnika heutzutage zu den gefährdeten Pflanzen zählt, liegt vor allem am Verlust von geeignetem Lebensraum durch Flächenfraß, Düngereintrag, Aufgabe von Almen etc. Lange wurde auch der große Bedarf der Heilmittelhersteller an Arnikablüten für Rheuma- und Sportsalben aus der Natur entnommen. Erst vor relativ kurzer Zeit ist es gelungen, eine Arnikasorte zu züchten, die für medizinische Zwecke gezielt auf Feldern angebaut werden kann, sodass Wildbestände geschont werden.

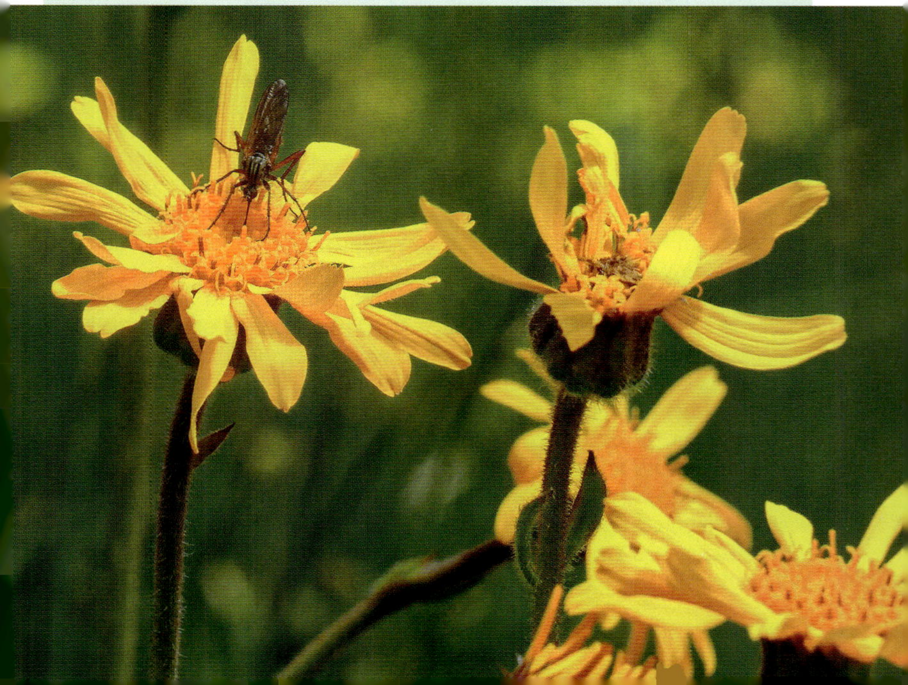

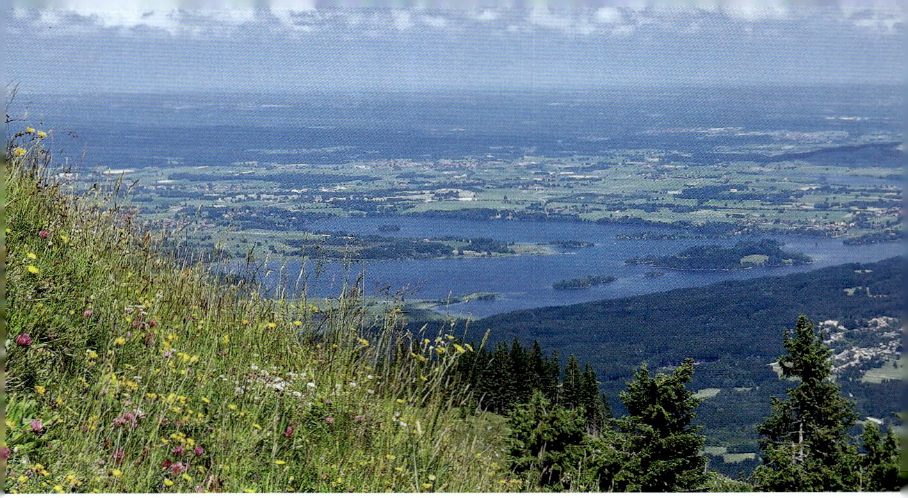

Gipfelblick vom Hinteren Hörnle zum Murnauer Moos und zum Staffelsee.

nauf zum großen Kreuz des **Hinteren Hörnles 7**, 1548 m, dem besten Aussichts- und Brotzeitplatz der Tour. Hier reicht der Blick nicht nur über das Alpenvorland mit seinen Seen, sondern auch nach Osten hinüber zum Estergebirge, nach Süden ins Wettersteingebirge und nach Westen in die Ammergauer Alpen. Im Gipfelbereich wird es mit Eisenhutblättrigem Hahnenfuß *(Ranunculus aconitifolius)*, Echtem Barbarakraut *(Barbarea vulgaris)* und Zottigem Augenwurz *(Athamanta cretensis)* auch botanisch wieder interessanter. Die kleinen zart rosafarbenen Gewöhnlichen Katzenpfötchen *(Antennaria dioica)* sollte man aus der Nähe betrachten, so lässt sich in ihren polsterartigen Teilblüten tatsächlich eine gewisse Ähnlichkeit zu einer Katzentatze erkennen.

Wir verlassen den Gipfel nach Süden. Beim kurzen Gegenanstieg zum **Stierkopf 8**, 1535 m, sind einige Exemplare des Stattlichen Knabenkrauts *(Orchis mascula)* zu finden, die aufgrund ihrer Höhe und des prächtigen Blütenstands ihren Namen völlig zu Recht tragen. Irgendwann muss man sich von der sonnigen Gipfelliegewiese wieder losreißen und steigt mittelsteil die Grashänge in südlicher Richtung hinunter. An einem Jägerstand wendet man sich leicht nach rechts, der Weg ist stellenweise etwas undeutlich, gelbe Markierungspfeile geben aber zuverlässige Orientierungshilfen. Ungefähr auf Höhe des Wegweisers »Schatzloch / Oberammergau« treffen wir wieder auf große Arnikabestände. Vorsicht – im selben Wiesenfleck siedelt mit dem Schwarzen Kohlröschen *(Nigritella rhellicani)* auch ein besonders zartes und entzückendes Orchideelein. An der folgenden Gabelung halten wir uns rechts (Wegweiser »Drei-Marken«); es folgt ein etwas steileres und wurzeliges Waldstück, auf dem uns Berg-Flockenblumen, Wald-Storchschnabel *(Geranium sylvaticum)*, Nesselblättrige Glockenblumen *(Campanula trachelium)* und – Tusch! – mehrere Exemplare der Kugelorchis *(Traunsteinera globosa)* begleiten. Sie fallen durch ihre kräftig pinkfarbenen, dicht gepackten Blütenstände auf, die im Frühstadium pyramiden-, später kugelförmig aussehen.

Unser Steig mündet in einen Wirtschaftsweg, dem wir wenige Meter nach rechts zu einer weiteren Verzweigung folgen. Am Wegekreuz **Drei Marken ⑨** wenden wir uns abermals nach rechts und gehen nun ein längeres Stück auf dem breiten Forstweg durch lichten Wald. Viele Exemplare des besonders schön gezeichneten Fuchs' Knabenkrauts, das übrigens nach dem Arzt und Botaniker Leonhard Fuchs benannt ist, wachsen am Wegrand, zusammen mit gelben Wiesen-Platterbsen *(Lathyrus pratensis)* und rosa Kuckucks-Lichtnelken *(Silene flos-cuculi)* mit den typischen, vierfach geschlitzten Kronblättern. Ein breiter Fahrweg wird überquert, direkt gegenüber (Wegweiser »Kappel«) beginnt ein schmaler **Steig ⑩**, der parallel zur schluchtartig eingeschnittenen Engen Laine talauswärts führt.
Am unteren Ende der Schlucht überqueren wir einen Bachlauf und gelangen zum Beginn eines Forstwegs, der uns – immer an der Engen Laine entlang – bis hinaus in den Talboden bringt. Den Weg säumen große Bestände des bis zu anderthalb Meter hohen Wald-Geißbarts *(Aruncus dioicus)* mit seinen cremefarbenen Blütenrispen und der Akeleiblättrigen Wiesenraute, deren Blüten hauptsächlich aus einer Vielzahl violetter Staubblätter bestehen. Im Talgrund angekommen, bleiben wir an einer Gabelung halb rechts auf dem Hauptweg und spazieren – begleitet von Pracht-Nelken, Gewöhnlichem Heilziest und Großem Wiesenknopf – auf die Häuser von Unterammergau zu. Auf Höhe einer Rastbank nehmen wir den scharf rechts abzweigenden Weg (Wegweiser »Kappel)«, ein lästiger, aber nur kurzer Gegenanstieg bringt uns zu einem schönen Aussichtspunkt, wo wir nochmals den Blick über das Ammertal genießen können. Umgeben von Wollgras, Breitblättrigem Knabenkraut und Gemeinem Augentrost geht es bergab zur vom Aufstieg bekannten Kreuzung und linker Hand in wenigen Minuten an der Kirche Heilig Blut vorbei zurück zum Parkplatz **Kappel ①**.

Ährige Teufelskralle.

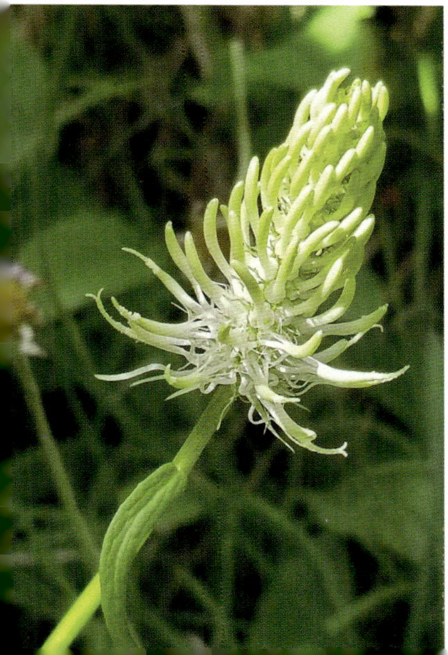

Schwarzes Kohlröschen.

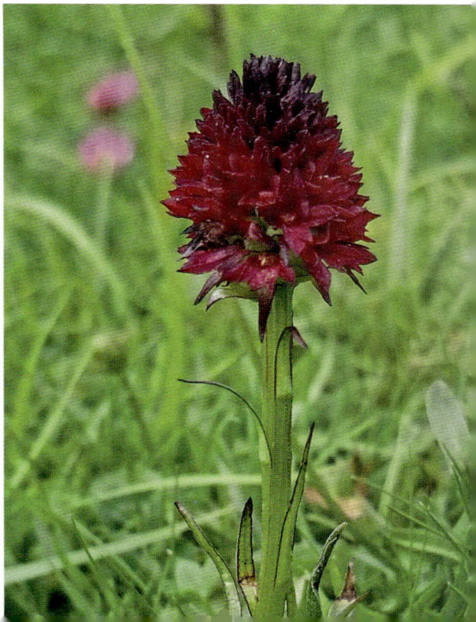

6 Friederspitze, 2049 m, mit Friedergries

Aussichtsreiche Rundtour am Südrand der Ammergauer Alpen

7.15 Std. | 15,5 km | ↗ 1250 m | ↘ 1250 m

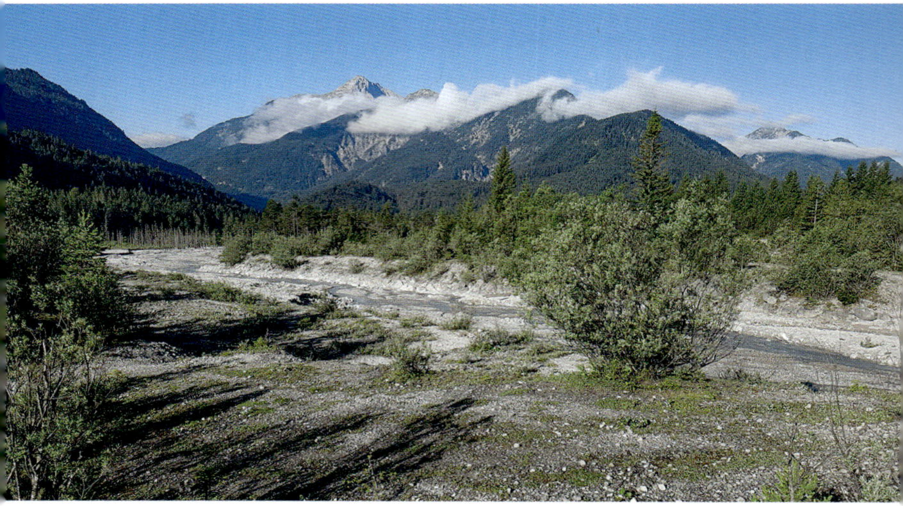

Das Friedergries ändert sein Aussehen nach starkem Niederschlag oder Hochwasser.

Vielfältige Alpenflora und die botanischen Raritäten des Friedergries

Die Überschreitung der Friederspitze ist die perfekte Tour für konditionsstarke und geübte Wanderer, die alles auf einmal haben wollen: Blumenreichtum, eine wilde Gebirgslandschaft, sportliche Betätigung und einen Eins-a-Gipfelblick. Vom höchsten Punkt bieten sich eindrucksvolle Ein- und Tiefblicke ins wilde Herz der Ammergauer Alpen, während sich direkt gegenüber im Süden die schroffen Nordabstürze der Zugspitze aufbauen. Für den Aufstiegsweg ist im unteren Teil ein wenig Pfadfindergeist nötig, dafür bekommt man mit dem kurzen Spaziergang durch das einzigartige Friedergries eine echte botanische Wundertüte präsentiert. Im wilden Schwemmkegel der Friederlaine hat sich nämlich im ständigen Wechsel zwischen Trockenheit und Hochwasser eine spannende Pioniervegetation mit etlichen seltenen Arten angesiedelt.

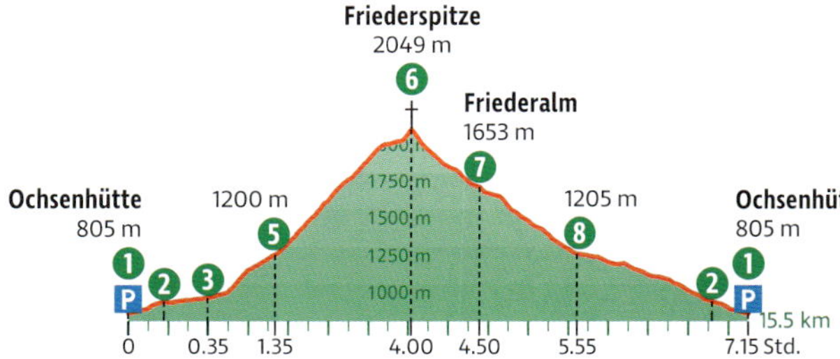

Ausgangspunkt: Wanderparkplatz Ochsenhütte, 805 m, zwischen Grainau und Griesen. Anfahrt mit dem Pkw auf der A 95 und der B 2, direkt hinter dem Farchanter Tunnel rechts Richtung Grainau / Fernpass, auf der B 23 bis zur Ochsenhütte ca. 3 km vor Griesen – aus Grainau kommend direkt nach dem zweiten Bahnübergang (Navi: Parkplatz Ochsenhütte, 82467 Garmisch-Partenkirchen; N47° 29.078' E10° 58.581'). Bahnverbindung von Garmisch-Partenkirchen und Reutte in Tirol nach Griesen.

Anforderungen: Für den Aufstiegsweg ist etwas Pfadfindergeist nötig, dazu perfekte Trittsicherheit und Aufmerksamkeit auf den nur fußbreiten Pfaden im Steilgelände, kurze Stellen können etwas ausgesetzt sein; keinesfalls bei Nässe begehen. Der Abstiegsweg ist gut angelegt, markiert und ohne Problemstellen. Für die gesamte Tour ist solide Kondition nötig und auch etwas Durchhaltevermögen für den wenig abwechslungsreichen Mittelteil des Aufstiegs und den langen Forstweg zum Schluss.

Einkehr: Keine.

Beste Jahreszeit: Ende Mai bis Anfang Juli.

Varianten: 1) Wer auch für den Aufstieg den hier beschriebenen leichteren Abstiegsweg nimmt, kann für den langen Fahrweg ein Rad benutzen. Für das Highlight Friedergries bietet sich dann ein Abstecher an.
2) Vom Gipfel der Friederspitze kann man in ca. 20 Minuten noch zum Frieder, 2050 m, hinüberwandern.

Tipp: Wem die Friederspitz-Besteigung zu anstrengend ist, der kann sich auch einfach einen netten Tag im Friedergries machen mit Blumensuchen, Fotografieren und Plantschen. Deutlich blumenreicher ist der Teil östlich der Friederlaine, aber auch im Westteil finden sich originelle Fotomotive. Richtige Wege gibt es im Gries nicht, je nach Wasserstand und Pioniergeist sucht man sich die beste Spur, eventuell muss man auch mal die Schuhe ausziehen. Größere Orientierungsprobleme gibt es nicht, denn auf allen Seiten wird das Gries von Forstwegen umschlossen, auf die man früher oder später wieder stößt.

Blick von der Gipfelliegewiese zur benachbarten Schellschlicht und den Allgäuer Alpen im Hintergrund.

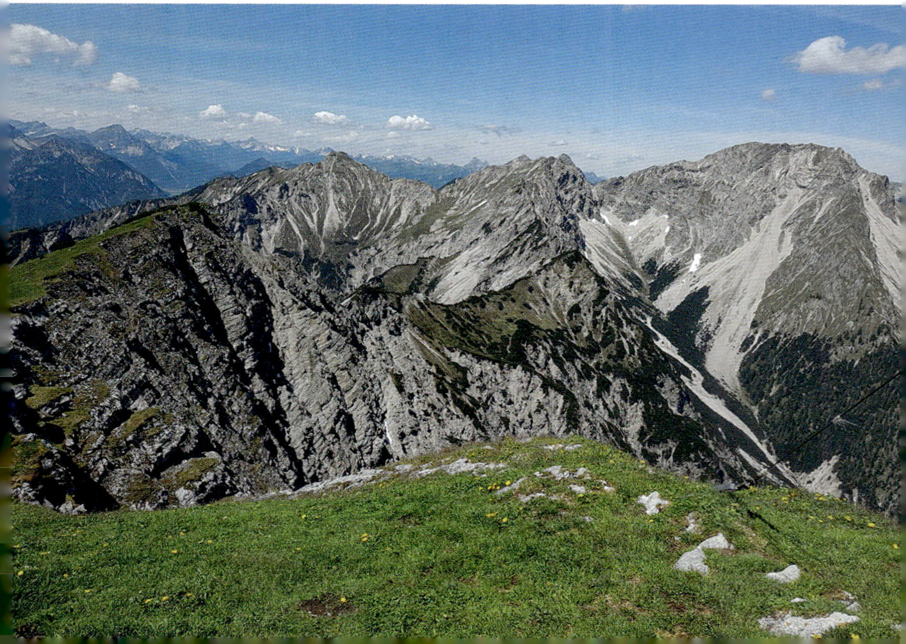

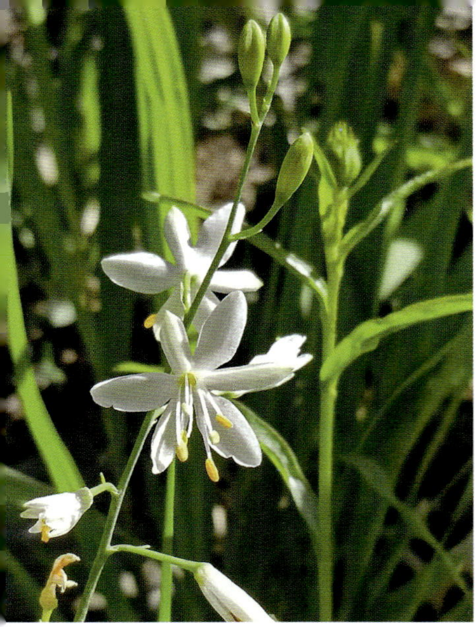

Ästige Graslilie.

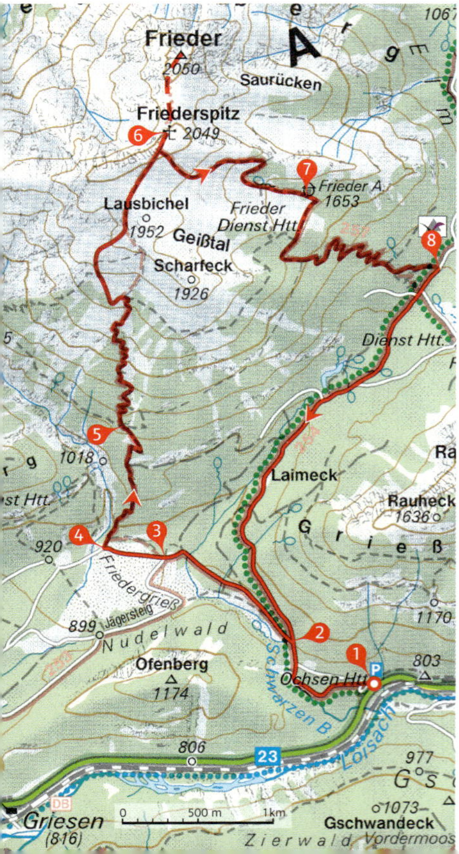

Am Parkplatz **Ochsenhütte** ❶ durchschreiten wir ein Metalltor und folgen dem Fahrweg zuerst steil, dann abflachend bis zu einer Gabelung. Auf diesem Teilstück begleiten uns Rindsaugen *(Buphthalmum salicifolium)*, Fuchs' Knabenkraut *(Dactylorhiza fuchsii)* und die zartgelben Schmetterlingsblüten der Spargelschote *(Lotus maritimus)*. An der **Verzweigung** ❷ halten wir uns links (Wegweiser »Friedergries«), von rechts werden wir später zurückkommen.

In leichtem Auf und Ab wandern wir auf dem Forstweg bis zu einem weitläufigen Holzplatz, in dessen Mitte sich ein einsamer **Wegweiser** ❸ befindet. Während der Hauptweg Richtung Griesen nach links abknickt, halten wir uns an die deutliche Pfadspur geradeaus (Beschilderung »Frieder«). Ohne nennenswerten Höhengewinn spazieren wir über die Schotterbänke des Friedergries, wobei sich die Pfadspuren bisweilen in mehrere Varianten aufteilen; spätestens an der quer laufenden Friederlaine kommen sie aber wieder zusammen. Im Frühsommer kann man hier, sofern man die Augen richtig »kalibriert« hat, auf wenigen Metern zahlreiche Fliegen-Ragwurze (*Ophrys insectifera*, s. Steckbrief S. 135) finden. Wieder einmal gilt: Wenn man eine entdeckt hat, sieht man plötzlich ganz viele! Ebenso ist es mit den lampenschirmartigen weißen Glöckchen des Rundblättrigen Wintergrüns *(Pyrola rotundifolia)*, die sich gerne in den Schatten von Sträuchern ducken. Erstaunlicherweise fühlt sich offenbar auch die Grünliche Waldhyazinthe *(Platanthera chlorantha)* in dem trockenen Geröllbett wohl, obwohl man diese Orchidee mit den filigranen weißen Blüten normalerweise eher in feuchteren Biotopen antrifft.

Selbiges gilt auch für den streng geschützten und leider sehr selten gewordenen Schlauch-Enzian *(Gentiana utriculosa)*, der leicht an der intensiv blauen Farbe und den breit aufgeblasenen Kelchen zu erkennen ist. Er wächst im Friedergries recht zahlreich und auch in beeindruckend großen und vielblütigen Exemplaren. Bei der Zottigen Augenwurz *(Athamanta cretensis)*, deren flache weiße Dolden von einer Rosette aus haarfein gefiederten Blättern eingerahmt sind, und beim Blaugrünen Steinbrech *(Saxifraga caesia)* handelt es sich dagegen um echte Spezialisten für steinig-trockene Böden. Wer die Fliegen-Ragwurze verpasst hat, muss sich nicht grämen: Direkt anschließend übernehmen zwei andere, ebenfalls sehr fotogene Orchideenarten das Terrain: Das Rote Waldvögelein *(Cephalanthera rubra)* und die Braunrote Ständelwurz *(Epipactis atrorubens)* treten im Friedergries ebenfalls in großer Zahl auf.

Nun gilt es, den Einstieg zu unserer Bergtour zu finden. Am Ufer der Friederlaine (diese nicht überqueren!) wenden wir uns nach rechts und gehen auf den Bergfuß zu. Der deutliche, direkt neben der Bachschlucht bergauf führenden Pfad erweist sich schnell als Sackgasse und leitet lediglich zu einem Aussichtsposten mit Bank (gute Fotoposition). Wir wenden uns wiederum nach rechts (also in die Richtung, aus der wir gekommen sind) und gehen auf Pfadspuren am Felsfuß entlang. Nach wenigen Metern, direkt nach einer auffallend glatten Felsplatte, stoßen wir auf einen schmalen, aber deutlichen **Pfad ❹**, der bergauf in den Wald zieht. Bald zeigt ein verblasster roter Punkt, dass wir richtig gezielt haben. Etwas wurzelig, aber insgesamt gut gangbar und nicht mehr zu verfehlen leitet unser Weglein in Serpentinen durch den recht dichten Wald.
Der Lichtmangel ist für die Vogel-Nestwurz (*Neottia nidus-avis*,

Großblütiger Enzian.

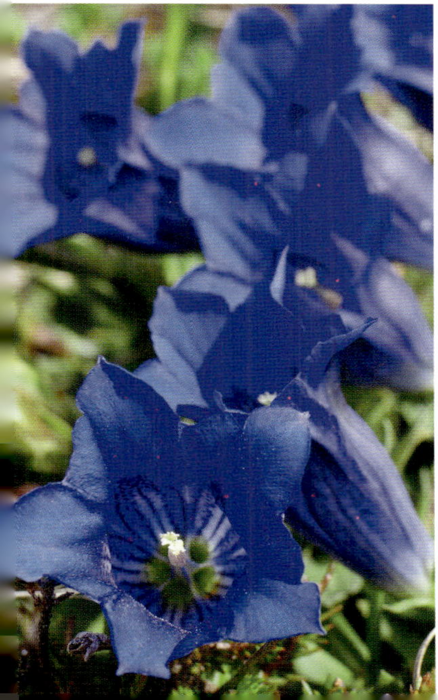

Rotes Waldvögelein.

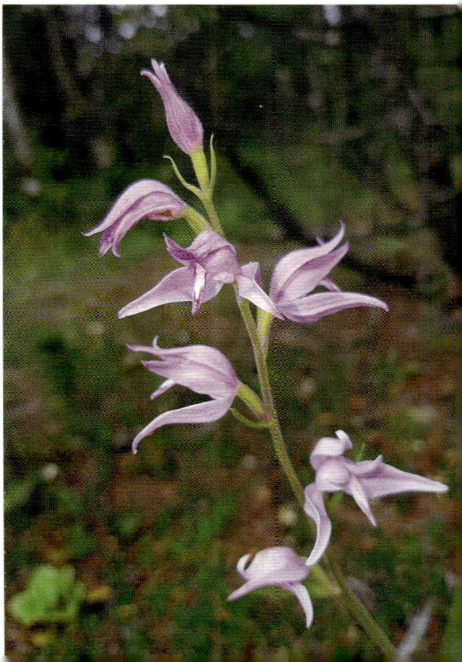

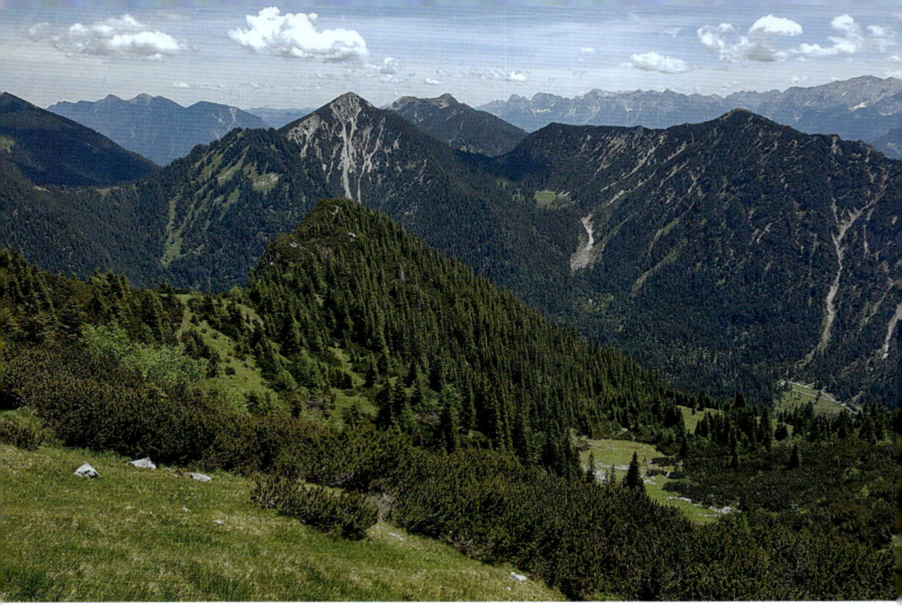

Über dem Sattel zwischen Hirschbichl und Ziegspitz erhebt sich der Kramer.

s. Steckbrief S. 192) kein Problem, da sie als Vollschmarotzer ohnehin keine Fotosynthese betreibt und sämtliche Nährstoffe und das Wasser von ihren Wirten abzapft. An etwas helleren Stellen findet man die formschönen Blüten der Schwarzvioletten Akelei (*Aquilegia atrata*, s. Steckbrief S. 186) und der Mücken-Händelwurz (*Gymnadenia conopsea*, s. Steckbrief S. 222). Recht abrupt endet der Waldgürtel, für ein kurzes Stück wandern wir am Schluchtrand entlang in offenes Wiesengelände. Dabei begleiten uns Weiße Schwalbenwurzen (*Vincetoxicum hirundinaria*, s. Steckbrief S. 75), und Grünliche Waldhyazinthen. Nun ist erhöhte Aufmerksamkeit gefordert: An einer unscheinbaren **Gabelung** ❺ sollte man unbedingt die rechte Spur nehmen, die geradewegs die steile Wiese hinaufführt. Die linke Tangente leitet mit größerem Umweg ebenfalls zur Friederspitze, weist aber unangenehm schmale und ausgesetzte Passagen auf.

Nun ist Durchhaltevermögen gefragt für ein langes und etwas gleichförmiges Teilstück: Auf teilweise nur fußbreitem Pfad geht es rechts von der tiefen Schlucht in unzähligen engen Serpentinen die steile Wiese hinauf. Der Hang ist dabei überwiegend »in elegantem Weiß gehalten«: Weiße Schwalbenwurz und Grünliche Waldhyazinthen blühen in rauen Mengen, unterbrochen nur von den zarten rosa Blütenständen der Duft-Händelwurz *(Gymnadenia odoratissima)*. Direkt anschließend übernimmt dann die Ästige Graslilie *(Anthericum ramosum)* das Terrain, bei der man sich immer fragt, wie ein derart filigranes, zartes Pflänzlein an so rauem Standort überleben kann.

Am oberen Ende eines Tälchens führt unser Pfad nach rechts und in einen Wiesensattel hinein; das Gelände legt sich etwas zurück, der Bewuchs wird mit Alpen-Steinquendel *(Acinos alpinus)*, Glattem Brillenschötchen *(Biscutella laevigata)* und Gewöhnlichem Wundklee *(Anthyllis vulneraria)* allmählich alpiner. Latschenzonen wechseln sich nun mit freien Flächen ab, auf denen Großblütige Enziane *(Gentiana clusii)*, Herzblättrige Kugelblumen *(Globularia cordifolia)* und viele der mit dem Seidelbast verwandten, intensiv duftenden Steinröschen *(Daphne striata)* zu finden sind. Vereinzelt ist auch Breitblättriges Knabenkraut *(Dactylorhiza majalis)* zu entdecken, wenn auch höhenbedingt nur in kleineren Exemplaren. Etwas später im Jahr treffen wir hier auf zwei Orchideenarten, die offenbar dieselben Standort-Vorlieben teilen: das kleine, aber auffällig gefärbte Schwarze Kohlröschen *(Nigritella rhellicani)* und die leicht zu übersehende Grüne Hohlzunge *(Coeloglossum viride)*. In felsigen Passagen wachsen dann das zarte, weiß blühende Kriechende Gipskraut *(Gypsophila repens)* und das intensiv pinkfarbene Kopfige Läusekraut *(Pedicularis rostratocapitata)*.

An einer Geländekante dürfen wir endlich einen ersten Blick auf unser Gipfelziel werfen. Die nötige Höhe haben wir fast schon erreicht, nur die Entfernung ist noch zu überwinden. Eine kleine Schlucht wird rechts

Weiße Schwalbenwurz *(Vincetoxicum hirundinaria)*

Familie: *Hundsgiftgewächs (Apocynaceae)*

Alias: *Sankt-Lorenz-Kraut*

Standort: *Steinige Trockenrasen, Gebüsche, lichte Wälder; gerne warme, kalkhaltige Stellen; bis 1800 m*

Blütezeit: *Mai bis August*

Charakteristik: *Bis 1 m hoch; allein stehend straff aufrechter Wuchs, bei Konkurrenz auch als Schlingpflanze. Laubblätter gegenständig angeordnet, ei- bis herzförmig mit deutlicher Spitze und kurzem Stiel. Blüten cremefarben, in kleinen Trauben in den Blattachseln stehend. Einzelblüte in markanter Radform mit fünf leicht eingedrehten Kronblättern. Frucht- und Staubblätter miteinander verwachsen. Staubblattanhängsel und Nektardrüsen bilden eine Nebenkrone mit Klemmfallen. Verhakt sich ein Insekt mit Füßen oder Rüssel in der Falle, kann es sich nur befreien, wenn es das entsprechende Körperteil mitsamt der klebrigen Pollenpakete herauszieht. Weniger kräftige Insekten sterben in der Klemmfalle.*

Status: *Ungefährdet, nicht geschützt*

Wissenswertes: *Der botanische Name (vincere = besiegen, toxicum = Gift) bezieht sich auf den früheren, volksheilkundlichen Einsatz von Schwalbenwurz als Antidot bei Schlangenbissen und als Brechmittel bei Vergiftungen. Der Erfolg der Behandlung darf bezweifelt werden, enthält die Schwalbenwurz doch selbst starke Giftstoffe (z. B. Vincetoxin), die in entsprechender Konzentration zu Herzrhythmusstörungen und Atemlähmung führen können.*

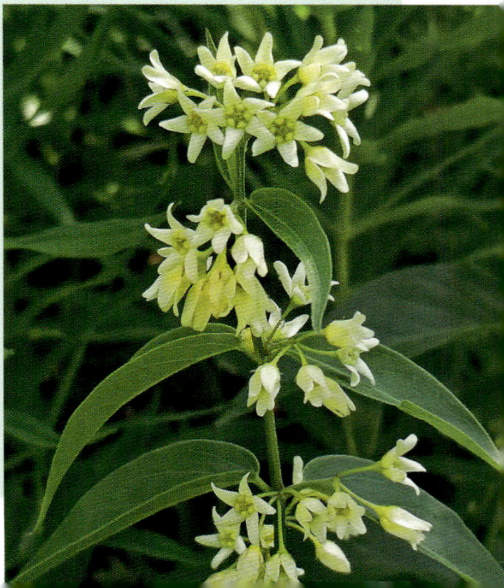

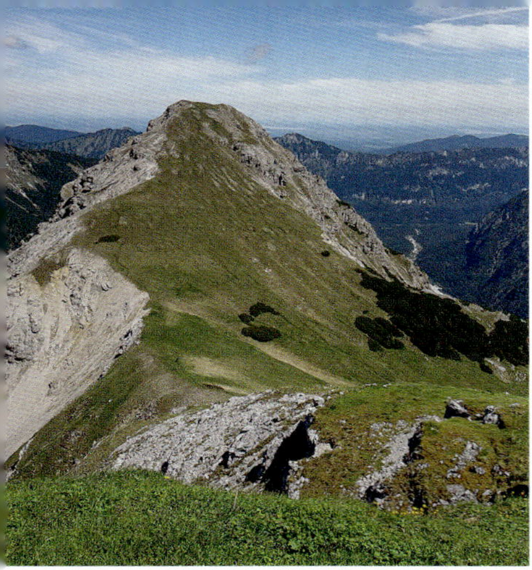

Optionaler Übergang zum Frieder.

ausholend umwandert. Schneller als erwartet gelangen wir in den weitläufigen Wiesensattel unterhalb des Gipfels. Im Frühsommer treffen wir hier wiederum auf Großblütigen Enzian, Steinröschen und nun auch auf Polster von Weißer Silberwurz (*Dryas octopetala*, s. Steckbrief S. 167). In den Mulden, wo sich der Schnee lange gehalten hat, begrüßen uns noch typische Frühlingsblüher wie Fels-Aurikeln *(Primula auricula)*, Gewöhnliche Alpenglöckchen *(Soldanella alpina)* und Frühlings-Enziane *(Gentiana verna)*. Die Hochsommervegetation wird dagegen meist von der dann hier weidenden Schafherde verspeist. Die Steigspur führt schräg nach rechts oben durch die steile Gipfelflanke und vereinigt sich kurz vor dem höchsten Punkt mit dem Abstiegsweg. Links haltend fehlen jetzt nur noch wenige Meter bis zum Kreuz der **Friederspitze** ❻, 2049 m, mit dem absolut verdienten Rund-um-Panorama und der noch mehr verdienten Pause auf der gemütlichen Gipfelliegewiese.

Alpen-Süßklee.

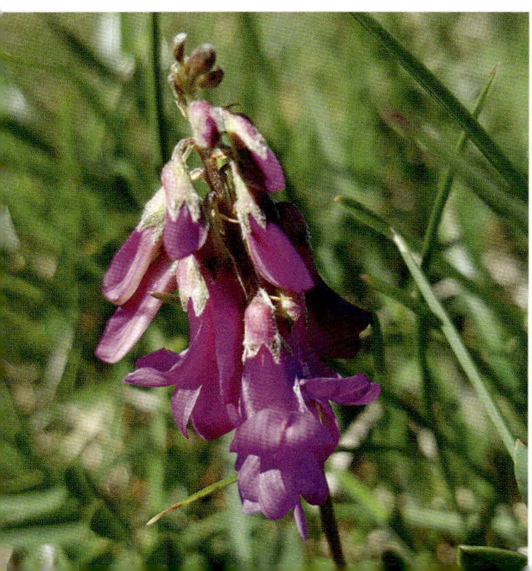

Wer noch zum benachbarten Frieder hinüberspaziert oder wenigstens etwas in der Nordflanke der Friederspitze herumstromert, wird mit violettem Berg-Spitzkiel *(Oxytropis jacquinii)* und leuchtend pinkfarbenem Alpen-Süßklee *(Hedysarum hedysaroides)* belohnt.

Für den Rückweg folgen wir für wenige Meter dem Aufstiegspfad, wandern an der bekannten Gabelung aber geradeaus weiter. Mittelsteil geht es in guten Serpentinen zügig die freie Wiese hinunter – auch hier begegnet uns stellenweise noch Frühlingsvegetation. Wo der Schnee schon länger verschwunden ist, wachsen Großblütiger Enzian, Weiße Silberwurz, Alpen-Fettkraut (*Pinguicula alpina*, s. Steckbrief S. 43) und Steinröschen. Noch etwas später blühen hier das Kopfige Läusekraut und kleinere Bestände der Bewimperten Alpenrose (*Rhododendron hirsutum*, s. Steckbrief S. 211). Der Bewimperte Mannsschild *(Androsace chamaejasme)* betreibt »Insekten-Service«: Nach der Bestäubung verfärbt sich sein gelber Schlundring rosa und zeigt so anfliegenden Insekten, dass hier nichts mehr zu holen ist.

Der angenehm zu begehende Weg durchschneidet abwechselnd Latschen- und Wiesenflächen. Vor einem markanten Felsgupf leiten gelbe Pfeile durch Latschengassen hinunter in einen Wiesenkessel, den man durch ein Gatter betritt. Hier könnte man auch seine Wasservorräte nachfüllen, bevor man die Schafweide am unteren Ende wiederum durch ein Gatter verlässt. Kurz danach haben wir die unbewirtschaftete **Friederalm ⑦**, 1653 m, erreicht. Mit schönen Blicken auf die gegenüberliegenden Gipfel Hirschbichl und Ziegspitz und die ihnen zu Füßen liegende Rotmoosalm steigen wir – weiterhin auf gutem Weg – zwischen Kugel-Teufelskrallen *(Phyteuma orbiculare)* zum Waldrand hinunter, wo sich Orchideenarten wie Mücken-Händelwurz, Fuchs' Knabenkraut und Kugelorchis *(Traunsteinera globosa)* wohlfühlen. Zügig leiten Serpentinen durch den Wald bergab, der im Frühling von zahllosen Seidelbast-Sräuchern (*Daphne mezereum*, s. Steckbrief S. 129) in zartes Pink getaucht wird. Im Frühsommer übernehmen die Spezialisten für lichtarme Standorte: z. B. die Vogel-Nestwurz, das Zweiblättrige Schattenblümchen *(Maianthemum bifolium)* mit seinen aufrechten weißen Blütenständen, markant herausragenden Staubbeuteln und zwei herzförmigen Blättern oder das Wald-Sanikel *(Sanicula europea)* mit seinen winzigen weißen Blütendolden und den handförmigen, fünfteiligen Blättern. Schließlich mündet unser Waldweg unweit der Rotmoosalm in den **Fahrweg ⑧** ein. Nun heißt es leider, die Zähne zusammenzubeißen und die ca. 1.15 Std. auf dem Forstweg zurück zur bekannten **Verzweigung ②** und zum Parkplatz **Ochsenhütte ①** hinter sich zu bringen. Um von den müden Füßen abzulenken, empfiehlt sich im Frühsommer ein Fliegen-Ragwurz-Suchspiel an der linken Böschungsseite; später im Sommer kann man sich am Rand einer moorigen Gumpe über zahlreiche Exemplare des hochgiftigen, aber wunderschönen Weißen Germers *(Veratrum album)* und der prachtvollen Sumpf-Ständelwurz *(Epipactis palustris)* freuen.

Zugspitzblick par excellence!

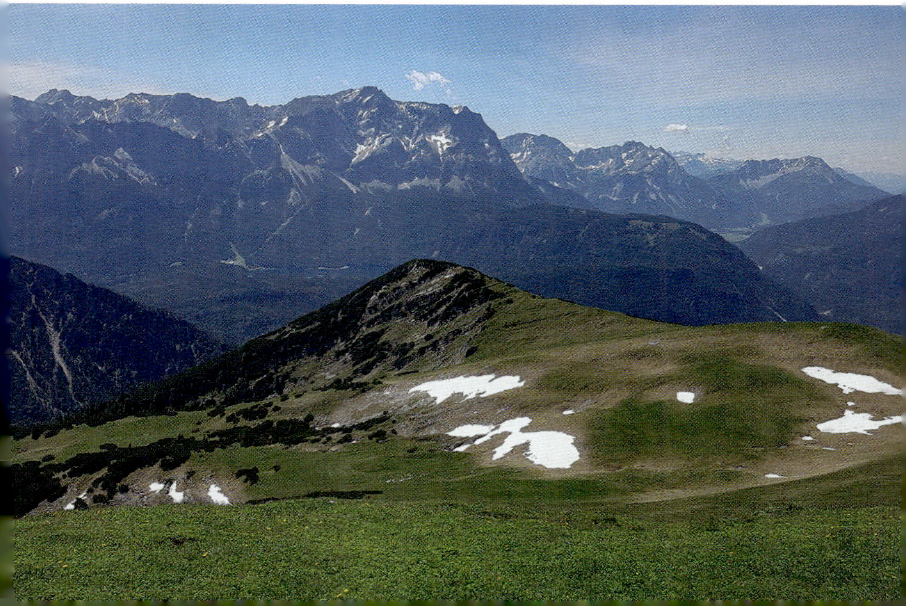

7 Hupfleitenjoch, 1754 m, und Höllentalklamm

Durch eine spektakuläre Steilwand und Schlucht

4.30 Std. | 12,2 km | ↗150 m | ↘1040 m

Ein beeindruckender Ausflug in die hochalpine Flora

Der atemberaubende Blick vom Hupfleitenjoch hinüber zur Zugspitze, dem Höllentalferner, dem schroffen Waxenstein und hinunter in die tief eingeschnittene Höllentalklamm verdient eindeutig das Prädikat Postkartenmotiv! Wie man ohne alpinistische Heldentaten die fast senkrechten Wände bewältigen soll, erschließt sich erst aus der Nähe: Durch die kunstvolle Weganlage geht es dann aber unerwartet einfach. Selbiges gilt für die tosende Höllentalklamm, die der Hammersbach in jahrhundertelanger Arbeit in den Muschelkalk »gefräst« hat (der Name Höllental kommt nicht von Hölle, sondern von höhlen). Schon im 19. Jahrhundert wurden in der Klamm Bleierze gewonnen, im Ersten Weltkrieg galt der hier gefundene Stahlveredler Molybdän als »kriegsentscheidend« – entsprechend aufwendig wurde die schwer zugängliche Schlucht mit Stollen, Stegen und Brücken begehbar gemacht. Nach Kriegsende war der Bergbau nicht mehr rentabel, die vorhandene Infrastruktur wurde für den Tourismus geöffnet.

Auch botanisch ist einiges geboten: Rund ums Hupfleitenjoch kommt man sich stellenweise vor wie in der Alpenblumenabteilung eines Botanischen Gartens, so vielfältig blüht es links und rechts des Wegs. Auf dem langen Abstieg aus den felsigen Bergregionen ins bewaldete Tal verändert sich sukzessive auch der Bewuchs – es bleibt also abwechslungsreich. Insgesamt eine tolle Tour mit allem Wünschenswerten: spektakulärer Landschaft, reichhaltiger Botanik, gemütlichen Einkehrmöglichkeiten und der wilden Höllentalklamm als Finale.

Der Weg zu den Knappenhäusern wurde einfach in den Fels gesprengt.

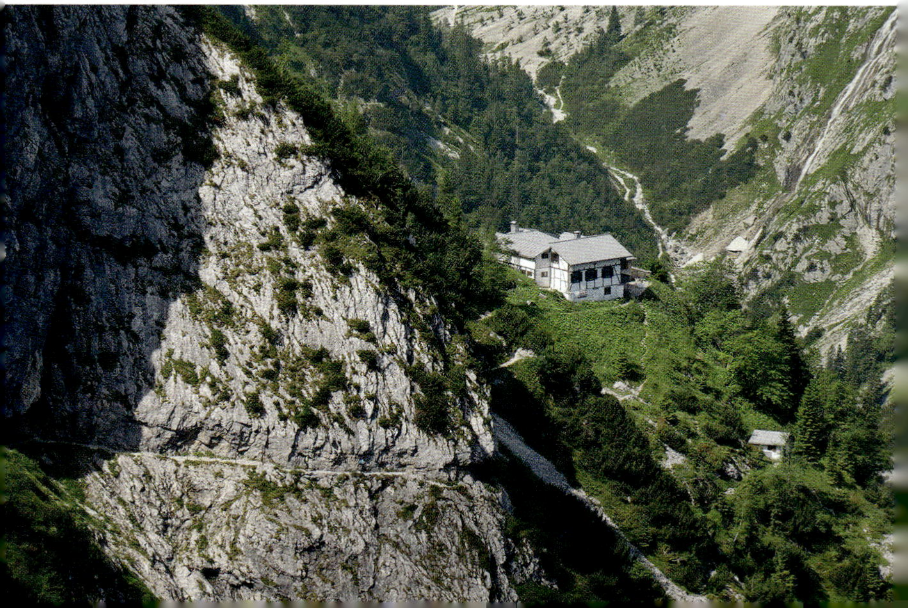

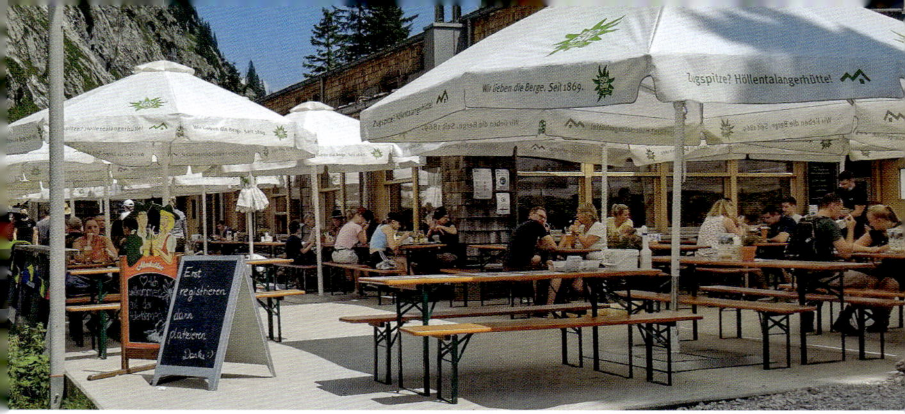

Wohlverdiente Pause in der 2014/15 neu erbauten Höllentalangerhütte.

Ausgangspunkt: Garmisch-Partenkirchen, Talstation der Kreuzeckbahn, 761 m. Anfahrt mit dem Pkw auf der A 95 und der B 2, direkt hinter dem Farchanter Tunnel rechts Richtung Grainau / Fernpass und weiter auf der B 23 (Navi: Am Kreuzeckbahnhof 1, 82467 Garmisch-Partenkirchen; N47° 28.301' E11° 03.806'). Ab Garmisch-Partenkirchen Bahnhof mit der Zahnradbahn bis Station Kreuzeck- / Alpspitzbahn.
Anforderungen: Bis auf ein kurzes Stück vor dem Hupfleitenjoch geht es auf dieser Tour nur bergab, teils auf geröllígem oder nassem Untergrund (Wanderstöcke empfehlenswert). Durchwegs gut angelegte, perfekt beschilderte Bergwege; im Abstieg vom Hupfleitenjoch zu den Knappenhäusern über längere Zeit steile, schotterige Passagen (Trittsicherheit erforderlich). Hier führt der Weg direkt durch die Steilwand, die Ausgesetztheit wird aber durch die Breite des Wegs und Seilgeländer gemildert. In der Höllentalklamm muss man auch bei trockenem Wetter mit nassem Untergrund rechnen. Streckenlänge nicht unterschätzen!
Einkehr: Berggasthaus Kreuzeckhaus (ganzjährig geöffnet, alpenverein-gapa.de/berghuetten/kreuzeckhaus.html), Höllentalangerhütte (Mitte Mai bis Mitte Oktober geöffnet, alpenverein-muenchen-oberland.de/huetten/alpenvereinshuetten/hoellentalangerhuette), Höllentaleingangshütte (Ende Mai bis Oktober geöffnet), Gastronomie in Hammersbach.
Beste Jahreszeit: Juni bis September.
Hinweise: Die Höllentalklamm kostet Eintritt (zu bezahlen an der Höllentaleingangshütte, Ermäßigung mit DAV-Ausweis). Unbedingt vor der Tour sicherstellen, dass die Klamm begehbar ist (geöffnet meist Mai bis Oktober, nach Unwettern manchmal kurzfristige Schließung, grainau.de/hoellentalklamm). Auch bei heißem Wetter leistet eine leichte Regenjacke gute Dienste, denn in der Höllentalklamm geht es selten ohne unfreiwillige Dusche ab.

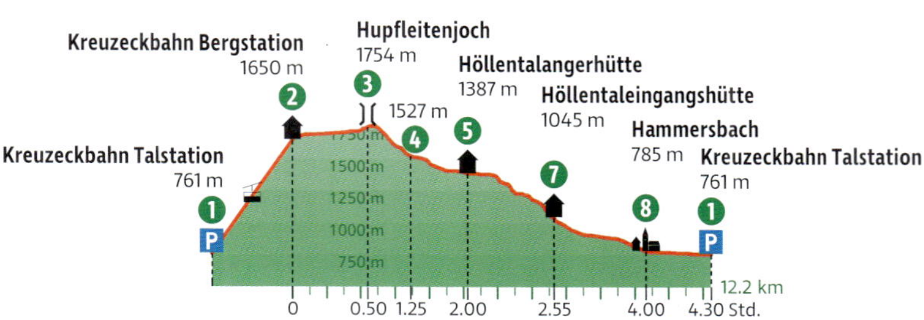

Von der **Talstation der Kreuzeckbahn ❶** gondeln wir bequem und mit schönem Ausblick auf Garmisch-Partenkirchen hinauf zur **Bergstation ❷**, 1650 m, neben dem Kreuzeckhaus.

Wir folgen dem Wegweiser zum Hupfleitenjoch und bekommen schon auf den ersten Metern eine bunte Blumenvielfalt geboten: Echtes Labkraut *(Galium verum)*, Berg-Flockenblumen *(Cyanus montanus)*, Vogel-Wicken *(Vicia cracca)*, Taubenkropf-Leimkraut *(Silene vulgaris)*, Mücken-Händelwurz *(Gymnadenia conopsea*, s. Steckbrief S. 222), Wald-Witwenblume *(Knautia dipsacifolia)*, Mittlerer Wegerich *(Plantago media)* und Sommerwurz-Arten *(Orobanche spec.)* wechseln sich ab.

Auf breiter Trasse geht es zunächst in südwestlicher Richtung leicht bergab, dann bergauf, die erste Abzweigung darf man ignorieren. An der nächsten Kreuzung halten wir uns weiterhin Richtung Hupfleitenjoch und biegen entsprechend rechts ab. Große Horste der kalkliebenden Bewimperten Alpenrosen (*Rhododendron hirsutum*, s. Steckbrief S. 211) werden uns bis zum Hupfleitenjoch begleiten, ebenso die winzigen weißen Bürstchen des Knöllchen-Knöterichs (*Bistorta vivipara*, s. Steckbrief S. 81), die blaue Kugel-Teufelskralle *(Phyteuma orbiculare)* und die zartgelbe Kelch-Simsenlilie *(Tofieldia calyculata)*. Die Orchideen sind mit dem besonders schön gezeichneten Fuchs' Knabenkraut *(Dactylorhiza fuchsii)* und den dicht gepackten, hellgelben Blütenständen des Weißzüngels *(Pseudorchis albida)* vertreten. Rote Lichtnelken *(Silene dioica)* und Alpen-Greiskraut *(Senecio alpinus)* wachsen im Umkreis der Gabelung, an der wir jetzt halb rechts in einen schmalen Fuß-

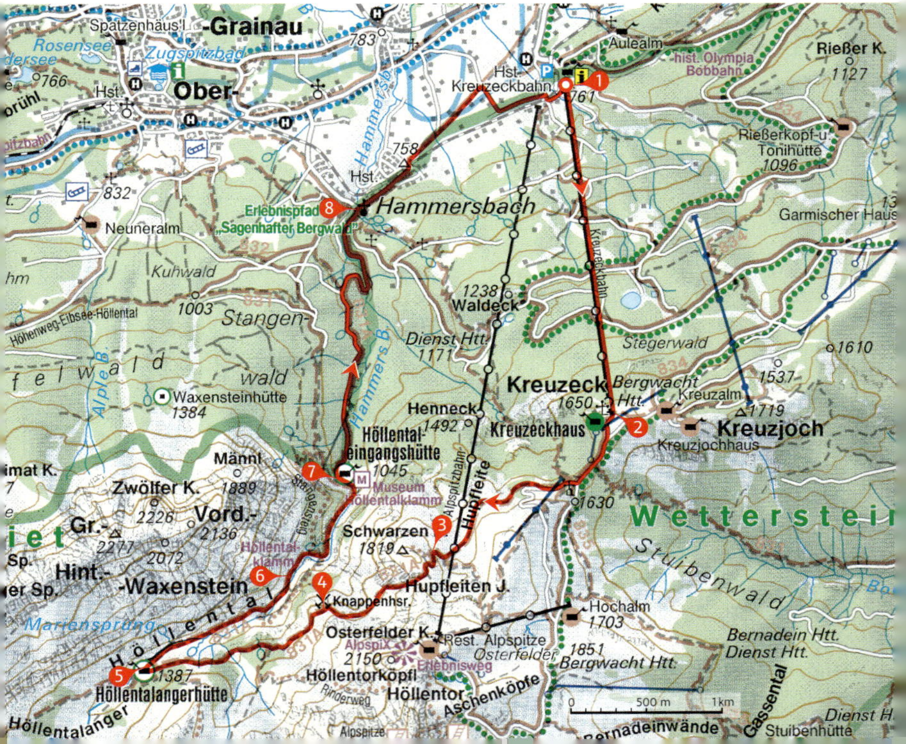

Knöllchen-Knöterich *(Bistorta vivipara)*
Familie: *Knöterichgewächs (Polygonaceae)*
Alias: *Lebendgebärender Knöterich, Otterwurz*
Standort: *Steinige Rasen, Schneetälchen, Moore; bis 3000 m*
Blütezeit: *Juni bis August*
Charakteristik: *Maximal 20 cm hoch; zierlich-schlanker Wuchs, daher eher unauffällig. Laubblätter lanzettlich, nach oben hin schmaler werdend, oft mit gerolltem Rand. Stängel unverzweigt mit ährenförmigem Blütenstand am Sprossende (wie ein Pfeifenreiniger). Einzelblüten weiß oder zartrosa. Am unteren Rand des Blütenstands braune Brutknospen, ggf. bereits mit kleinen Blättchen (s. u.).*
Status: *Ungefährdet, nicht geschützt*
Verwandtschaft: *Schlangen-Knöterich (Bistorta officinalis); diesen findet man in tieferen Lagen in Feuchtwiesen.*
Wissenswertes: *Der Knöllchen-Knöterich ist eine hochspezialisierte Pflanze für arktische Klimate und große Höhen. Dort ist die schneefreie Zeit extrem kurz, zu kurz für das normale »Jahresprogramm« einer Pflanze (blühen, bestäubt werden, Früchte und Samen bilden, Samen verbreiten). Daher hat der Knöllchen-Knöterich eine Art Zeitraffer entwickelt. Während am oberen Ende des Stängels noch Blüten sind, bilden sich darunter mit Stärke gefüllte Brutknospen, in denen Klone der Mutterpflanze heranreifen. Aus diesen »Knöllchen« treiben im Sommer bereits die Blättchen der »Knöterichkinder« aus, die dann als komplett fertige Pflanze abfallen.*
Der Knöllchen-Knöterich ist die Leibspeise der Schneehühner.

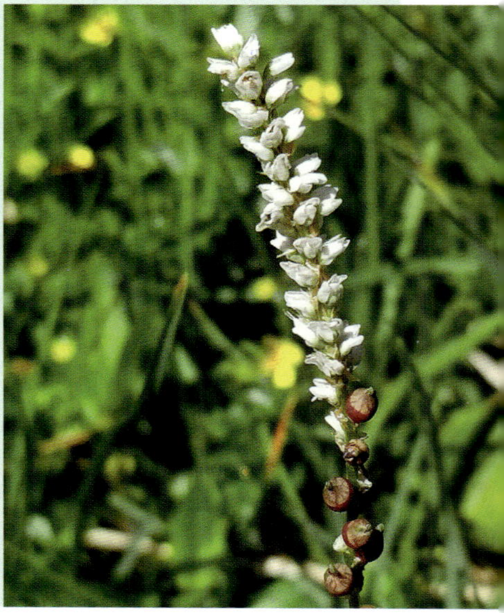

weg abbiegen (Wegweiser »Hupfleitenjoch)«. Dieser führt ohne nennenswerten Höhenunterschied wie ein Panoramaweg durch die steile Hangflanke, erlaubt schöne Talblicke und ist zu beiden Seiten so vielfältig und bunt bewachsen, dass man mit dem Schauen kaum fertig wird: Berg-Baldrian *(Valeriana montana)*, Wald-Storchschnabel *(Geranium sylvaticum)* und Mierenblättriges Weidenröschen *(Epilobium alsinifolium)* blühen in Rosa-Lila-Kontrasten, Zottige Augenwurz *(Athamanta cretensis)*, Vierzähniges Leimkraut *(Silene pusilla)*, Große Sterndolde *(Astrantia major)* und Rundblättriger Steinbrech *(Saxifraga rotundifolia)* setzen daneben weiße Akzente. Gegenüber einer Rastbank finden wir in der Böschung viele Exemplare des Rundblättrigen Wintergrüns *(Pyrola rotundifolia)*, dessen weiße Blütchen ein wenig an altmodische Lampenschirme erinnern. Es duckt sich gern in den Schatten der Bewimperten Al-

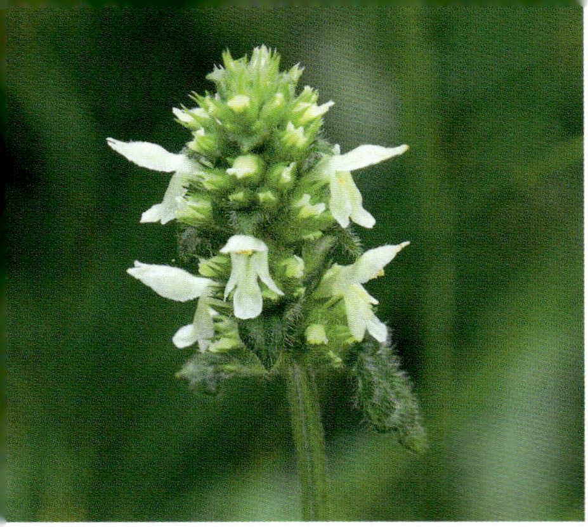

Gelber Heilziest.

penrosen, die hier in rauen Mengen wachsen. Dazu kommen großflächig die an Eleganz kaum zu überbietenden Schwarzvioletten Akeleien (*Aquilegia atrata*, s. Steckbrief S. 186), Türkenbund-Lilien (*Lilium martagon*, s. Steckbrief S. 179) und mit dem hellgelb blühenden Wolfs-Eisenhut *(Aconitum lycoctonum)* eine der giftigsten einheimischen Pflanzen.

An der nächsten Gabelung gehen wir geradeaus weiter, immer noch dem Wegweiser zum Hupfleitenjoch folgend. Links über uns sehen wir die

Rundblättriges Wintergrün.

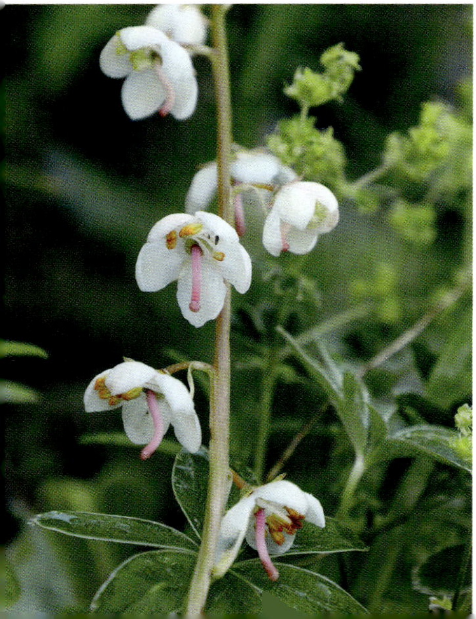

Bergstation der Alpspitzbahn mit der umstrittenen AlpspiX-Aussichtsplattform. Die Serpentinen hinauf zum Hupfleitenjoch – das einzige und auch nur kurze Bergauf-Stück der gesamten Tour – sind sehr bequem angelegt und werden, zusätzlich zu den bereits bekannten Pflanzen, gesäumt von Gewöhnlichem Wundklee *(Anthyllis vulneraria)*, Alpen-Steinquendel *(Acinos alpinus)*, Alpen-Goldruten *(Solidago virgaurea* subsp. *minuta)* und den großen Blättern und Dolden von Wiesen-Bärenklau *(Heracleum sphondylium)* und Echter Meisterwurz *(Peucedanum ostruthium)*. Besonders entzückend sind die Narzissen-Windröschen *(Anemone narcissiflora)*, alias Berghähnlein, mit ihren aus mehreren Einzelblüten zusammengesetzten doldenartigen Blütenständen, intensiv gelben Staubblättern und rosa überhauchten Knospen. Das **Hupfleitenjoch** ❸, 1754 m, sorgt für einen einzigen großen Wow-Effekt, es erwartet uns der reinste Bilderbuchblick auf die gegenüberliegende Zugspitze nebst Höllentalferner, Riffelscharte und -spitzen und dem schroffen Waxenstein. Das Höllental, durch das wir später nach Garmisch-Partenkirchen zurückkehren werden, scheint dabei in bodenloser Tiefe zu liegen.

Nun folgen viele Kehren bergab, die zwar gut angelegt, aber bisweilen etwas geröllig sind, an schattigen Stellen können bis weit in den Sommer hinein Schneereste liegen. In den steinigen Hängen setzt das Kopfige Läusekraut *(Pedicularis rostratocapitata)* willkommene pinkfarbene Akzente. Wie alle Läusekräuter bezieht es als Halbschmarotzer seinen Wasserbedarf nicht über eigene Wurzeln, sondern von seinen Wirtspflanzen. So kann es auch besonders

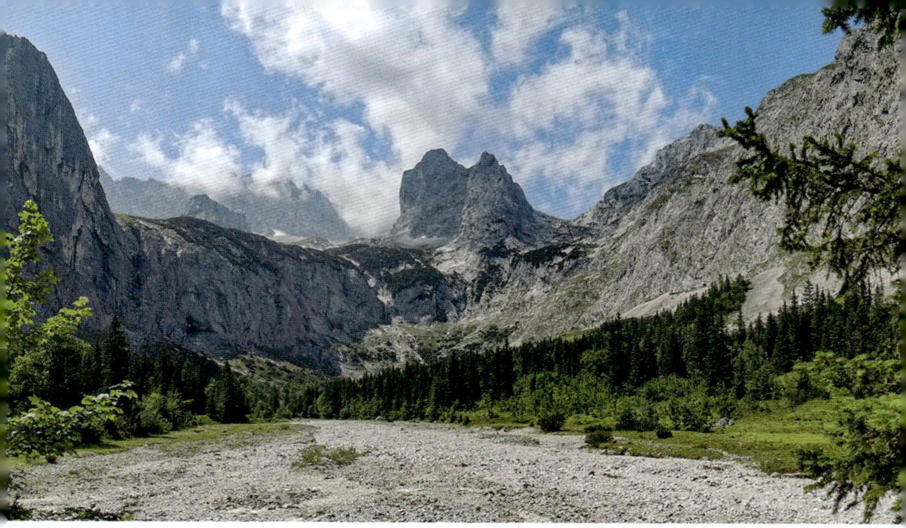

Spektakuläre Bergkulisse in unmittelbarer Nähe der Höllentalangerhütte.

trockene Standorte besiedeln. In spektakulärer Trassenführung durchschneidet unser Weg aussichtsreich die nahezu senkrechte Felswand, bleibt dabei aber immer ausreichend breit und an abschüssigen Stellen gut gesichert. Von den Tiefblicken ablenken kann man sich mit reichlich Wolfs-Eisenhut und dem in großen Mengen vorkommenden Gelben Heilziest *(Betonica alopecuros)*. Wir erreichen die sehr mutig auf einem Felseck gebauten **Knappenhäuser** ❹, 1527 m, einst Unterkünfte der Bergwerksarbeiter, heute bietet sich das in privater Hand befindliche Areal für einen Fotostopp an.

In dichter Vegetation wandern wir von dort mittelsteil auf gut angelegten Serpentinen bergab, zu den bekannten Pflanzen gesellt sich an feuchten Stellen das entzückende Sumpf-Herzblatt *(Parnassia palustris)*. Nach einem etwas ruppigen Bachübergang, in dem sich lange pickelharte Lawinenreste halten, freuen wir uns über leuchtend gelbe Rindsaugen *(Buphthalmum salicifolium)* und mit dem Großen Zweiblatt (*Neottia ovata*) über eine recht häufige, aber wenig auffallende Orchidee. Wir ignorieren den Abzweig zur Rinderscharte und setzen unseren Weg halb rechts fort, wobei uns schattenverträgliche Arten wie Eisenhutblättriger Hahnenfuß *(Ranunculus aconitifolius)*, Nesselblättriger Ehrenpreis *(Veronica urticifolia)* und Türkenbund-Lilien begleiten. Die in den Jahren 2014/15 komplett neu errichtete und stark vergrößerte **Höllentalangerhütte** ❺, 1387 m, taucht aufgrund ihrer geduckten Bauweise erst auf, wenn man quasi schon fast im Hof steht. Wem es im Umkreis der Hütte zu voll und zu laut ist, der kann ein paar Minuten Richtung Zugspitze weitergehen und findet rechts oder links des Geröllbetts ruhigere Brotzeitplätze.

Hinter der Hütte spazieren wir rechts am Bach entlang talauswärts, die Böschung zur Rechten ist mit dem bewährten Duo Rundblättriges Wintergrün und Bewimperte Alpenrosen dicht bewachsen, dazu kommen zweierlei Teufelskrallen mit markant lang gezogenen Blütenständen: die weiß blühende Ährige Teufelskralle *(Phyteuma spicatum)* und die dunkel

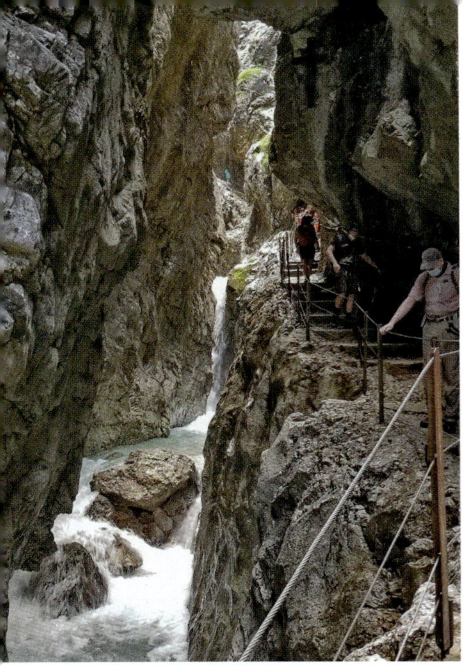

In der spektakulären Höllentalklamm.

lilafarbene Schwarze Teufelskralle *(Phyteuma nigrum)*. Wir überqueren auf einer Brücke den Hammersbach und steigen in bequemen Serpentinen hinunter ins Bachbett. Dabei entdecken wir die überaus zarten Ästigen Graslilien *(Anthericum ramosum)* und ein paar Büschel der Weißen Schwalbenwurz (*Vincetoxicum hirundinaria*, s. Steckbrief S. 75). Vorbei an Resten des ehemaligen Erzbergwerks gelangen wir zur **Höllentalklamm ❻**.

Quasi direkt auf den Spuren der früheren Minenarbeiter bewegen wir uns durch feuchte Bergwerksstollen und auf spektakulären Passagen direkt über dem tosenden Hammersbach. Mit der ein oder anderen Dusche ist dabei immer zu rechnen. Starke Strudel, kleine Wasserfälle, kreuz und quer liegende Baumstämme und der ein oder andere vom Winter übrig gebliebene Lawinenkegel machen aus der Klammbegehung ein höchst spannendes, aber nie schwieriges Unterfangen. Recht abrupt weitet sich die Schlucht schließlich. An der **Höllentaleingangshütte ❼**, 1045 m, kann man kostenlos ein kleines Museum zur Erschließungsgeschichte des Höllentals besichtigen.

Auf etwas holpriger Trasse geht es talauswärts. Zur Unterhaltung kann man unterwegs die grünlich-rosafarbene Breitblättrige Ständelwurz *(Epipactis helleborine)* suchen, eine besonders fotogene Orchidee. Leichter zu finden sind Nesselblättrige Glockenblumen *(Campanula trachelium)*, der gelb blühende Klebrige Salbei *(Salvia glutinosa)* und der rosa blühende Alpen-Ziest *(Stachys alpina)*. Wir passieren die Materiallift-Station der Höllentalangerhütte und dürfen vorübergehend einen angenehmen breiten Fahrweg genießen. An einer V-Gabelung halten wir uns rechts (Wegweiser »Hammersbach«), steigen – an dunkelrotem Wald-Ziest *(Stachys sylvatica)* vorbei – etwas holprig hinunter zum Bach und spazieren an seinem Ufer entlang hinaus nach **Hammersbach ❽**, 785 m. Wer allmählich ans Ende seiner Kräfte kommt, kann beruhigt sein: Unter den ersten Häusern von Hammersbach sind gleich zwei Gastronomiebetriebe! Auf dem Kreuzeckweg durchwandern wir den Ort, überqueren auf Höhe der letzten Häuser die Bahngleise und biegen direkt dahinter in einen geteerten Rad- und Fußweg ein (Wegweiser »Kreuzeckbahn«). Zwischen üppig blühenden Sommerwiesen und mit wundervollem Blick in den Garmisch-Partenkirchener Talkessel gelangen wir zu einer Kreuzung, biegen rechts ab und kehren parallel zu den Bahngleisen zur bereits sichtbaren **Talstation der Kreuzeckbahn ❶** zurück.

Staffelsee
Gemütlicher Spaziergang in Postkarten-Idylle

2.00 Std. | 6,8 km | ↗ 50 m | ↘ 50 m

Im Paradies der Knabenkräuter

Selbst wenn es die prachtvolle Flora nicht gäbe, wäre der 8 km² große Staffelsee ein absolut lohnendes Ausflugsziel. Wie er so daliegt, eingebettet in eiszeitliche Moor- und Auenlandschaften und vor der Kulisse des bis in den Frühsommer verschneiten Estergebirges, bietet er das reinste Postkartenmotiv. Aber sie ist ja da, die prachtvolle Flora! Mittlerweile wird sie auch gut gehegt und gepflegt. Seit 1999 gibt es das Naturschutzgebiet »Westlicher Staffelsee mit angrenzenden Mooren«, das auch zum europäischen Natura-2000-Verbund gehört. Teile davon werden als sogenannte Streuwiesen genutzt. Die Mahd im September hält das Gelände offen und verhindert Verbuschung, der späte Zeitpunkt lässt Pflanzen und Tieren aber ausreichend Zeit, die nächste Generation auf den Weg zu bringen. Wer nach der Blumenwanderung noch gemütlich einkehrt, eine Bootsfahrt macht oder zum Abkühlen in den See hüpft, hat einen perfekten Tag erlebt.

Apropos Knabenkraut: Sie haben sich mit Fachliteratur und Bestimmungsbüchern in die heimischen Orchideen eingearbeitet und sind voller Zuversicht, nun vor Ort das Breitblättrige Knabenkraut vom Fleischfarbenen Knabenkraut und beide wiederum von Traunsteiners Knabenkraut unterscheiden zu können? Es liegt nicht an Ihnen, wenn es nicht klappt: Gerade in den Moorgebieten des Alpenvorlands hybridisieren diese drei Arten sehr häufig. Sogar Orchideenprofis können bei vielen Exemplaren nur noch sagen, dass sie Merkmale von bestimmten Arten aufweisen. Aber schön finden kann man sie alle.

Der Staffelsee ist biologisches Schatzkästchen und Freizeitrevier gleichzeitig.

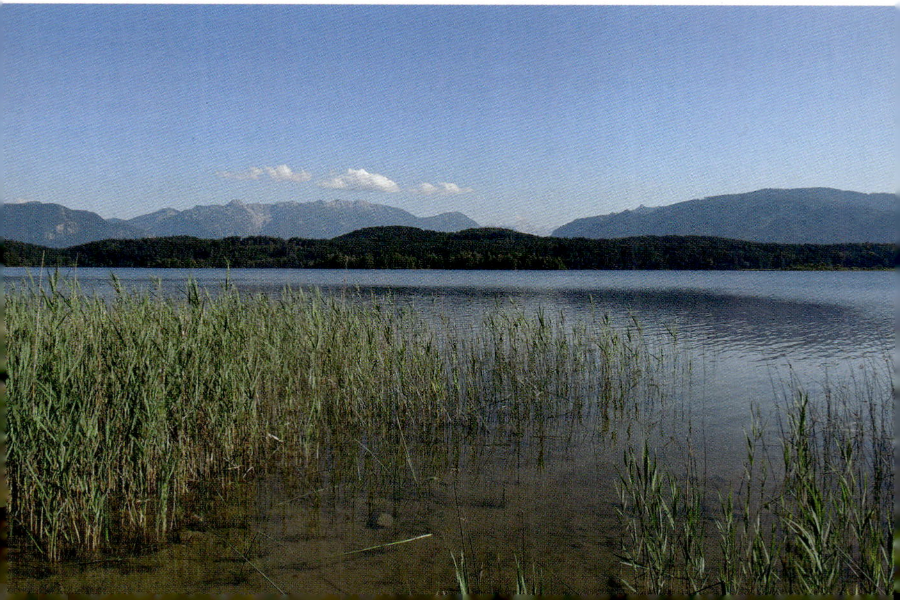

Ausgangspunkt: Uffing, Wanderparkplatz an der Seestraße beim Gemeindebad, 653 m. Anfahrt mit dem Pkw auf der A 95 bis Ausfahrt Sindelsdorf, auf der B 472 und der St 2372 nach Uffing, am Rathaus links und gleich wieder rechts in die Seestraße (Navi: Parkplatz Gemeindebad, 82449 Uffing am Staffelsee; N47° 42.255' E11° 09.489'). Bus 9601 bzw. 9641 (ab Murnau Bahnhof / Uffing Bahnhof) Montag bis Freitag bis Haltestelle Rathaus Uffing, dann zu Fuß entlang der Seestraße in ca. 15 Min. zum Gemeindebad. Von Uffing Bahnhof 2,5 km.
Anforderungen: Durchwegs breite, bestens gewartete Rad- und Fußwege ohne signifikante Steigungen.
Einkehr: Gastronomie in Uffing (kleiner Umweg).
Beste Jahreszeit: Mai bis Juni.
Variante: Die Runde lässt sich wesentlich verkürzen, indem man am Wegpunkt ❸ rechts abbiegt und direkt nach Uffing zurückkehrt.
Hinweis: In den geschützten Bereichen (siehe Infotafeln) ist das Betreten der Wiesen von März bis Oktober verboten. Bitte auf dem Weg bleiben!
Tipp: Badesachen mitnehmen! Neben dem Gemeindebad gibt es auch den freien Badeplatz Aichalebrücke etwas weiter südlich, dazu auch noch das Strandbad am Nordufer, dessen Besuch bequem mit einer Einkehr verbunden werden kann.

Vom **Gemeindebad Uffing ❶** folgen wir der Fahrstraße in südlicher Richtung und passieren den Badeplatz Aichalebrücke, den Segelclub und einen Campingplatz. Das Sträßchen wird zu einem Kiesweg, der nach rechts abknickt und einen kurzen Waldgürtel durchschneidet, bevor er vor einem allein stehenden Anwesen rechter Hand endet.

Kurz davor beginnt an einer Infotafel ein **Fußweg ❷**, der uns durch prächtige Blumenwiesen zum See führen wird. Wer etwas früher im Jahr unterwegs ist, trifft hier auf reiche Bestände des Breitblättrigen Knabenkrauts (*Dactylorhiza majalis*, s. Steckbrief S. 88), das an seinen breiten, meist stark gefleckten Blättern und dem gedrungenen Wuchs gut zu erkennen ist. Zudem sind die Wiesen durch das Massenvorkommen des Schlangen-Knöterichs *(Bistorta officinalis)* meist durchgehend in zartes Rosa getaucht. Zeitlich etwas später wird dasselbe Gebiet von Fleischfarbenem Knabenkraut *(Dactylorhiza incarnata)* und Traunsteiners Knabenkraut *(Dactylorhiza traunsteineri)* bzw. den entsprechenden Hybriden besiedelt, begleitet von Sibirischen Schwertlilien *(Iris sibirica)* mit fescher violett-weißer Äderung und den immer ein wenig zerzaust wirkenden Kuckucks-Lichtnelken *(Silene flos-cuculi)*. Bevor der Weg die Uferzone erreicht, kann man mit etwas Glück rechter Hand im Graben oder in nassen Senken einige Exemplare des fotogenen Fieberklees (*Menyanthes trifoliata*, s. Steckbrief S. 113) bewundern.

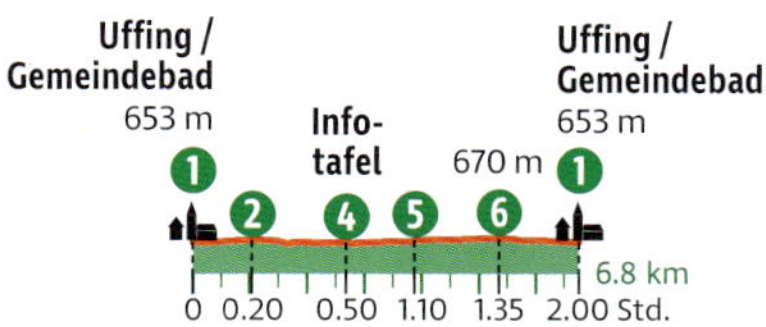

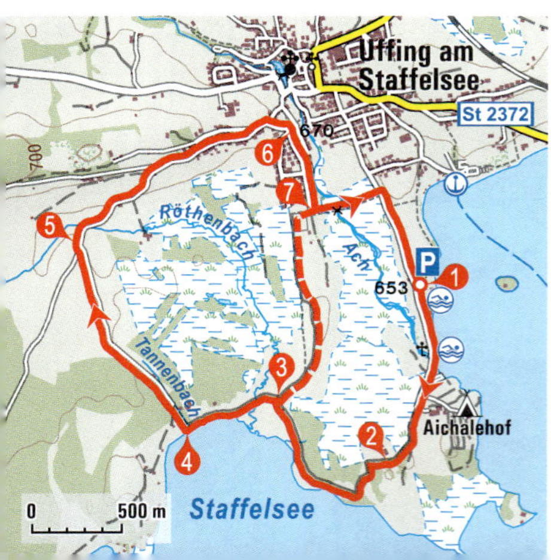

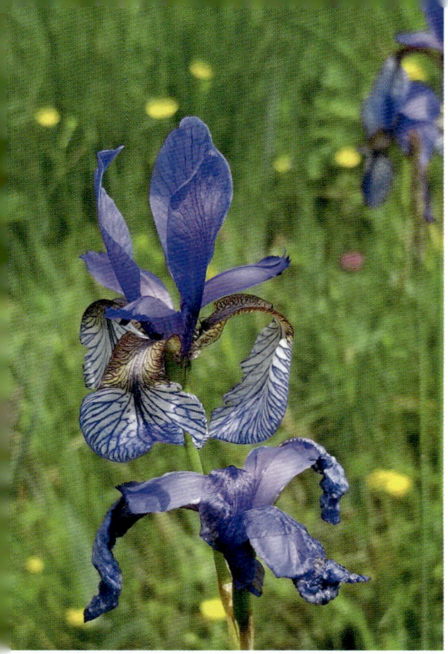

Sibirische Schwertlilie.

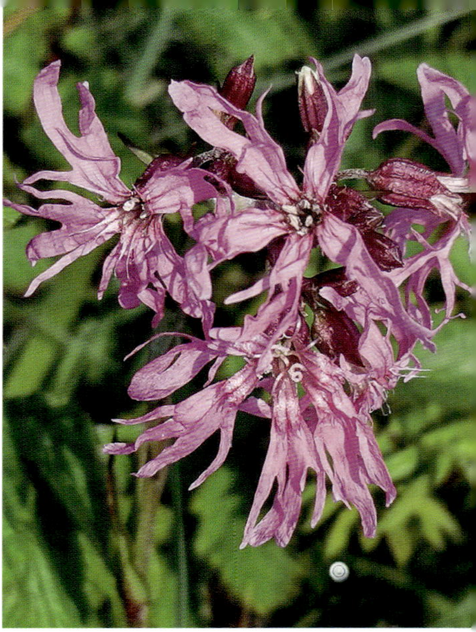

Kuckucks-Lichtnelke.

Der breite Weg verläuft nun parallel zum Seeufer, die Wiesen zu beiden Seiten sind derartig dicht mit Knabenkräutern bewachsen, wie man es selten zu Gesicht bekommt. Weiß-rosa Sumpf-Baldrian *(Valeriana dioica)*, zarte Mehl-Primeln *(Primula farinosa)*, gelbe Trollblumen *(Trollius europaeus)*, blaue Kugel-Teufelskrallen *(Phyteuma orbiculare)* und ins Flachland migrierte Großblütige Enziane *(Gentiana clusii)* runden das Bild kunterbunt ab. Im späten Frühjahr erwartet uns hier ein weiß-rosa Mix aus Gewöhnlichem Heilziest *(Betonica officinalis)*, Weißen Waldhyazinthen *(Platanthera bifolia)*, Wiesen-Flockenblumen *(Centaurea jacea)* und Acker-Witwenblumen *(Knautia arvensis)*. In diesem Bereich kann man die fantastischen Wiesen auf einigen freigegebenen Trampelpfaden erkunden – sofern sie nicht überschwemmt oder komplett aufgeweicht sind.

Die artenreiche, farbenfrohe Flora bleibt uns auch erhalten, wenn der Hauptweg schließlich nach Norden einschwenkt und sich vom Uferbereich entfernt (Achtung: ab hier gilt wieder ein komplettes Betretungsverbot). An einer **Gabelung ❸** könnte man direkt nach Uffing zurückkehren (s. Variante), wir halten uns aber links in Richtung Obernach. Wir nähern uns nun wieder dem Seeufer und genießen das tolle Panorama – links das bis in den Frühsommer verschneite Estergebirge mit Hoher Kiste, Hohem Fricken und der abweisenden Westflanke des Krottenkopfs in der Mitte, rechts der Bad Kohlgruber Hausberg Hörnle und der freche Gupf des Ettaler Manndls.

Trollblumen und Mehl-Primeln begleiten uns auch weiterhin, nur das Breitblättrige Knabenkraut bleibt urplötzlich zurück. Es wird aber – zeitlich aufeinander folgend – perfekt von vier anderen höchst ansehnlichen Orchideen vertreten: vom pinkfarbenen Kleinen Knabenkraut *(Anacamptis morio)* mit den olivgrünen Streifen an den seitlichen

Blütenblättern, dem Helm-Knabenkraut *(Orchis militaris)* mit zartrosa, helmartig zusammengeneigten Blütenblättern, das seine gespaltene, pink-weiß getupfte Zunge immer besonders weit hinausstreckt, der massenhaft vorkommenden Mücken-Händelwurz (*Gymnadenia conopsea*, s. Steckbrief S. 222) und der prachtvollen, mehrfarbigen Sumpf-Ständelwurz *(Epipactis palustris)*. Die Niedrige Schwarzwurzel *(Scorzonera humilis)*, ein gelber Korbblütler, fühlt sich als Liebhaberin nährstoffarmer, feuchter Böden hier im Frühling ebenso wohl wie der Fieberklee. Das leuchtende Gelb, das rechter Hand im Frühsommer zwischen Traunsteiners Knabenkräutern auftaucht, gehört zum Färber-Ginster *(Genista tinctoria)*, dessen Farbstoff früher in der Textilindustrie eingesetzt wurde.

Breitblättriges Knabenkraut *(Dactylorhiza majalis)*
Familie: *Orchideen (Orchidaceae)*
Alias: *Breitblättrige Fingerwurz*
Standort: *Ungedüngte Sumpfwiesen oder Flachmoore; bis 2000 m*
Blütezeit: *Mai bis Juni (daher »majalis«)*
Charakteristik: *Bis max. 50 cm, oft aber kurzstängelig und gedrungen wirkend. 4 bis 7 breite, meist stark gefleckte Blätter. Stängel hohl und kantig. Blütenstand aus bis zu 40, meist intensiv purpurfarbenen Einzelblüten, die sich von unten nach oben öffnen. Seitliche Kronblätter und mittleres Kelchblatt bilden zusammen eine Art Helm. Breite Blütenlippe dreiteilig, mit dunklem Schleifenmuster (»Landebahnmarkierung« für anfliegende Insekten).*
Status: *Das Breitblättrige Knabenkraut ist aufgrund zurückgehender Bestände (Verlust des Lebensraums durch Trockenlegung, Düngereintrag, intensive Landwirtschaft etc.) auf die Vorwarnliste gesetzt worden und nach BNatSchG besonders geschützt. Nach T-NV geschützt.*

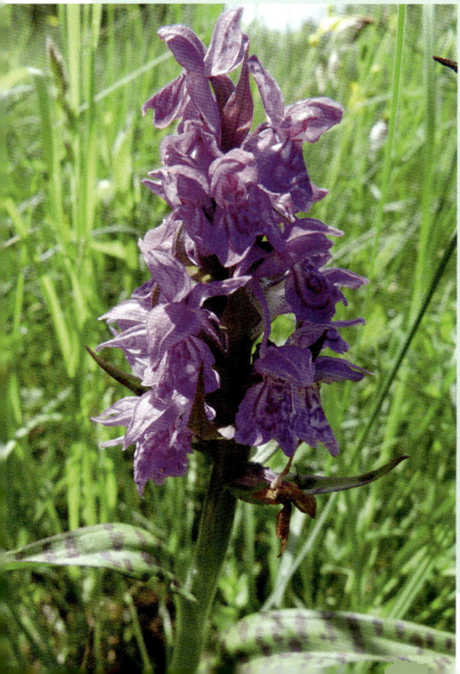

Verwandtschaft: *Die anderen Arten der Gattung Fingerwurz (Dactylorhiza), im Alpenvorland vor allem das Fleischfarbene Knabenkraut und das Traunsteiners Knabenkraut. Mit beiden bildet das Breitblättrige Knabenkraut häufig Hybriden.*
Wissenswertes: *Die unterirdischen Knollen der Knabenkräuter erinnern an Finger oder – je nach Fantasie – auch an männliche Hoden (daher die Bezeichnung Knabenkraut). Die in früheren Zeiten übliche Anwendung als Potenzmittel entbehrt allerdings jeder Grundlage. Auch der Tipp nach altem Volksglauben, mit dem Verzehr einer Knabenkraut-Knolle könne das Geschlecht des ungeborenen Kindes beeinflusst werden, dürfte nur in ca. 50% der Fälle funktioniert haben.*

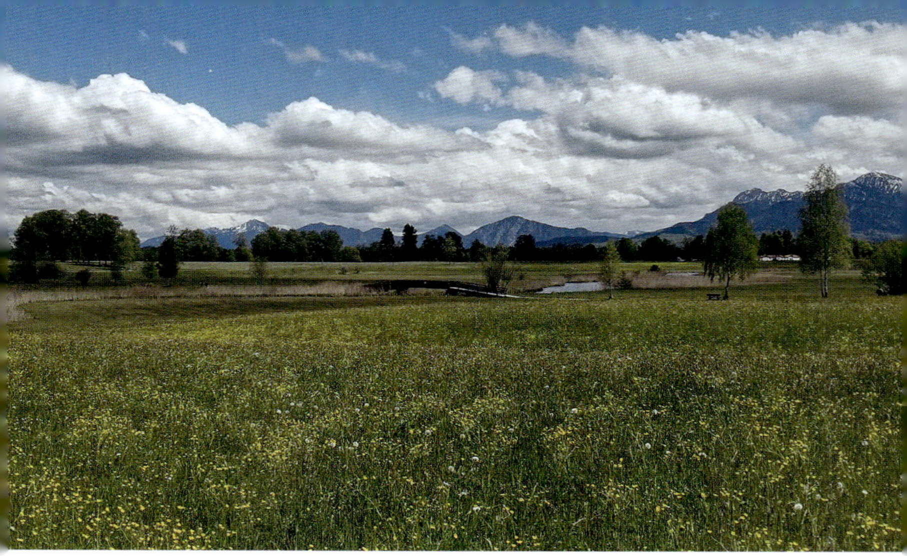

Prachtvoll sind die Uferwiesen im Frühsommer (Betretungsverbote beachten!).

Nach einem kleinen Steg mit **Infotafel ❹** biegen wir rechts ab, am Bachufer wachsen Bach-Nelkenwurz *(Geum rivale)*, Akeleiblättrige Wiesenrauten *(Thalictrum aquilegiifolium)* und Salomonsiegel *(Polygonatum odoratum)*; Trollblumen, Breitblättriges Knabenkraut und Mehl-Primeln haben uns auch wieder eingeholt. Wir durchqueren einen kurzen Waldgürtel und wandern schließlich auf einem Asphaltsträßchen dahin, das zu beiden Seiten von Gräben flankiert ist. Derart nassen Untergrund mögen sowohl die Roten Lichtnelken *(Silene dioica)* als auch das Bittere Schaumkraut *(Cardamine amara)* und die gelben Sumpf-Schwertlilien *(Iris pseudacorus)*, die meist direkt im Wasser wachsen. Auf dem Weg durch die Wirtschaftswiesen sollte man des Panoramas wegen ab und zu einen Blick zurückwerfen. Sonnengelber Wiesen-Bocksbart *(Tragopogon pratensis)*, weißer Wiesen-Kerbel *(Anthriscus sylvestris)* und das gelbgrüne Gewimperte Kreuzlabkraut *(Cruciata laevipes)* bringen Farbe in die Böschungen.

An einer **Einmündung ❺** – wiederum mit Infotafel – halten wir uns rechts und wandern nach Uffing hinein. An einer Gabelung im Ort gehen wir wiederum rechts und folgen dem Radweg; kurz danach darf man die **Abzweigung ❻** rechts zum Sportplatz nicht übersehen. Wir folgen der Achstraße aus dem Ort hinaus bis zum **Sportplatz ❼** und überqueren dort die Brücke nach links.

Jenseits der Ach breitet sich ein Schilfgürtel aus, den man mithilfe eines Holzstegs trockenen Fußes durchwandern kann. Wer zu Anfang der Tour den Fieberklee nicht gefunden hat, hat hier nochmals gute Chancen! Zu beiden Seiten des Wegs wird zum Ende der Tour alles an Arten- und Farbenpracht aufgeboten (Trollblumen, Knabenkraut, Sumpf-Dotterblumen, Schlangen-Knöterich, Sumpf-Schwertlilien), bevor wir auf Höhe einer Flora-Fauna-Lerntafel wieder auf die Seestraße treffen. Rechts geht es zurück zum **Gemeindebad Uffing ❶**; wer mit öffentlichen Verkehrsmitteln unterwegs ist, kann gleich links abbiegen.

9 Das Mesnerbichl bei Andechs

Eiszeitliche Relikte vor bayerischer Bilderbuchlandschaft

TOP | 2.00 Std. | 5,7 km | ↗100 m | ↘100 m

Orchideen, Lilien und »alpine Gäste«

Der »Heilige Berg« von Andechs – übrigens der älteste Wallfahrtsort Bayerns – ist mit Benediktinerkloster, sehenswerter Kirche, Brauerei, Gaststätten, Biergarten und Alpenpanorama ein äußerst beliebter Ausflugsort für Einheimische und Touristen. Kaum zu glauben, dass sich ganz in der Nähe durch eine Verkettung glücklicher Umstände inmitten landwirtschaftlicher Nutzflächen ein paar Biotope mit ausgesprochen seltenen Pflanzen – vor allem Orchideen – erhalten haben. Welch ein Glück für die Blumen, dass die eiszeitlichen Hügel (sogenannte Drumlins) mit ihren steilen Flanken und der Staunässe dazwischen für die Landwirtschaft von jeher uninteressant waren und sich meist selbst überlassen blieben! Heute ragen sie wie naturbelassene Inseln aus dem umgebenden »Düngermeer«. Das Mesnerbichl beherbergt ein Mosaik an verschiedenen Biotopen auf kleiner Fläche, es ist sozusagen ein botanisches »Raumwunder«. Bereits 1941 unter Naturschutz gestellt, wird das Mesnerbichl seit vielen Jahren vom BUND Naturschutz betreut und gepflegt; eine schonende Mahd im Herbst verhindert Verbuschung und bewahrt den Lebensraum der seltenen Pflanzen.

Ausgangspunkt: Andechs-Erling, Parkplatz am Wildgehege, 672 m. Auf der Starnberger bzw. Herrschinger Straße zur Hauptkreuzung im Ort und beim Gasthof Post in den Kerschlacher Weg einbiegen. Vorbei an der Andechser Molkerei und einem Reitstall zu einer kleinen Holzbrücke (leicht zu übersehen). Der Parkplatz ist direkt dahinter (Navi: Wildgehege, 82346 Andechs; N47° 57.613' E11° 11.184'). Von den S-Bahn-Stationen Herrsching oder Starnberg Nord mit Bus 951 bis Erling / Alte Schmiede direkt gegenüber vom Gasthof Post, dann in knapp 15 Minuten Fußmarsch zum Ausgangspunkt.
Anforderungen: Überwiegend bequeme Forst- und Feldwege mit geringer Steigung; die Trampelpfade in den Orchideenwiesen können sehr nass und matschig sein.
Einkehr: Keine.
Beste Jahreszeit: Ende Mai bis Anfang Juli. Die größte Vielfalt blühender Pflanzen herrscht erfahrungsgemäß in der zweiten Junihälfte.
Hinweis: Bitte auf der gesamten Tour unbedingt auf den Wegen bleiben – Naturschutzgebiet!
Tipp: Nach dieser kurzen Runde empfiehlt sich ein Besuch auf dem »Heiligen Berg«, dem Andechser Klosterhügel, mit Besichtigung der Wallfahrtskirche (sehenswerter Rokoko-Innenraum) und Stärkung in Gaststätte oder Biergarten (andechs.de). Der Bus 951 zwischen Herrsching und Starnberg Nord hält auch direkt am Kloster.

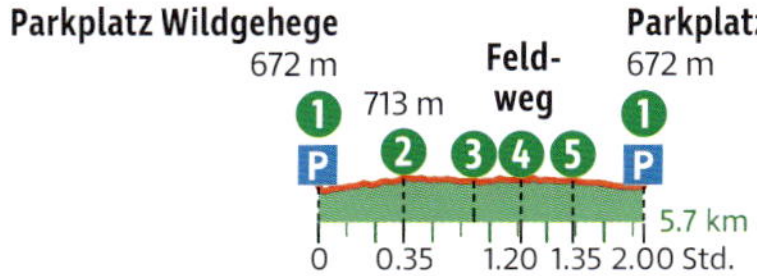

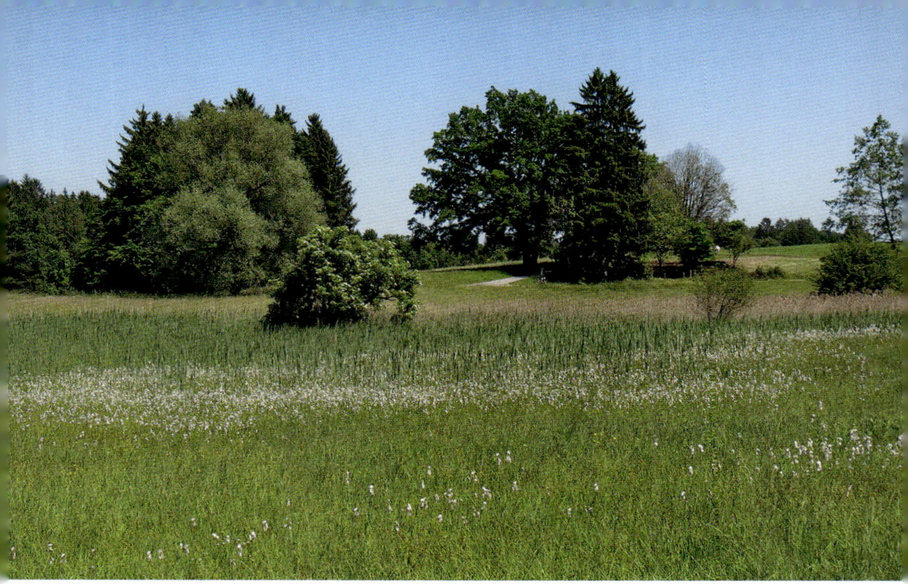

Die sanfte Hügellandschaft wurde während der letzten Eiszeit geschaffen.

Wir verlassen den **Parkplatz ➊** in südlicher Richtung, gehen am Wildgehege vorbei und halten uns an der nächsten Gabelung geradeaus. Wer mag, kann natürlich auch rechter Hand einen kurzen Abstecher zum hübschen Unteren Weiher machen. Wir bleiben nun für eine ganze Weile auf dem asphaltierten Forstweg, der uns in leichter Steigung durch den Wald und – an einem Kuhstall vorbei – in zunehmend freies Gelände führt. Wer Ende Mai / Anfang Juni unterwegs ist, kann auf diesem Teilstück schon mal entlang des Wegs nach zwei besonders schattenverträglichen Orchideen Ausschau halten, der Vogel-Nestwurz (*Neottia nidus-avis*, s. Steckbrief S. 192) und dem Weißen Waldvögelein *(Cephalanthera damasonium)*. Wenig später macht sich im selben Streckenabschnitt dann das Rote Waldvögelein *(Cephalanthera rubra)* blühfertig. Stattliche Exemplare der Waldvögelein können 50 cm hoch werden und bis zu 20 Einzelblüten pro Stängel aufweisen. Beim Weißen Waldvöge-

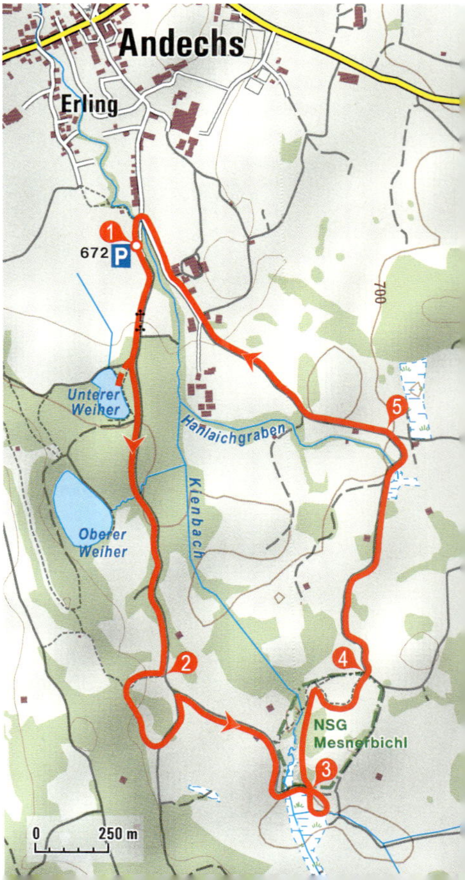

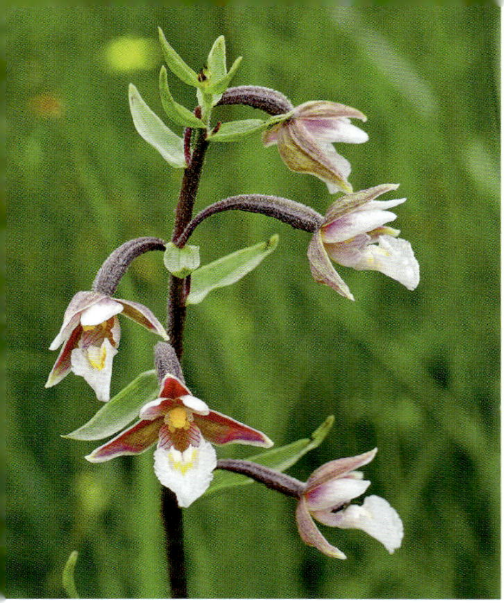

Sumpf-Ständelwurz.

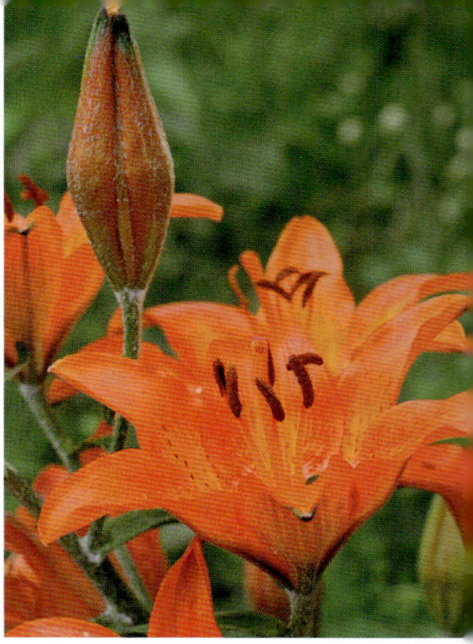

Feuer-Lilie.

lein kann es aber schon mal 10 Jahre dauern, bis die cremefarbenen, meist geschlossenen Blüten erstmals erscheinen! Die schönen Blüten der hochgiftigen Echten Tollkirsche *(Atropa belladonna)* – außen braunviolett, innen gelb – können wir am Waldrand aus sicherem Abstand bewundern.

Kurz bevor wir an eine beschilderte Forstweg-Gabelung kommen, müssen wir aufpassen, um den **Abzweig 2** zur ersten Orchideenwiese nicht zu verpassen: Noch vor einem kleinen Froschtümpel auf der rechten Seite führt ein unscheinbarer Trampelpfad nach rechts in einen kurzen Schilfgürtel. Nach wenigen Metern öffnen sich dann links und rechts des Wegs herrliche Blumenwiesen. Wer die richtige Jahreszeit erwischt hat, steht hier in einem Meer aus Weiß und Pink: Die weißen fedrigen Ährchen des Breitblättrigen Wollgrases *(Eriophorum latifolium)* mischen sich mit zahllosen Sumpf-Gladiolen (*Gladiolus palustris*, s. Steckbrief S. 93). Wir folgen dem nun besser sichtbaren Trampelpfad den Hügel hinauf und wenden uns am Waldrand nach links.

Für dieses Teilstück sollte man sich etwas Zeit lassen, findet man doch entlang des Pfads noch weitere Orchideen, die am weiß-rosa Farbenspiel teilnehmen: Weiße Waldhyazinthen *(Platanthera bifolia)*, Mücken-Händelwurze (*Gymnadenia*

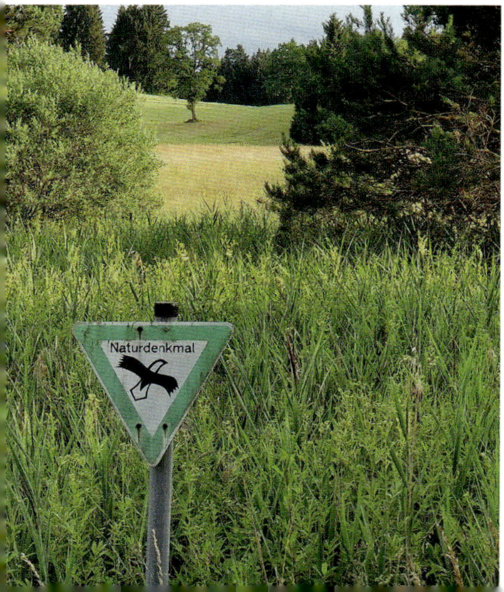

Das Mesnerbichl steht bereits seit den 1940er-Jahren unter Schutz.

conopsea, s. Steckbrief S. 222) und die ungemein prachtvollen Sumpf-Ständelwurze *(Epipactis palustris)*, deren weiße Blüten innen höchst elegant gelb und rötlich abgesetzt sind. Unbedingt einen genauen Blick in die Blüte werfen, am besten mit der Lupe oder dem Handy-Zoom! Auf der Hügelkuppe sind sogar einige Exemplare der Feuer-Lilien *(Lilium bulbiferum)* zu entdecken, die eigentlich eher südlich des Alpenhauptkamms zuhause sind. Bei der nun folgenden Bachüberquerung muss man sich – je nach Wasserstand – den besten Übergang suchen; hier kann es stellenweise etwas matschig und rutschig werden! Wasser und Sumpf sind aber genau der richtige Lebensraum für die gelben Sumpf-Schwertlilien *(Iris pseudacorus)*! Und jenseits des Bachs empfängt uns eine weite-

Sumpf-Gladiole *(Gladiolus palustris)*

Familie: *Schwertliliengewächse (Iridaceae)*

Alias: *Sumpf-Siegwurz*

Standort: *Nährstoffarme Moor- und Feuchtwiesen, Streuwiesen, Heiden; bis 1500 m*

Blütezeit: *Juni bis Juli*

Charakteristik: *Bis 50 cm. Laubblätter schmal, spitz und unauffällig. Stängel lang und unverzweigt. Blütenstand aus 2 bis 6 Einzelblüten, einseitswendig angeordnet (d. h. alle Blüten sind zu einer Seite geneigt). Blüte intensiv pinkfarben, untere Blütenblätter deutlich länger als die oberen, markanter weißer Längsstreifen mit purpurner Umrandung.*

Status: *Durch Trockenlegung von Mooren, Drainage von Feuchtwiesen und Aufgabe von Streuwiesen hat sich der Lebensraum der Sumpf-Gladiole in den letzten Jahrzehnten drastisch verkleinert. Düngereintrag, zu häufige Mahd und zu intensive Beweidung gefährdet die Sumpf-Gladiole zusätzlich. Derzeit gibt es in Deutschland nur noch wenige Vorkommen, hauptsächlich im Alpenvorland. Die Sumpf-Gladiole ist auf den Roten Listen Deutschlands und Bayerns als »stark gefährdet« eingestuft und besonders geschützt (BArtSchV). Nach T-NV geschützt.*

Wissenswertes: *Die Knolle der Sumpf-Gladiole ist mit einer netzartigen Struktur überzogen, die mit etwas Fantasie an ein Kettenhemd erinnert. Daher entstand im Mittelalter der Glaube, dass ein Ritter unverwundbar und unbesiegbar wäre, wenn er – quasi als zusätzliches Kettenhemd – eine Siegwurz-Knolle unter dem Gewand trägt. (Auch wenn Unverwundbarkeit schön wäre: Bitte keinesfalls Siegwurz-Knollen ausgraben!)*

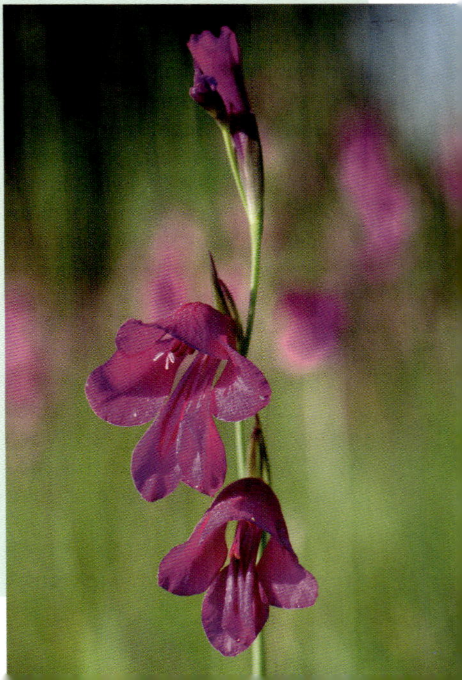

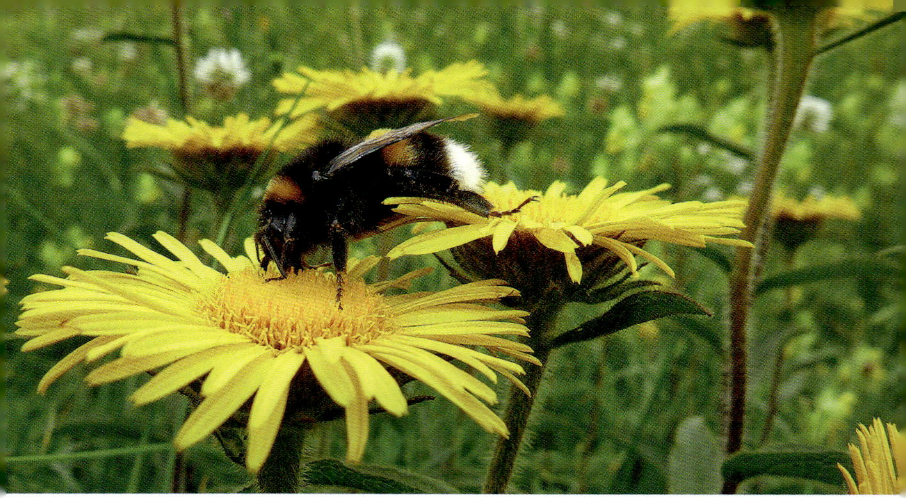

Insekten-Frühstück auf einem Raublättrigen Alant.

re wunderschöne Blumenwiese mit einem Potpourri seltener Pflanzen. Wer genau hinschaut, entdeckt mit dem unauffällig grünlichen Kleinen Zweiblatt *(Neottia cordata)* eine weitere Orchideenart und mit den winzigen »Pfeifenputzern« des Knöllchen-Knöterichs (*Bistorta vivipara*, s. Steckbrief S. 81) einen aus dem Alpenraum angeschwemmten Experten für kurze Vegetationsperioden.

Wir durchqueren die Wiese in voller Länge, bis unser Trampelpfad auf einen breiten Feldweg trifft. Dort gehen wir nach links. In wenigen Minuten gelangen wir zu einer Gabelung, wo wir uns rechts halten (Wegweiser »Mesnerbichl«). Am Wegrand treffen wir meist zwei typische und sehr hübsche Vertreter der Familie Schmetterlingsblütler an: die zartgelbe Spargelschote *(Lotus maritimus)* und die rosafarbenen Kriechenden Hauhechel *(Ononis repens)*, letzterer eine geschätzte Heilpflanze bei Nieren- und Blasenbeschwerden. Durch hügelige Wiesen, Kuhweiden und eine Bachsenke gelangen wir zu einer Bank mit Naturschutzgebietstafel. Direkt gegenüber öffnet sich rechts die **zweite Orchideenwiese** ❸. Auch wenn die zierliche Ästige Graslilie *(Anthericum ramosum)* zarte Weiß-Akzente setzt, herrscht hier zur entsprechenden Jahreszeit ebenfalls die Farbe Pink vor – hier stammt sie hauptsächlich von unzähligen Knabenkraut-Orchideen. In der Nähe des Hauptwegs darf man auch die zartrosa Blüten des Klebrigen Leins *(Linum viscosum)* mit der dunklen Äderung nicht übersehen, der eigentlich in Südeuropa beheimatet ist und in Deutschland nur an einzelnen Standorten im Alpenvorland vorkommt. Wer die kleine, aber spektakulär geformte Bienen-Ragwurz *(Ophrys apifera)* entdeckt, die mit ihrer Blüte Insekten imitiert und so die Bestäuber anlockt, hat den Hauptpreis gewonnen! Nehmen wir uns Zeit für eine Runde durch die Wiese, dabei aber bitte auf den Trampelpfaden bleiben!

Weiter geht es direkt hinter der Bank, wo der wunderschöne und farblich auffallende Purpur-Klee *(Trifolium rubens)* seine kegelförmigen Köpfchen von unten nach oben aufblühen lässt. Ein Weglein entlang des Bachs führt uns zum eigentlichen Hügel des Mesnerbichls. Wer schon

Ende Mai / Anfang Juni dort vorbeikommt, trifft am Bach eventuell noch kleinere Horste von Gelbem Frauenschuh (*Cypripedium calceolus*, s. Steckbrief S. 117) in blühendem Stadium an. Am Mesnerbichl erwartet uns zur Abwechslung eine Blumenwiese in Gelb-Weiß. Zwischen den dicken Horsten des Raublättrigen Alants *(Inula hirta)* mit seinen robusten, sonnengelben Blüten haben sich einige Pflanzen angesiedelt, die normalerweise nur im Alpenraum zu finden sind, sich aber auch auf den mageren, ungedüngten Böden des Mesnerbichls wohlfühlen: die altbewährte Heilpflanze Echte Arnika (*Arnica montana*, s. Steckbrief S. 67) mit ihren oft etwas zerzaust aussehenden, sonnengelben Köpfchen, das Narzissen-Windröschen, alias Berghähnlein *(Anemone narcissiflora)* mit den reich blühenden weißen Dolden und den rosafarbenen Knospen und ein paar prachtvolle Exemplare des Gelben Enzians (*Gentiana lutea*, s. Steckbrief S. 148), die aber leider nicht in jedem Jahr blühen. Wir spazieren auf unterschiedlichen Höhen über den Hügel, denn auf den trockenen Kuppen wachsen andere Blumen als in den sumpfigen Senken. Auf der gegenüberliegenden Seite des Hügels treffen wir auf einen

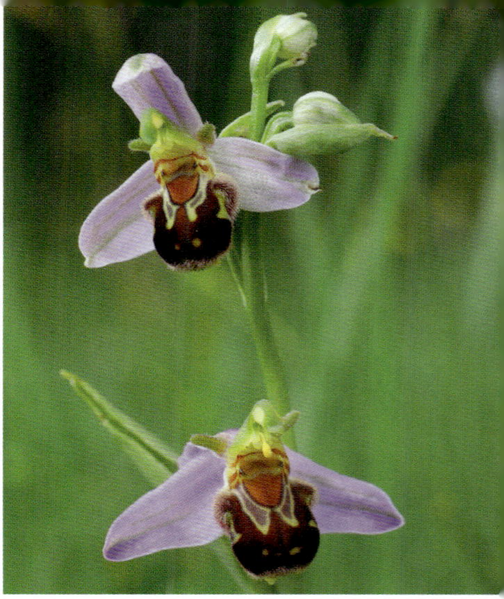

Bienen-Ragwurz.

breiten **Feldweg ❹**, wo wir links abbiegen. Er führt uns zunächst durch einen Sumpf- und Schilfgürtel – hier wieder nach gelben Sumpf-Schwertlilien Ausschau halten! – und mündet schließlich in den quer laufenden, asphaltierten **Radweg Erling – Machtlfing ❺**. Auf diesem wandern wir links mit schönen Blicken zum Andechser Klosterhügel zurück nach Erling, wo sich an der kleinen Holzbrücke der Kreis schließt; mit wenigen Schritten nach links zurück zum **Parkplatz ❶** oder in 15 Minuten rechts zur Bushaltestelle.

Der »Heilige Berg« zu Andechs mit Kloster und viel Gastronomie.

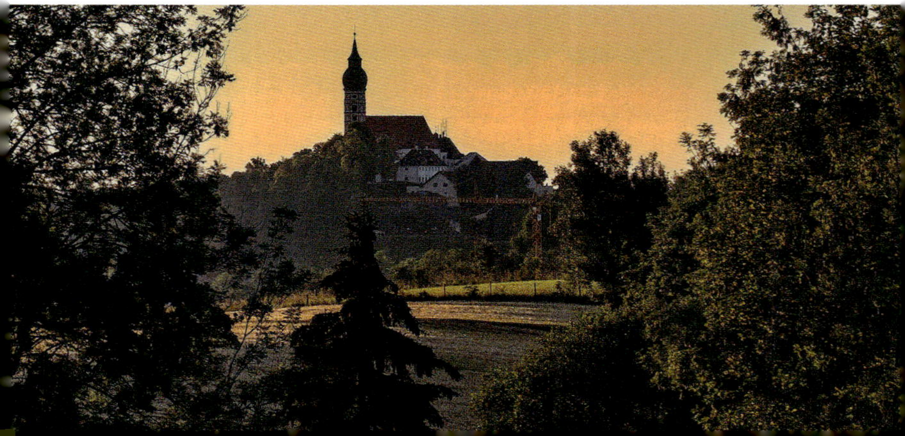

10 Osterseen
Eiszeitliches Juwel und Naturparadies

2.30 Std. | 9,7 km | ↗ 30 m | ↘ 30 m

Prachtvoll durchs Jahr: Orchideen, Sommerblumen und Herbstfarben

Da haben uns die Gletscher beim Abschmelzen aber besonders hübsche Relikte beschert! Wie tiefblaue, manchmal sogar karibisch türkise Perlen liegen die 24 Seen im hügeligen Alpenvorland südlich des Starnberger Sees. Sie entstanden nach der Würm-Kaltzeit aus isolierten Eisblöcken (Toteis), die beim Abschmelzen trichterförmige Löcher hinterließen. Diese wurden durch Niederschläge und Quellwasser wieder aufgefüllt. An den Hügeln und Inseln lassen sich zudem typische Formen der vom Gletscher-Schmelzwasser abgeladenen Gesteinsfracht ablesen.

Besiedelt wurde das Gebiet vergleichsweise spät, zu wertlos waren die nassen und sumpfigen Böden für Ackerbau und Viehwirtschaft. Nun, etwas Besseres hätte den Osterseen gar nicht passieren können – so konnte sich weitgehend ungestört ein besonders artenreiches Refugium für Tiere und Pflanzen entwickeln, das seit 1981 auch unter Naturschutz steht. Während anderswo die Blütenpracht ab Jahresmitte bereits wieder abnimmt, startet sie an den Osterseen im Hochsommer und Herbst erst so richtig durch: Nach den Orchideen kommen die bauchhohen, farbenfrohen Sommerblumen und im Herbst werden die Sumpfwiesen von Lungen-Enzian, Teufelsabbiss und Wohlriechendem Lauch in elegantes Blauviolett getaucht.

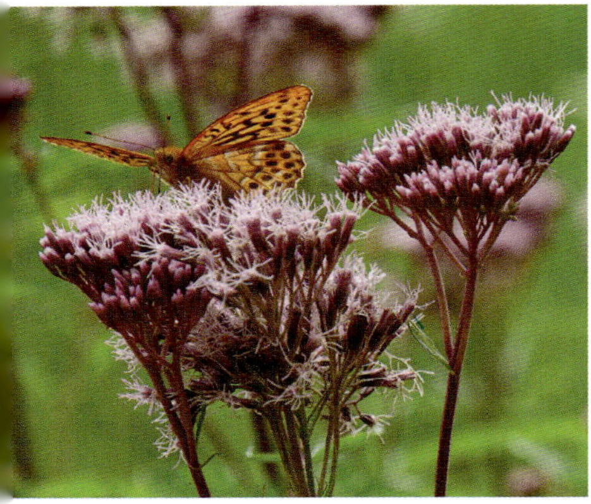

Gewöhnlicher Wasserdost.

Ausgangspunkt: Iffeldorf, Wanderparkplatz Jägergasse am westlichen Ortsausgang, 600 m. Anfahrt auf der A95 bis Penzberg, der Beschilderung nach Iffeldorf folgen, auf der Hauptstraße (Hofmark) durch den Ort, im Linksknick geradeaus in die Jägergasse und hinunter zum großen Parkplatz (Navi: Parkplatz Jägergasse, Fischersteig 11, 82393 Iffeldorf; N47° 46.316' E11° 18.902'). Vom Bahnhof Iffeldorf über Staltacher Straße und Hofmark, knapp 2 km.

Anforderungen: Überwiegend breite, komfortable Wanderwege ohne nennenswerte Steigungen. Im Wald teilweise etwas wurzelig, nach starken Regenfällen können die Wege in unmittelbarer Ufernähe extrem matschig oder sogar überflutet sein.

Einkehr: Unterwegs keine, Gastronomie in Iffeldorf.

Beste Jahreszeit: Juli bis September.

Hinweis: Die Strecke eignet sich auch gut zum Radeln.

Tipp: Badesachen mitnehmen; zwischen ❻ und ❼ gibt es mehrere schöne, offizielle Badestellen.

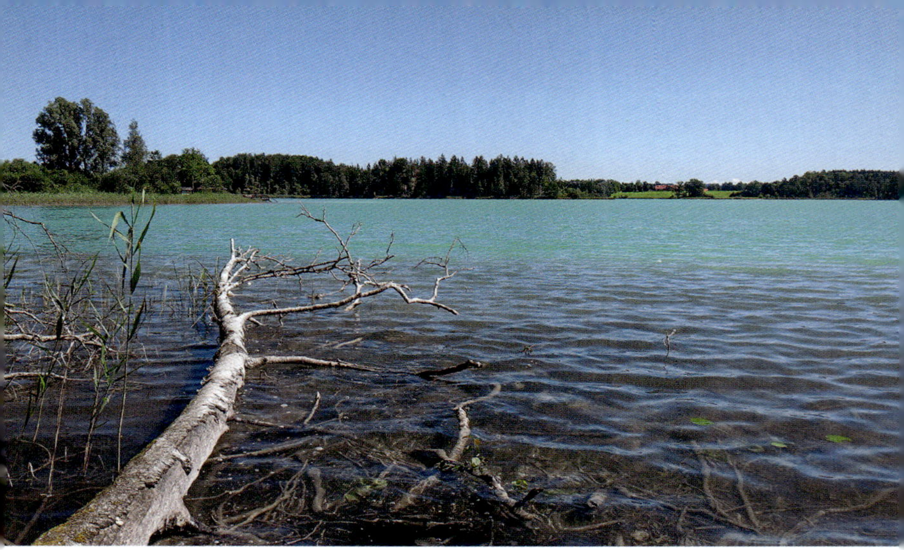

So etwas Schönes kann aus einem Toteisloch entstehen!

Vom Parkplatz Jägergasse in **Iffeldorf ❶** nehmen wir den zunächst asphaltierten Fahrweg in nordwestlicher Richtung; eine große Infotafel erklärt die Entstehung der Seen und Hügel nach der letzten Kaltzeit. Gleich nach einem Bachübergang gibt eine weitere Tafel einen Ausblick auf die Osterseeflora. Der nun gekieste Rad- und Spazierweg wird zu beiden Seiten von mannshohem Schilf und dem ebenso stattlichen Indischen Springkraut *(Impatiens glandulifera)* eingefasst. Auf einer offenen Wiese zur Linken wachsen die Spezialisten für dauerhaft feuchten oder nassen Untergrund: Die cremefarbenen Blüten des Echten Mädesüß (*Filipendula ulmaria*, s. Steckbrief S. 202) verströmen einen intensiven Honiggeruch. Die Blütenstände des Gewöhnlichen Blutweiderich (*Lythrum salicaria*, s. Steckbrief S. 99) können bis zu hundert Einzelblüten enthalten und der Gewöhnliche Gilbweiderich *(Lysimachia vulgaris)* besticht durch verzweigte, gelb leuchtende Blütenstände.

An der Einmündung in einen Fahrweg halten wir uns rechts und gelangen zu einer beschilderten **Kreuzung ❷** mit Infotafel. Zunächst gehen wir geradeaus weiter, von rechts werden wir später zurückkommen. Mit wunderbarem Seeblick zu beiden Seiten durchqueren wir eine Wiese. Im nachfolgenden

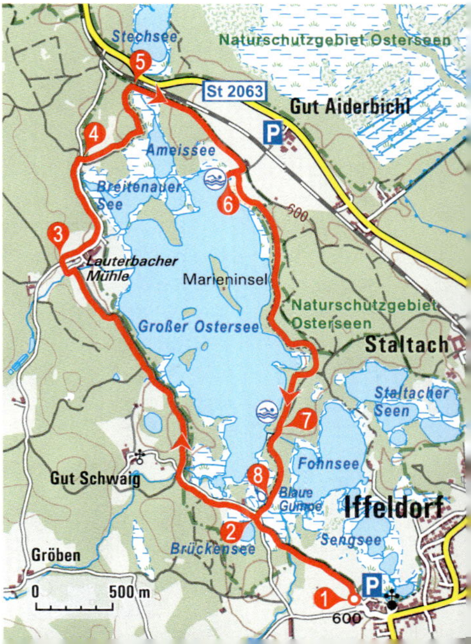

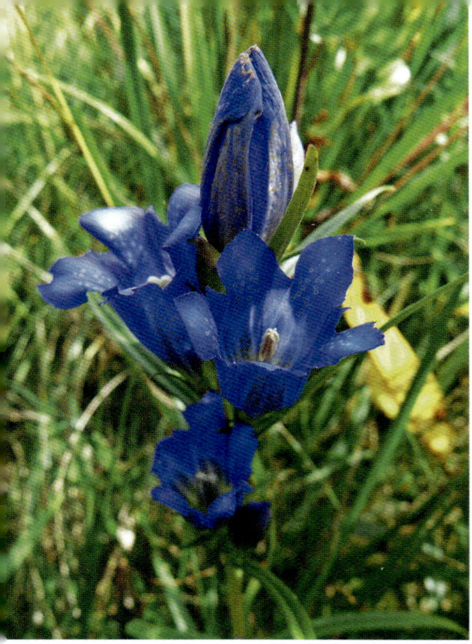

Der Lungen-Enzian mag Feucht- und Moorwiesen.

Waldgürtel ist der Weg geradeaus durch eine Schranke versperrt (Zufahrt zum Gut Schwaig), daher folgen wir der Beschilderung »Seeweg« nach rechts. Die Großen Sterndolden *(Astrantia major)*, deren weiße Blütenstände von rötlich oder grünlich angehauchten Hüllblättern kranzartig eingerahmt werden, begleiten uns auf dem schattigen Waldstück. Wir passieren eine Aussichtsbank mit See- und Seerosenblick und nehmen an einer Gabelung den rechten unteren Weg (Wegweiser »Lauterbacher Mühle«). Wieder im freien Gelände, steigen wir links eine Anhöhe hinauf, wo wir einen prachtvollen Blick auf den Großen Ostersee werfen können. Wir durchqueren das Gelände der Klinik **Lauterbacher Mühle** ❸ und biegen hinter dem Klinikparkplatz rechts ab (Wegweiser »Ostersee 0,4 km«).

Kurz geht es noch auf dem geteerten Fahrweg dahin, begleitet von Gewöhnlichem Wasserdost *(Eupatorium cannabinum)*, Vogel-Wicken *(Vicia cracca)* und Acker-Kratzdisteln *(Cirsium arvense)*, dann zweigt am Ende des hölzernen Straßengeländers direkt am **Naturschutzschild** ❹ ein Fußweg nach rechts ab.

Nun tun sich zu beiden Seiten wunderschöne und artenreiche Sumpfwiesen auf, die geballte »Flower Power« sozusagen. Gleich am Abzweig begrüßen uns stattliche Exemplare der Wald-Engelwurz *(Angelica sylvestris)* mit ihren weißen Schirmdolden und rötlich-gerilltem Stängel. Dazu kommen Wiesen-Flockenblumen *(Centaurea jacea)*, hellgelbe Kohl-Kratzdisteln *(Cirsium oleraceum)*, Tüpfel-Johanniskraut *(Hypericum perforatum)* und der pinkfarbene Gewöhnliche Heilziest *(Betonica officinalis)*, dem Moorwiesen genauso recht sind wie Trockenrasen. Echte Liebhaber nasser Füße sind die Wasser-Minze *(Mentha aquatica)* mit ihren kugelförmigen, zartrosa Blütenständen und eine der schönsten heimischen Orchideen, die Sumpf-Ständelwurz *(Epipactis palustris)*. Vor ihr darf man ruhig mal auf die Knie gehen, nur aus der Nähe erkennt man die unglaubliche Schönheit ihrer weiß-gelb-roten Blüten. Dieselben Wiesen warten auch

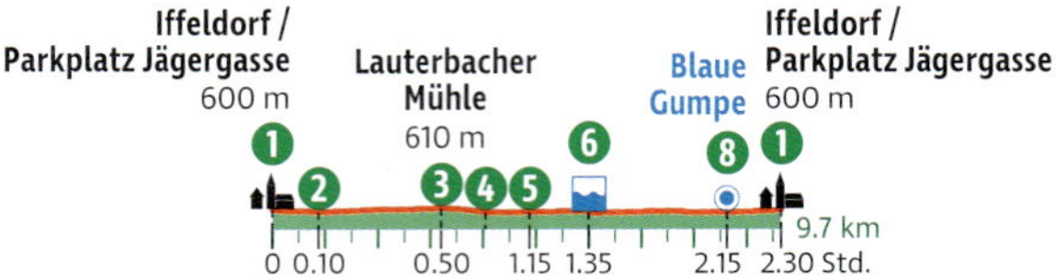

Gewöhnlicher Blutweiderich *(Lythrum salicaria)*
Familie: *Weiderichgewächse (Lythraceae)*
Standort: *Uferbereiche, Gräben, nasse Wiesen und Sümpfe in tieferen Lagen*
Blütezeit: *Juli bis September*
Charakteristik: *Bis 2 m hoch, stark verzweigt. Blätter lanzettlich, gegenständig bzw. in Dreier-Quirlen angeordnet, ohne Stiel direkt am Stängel sitzend. Blütenstände ährenförmig, bis 50 cm lang, leuchtend pink. Spezielles Durchlüftungsgewebe versorgt die unter Wasser liegenden Teile mit Sauerstoff.*
Es gibt dreierlei Blütenformen, die sich in Länge der Griffel und Staubbeutel unterscheiden; bereits Darwin untersuchte, welche Kombination daraus die reichhaltigste Samenproduktion ergibt. Jede Blutweiderich-Pflanze kann in ihren Kapseln bis zu 3 Mio. Samen produzieren, die per Luft oder Wasser verbreitet werden oder sich durch Anhaftung an Wasservögeln in die Welt tragen lassen.
Status: *Ungefährdet und nicht besonders geschützt*
Wissenswertes: *Der Gewöhnliche Blutweiderich ist eine ausgesprochen wertvolle Nektarquelle für eine Vielzahl von Insekten und eine wichtige Futterpflanze für Schmetterlingsraupen. Aufgrund seines hohen Gehalts an Gerbstoffen wurde er früher zum Gerben von Leder und zur Holzimprägnierung verwendet, ebenso als Heilmittel bei Erkrankungen, bei denen eine adstringierende und antibakterielle Wirkung erwünscht war (z. B. Blutungen, Durchfall).*

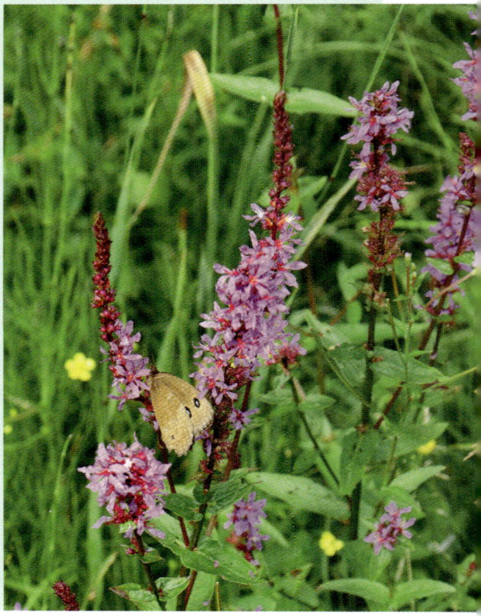

im Herbst mit einer echten botanischen Sensation auf: Dann ist hier der seltene, mehrblütige Lungen-Enzian *(Gentiana pneumonanthe)* zu bewundern, der aufgrund seiner stattlichen Höhe von bis zu 50 cm und seiner leuchtend blauen Farbe kaum zu übersehen ist. Im Gegensatz zu seinen alpinen Verwandten schätzt er nicht felsig-karge Lebensräume, sondern Moore und Feuchtwiesen. Auch ihm wurde der Verlust von Lebensraum fast zum Verhängnis, er gilt als stark gefährdet und ist entsprechend streng geschützt.

An einer **T-Kreuzung** ❺ halten wir uns rechts (Wegweiser »Ostersee Panorama 0,8 km«) und folgen einem hübschen schmalen Weglein durch das Schilf. Auf einer Brücke direkt unter der St 2063 überqueren wir die Ostersee-Ach, die mehrere Seen wie ein natürlicher Kanal verbindet, und bewundern Weiße Seerosen *(Nymphaea alba)* und Gelbe Teichrosen *(Nuphar lutea)* im Wasser. Bei einem Büschel mannshoher Großer Telekien *(Telekia speciosa)* mit den riesigen gelben Korbblüten verlassen wir den Wald; ein herrlicher Blick auf den

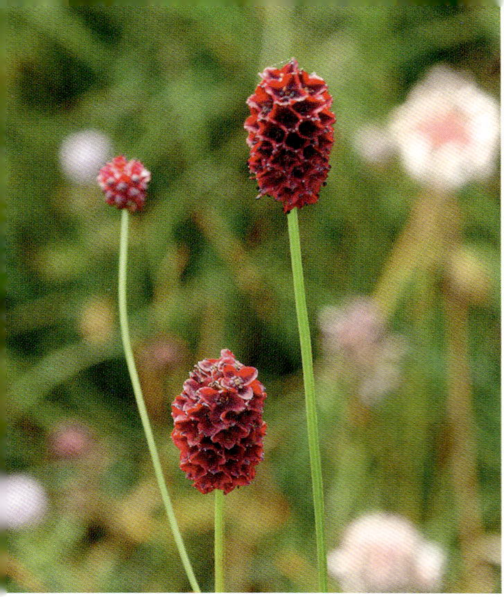

Großer Wiesenknopf: liefert Raupenfutter für Schmetterlinge und Nektar.

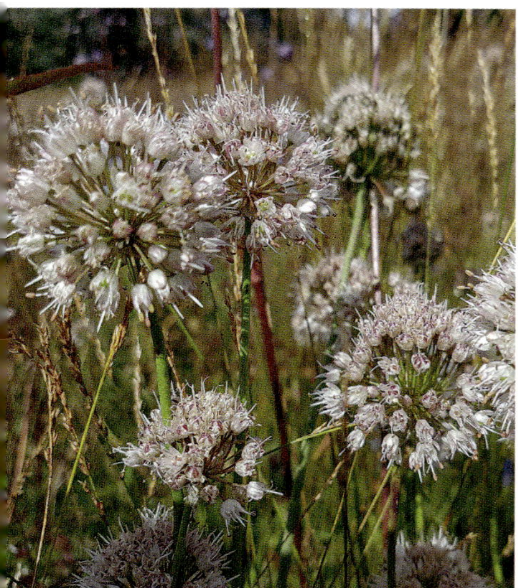

Wohlriechender Lauch: selten, aber am Großen Ostersee flächendeckend.

Großen Ostersee und die dahinterliegenden Züge von Ester- und Wettersteingebirge empfängt uns. Wir gelangen zu einer Kreuzung: Links ginge es unter der Bahn hindurch zum Gut Aiderbichl, geradeaus zum Fohnsee. Wir biegen aber rechts ab und wandern hinunter zum Seeufer. Falls Abkühlung nötig ist: Hier ist eine der wenigen offiziellen **Badestellen** ❻ im Naturschutzgebiet. Der sandige Seeboden und das türkisfarbene, meist recht warme Wasser versprechen schönsten Badespaß – wer braucht da noch die Karibik?

Wir gehen nur wenige Meter auf dem bekannten Weg zurück und biegen noch vor dem Anstieg rechts in einen Fußweg ab, der zwischen Pferdekoppeln links und Sumpfwiesen rechts verläuft. Auch wenn man sich ziemlich sicher nasse Füße holt: Die Wiesen zur Rechten sind botanisch derartige Juwelen, dass man sie dringend genauer in Augenschein nehmen sollte. Zahlreiche Trampelpfade führen vom Hauptweg Richtung See, nach heftigen Regenfällen stehen manche allerdings unter Wasser. Im Hochsommer verwandeln Massen von Gewöhnlichem Blutweiderich die Wiesen in flächendeckendes Pink, unterbrochen nur vom Weiß des Echten Mädesüß. Die dunkelroten »Knubbel« des Großen Wiesenknopfs *(Sanguisorba officinalis)* runden den Pink-Weiß-Kontrast ab. Farblich perfekt ins Bild passen der Ufer-Wolfstrapp *(Lycopus europaeus)*, ein entzückender kleiner Lippenblütler mit weiß-rot getupften Blütchen, und das Zottige Weidenröschen *(Epilobium hirsutum)*, dessen Samen in Büschen und Sträuchern seidige Gespinste hinterlassen. Im Herbst sind dieselben Uferwiesen in elegantes Violett-Blau getaucht. Den Grundton in zartem Weiß-Violett legt der Wohlriechende Lauch *(Allium suaveolens)* mit den kugelförmigen Blütenständen und den weit herausstehenden Staubblättern, der die Wiese mit Abertausenden Exemplaren bevölkert.

Dieser Anblick ist umso grandioser, wenn man weiß, dass er als gefährdete Art gilt. Etwas über dem Niveau des Wohlriechenden Lauchs erheben sich die lilafarbenen, ebenfalls kugeligen Blütenstände des Teufelsabbiss *(Succisa pratensis)*. Der merkwürdige Name geht auf die etwas angebissen aussehende Form seiner Wurzel zurück. Aufgrund des späten Blühzeitpunkts sind sowohl der Wohlriechende Lauch als auch der Teufelsabbiss wichtige Nahrungsquellen für Insekten. Auch die zartlila Wasser-Minze begegnet uns wieder und passt sich exakt ins Farbkonzept ein. Absoluter Höhepunkt sind aber auch hier etliche Exemplare des Lungen-Enzians!

Nachdem wir uns von den Uferwiesen losgerissen haben, tauchen wir wieder in den Wald ein. An einer V-Gabelung bleiben wir rechts auf dem unteren Weg. Nach einem längeren Waldstück ignorieren wir einen Abzweig nach links und folgen der Beschilderung zur Blauen Gumpe. Immer wieder finden wir hier traumhafte Brotzeit- oder Rastplätze direkt am Wasser. Wir gelangen zu zwei direkt aufeinander folgenden **Abzweigungen ❼**. An der ersten ignorieren wir den Weg nach links oben und gehen geradeaus weiter, an der unmittelbar dahinterliegenden Gabelung biegen wir rechts ab (Wegweiser »Fohnsee-Rundweg«).

Wir überqueren eine Brücke, passieren einen weiteren hübschen Badebereich und gelangen schließlich zur **Blauen Gumpe ❽**, einem der vielen Quelltrichter, die die Osterseen mit Grundwasser speisen. Die Temperatur liegt konstant über 10° C, daher frieren die Osterseen in der Regel nicht zu. Direkt am Beginn des Holzstegs wachsen übrigens einige Exemplare der überaus zarten Ästigen Graslilie *(Anthericum ramosum)*.

Wir verlassen den Wald und können nochmals zu beiden Seiten des Wegs blumenreiche Sumpfwiesen bewundern, bevor sich an der bekannten **Kreuzung ❷** der Kreis schließt. Zurück zum Parkplatz Jägergasse in **Iffeldorf ❶** gehen wir wie beim Hinweg.

An den Osterseen reicht die schöne Spätsommer-Flora gern mal bis zum Bauch.

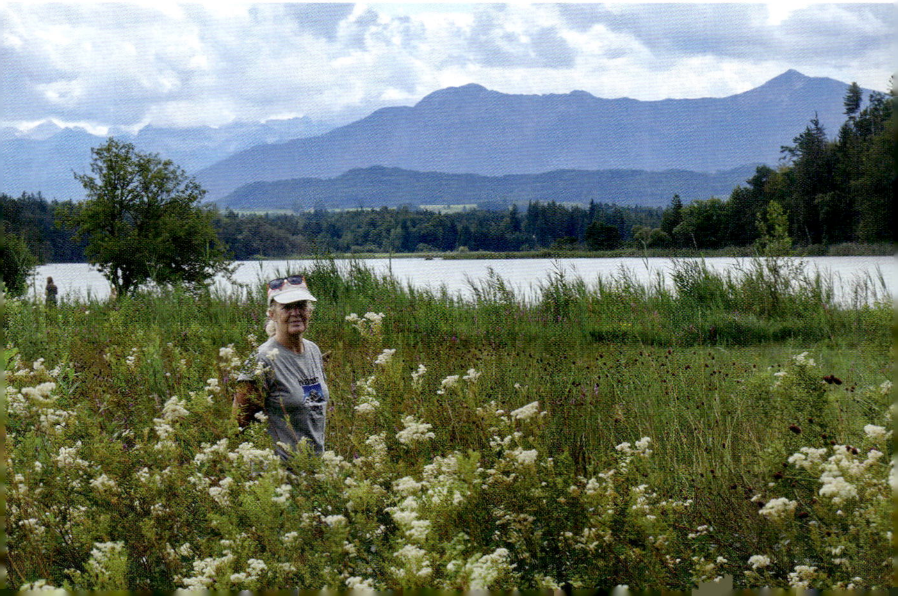

11 Geroldsee, Barmsee und Grubsee
Drei-Seen-Wanderung vor Karwendelkulisse

3.30 Std. | 11,6 km | ↗ 200 m | ↘ 200 m

Frühblüher-Runde zu den berühmten Krokuswiesen

Es gibt kaum einen Bildband oder Fotokalender über die Bayerischen Alpen, in dem dieses Motiv fehlt: Tausende weißer und violetter Krokusse vor dem Geroldsee, überragt von den meist noch verschneiten Gipfeln des Karwendels und des Wetterstein-Massivs. Wie sagte eine Freundin so treffend: »Noch schöner wäre dann schon kitschig.« Auch wenn die Krokuswiesen am Geroldsee die Stars der Tour sind, bietet es sich an, auch den nicht minder hübschen Barmsee und seinen kleineren Nachbarn, den Grubsee, in die Runde einzubeziehen und so entlang des Wegs auch einige andere Frühblüher kennenzulernen. Übrigens: Am besten kommt man im Frühsommer gleich nochmals her, denn dann erlebt man am Geroldsee nahezu das Idealbild einer kunterbunten, ungemein artenreichen Sommerblumenwiese mit vielen botanischen Schmankerln.

Ausgangspunkt: Klais, Bahnhof, 933 m. Anfahrt mit dem Pkw auf der A 95 und der B 2 über Garmisch-Partenkirchen, Parkmöglichkeiten am Bahnhof (Navi: Parkplatz Klais Bahnhof, 82493 Krün; N47° 28.960' E11° 14.283'), außerdem große Wanderparkplätze beim Alpengasthof Barmsee. Haltestelle Klais an der Bahnlinie München – Mittenwald – Innsbruck.
Anforderungen: Breite, gut gepflegte Spazierwege mit moderaten Steigungen. Kurzer steiler Abstieg nach dem Geroldsee. Gute Beschilderung.
Einkehr: Gastronomie in Klais, Gasthof Sonnenhof (ganzjährig geöffnet, Dienstag Ruhetag, sonnenhof-klais.de), Alpengasthof Barmsee (ganzjährig geöffnet, Dienstag und Mittwoch Ruhetag, barmsee.de).
Beste Jahreszeit: Für die Krokusblüte je nach Schneeschmelze März bis Anfang Mai; für die Sommerwiesen am besten im Juni.
Variante: Abkürzungsmöglichkeit ohne Umrundung des Barmsees.
Hinweis: Bitte am Geroldsee (auch Wagenbrüchsee) die saisonalen Betretungsverbote und Absperrungen beachten.
Tipp: Wer kaltes Wasser nicht scheut, kann im Grubsee oder im Barmsee (Badebereich am Nordufer) auch plantschen. Später im Jahr werden die beiden Seen bis 24 Grad warm.

Direkt nach der Schneeschmelze erscheinen am Geroldsee ganze Krokus-Teppiche.

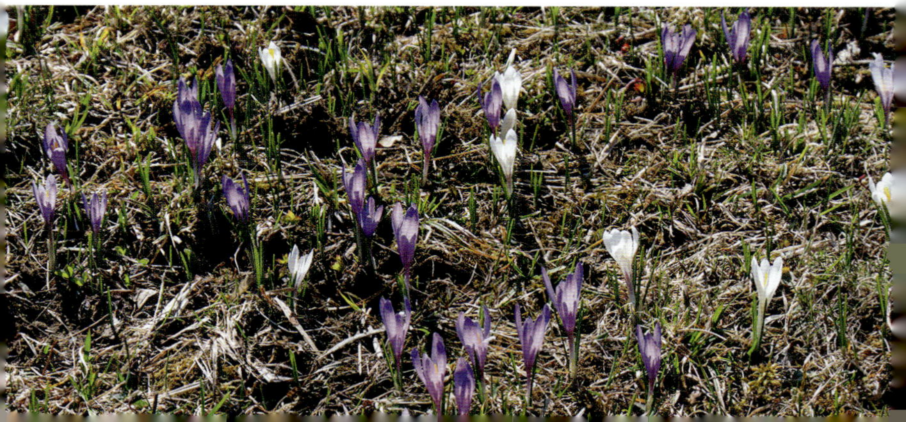

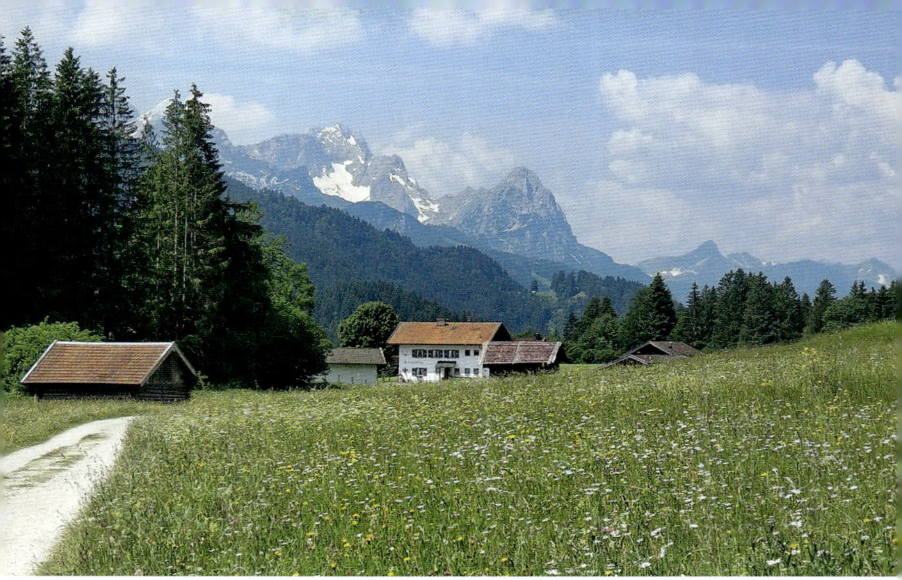

Postkarten-Idyll: Über den Blumenwiesen ragen Zugspitze und Waxenstein auf.

Wir verlassen den Bahnhof von **Klais ❶** in westlicher Richtung und halten uns bei der hübschen Kapelle rechts. Einige Minuten müssen wir nun auf dem geteerten Radweg parallel zur B 2 zurücklegen und passieren dabei den Gasthof Sonnenhof auf der anderen Seite. An einer Gabelung mit Grabstelle nehmen wir den rechten Zweig und gehen weiter an der Bundesstraße entlang – zur Ablenkung auf diesem nicht sehr abwechslungsreichen Teilstück kann man sich linker Hand bereits die krokusübersäten Buckelwiesen anschauen oder vor sich den Blick auf den Wank genießen. Wir überqueren die Bahnlinie, halten uns direkt dahinter links und gelangen so in wenigen Minuten durch eine Unterführung in das kleine Dörfchen **Gerold ❷**.

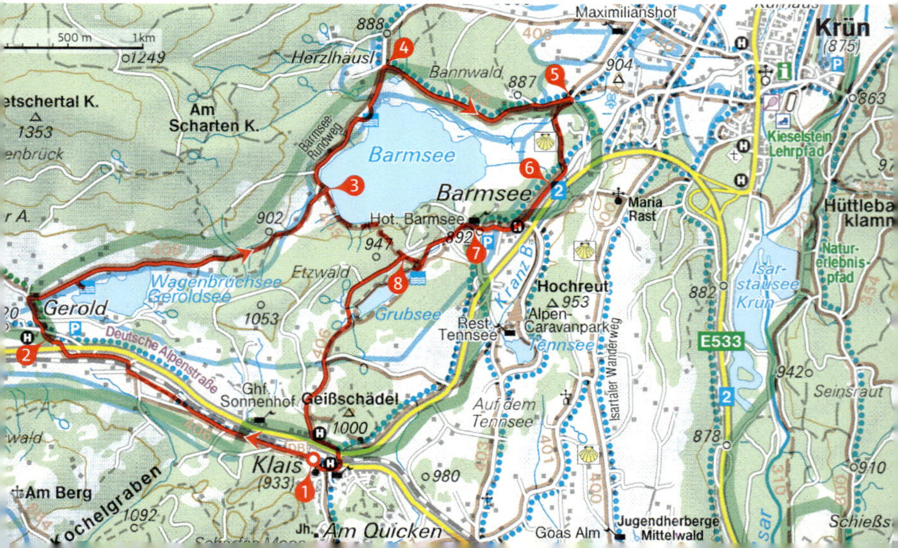

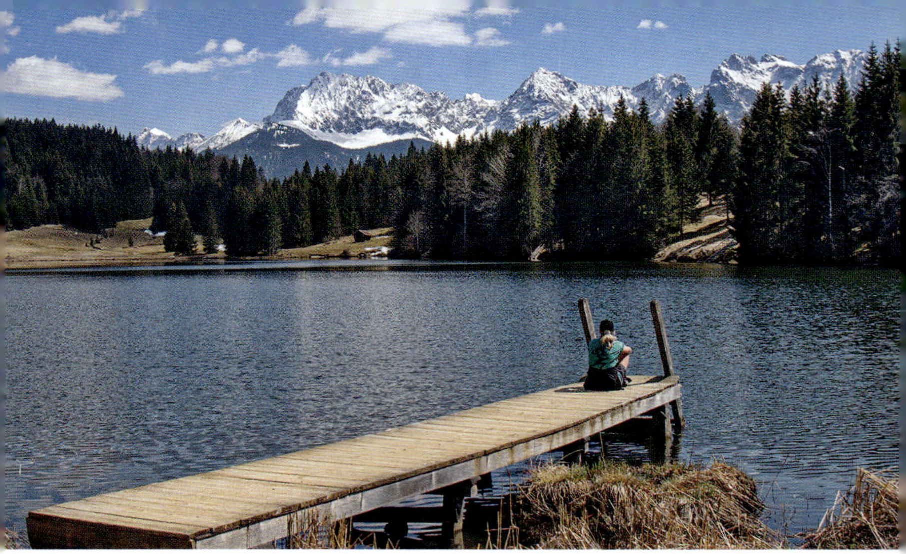

Während der Krokusblüte ist das Karwendelmassiv meist noch dick verschneit.

Wir folgen der Hauptstraße, bis sie nach links abknickt und gehen dort geradeaus weiter (Wegweiser »See«). Nach den letzten Häusern führt rechts ein Feldweg durch die Bergwiesen zum See. Auch wenn für den unmittelbaren Uferbereich ein Betretungsverbot gilt, wird doch immer ein schmaler Trampelpfad zum Ufer freigegeben, damit man die Krokusse aus der Nähe bewundern kann. Die Blütezeit kann – je nach Verlauf des Winters – stark schwanken; falls wir zur richtigen Zeit hier sind, tut sich vor uns am Seeufer ein Meer an Frühlings-Krokussen *(Crocus vernus* subsp. *albiflorus)* in Weiß oder Zartlila auf. Die einzige heimische Krokusart hat im Gegensatz zu vielen anderen Bergblumen nämlich nichts gegen gut gedüngten Boden einzuwenden. Wir gehen auf dem breiten Feldweg am Nordufer des Sees entlang und lernen auf Schautafeln, welch reiche Flora uns hier später im Jahr erwartet. Der Weg führt uns allmählich in den Wald hinein und wir gelangen über ein sehr steiles, schottriges, aber nur kurzes Teilstück in ein schattiges Tälchen hinunter. Hier liegen meist noch bis weit ins Frühjahr hinein Schneeflecken, links und rechts des Wegs können wir Weiße Pestwurze (*Petasites albus*, s. Steckbrief S. 105) in allen Phasen des Wachstums entdecken. Sie bevorzugen dauerfeuchte bzw. nasse Standorte und kommen so in großen Mengen an Bachufern, Gräben oder Schneemulden vor. Der Wald lichtet sich zunehmend und in den feuchten Wiesen finden wir Sumpf-Dotterblumen *(Caltha palustris)*, Hohe Schlüsselblumen *(Primula elatior)* und Wechselblättriges Milzkraut *(Chrysosplenium alternifolium)* in leuchtenden Gelb-Abstufungen. Geradeaus weiter treffen wir auf das Westufer des großen **Barmsees** **3** vor spektakulärer Karwendelkulisse. Wer den See nicht umrunden möchte, kann hier gleich rechts Richtung Grubsee abbiegen.

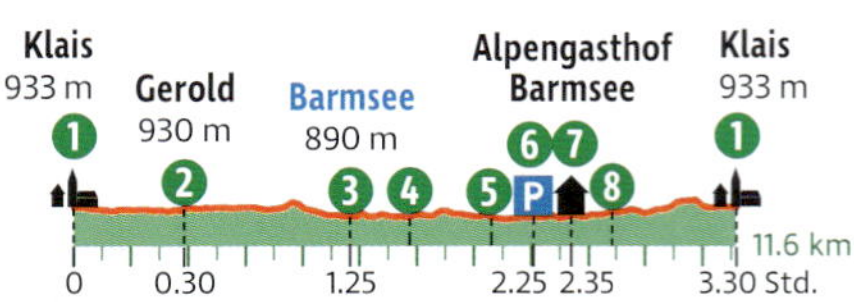

Pestwurz: Rote Pestwurz, Alpen-Pestwurz, Weiße Pestwurz

(Petasites hybridus, Petasites paradoxus, Petasites albus)

Familie: *Korbblütler (Asteraceae)*

Alias: *Rote Pestwurz: Gewöhnliche Pestwurz, Bach-Pestwurz; Alpen-Pestwurz: Geröll-Pestwurz, Schnee-Pestwurz*

Standort: *Rote und Weiße Pestwurz bevorzugen dauerfeuchte und nasse Standorte wie Bachränder, Gräben, Auwälder, Schluchten. Die Alpen-Pestwurz besiedelt dagegen steinige Hänge und Felsschutt. Die Rote Pestwurz kommt bis zu einer Höhe von 1800 m vor; Alpen-Pestwurz und Weiße Pestwurz klettern bis auf 2700 m.*

Blütezeit: *April bis Mai*

Charakteristik: *Die Pestwurz macht im Lauf des Sommers eine beachtliche Verwandlung durch. Direkt nach der Schneeschmelze – oft mitten im Schmelzwasser – drücken die kompakten, »knubbeligen« Blütenstände aus dem Boden. Sie bestehen aus zahlreichen rötlich-weißen (Rote Pestwurz, Alpen-Pestwurz) bzw. gelblich-weißen Blütenköpfchen und erscheinen meist vor den Laubblättern. Nach der Blüte und einem kräftigen Wachstumsschub werden als Frucht kleine Nüsschen mit ausgeprägten weißen Borsten ausgebildet – die Pestwurz wird zur »Pusteblume«. Die Blätter entwickeln sich erst im Frühsommer zu stattlicher Größe. Die Blätter von Weißer und Roter Pestwurz sind nierenförmig und auf der Unterseite grün-grau filzig; die herzförmigen Blätter der Alpen-Pestwurz strahlen an der unteren Seite schneeweiß.*

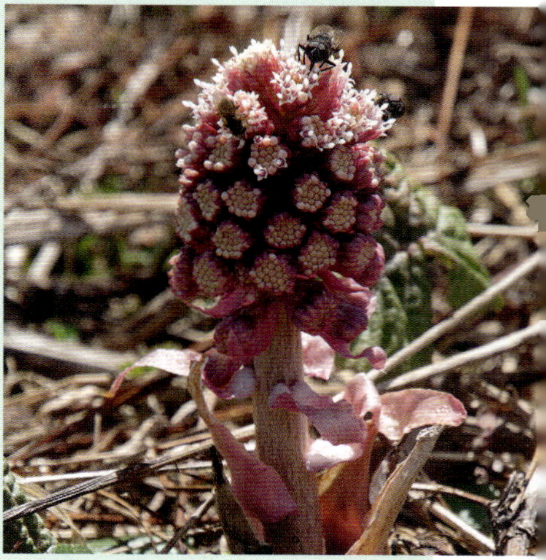

Status: *Ungefährdet und nicht besonders geschützt*

Wissenswertes: *Entgegen aller Hoffnungen war Petasites hybridus gegen die mittelalterliche Pest machtlos. Sie enthält aber nachweislich krampflösende und schmerzlindernde Substanzen. Belegt ist die Wirkung bei Migräne, Heuschnupfen und Allergien, weitere Anwendungsgebiete werden derzeit vielversprechend erforscht. Wegen des hohen Gehalts an giftigen Pyrrolizidinalkaloiden (PA) sollte man keinerlei Selbstversuche mit der frischen Pflanze machen, sondern auf Fertigpräparate zurückgreifen.*

Pestwurzblätter sind übrigens auch sehr alltagstauglich, falls man unterwegs mal etwas Toilettenpapier braucht ...

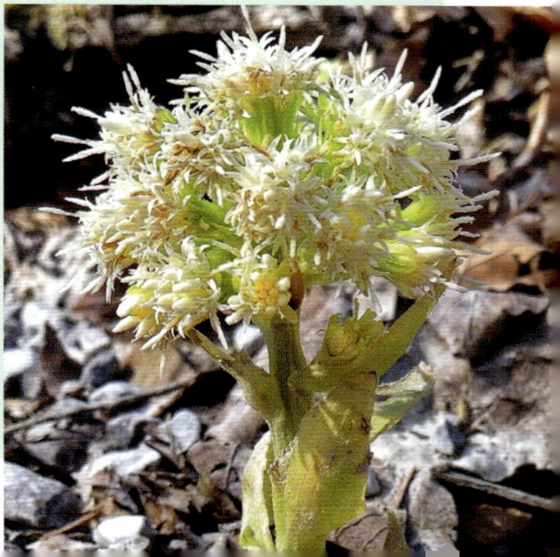

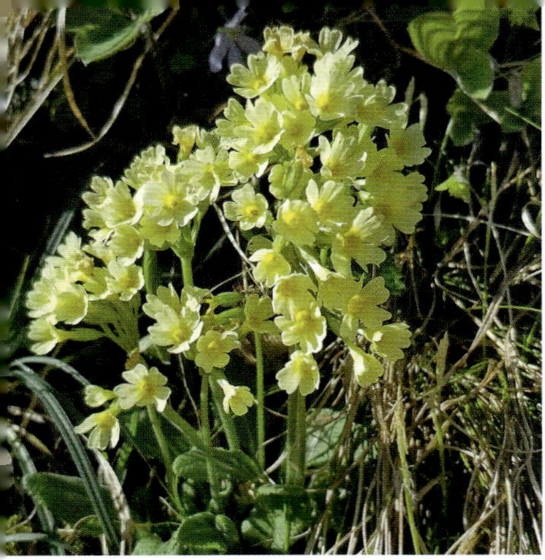

Pastellgelb: Hohe Schlüsselblume.

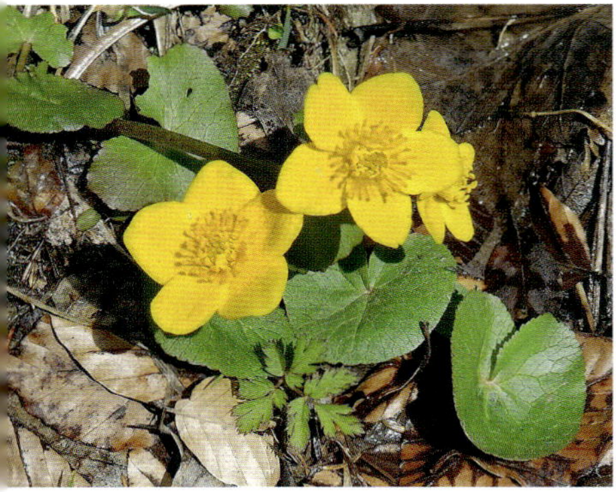

Sonnengelb: Sumpf-Dotterblume.

Wir umwandern den See auf der Nordseite und treffen die häufigsten Vertreter der Frühlingsblüher: Lilafarbene Leberblümchen *(Hepatica nobilis)* wechseln sich ab mit weißen Busch-Windröschen *(Anemone nemorosa)* und gelben Huflattichen *(Tussilago farfara)*, dessen Blätter sich erst nach der Blüte entwickeln. Nach dem Badebereich treffen wir an der Nordspitze des Sees auf eine beschilderte **Abzweigung** ❹ nach Krün und halten uns rechts (Weg 405). Zwischen Wiesen und einem Schilfgürtel wandern wir in südöstlicher Richtung und stoßen auf eine weitere, mustergültig beschilderte **Verzweigung** ❺; auch hier biegen wir rechts ab (Richtung Barmsee, Weg 407), überqueren eine Brücke und halten uns sofort wieder rechts. So können wir auf einem schönen Fußweg direkt am klaren Kranzbach entlangspazieren, bis wir wieder die quer laufende B 2 erreichen. Wir gehen auf dem asphaltierten Rad- bzw. Fußweg rechts ein Stück parallel zur Straße, passieren einen **Wanderparkplatz** ❻ und gelangen nach wenigen Minuten in den Weiler Barmsee mit Einkehrmöglichkeit im **Alpengasthof Barmsee** ❼.

Links vom Gebäude setzt sich unser Wanderweg fort, an der nächsten Kreuzung halten wir uns geradeaus und nehmen an einer Gabelung einen der linken, gleich wieder zusammentreffenden Zweige. Auch hier tun sich linker Hand schöne Krokuswiesen auf. An der nächsten Verzweigung wenden wir uns nach rechts, sollten aber zuvor mit ein paar Schritten geradeaus dem Badebereich des Grubsees einen Besuch abstatten und gegebenenfalls die müden Füße ins Wasser stecken. Wir treffen auf den quer laufenden **Forstweg 406** ❽ und folgen ihm nach links (Wegweiser »Klais über Geißschädel«). Auch hier sind die Wiesen und Wegränder in dreierlei Gelbabstufungen gehalten: Huflattich, Sumpf-Dotterblumen und Hohe Schlüsselblumen. Nach einer kurzen Bergab-Passage im Wald mit weitläufigen Teppichen des Wald-Bingelkrauts *(Mercurialis perennis)* treffen wir auf Höhe der hübschen, aber privaten Kaiser-Alm auf das Westufer des Grubsees und können auf einer Bank nochmals das Panorama genießen. Der Weiterweg wird nun zur reinsten Seidelbast-Allee, so viele der zarten, intensiv rosafarbenen Pflanzen wachsen rechts und links des Wegs. Die duftenden Blüten des hochgiftigen Gewöhnlichen Seidelbasts (*Daphne mezereum*, s. Steckbrief S. 129) erscheinen noch vor den grünen Laubblättern. In der Umgebung zeigen sich auch größere Vorkommen der Roten Pestwurz (*Petasites hybridus*, s. Steckbrief S. 105). Für die letzte Etappe der Tour bleiben wir immer geradeaus auf unserem Weg, der uns unvermittelt auf Höhe einer Tankstelle zur B 2 bringt. Der Bahnhof von **Klais ①** ist direkt gegenüber, am besten unterquert man die stark befahrene Straße mittels der etwas nach links versetzten Unterführung.

Auch wenn der Geroldsee primär für seine Krokusse berühmt ist, lohnt sich auf jeden Fall auch ein Besuch im Frühsommer. An seinem Ufer begeistern uns dann ausgesprochen artenreiche, in allen Farben leuchtende Voralpenwiesen. Zwischen dem strahlenden Sonnengelb von Wiesen-Bocksbart *(Tragopogon pratensis)* und Trollblume *(Trollius europaeus)* und den lila- und rosafarbenen Kontrasten von Knäuel-Glockenblume *(Campanula glomerata)*, Schlangen-Knöterich *(Bistorta officinalis)* und Kugel-Teufelskralle *(Phyteuma orbiculare)* finden wir auch eine imposante Reihe heimischer Orchideen: Stattliches Knabenkraut *(Orchis mascula)*, Breitblättriges Knabenkraut *(Dactylorhiza majalis*, s. Steckbrief S. 88*)*, Grünliche Waldhyazinthe *(Platanthera chlorantha)*, Großes Zweiblatt *(Neottia ovata)*, Mücken-Händelwurz (*Gymnadenia conopsea*, s. Steckbrief S. 222) und sogar einige Exemplare der Kugelorchis *(Traunsteinera globosa)*. Die gelb-roten, etwas abstrakt wirkenden Sommerwurz-Arten *(Orobanche* spec.*)* dazwischen sind nicht etwa verblüht, sie brauchen als Vollschmarotzer gar keine grünen Pflanzenteile. Die feuchten Wollgraswiesen im Uferbereich werden von rosafarbenen Kuckucks-Lichtnelken *(Silene flos-cuculi)*, gelben Sumpf-Schwertlilien *(Iris pseudacorus)*, blauen Sibirischen Schwertlilien *(Iris sibirica)* und großen Horsten des Sumpf-Läusekrauts (*Pedicularis palustris*, s. Steckbrief S. 124) besiedelt.

Prachtvoller Karwendelblick am Barmsee.

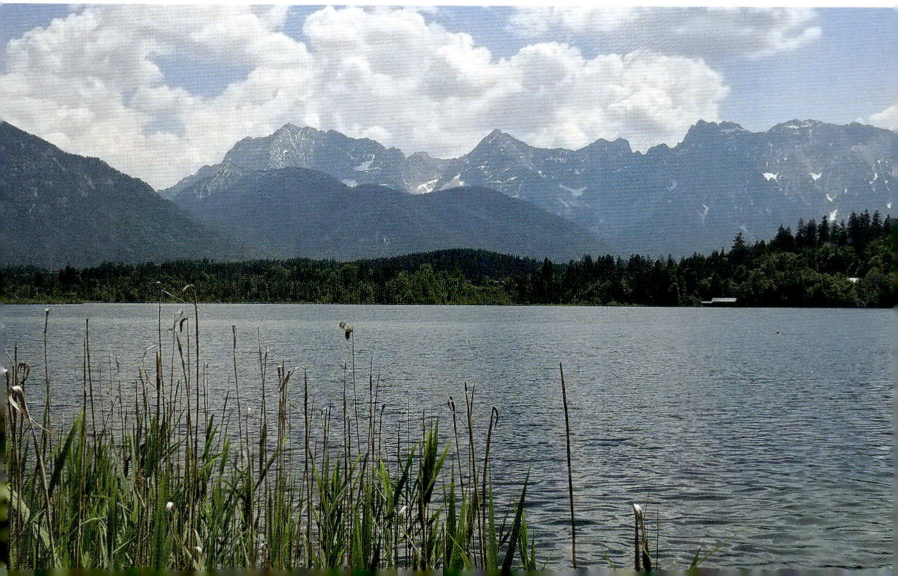

12 Hoher Kranzberg, 1391 m

»Schaulaufen« zwischen Karwendel und Wetterstein

3.45 Std. | 10,5 km | ↗470 m | ↘470 m

Der botanische Allrounder

Der Kranzberg bei Mittenwald ist eigentlich kein ausgeprägter Berg, eher eine Kuppe oder fast schon eine Hochfläche. Dass er trotz seiner vergleichsweise geringen Höhe eine derart umfassende Aussicht bietet, ist seiner günstigen Lage zu verdanken: Direkt an der Schnittstelle zwischen Wettersteingebirge und Karwendel gelegen, geht der Gipfelblick im Süden und im Westen auf spektakuläre Felswände und schroffe Zacken, im Norden dagegen weit hinaus ins Alpenvorland mit seinen malerischen Seen. Südlich – direkt vor den Abstürzen von Wettersteinwand und Arnspitze – liegen mit dem Lauter- und dem Ferchensee zwei weitere Naturjuwele, deren Besuch perfekt mit der Besteigung des Kranzbergs kombiniert werden kann. Das dichte Wegenetz, die vielen Einkehrmöglichkeiten und die optionale Nutzung von Sessellift oder Bus sorgen dafür, dass hier jeder auf seine Kosten kommt. Nur eines ist der Kranzberg mit all seinen Vorzügen leider nicht: ein Geheimtipp!

Botanisch steht nicht eine bestimmte Pflanze im Vordergrund; der Kranzberg überzeugt eher mit einem »Best of« heimischer Gebirgspflanzen, also einem beachtlichen und artenreichen Querschnitt der Nordalpen-Flora. Und das alles ohne übermäßige Strapazen!

Ausgangspunkt: Mittenwald, Talstation der Kranzbergbahn (Sessellift), 966 m. Anfahrt mit dem Pkw auf der A95 und der B2 über Garmisch-Partenkirchen nach Mittenwald. Von der Umgehungsstraße (B2) an den Kasernen vorbei in den Ort, dort der Beschilderung zur Kranzbergbahn folgen (Navi: Parkplatz Kranzbergbahn, 82481 Mittenwald; N47° 26.676' E11° 15.422'). Zu Fuß vom Bahnhof MIttenwald gut 15 Min.

Anforderungen: Bestens angelegte, breite Wanderwege, keine exponierten Stellen, perfekt beschildert. Aufstieg stellenweise recht steil.

Einkehr: Berggasthof Sankt Anton (ganzjährig geöffnet, Dienstag Ruhetag), Gasthaus Ferchensee (ganzjährig geöffnet, Freitag Ruhetag, ferchensee.eu), Lautersee-Stubn (Mai bis Oktober geöffnet, Mittwoch Ruhetag), Seehof (Dienstag Ruhetag), Strandbad.

Beste Jahreszeit: Mai bis Juni oder im Herbst.

Varianten: 1) Der Aufstieg kann durch eine Fahrt mit dem altehrwürdigen Sessellift verkürzt werden.
2) Von ⑤ kann man direkt zum Lautersee absteigen und den Ferchensee auslassen.

Hinweis: Wer mit öffentlichen Verkehrsmitteln unterwegs ist, kann auch vom Ferchen- oder Lautersee per Bus nach Mittenwald zurückkehren.

Tipp: Badesachen mitnehmen, in beiden Seen kann und darf man baden.

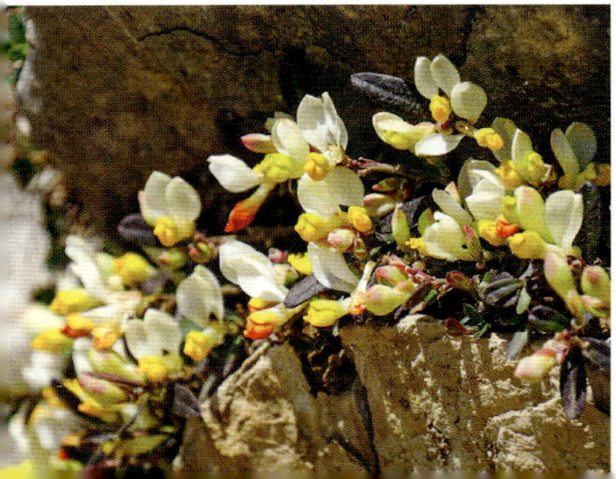

Zwergbuchs.

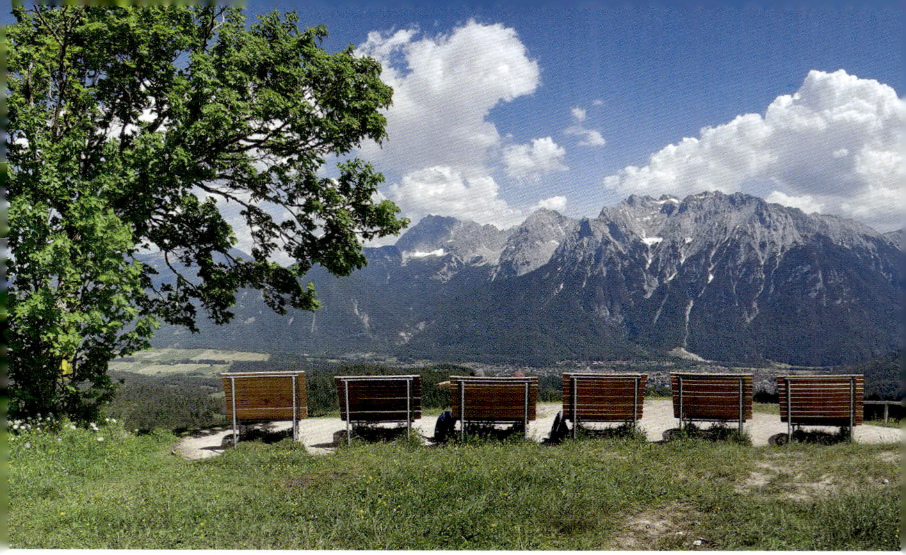

Die XXL-Liegestühle am Kranzberg-Gipfel sind meist schnell belegt.

Links von der Talstation der Kranzbergbahn in **Mittenwald** ❶ peilen wir den steilen, asphaltierten Weg an (Wegweiser »Hoher Kranzberg / St. Anton«), der kurz darauf die Mountaincart-Bahn kreuzt. Gleich auf den ersten Metern ziehen besonders fotogene Orchideen unsere Blicke auf sich: reinweiße Schwertblättrige Waldvögelein *(Cephalanthera longifolia)*. Das in direkter Nachbarschaft vorkommende Große Zweiblatt *(Neottia ovata)* ist aufgrund der grünlichen Färbung nicht so auffällig, aus der Nähe betrachtet aber ebenso hübsch. Wunderschöne sonnengelbe Blüten des Wiesen-Bocksbart *(Tragopogon pratensis)* leuchten dazwischen hervor, mit dem Knöllchen-Knöterich (*Bistorta vivipara*, s. Steckbrief S. 81) ist ein Bewohner des Hochgebirges zu Gast.

Nach wenigen Minuten wird der Weg flacher, mündet rechts in einen asphaltierten Fahrweg ein und kreuzt die Trasse des sehr entschleunigt dahinzockelnden Sessellifts. In den schattigeren Passagen wachsen stattliche beigefarbene Vogel-Nestwurze (*Neottia nidus-avis*, s. Steckbrief S. 192) und Salomonsiegel *(Polygonatum odoratum)* mit breiten Blättern und weißen Blüten mit

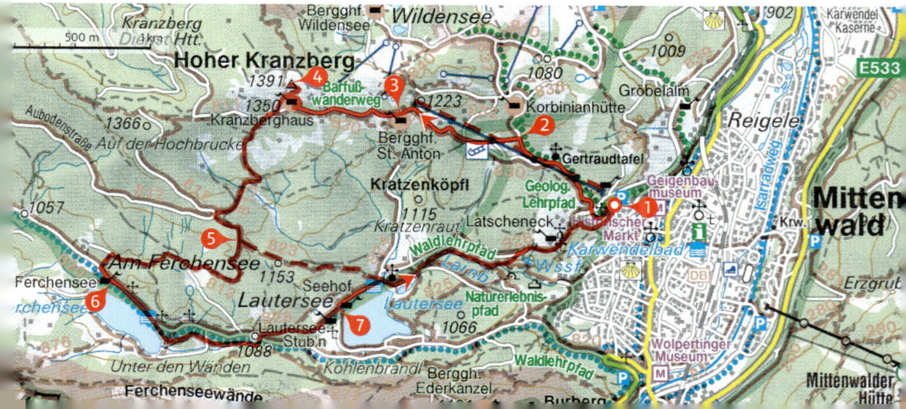

grünlichen Spitzen. Mit der zarten Mücken-Händelwurz (*Gymnadenia conopsea*, s. Steckbrief S. 222) kommt eine weitere Orchideenart hinzu. Die steinigeren Flächen neben dem Weg besiedeln gelber Gewöhnlicher Wundklee *(Anthyllis vulneraria)*, rosa Mehl-Primeln *(Primula farinosa)* und die blaue Nacktstängelige Kugelblume *(Globularia nudicaulis)*, die feuchteren Wiesen gehören der Bach-Nelkenwurz *(Geum rivale)*.

Hinter der malerisch gelegenen Marienkapelle tangiert man die Lifttrasse, dann nehmen wir an einer **Abzweigung ❷** den linken, fast ebenen Kiesweg (Wegweiser »Kranzberg / St. Anton«). Nach einem Flachstück kreuzen wir zum letzten Mal den Sessellift und stapfen danach ein etwas steileres Wegstück hinauf. Links und rechts am Wegrand treffen wir einige der häufigsten und bekanntesten Frühsommerblüher: Neben den violetten Kugelblumen und dem Alpen-Steinquendel *(Acinos alpinus)* erstrahlt der Großblütige Enzian *(Gentiana clusii)* in sattem Blau, das Glatte Brillenschötchen *(Biscutella laevigata)* in zartem Gelb. Die Weiße Silberwurz (*Dryas octopetala*, s. Steckbrief S. 167) überzieht mit ihren langlebigen Trieben und den weißen Blüten meist gleich größere Flächen. Steinige Böschungen oder Felsritzen liebt der Zwergbuchs *(Polygala chamaebuxus)*, er blüht oft schon zeitig im Jahr in den ersten Schneelücken. Seine gelb-weiß abgesetzten Blüten, die orange-braun abblühen, bilden allein schon ein ganzes Farbspektrum. Botanischer Höhepunkt auf diesem Teilstück: einige Exemplare der Fliegen-Ragwurz (*Ophrys insectifera*, s. Steckbrief S. 135) sind direkt am Wegrand zu finden. Der breite Hauptweg zur Sessellift-Bergstation ist ziemlich steil, da weicht man besser links auf die bequemen Serpentinen in der Wiese aus und kann sich dabei an Kugel-Teufelskrallen *(Phyteuma orbiculare)*, Kalkalpen-Frauenmantel *(Alchemilla alpigena)* und dem Gewöhnlichen Fettkraut *(Pinguicula vulgaris)* – immerhin einem Fleischfresser – erfreuen.

Von der Sessellift-Bergstation sind es nur noch wenige Minuten auf breiter Trasse bis zum **Berggasthof Sankt Anton ❸** mit Ziegen- und Schafweiden, prächtiger Aussicht und herrlichen Blumenwiesen. Das Schwertblättrige Waldvögelein tritt hier in rauen Mengen auf, dazu gesellen sich Rote Lichtnelken *(Silene dioica)*, Trollblumen *(Trollius europaeus)*, Berg-Baldrian *(Valeriana montana)* und die weißen Dolden des Berg-Laserkrauts *(Laserpitium siler)*. Auf niedrig bewachsenen Stellen fühlen sich Gewöhnliche Alpenlattiche *(Homogyne alpina)*, Gewöhnliche Sonnenröschen *(Helianthemum nummularium)* und Mittlere Wegeriche *(Plantago media)* wohl, in schattigeren Arealen auch die Quirlblättrige Weißwurz *(Polygonatum verticillatum)*, eine Verwandte des Salomonsiegels.

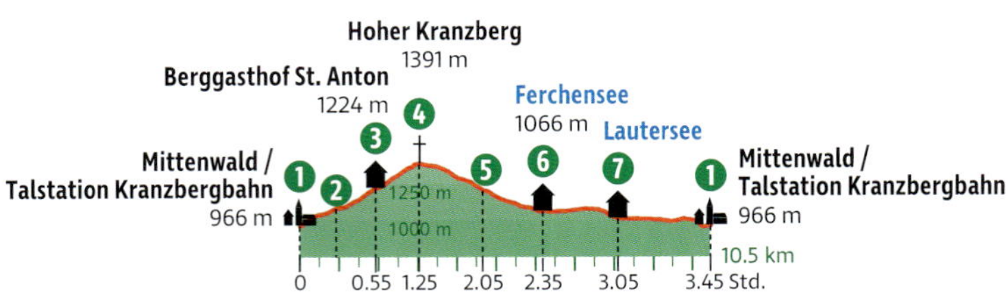

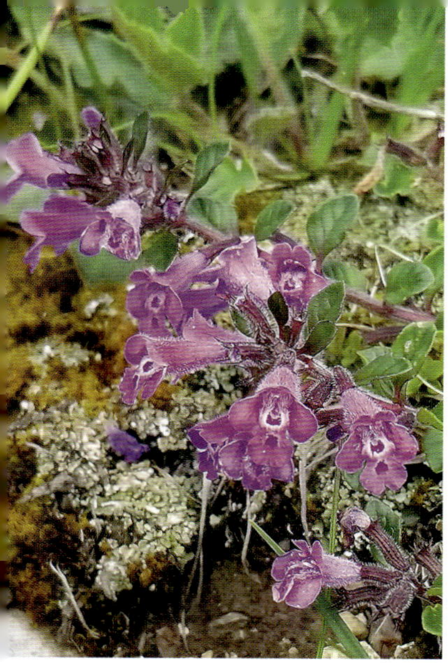

Duftet aromatisch: Alpen-Steinquendel.

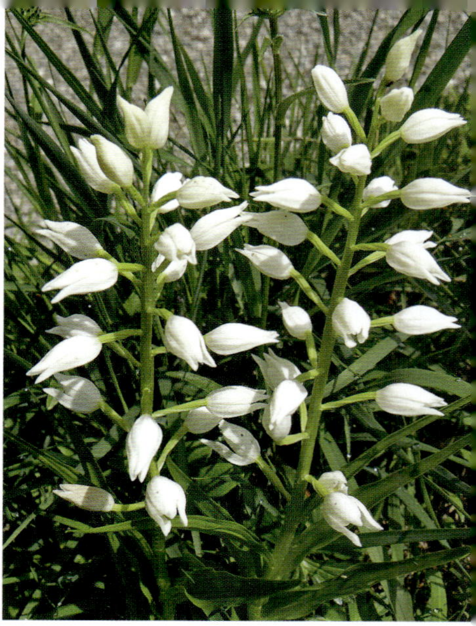

Schwertblättriges Waldvögelein.

Bis zum nicht mehr bewirtschafteten Kranzberghaus geht es nun auf breitem Weg und in wechselnder Steilheit dahin. Die bisherige Blumenpracht wird noch um Frühlings-Enziane *(Gentiana verna)*, Wald-Storchschnabel *(Geranium sylvaticum)* und Steinröschen *(Daphne striata)* erweitert; sogar ein paar kleinere Exemplare des Breitblättrigen Knabenkrauts (*Dactylorhiza majalis*, s. Steckbrief S. 88) stehen direkt am Weg. Kurz unterhalb des Kranzberghauses biegen wir – wie immer bestens beschildert – rechts ab und haben in wenigen Minuten die Serpentinen zum Gipfel des **Hohen Kranzbergs** ❹, 1391 m, mit der Unterstandshütte geschafft. Jenseits von Mittenwald und Isar bauen sich die schroffen Felswände der Nördlichen Karwendelkette mit Wörner und Westlicher Karwendelspitze auf, im Süden blickt man auf die steilen Abbrüche der Wettersteinspitzen und nach Norden zum Estergebirge und in den Isarwinkel. Wie gut, dass hier in weiser Voraussicht hölzerne Liegestühle aufgestellt wurden!

Zurück zum Kranzberghaus, dann aber spazieren wir auf bequemem Weg und mit maximaler Aussicht flach in südwestlicher Richtung. Mit Frühlings-Enzianen (alias Schusternagerl), Mehl-Primeln, Trollblumen und Weißen Silberwurzen sind alle Blütenfarben vertreten. Dass man Schusternagerl nicht ins Haus tragen darf, weil sonst der Blitz einschlägt, ist natürlich nur ein alter Aberglaube, der aber das hübsche Pflänzchen vor dem Gepflückt-Werden bewahrte. Am Rand der Gipfelkuppe leiten etwas steilere, aber bestens ausgebaute Serpentinen zügig durch den Mischwald bergab. Sie münden in eine breite Forststraße, die man aber nur wenige Meter weiter links gleich wieder verlässt (Wegweiser »Lautersee, Ferchensee«). An der nächsten **Gabelung** ❺ könnte man linker Hand direkt zum Lautersee absteigen (siehe Variante). Da wir zuerst noch zum Ferchensee wollen, halten wir

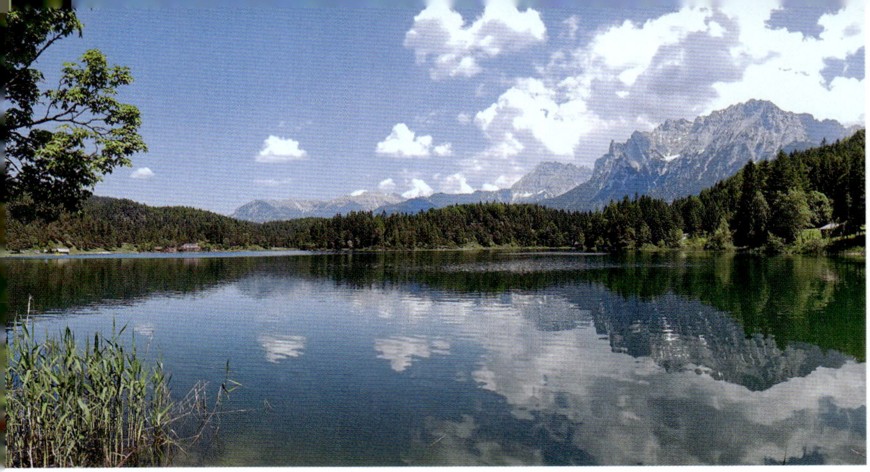

Der Lautersee: in Wald und Berge eingebettetes Idyll.

uns rechts. An den sonnigeren Stellen haben sich flächendeckend die Großblütigen Enziane ausgebreitet, an schattigen Standorten kommt fast nur noch der Überlebenskünstler Vogel-Nestwurz zurecht.
Wir treffen im Talboden auf eine Almstraße und folgen ihr nach links zum Gasthaus Ferchensee. Der zauberhafte **Ferchensee 6**, malerisch in grüne Hügel eingebettet und von den Wettersteinspitzen dramatisch überragt, liegt gleich dahinter. Wir schlendern auf der Fahrstraße am Ufer entlang und bewundern die zahlreichen Exemplare des Breitblättrigen Knabenkrauts und die Dreiblättrigen Baldriane *(Valeriana tripteris)*. Die eigentliche botanische Attraktion findet sich hier ausnahmsweise aber nicht an Land, sondern im Wasser: Der weiße Fieberklee (*Menyanthes trifoliata*, s. Steckbrief S. 113) mit den charakteristischen Fransen an den Blütenblättern ist gar nicht so selten, meist versteckt er sich aber in nassen Gräben, Schilfdickichten oder Sumpfgebieten, was das Fotografieren nicht gerade erleichtert. Hier am Ferchensee wächst er fotografenfreundlich in großen Beständen direkt am Ufer. Im klaren Wasser kann man auch studieren, wie sich die Fieberklee-Inseln am Seegrund verankern.
Noch kurz auf der Fahrstraße weiter, bis rechter Hand ein beschilderter Fußweg abzweigt. Am Ende des Sees halten wir uns links (rechts wäre der Seerundweg) und durchqueren ein Waldstück. An einer beschilderten Verzweigung biegen wir links ab, überqueren die Fahrstraße und halten uns wenige Meter dahinter rechts. In angenehmen Serpentinen, von einigen lila Alpen-Waldreben *(Clematis alpina)* auf das Allerhübscheste verziert, steigen wir hinunter zum idyllischen **Lautersee 7**, 1016 m, mit den Gastronomiebetrieben direkt am Ufer. Wir folgen dem Weg entlang des Nordufers bis zum Strandbad. Am Wegrand blühen Kugel-Teufelskrallen, Nacktstängelige Kugelblumen und Breitblättriges Knabenkraut; auch die wunderbaren Schwertblättrigen Waldvögelein sind wieder da.
Unterhalb der Kapelle Maria Königin biegen wir rechts ab (Wegweiser »Mittenwald Sessellift«), durchqueren einige Wiesen und Weideflächen und tauchen dann in einen lichten Waldgürtel ein. An einer Gabelung

können Wanderer, die mit öffentlichen Verkehrsmitteln angereist sind, rechter Hand durch das Laintal direkt nach Mittenwald absteigen. Links geht es zurück zur Talstation der Kranzbergbahn. Wir durchwandern das sogenannte Bödele, eine sonnige Wiesenfläche mit besonders stattlichen Fichten und Kiefern, und schlendern schließlich bequem an der Hangflanke entlang, wo es botanisch wieder reichhaltiger wird: Die bereits bekannten Orchideen sind alle nochmals versammelt, dazu noch die Weiße Waldhyazinthe *(Platanthera bifolia)*. Und Schwarzviolette Akeleien (*Aquilegia atrata*, s. Steckbrief S. 186) kann man nie genug am Wegrand stehen haben! Am Aussichtspunkt »Steingarten« können wir nochmals das Karwendelpanorama gegenüber bewundern und durch Lehrtafeln und Findlinge unsere Geologiekenntnisse auffrischen. Sollte der direkte Rückweg zur Talstation des Sessellifts in **Mittenwald ➊** wegen Bauarbeiten an einem Luxushotel-Komplex noch gesperrt sein, steigt man rechts auf steilen, schotterigen Serpentinen kurz bergab und wandert links haltend zum Ausgangspunkt zurück.

Fieberklee *(Menyanthes trifoliata)*
Familie: *Fieberkleegewächse (Menyanthaceae)*
Standort: *Dauernasse Standorte wie Moore, Sümpfe, Gräben, Uferbereiche und Feuchtwiesen; bis 2000 m*
Blütezeit: *Mai bis Juni*
Charakteristik: *Bis 30 cm hoch, mit kriechendem, weit verzweigtem und fingerdickem Rhizom (zur vegetativen Verbreitung und als Nährstoffspeicher). Laubblätter dreizählig (daher die Artbezeichnung »trifoliata«) mit eiförmigen Fiederblättchen; Stängel glatt. Am Sprossende, deutlich oberhalb der Blattachseln, traubenförmiger Blütenstand aus 10–12 Einzelblüten. Einzelblüten im Knospenzustand rosa, nach dem Aufblühen weiß; fünf Kronblätter mit zahlreichen langen Fransen. Blattstiele und Stängel sind hohl, sodass unter Wasser liegende Pflanzenteile mit Sauerstoff versorgt und belüftet werden können. Ein hoher Gerbstoffgehalt verhindert die Fäulnisbildung.*
Status: *Gefährdet und nach BNatSchG besonders geschützt. Nach T-NV ungeschützt.*
Wissenswertes: *Der deutsche Name ist ein wenig irreführend: Mit dem Klee aus der Familie der Schmetterlingsblütler ist der Fieberklee nämlich absolut nicht verwandt, lediglich hinsichtlich der dreizähligen Blätter besteht eine gewisse Ähnlichkeit. Fieber senken – wie in der Volksheilkunde lange angenommen – kann der Fieberklee neueren Erkenntnissen nach auch nicht. Die im Fieberklee enthaltenen Bitterstoffe werden aber bisweilen in geringer Dosis in verdauungsfördernden Kräuterlikören, -schnäpsen und -tees eingesetzt.*

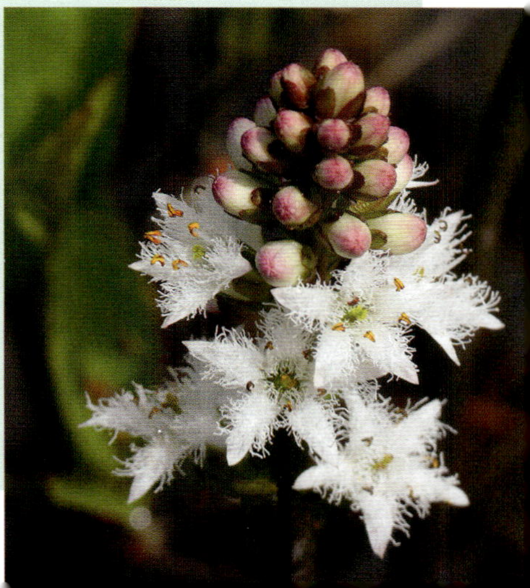

13 Pupplinger Au

Vor den Toren Münchens

3.30 Std. | 12,5 km | ↗ 30 m | ↘ 30 m

Auwald und Frauenschuh-Revier im Isartal

Auwälder waren früher natürliche Begleiter vieler Wildflüsse. Stark schwankende Wasserstände sorgten für einen steten Wechsel der Lebensbedingungen und schufen somit ein äußerst artenreiches Ökosystem. Obwohl Auwälder einen natürlichen Hochwasserschutz darstellen, wurden sie in den letzten Jahrzehnten stark dezimiert: Flussbegradigungen, Staudämme und Rückhaltebecken entzogen ihnen ihre natürlichen Grundlagen, Straßen- und Siedlungsbau forderten zusätzliche Flächen. Im Landschafts- und Naturschutzgebiet Pupplinger Au darf die Isar noch weitgehend Wildfluss sein, eine eindrucksvolle Auenlandschaft mit charakteristischen Schneeheide-Kiefern-Wäldern und vielen seltenen Pflanzenarten konnte dadurch bewahrt werden. Berühmt ist die Pupplinger Au vor allem für ihre großen Bestände an faszinierenden Frauenschuh-Orchideen. Ein BayernNetzNatur-Projekt des bayerischen Umweltministeriums verfolgt seit 2010 das Ziel, durch ein ganzes Bündel an Maßnahmen die Vielfalt der Arten und der Kleinbiotope in der Pupplinger Au zu schützen und zu erhalten. Unter anderem betätigen sich die zwischenzeitlich fast ausgestorbenen, geländegängigen Murnau-Werdenfelser-Rinder als »Landschaftspfleger«.

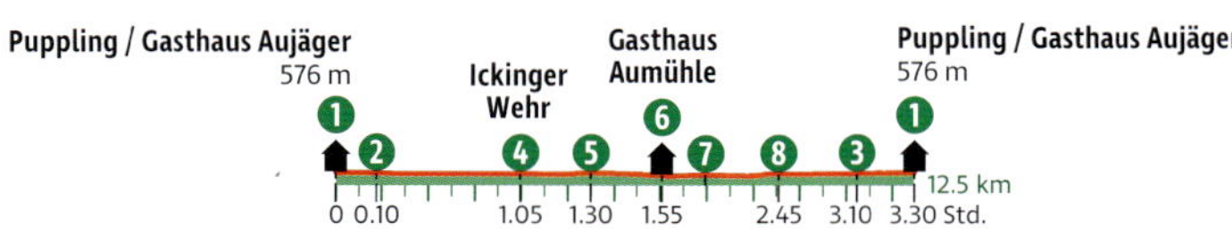

Ausgangspunkt: Puppling, Gasthaus Aujäger, 576 m. Anfahrt mit dem Pkw auf der A 95 bis zur Ausfahrt Wolfratshausen, von dort auf der St 2070 Richtung Egling bis zum Gasthaus Aujäger mit großem Wanderparkplatz (Navi: Wanderparkplatz Puppling, 82544 Egling; N47° 55.150' E11° 26.940'). Von der S-Bahn-Station Wolfratshausen mit Bus 375 und 377 bis Haltestelle Puppling.

Anforderungen: Teils asphaltierte Radwege, teils schmale Trampelpfade. Zwischen ❼ und ❽ sehr schmale Wegspur, oft schlammig und etwas zugewuchert, mit rustikaler Baumstamm-Brücke. Keine nennenswerten Steigungen.

Einkehr: Gasthaus Aujäger am Ausgangspunkt (Montag und Dienstag Ruhetag, aujaeger-puppling.de), Gasthaus Aumühle (Sonntag und Montag Ruhetag), beide mit Biergarten.

Beste Jahreszeit: Mai bis Juni.

Variante: Wem der Weg durch das Herz des Auwalds zu beschwerlich ist, der kann einfacher, aber auch weniger spannend entlang des Radwegs von der Aumühle zum Aujäger zurückkehren.

Hinweise: Bei Hochwasser oder nach starken Regenfällen sollte man die ganz kleinen Pfade direkt an der Uferkante meiden; sie sind dann oft unterspült oder zum Teil sogar weggerissen worden. Die kleinen Wege und Pfade nach ❼ dürfen zum Schutz der Wildtiere nicht am Abend begangen werden; gegebenenfalls den Radweg benutzen.

Tipp: Das Ickinger Wehr kann innen besichtigt werden, es dient nämlich auch als Brücke. Dazu einfach am weißen Turmgebäude mit dem roten Dach die schwere Eisentür öffnen und durchgehen.

Vom Gasthaus Aujäger in **Puppling** ❶ folgen wir der breiten Fahrstraße und nehmen nach wenigen Metern an einer Gabelung den linken Ast. Die nächsten Minuten entlang des asphaltierten Radwegs begleiten uns duftende Maiglöckchen *(Convallaria majalis)*. Knapp hundert Meter nach einer verbreiterten Ausweichstelle sollten wir einen schmalen, aber deutlichen Trampelpfad nicht übersehen, der rechts die Böschung hinabführt. Wir müssen dem Pfad nur wenige Meter folgen, um die ersten stattlichen Bestände an **Gelbem Frauenschuh** ❷ vorzufinden (*Cypripedium calceolus*, s. Steckbrief S. 117). In direkter Nähe entdecken wir auch ein paar Exemplare der seltenen weißen Dichter-Narzissen *(Narcissus poeticus)*.

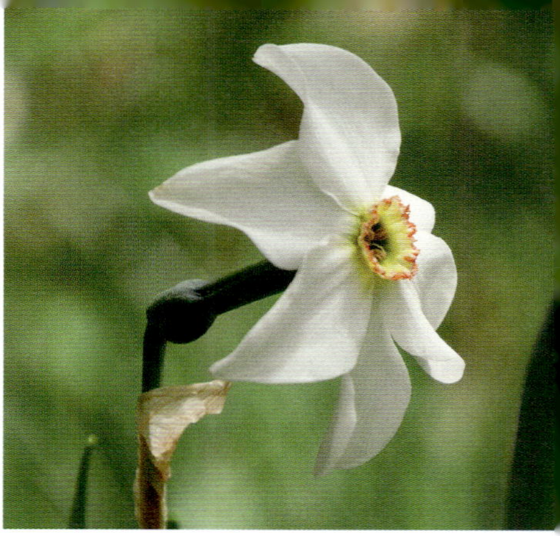

Dichter-Narzisse: edel und stark giftig.

Zurück am Radweg setzen wir unsere Wanderung zunächst in nordwestlicher Richtung fort, wenden uns aber an der nächsten **Abzweigung** ❸ nach links. Der Weg führt uns in Richtung Isar und löst sich in ein Gewimmel von Trampelpfaden auf. Sofern man sich tendenziell rechts hält, kann man sich hier sein persönliches Lieblingsweglein aussuchen, zumal sich die Wegvarianten immer wieder kreuzen. Verloren gehen kann man hier nicht, da das Areal auf der linken Seite durch die Isar, auf der rechten Seite durch den Radweg begrenzt ist. Auf dieser Etappe durch die schöne Fluss- und Auenlandschaft treffen wir auf weitere Bestände von Gelbem Frauenschuh, außerdem begleiten uns Schwarzviolette Akeleien (*Aquilegia atrata*, s. Steckbrief S. 186), ein kleiner gelber Schmetterlingsblütler namens Spargelschote *(Lotus maritimus)* und jede Menge Akeleiblättriger Wiesenrauten *(Thalictrum aquilegiifolium)*. Diese haben sich – ganz

Typischer Kiefernbestand in der Pupplinger Au.

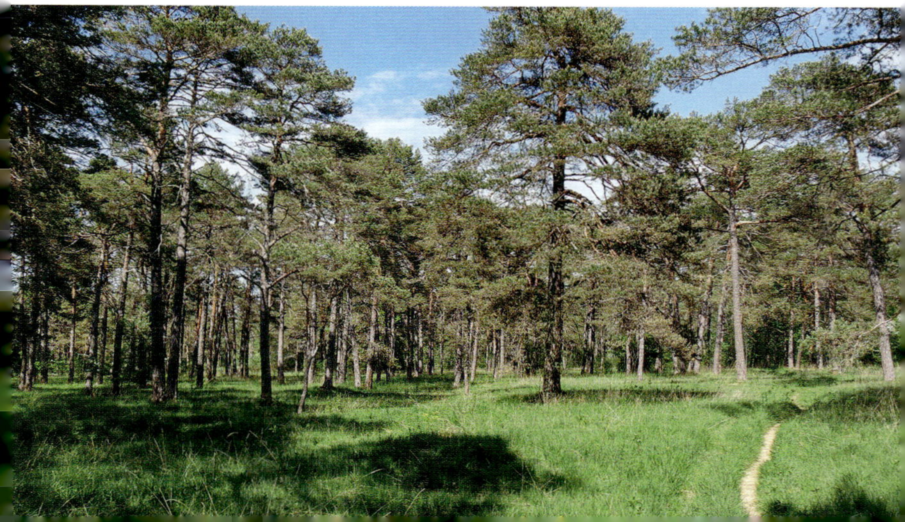

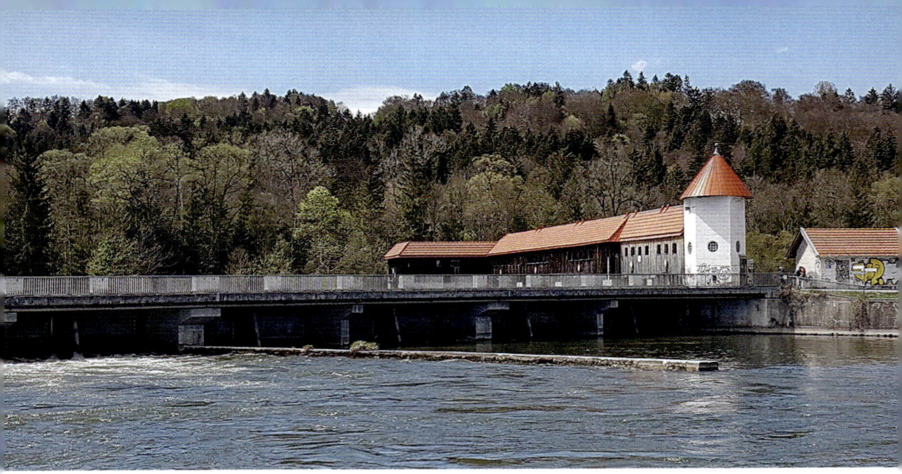

Am Ickinger Wehr verzweigen sich Isar und Isarkanal.

untypisch für Hahnenfußgewächse – die auffälligen Kronblätter fast völlig gespart; die zart lilafarbenen Staubblätter übernehmen die Lockfunktion. Sämtliche Wegvarianten führen im weiteren Verlauf am Isarufer wieder zusammen. Der Fluss bildet hier ein sehenswertes Delta, das einen guten Eindruck davon vermittelt, wie die Isar wohl vor all den Begradigungsmaßnahmen über weite Strecken ausgesehen haben dürfte. Die Kiesbänke zwischen den Flussarmen sind ein wichtiger Lebensraum für verschiedene Vogelarten. Je nach Wasserstand können wir am Ufer picknicken oder die Füße ins kalte Wasser stecken.

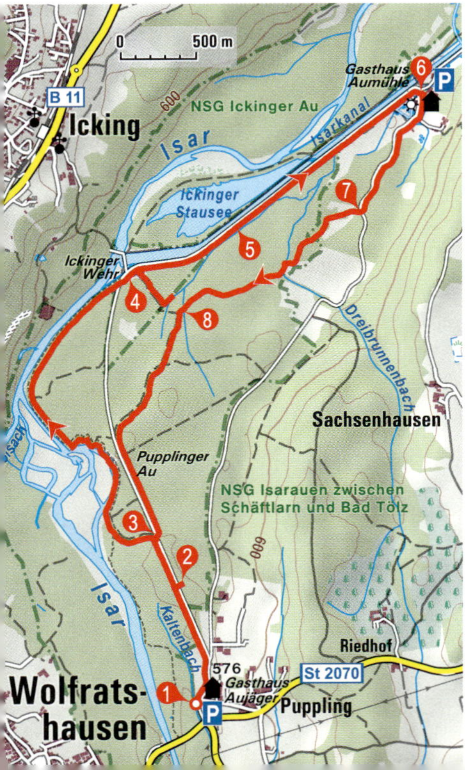

Wir wandern nun immer am Flussufer entlang, das nach der Einmündung der Loisach leider wieder begradigt ist und treffen am **Ickinger Wehr 4** auf den bekannten Radweg. Unmittelbar nach dem letzten Gebäude sollten wir einen kurzen Abstecher nach rechts machen und für wenige Minuten einem Forstweg folgen. Wo dieser markant nach rechts abknickt, halten wir uns links und finden in der angrenzenden Wiese größere Bestände des sehr seltenen und stark gefährdeten Rosmarin-Seidelbasts *(Daphne cneorum)* mit seinen intensiv pinkfarbenen, wohlriechenden Blüten. Helm-Knabenkraut *(Orchis militaris)* und Salomonsiegel *(Polygonatum odoratum)* komplettieren dieses sehenswerte Blumen-Schatzkästchen.

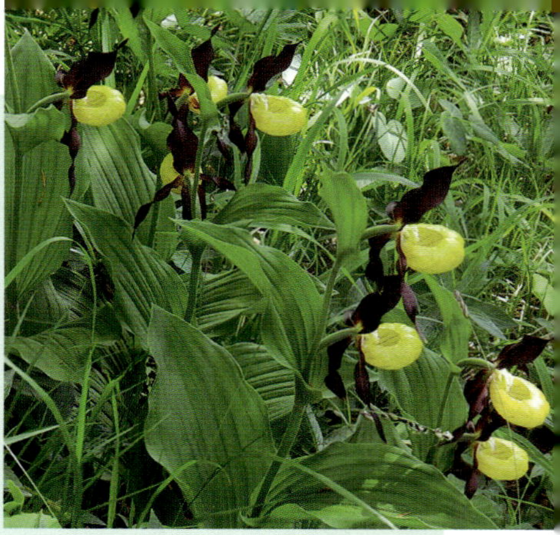

Gelber Frauenschuh

(Cypripedium calceolus)

Familie: *Orchideen (Orchidaceae)*

Alias: *Europäischer Frauenschuh, Marienfrauenschuh, Rotbrauner Frauenschuh*

Standort: *Halbschattige Au- und Laubwälder, buschbestandene Berghänge; bis ca. 2000 m*

Blütezeit: *Mai bis Juni*

Charakteristik: *Bis 50 cm. Laubblätter stängelumfassend, breit mit spitz zulaufenden Enden und auffälliger paralleler Äderung. Blüte mit bräunlichen, abstehenden, meist etwas gedrechselten Perigonblättern und leuchtend gelber, »schuhförmig« aufgeblasener Unterlippe (größte Einzelblüte bei einheimischen Orchideen). Wächst oft in größeren Horsten.*

Status: *Gilt gemäß der Roten Liste als gefährdet und ist streng geschützt (BArtSchV). Nach T-NV geschützt.*

Wissenswertes: *Der Frauenschuh ist eine sogenannte Kesselfallenblume. Insekten, die durch die leuchtende Farbe und den Duft angezogen werden, rutschen in die schuhförmige Unterlippe. Die glatte Oberfläche des »Schuhs« verhindert das Hochkrabbeln. Der einzige Ausweg führt über eine angeraute »Treppe« im hinteren Teil des Schuhs. Dabei müssen sich die Insekten zwangsläufig zuerst an der Narbe, dann an den Staubblättern vorbeiquetschen, wo sie auch noch Pollen aufgeladen bekommen. Sobald sie in die nächste Frauenschuh-Orchidee rutschen und auf gleiche Weise entkommen, erledigen sie – quasi auf der Flucht – die Bestäubung der Pflanzen. Lohn für ihre Dienste bekommen die Insekten übrigens nicht, der Frauenschuh gibt keinerlei Nektar ab.*

Leider gibt es immer noch Menschen, die Frauenschuh-Pflanzen für den heimischen Garten ausgraben. Davon abgesehen, dass es sich um eine streng geschützte Pflanze handelt, ist es so gut wie unmöglich, die komplexen Standort-Ansprüche der Frauenschuhe im heimischen Garten zu befriedigen.

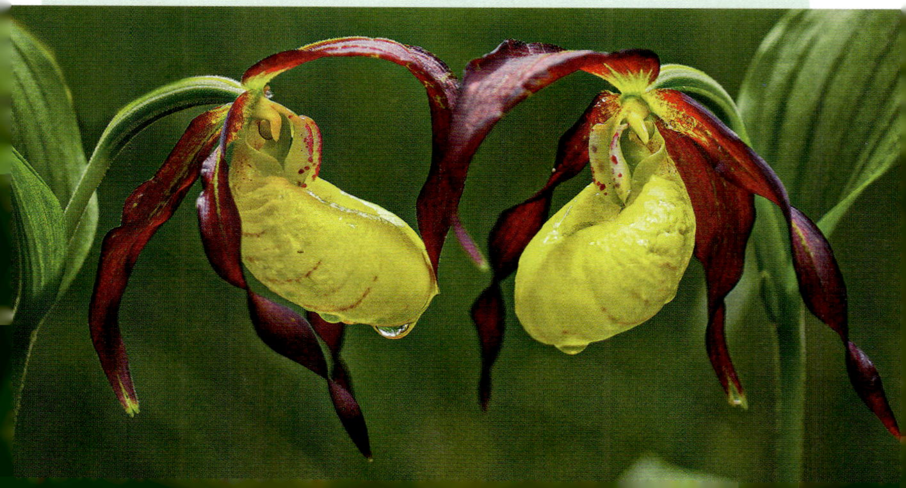

Wir gehen zurück zum Wehr, halten uns rechts und bleiben nun bis zum Dörfchen Aumühle auf dem asphaltierten Radweg am rechten Ufer des Isarkanals. Was sich nur mäßig spannend anhört, ist botanisch äußerst ergiebig. Schon nach wenigen Minuten, ungefähr in dem Bereich, wo Radweg und Kanal durch eine hölzerne Leitplanke getrennt werden, entdecken wir direkt an der Uferböschung zahlreiche äußerst stattliche Exemplare des Helm-Knabenkrauts, das leicht zu bestimmen ist: Der kegelförmige, gedrungene Blütenstand blüht von unten nach oben auf und erscheint zweifarbig. Kelch- und Kronblätter bilden einen zart rosafarbenen, geschlossenen »Helm«, aus dem die zweizipfelige, intensiv violette Lippe mit dem charakteristischen Pünktchenmuster auffällig weit herausgestreckt wird. Ein kurzes Stück weiter, in einem **Wiesenstreifen** ❺ zur Rechten, sind ebenfalls mehrere Helm-Knabenkräuter zu bewundern. Vereinzelt leuchten zur gleichen Zeit hier auch schon die sonnengelben Sterne des Wiesen-Bocksbarts *(Tragopogon pratensis)*, der an seinen halbstängelumfassenden Blättern gut zu erkennen ist. Im weiteren Verlauf der Wanderung baut sich zwischen Radweg und Kanal eine Böschung auf, die botanisch einiges zu bieten hat: verschiedene Labkraut-Arten, Gewöhnlicher Natternkopf *(Echium vulgaris)*, Echtes Barbarakraut *(Barbarea vulgaris)* und große Bestände der Kleinen Wachsblume *(Cerinthe minor)* mit ihren gelben, überhängenden Blütchen. Auch der Kleine Wiesenknopf *(Sanguisorba minor)* bevorzugt trockenen Untergrund – ganz im Gegensatz zu seinem Verwandten, dem sumpfliebenden Großen Wiesenknopf. Auffallend ist ein gelber Kreuzblütler, der stattliche Horste bildet: Das Orientalische Zackenschötchen *(Bunias orientalis)* ist quasi eine Pflanze mit Migrationshintergrund und hat sich in den letzten Jahrzehnten in Mitteleuropa ausgebreitet. Auch das nächste Nest mit Gelbem Frauenschuh ist leicht zu entdecken, befindet es sich doch in der Baumreihe zur Rechten genau unter der einzigen Birke, deren weißer Stamm uns schon von Weitem entgegenleuchtet.

Kurz vor der überdachten Holzbrücke über den Isarkanal biegen wir scharf rechts ab und gelangen so zum **Gasthaus Aumühle** ❻, wo wir einkehren oder frischen Fisch mitnehmen können. Wir verlassen die Ortschaft Aumühle auf der Hauptstraße (Wegweiser »Puppling 4 km«) und nehmen – sobald wieder offenes Gelände erreicht ist – die zweite **Abzweigung** ❼ rechter Hand. Ein Schild weist uns darauf hin, dass dieser Weg zum Schutz der Wildtiere

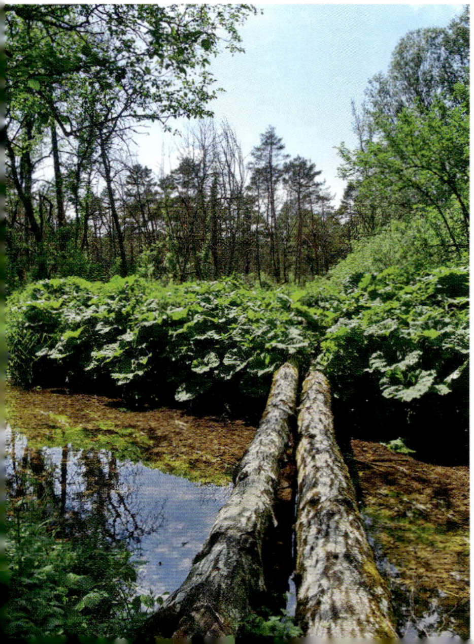

Bachüberquerung auf Baumstämmen.

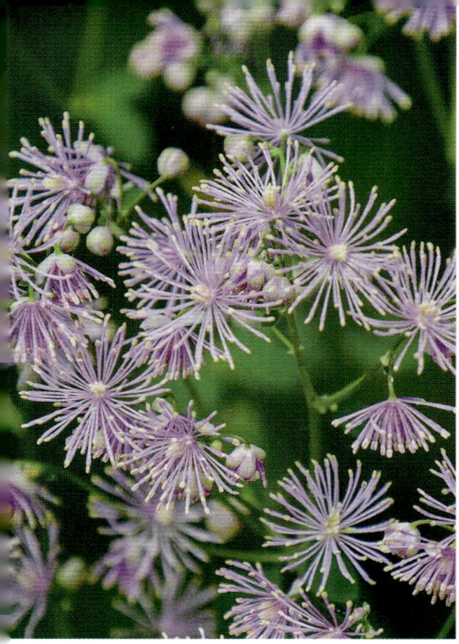

Akeleiblättrige Wiesenraute.

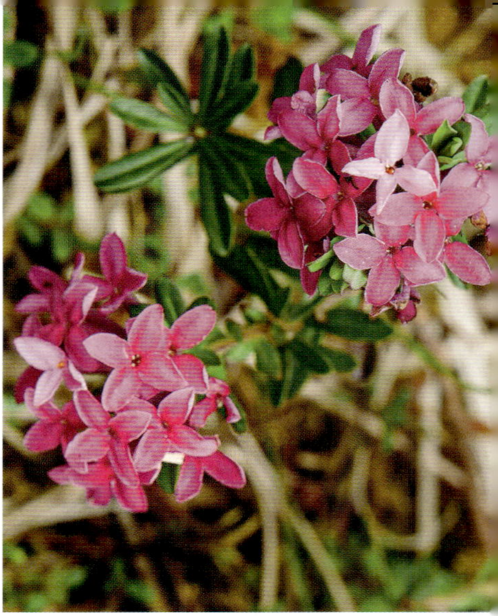

Rosmarin-Seidelbast.

nicht am Abend begangen werden darf. Auf der nun folgenden Etappe erlebt man die wunderbare Pupplinger Au mit ihren typischen, lichten Schneeheide-Kiefern-Wäldern und den sonnigen Lichtungen dazwischen in der ursprünglichsten und besterhaltenen Form. Wenige Minuten nach dem Abzweig treffen wir auf einige Exemplare des Breitblättrigen Knabenkrauts (*Dactylorhiza majalis*, s. Steckbrief S. 88), einer weiteren heimischen Orchideenart. Auf derselben Wiese begegnen wir mit dem Gewöhnlichen Fettkraut (*Pinguicula vulgaris*) sogar einer fleischfressenden Pflanze.

Unser Weg wird schnell zum schmalen Trampelpfad, der aber stets gut zu erkennen ist, auch wenn bisweilen kurze schlammige oder zugewachsene Passagen zu bewältigen sind. An einem Stacheldrahtzaun scheint der Pfad plötzlich zu enden, rechter Hand geht es aber entlang des Zauns weiter – mitten durch ein Brennnesselfeld. Wohl denen, die lange Hosen anhaben! Den Bachgraben dahinter überwinden wir mithilfe zweier quer gelegter Baumstämme. Linker Hand setzt sich unser Trampelpfad fort, auch hier müssen wir uns kurz nochmals vorsichtig durch die Brennnesseln kämpfen. Nach Einmündung eines Trampelpfads von links wird unser Weg, dem wir nach rechts folgen, schnell wieder breiter und besser begehbar. Immer wieder treffen wir auf größere Bestände von Gelbem Frauenschuh, teilweise direkt am Weg. Niedrige Schwarzwurzel *(Scorzonera humilis)*, Glattes Brillenschötchen *(Biscutella laevigata)* und Schwarzviolette Akeleien bringen zusätzliche Farbakzente. An einem quer verlaufenden Zaun stoßen wir auf eine etwas undeutliche **Gabelung 8**: Während der rechte Weg wieder zurück zum Ickinger Wehr führen würde, halten wir uns links und folgen dem zunehmend breiter werdenden Weg, bis wir wieder den bereits bekannten Radweg erreichen. Auf ihm kehren wir linker Hand zurück zum Gasthaus Aujäger in **Puppling 1**.

14 Loisachfilze

Geruhsamer Naturspaziergang am Flussufer

2.45 Std. | 11,9 km | ↗ 50 m | ↘ 50 m

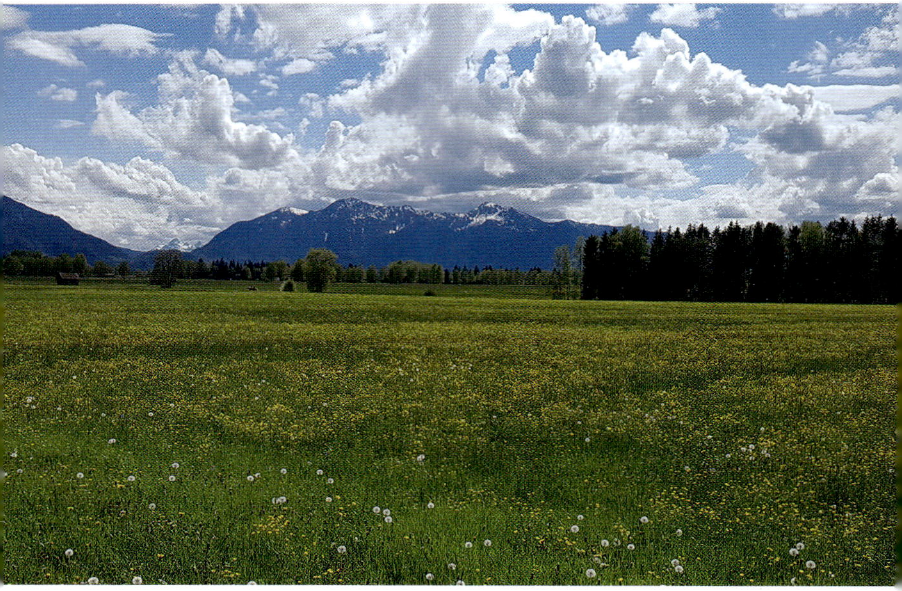

Über blühende Wiesen reicht der Blick bis zum Estergebirge.

Alpenschwemmlinge, Orchideen und Moore

Sie lieben Alpenblumen, können oder wollen aber keine mühsamen Bergtouren machen? Dann lassen Sie sich die Alpenblumen doch einfach von der Loisach mitbringen! Auf ihrem Weg von der Quelle unterhalb des Fernpasses bis zur Einmündung in die Isar bei Wolfratshausen transportiert sie (und ihre Zuflüsse) besonders zur Schneeschmelze jedes Jahr Samen und abgerissene Teile von Gebirgspflanzen (sogenannte Alpenschwemmlinge) ins Flachland. Allerdings landen nur die wenigsten der »mitgereisten« Samen oder Pflänzchen auf geeignetem, nämlich naturbelassenem und ungedüngtem Boden. Wer in den Loisachfilzen abgeladen wurde, hatte Glück und deshalb kann man dort im Frühling große Bestände von Mehl-Primeln und Großblütigem Enzian bewundern. Ergänzt werden die Alpenschwemmlinge durch sehenswerte Moor- und Uferpflanzen: So sorgen im Frühsommer zum Beispiel Tausende von Sibirischen Schwertlilien für leuchtend blaue Flussböschungen. Insgesamt eine wenig anstrengende Wanderung für Naturliebhaber, die es gerne ruhig und beschaulich mögen.

Das Wort Filz – Bestandteil vieler Orts- und Flurnamen – bezeichnet übrigens im Bayerischen ein Hochmoor, also ein ausschließlich aus Niederschlägen gespeistes Moor, ein Niedermoor wird dagegen als Moos bezeichnet.

Ausgangspunkt: Schönmühl, 598 m, zwischen Penzberg und Bichl. Anfahrt mit dem Pkw auf der A 95 bis Ausfahrt Penzberg, auf der St 2063 durch den Ort und noch ca. 1,5 km bis zum Abzweig Schönmühl; Parkplätze hinter der Kapelle und rechts vom ehemaligen Gasthaus (Navi: Kapelle Schönmühl, 82377 Penzberg; N47° 44.461' E11° 24.408'). Bus 9613 ab Penzberg Bahnhof oder Kochel Bahnhof, Bus 9591 ab Penzberg Bahnhof oder Bad Tölz Bahnhof, Haltestelle Schönmühl (nur Montag bis Freitag).
Anforderungen: Bequemer Wanderpfad ohne nennenswerte Steigung; je nach vorangegangener Witterung gegebenenfalls recht matschig. Stellenweise verläuft der Weg direkt an der Uferkante und kann unterspült oder überschwemmt sein. Von der Loisachbrücke bis zum Moorlehrpfad breiter Forstweg.
Einkehr: Keine.
Beste Jahreszeit: April bis Juni.
Variante: Wer mit öffentlichen Verkehrsmitteln angereist ist, kann ab der Loisachbrücke am gegenüberliegenden Ufer auf breitem Weg nach Bichl wandern. An einem Sackgassenschild biegt man rechts ab, an der Einmündung in den Hauptweg hingegen links. Nach Überquerung der B 472 spaziert man rechts zum Bichler Bahnhof (etwa 1.15 Std. ab Loisachbrücke).
Hinweis: Der Abschnitt jenseits der Loisachbrücke lohnt sich hauptsächlich für diejenigen, die auf dem Moorlehrpfad den Lebensraum Moor erkunden möchten.

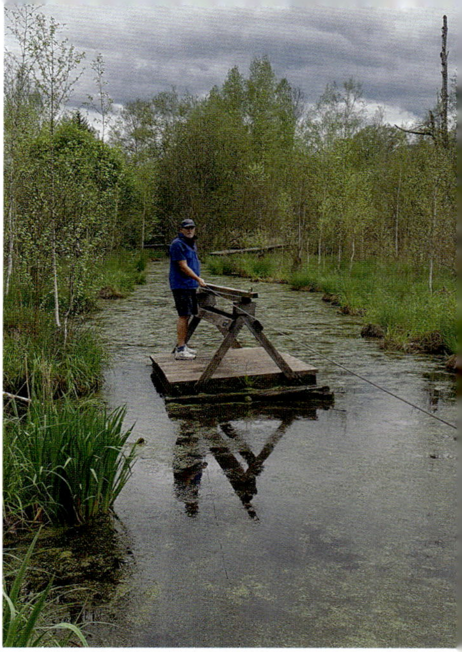

Auf »großer Fahrt« mit der Santa Maria II.

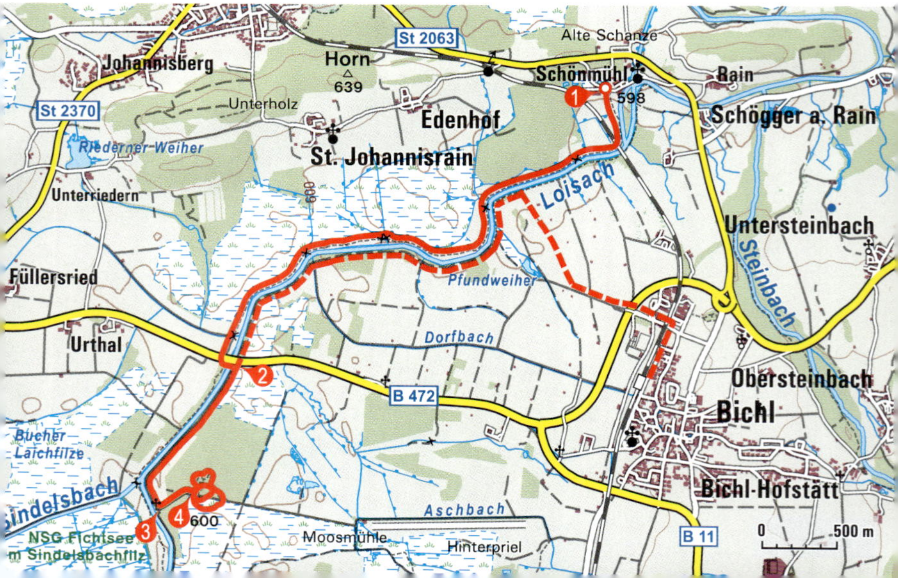

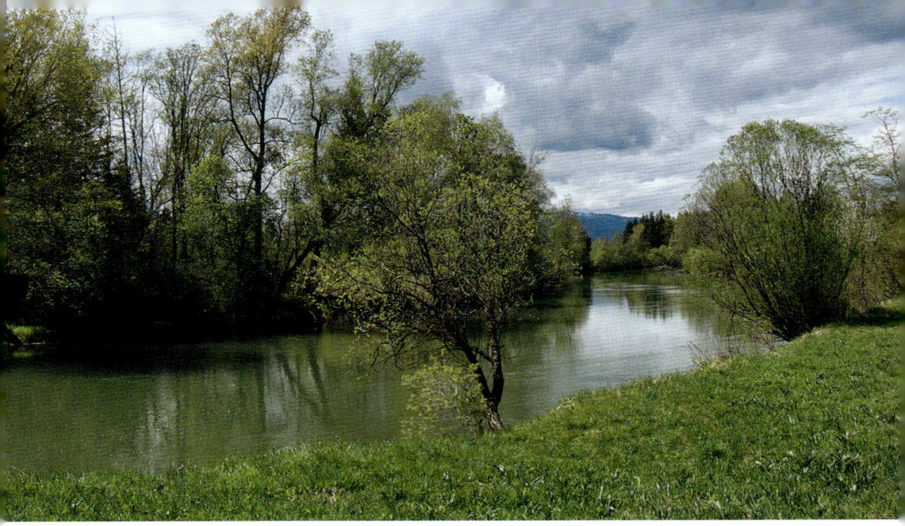

Verirren unmöglich: immer an der Loisach entlang!

Vom ehemaligen Gasthof in **Schönmühl** ❶ nehmen wir den rechts neben dem stattlichen Gebäude wegführenden Feldweg mit Fahrverbotsschild und Schranke, allerdings ohne Wegweiser. Er führt zunächst an einem mit entzückenden Wald-Goldsternchen *(Gagea lutea)* bestückten Nebenarm der Loisach entlang, bevor nach wenigen Minuten der Hauptfluss dazukommt. Dieser gibt nun für einen Großteil der Wanderung die Route vor. Nach einer Bahnunterführung tun sich rechter Hand allmählich naturbelassene, stellenweise sumpfige Wiesen auf, die man genauer in Augenschein nehmen sollte (natürlich vom Weg aus). Im Frühling findet man in nassen Senken die zartrosa, ungemein schönen Blüten des Fieberklees (*Menyanthes trifoliata*, s. Steckbrief S. 113), die rosafarbenen Blüten der Mehl-Primel *(Primula farinosa)* mit dem charakteristischen gelben Schlund und kräftig orangegelbe Sumpf-Dotterblumen *(Caltha palustris)*. An trockenen Stellen wächst das zarte Gewöhnliche Kreuzblümchen *(Polygala vulgaris)* in Blau-Weiß-Optik.

Der bisher breite Weg verjüngt sich nach einem Bachzulauf zu einem Trampelpfad, der zunächst etwas undeutlich erscheint. Man hält sich aber einfach weiterhin parallel zum Flussufer und schon bald ist der Pfad wieder gut ausgeprägt. Dort, wo sich der Weg ausnahmsweise mal ein paar Meter vom Ufer entfernt, bevölkert im Frühling der Großblütige Enzian *(Gentiana clusii)* ganze Hügel, unterbrochen von Mehl-Primeln und einer besonders schönen Orchidee, dem Helm-Knabenkraut *(Orchis militaris)*. Kelchblätter und die beiden oberen Kronblätter sind nach vorne gewölbt und bilden so zusammen

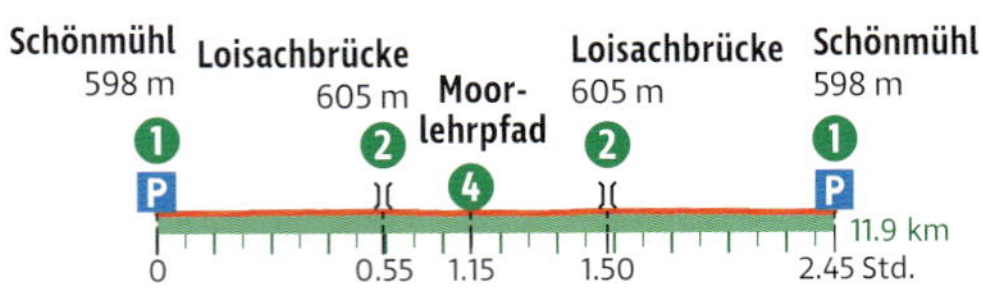

einen fast weißen Helm, während die auffällig lange, dreiteilige Lippe mit dem gespaltenen Mittellappen intensiv pink-weiß gesprenkelt ist. Das Helm-Knabenkraut zählt zu den besonders früh blühenden heimischen Orchideen und kann oft schon Anfang Mai bewundert werden. Nach einem weiteren Bachlauf fällt uns im Frühjahr ein strahlend gelber Korbblütler auf: die Niedrige Schwarzwurzel *(Scorzonera humilis)*, deren Stängel im Jungstadium filzigweiß überzogen ist.

Wer hier im Frühsommer unterwegs ist, wird zwar keine Enziane mehr finden, muss aber auf satte Blautöne keinesfalls verzichten. Dann sind beide Ufer der Loisach gesäumt von Tausenden Sibirischer Schwertlilien *(Iris sibirica)* mit spektakulärer weißblauer Aderung auf den Hängeblättern. Sie schätzen nasse Standorte, besonders die periodischen Überschwemmungen, wie sie die Loisachfilze bieten. Für die sonnengelben Korbblüten sorgt dann der prächtige Wiesen-Bocksbart *(Tragopogon pratensis)* und die Orchideen werden vom Breitblättrigen Knabenkraut (*Dactylorhiza majalis*, s. Steckbrief S. 88), von der schlanken Mücken-Händelwurz (*Gymnadenia conopsea*, s. Steckbrief S. 222) und dem eher unauffällig grünen Großen Zweiblatt *(Neottia ovata)* mehr als würdig vertreten. Statt des winzigen Gewöhnlichen Kreuzblümchens tritt nun das deutlich größere, rotviolette Schopf-Kreuzblümchen *(Polygala comosa)* auf, dessen Blütenstand von unten nach oben kegelförmig aufblüht. Besonders erwähnenswert ist die mit dem Gewöhnlichen Hornklee verwandte hellgelbe Spargelschote *(Lotus maritimus)*, ein typischer Schmetterlingsblütler. Sie ist in Deutschland – außer im Alpenvorland – nur noch selten zu finden und entsprechend als gefährdet eingestuft. Ebenfalls im Frühsommer zeigt sich an nassen Stellen das straff aufrechte, bis zu 40 cm hohe Sumpf-Läusekraut (*Pedicularis palustris*, s. Steckbrief S. 124) mit lockerem, pinkfarbenem Blütenstand.

Helm-Knabenkraut.

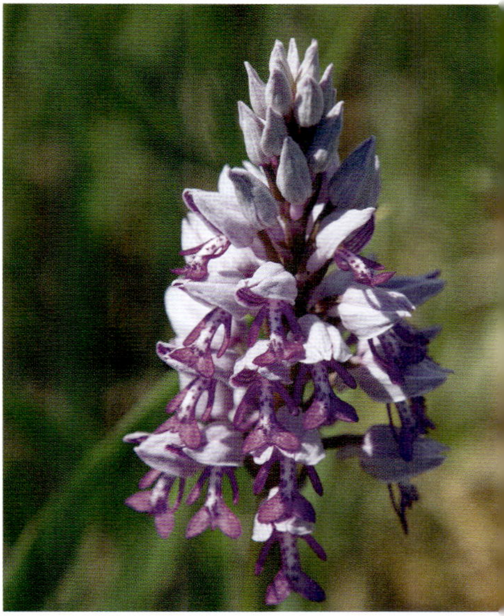

Schopf-Kreuzblümchen.

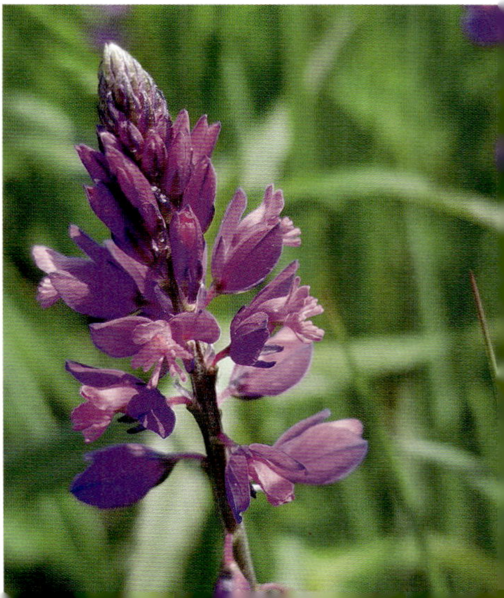

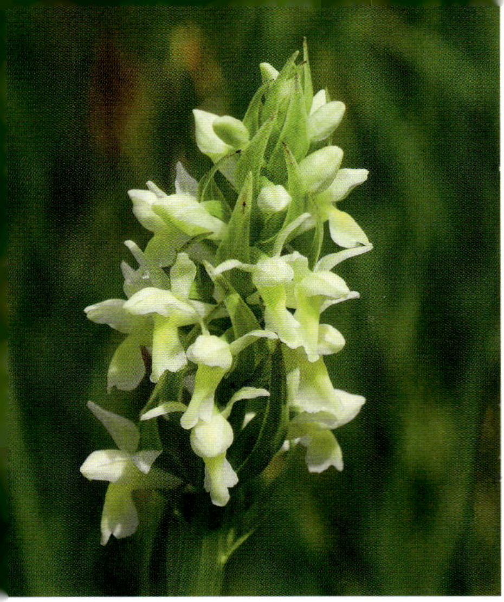

Wer ab Ende Mai an den Übergängen von nassen zu trockeneren Wiesen das Strohgelbe Knabenkraut *(Dactylorhiza ochroleuca)* findet, darf sich mit Fug und Recht botanisches Glückskind nennen: Die ausgesprochen prachtvolle Orchidee verfügt über einen stattlichen Blütenstand aus bis zu 80 pastellgelben Einzelblüten ohne Schleifenzeichnung, aber mit intensiv gelb gefärbtem Zentrum. Sie ist ein spezialisierter Bewohner der eiszeitlichen Moore und entsprechend in ihrem Lebensraum stark gefährdet.

Strohgelbes Knabenkraut.

Sumpf-Läusekraut *(Pedicularis palustris)*

Familie: *Sommerwurzgewächse (Orobanchaceae)*
Standort: *Moore, Feuchtwiesen, Uferbereiche; bis 1700 m*
Blütezeit: *Juni bis Juli*
Charakteristik: *Bis 40 cm hoch, straff aufrecht, wenige, nach oben gerichtete Seitentriebe. Stängel kahl und hohl. Laubblätter gegenständig, filigran gefiedert, oft rötlich-braun überlaufen. Blüten rosafarben, locker in Blatt- oder Triebachseln angeordnet. Blütenoberlippe mit nur kurzem Schnabel und seitlichen Zähnchen; Unterlippe dreiteilig, meist heller gefärbt. Nur kräftige Insekten (meist Hummeln) können den Eingang zur Kronröhre aufdrücken und an den Nektar gelangen (schwächere Insekten behelfen sich ab und zu durch Aufbeißen der Blüte von außen).*

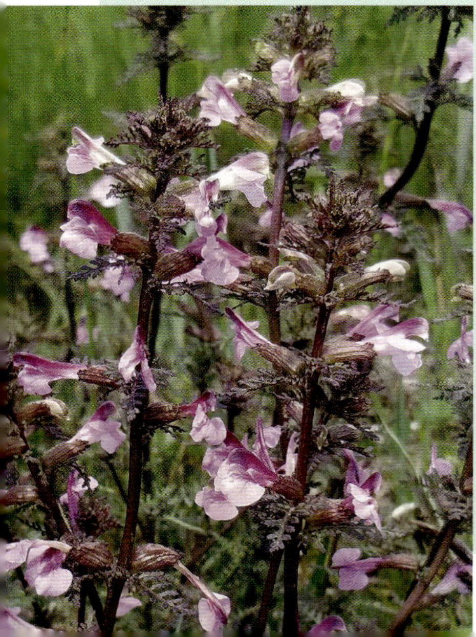

Status: *Stark gefährdet und nach BNatSchG besonders geschützt. Nach T-NV ungeschützt.*
Verwandtschaft: *Mehrere, vornehmlich auf Bergwiesen anzutreffende Läusekraut-Arten (z. B. die braunrot bis pink blühenden Arten Kopfiges Läusekraut, Quirlblättriges Läusekraut und Gestutztes Läusekraut sowie das gelbe Reichblättrige Läusekraut), Karlszepter.*
Wissenswertes: *Das Sumpf-Läusekraut ist – wie alle Läusekraut-Arten – ein Halbschmarotzer und bedient sich über Saugorgane bei seinen Wirtspflanzen (Gräser, Seggen) mit Wasser und Nährstoffen.*

Schließlich kehrt unser Weg wieder in den unmittelbaren Uferbereich zurück (Vorsicht bei hohem Wasserstand oder Unterspülung) und mündet letztlich in einen nach rechts zum Riederner Weiher führenden Spazierweg ein. Wir gehen aber geradeaus weiter und treffen wenig später auf die Unterführung der B 472 und die **Loisachbrücke ❷**. Wer auf den Moorlehrpfad verzichten will, hat hier bereits den Wendepunkt der Tour erreicht und kann entweder auf dem Hinweg oder am gegenüberliegenden Ufer (siehe Variante) zurückwandern.
Eine breite Rampe führt uns auf die Loisachbrücke hinauf und am anderen Ufer wieder hinunter. Wir halten uns links (Wegweiser »Benediktbeuern«) und folgen dem breiten Waldweg am Fluss entlang zum Loisachstadl, einer Selbstversorgerhütte des Zentrums für Umwelt und Kultur Benediktbeuern (ZUK). Geradeaus weiter erreichen wir schließlich eine Kreuzung mit großer geschnitzter **Christusfigur ❸**, die an die Straf- und Kriegsgefangenen erinnert, die in früherer Zeit bei der Arbeit im Moor ihr Leben verloren.
Hier biegen wir links ab (Wegweiser »Moosrundweg 1«) und bleiben noch etwa 300 m auf dem von Bach-Nelkenwurz *(Geum rivale)* gesäumten Hauptweg, bis linker Hand der beschilderte und mit Infotafeln versehene **Moorlehrpfad ❹** abzweigt. Moorlehrpfade gibt es ja viele, aber

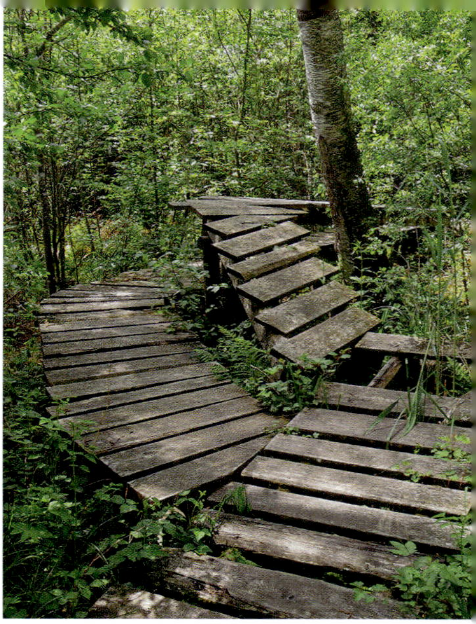

Am originellen Moorlehrpfad.

was sich das ZUK hier ausgedacht hat, ist schon besonders nett: auf Stegen, Baumstamm-Wippen und Balancestrecken kann man, ohne Schäden zu verursachen, eine kleine Runde durch das Moor drehen. Absoluter Höhepunkt ist aber ein Holzfloß mit dem etwas großspurigen Namen Santa Maria II, mit dem man sich anhand eines Stahlseils über einen Moortümpel hangeln kann. Eingerahmt von leuchtend gelben Sumpf-Schwertlilien *(Iris pseudacorus)* hat man so die seltene Gelegenheit, das Pflanzen- und Tierleben in einem Moorweiher direkt von der Oberfläche aus zu beobachten. Bitte die Santa Maria II wieder ordentlich einparken, bevor man sich zurück zur **Loisachbrücke ❷** begibt und von dort auf dem bekannten Weg nach **Schönmühl ❶** zurückwandert bzw. sich auf der anderen Loisachseite zum Bahnhof in Bichl begibt (Variante).

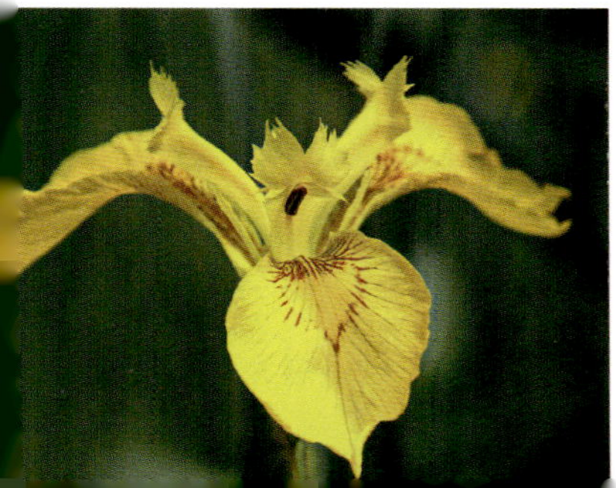

Sumpf-Schwertlilie.

15 Rabenkopf, 1555 m

Über der Jachenau: Schluchten, Gumpen und ein Aussichtsgipfel

6.00 Std. | 15,8 km | ↗800 m | ↘800 m

Durch die Seidelbast-Alleen an Rappin- und Staffelbach

Es gibt sicher kürzere Wege zum Rabenkopf als die Zustiege aus der Jachenau, aber ganz bestimmt keine schöneren! Dank südseitiger Ausrichtung hält sich der Schnee hier nicht lange und man kann eine Besteigung meist schon im zeitigen Frühjahr anpacken. Mit etwas Glück erwischt man dann auch das richtige Zeitfenster, wenn blühende Seidelbast-Sträucher die Rappinschlucht und ihr Pendant am Staffelbach in intensives Pink tauchen. Wer eher auf Sonnengelb steht, kann sich an den Fels-Aurikeln erfreuen, die ebenfalls in großer Zahl die Felshänge der Klammen besiedeln! Bis in den Frühsommer hinein ändert sich der komplette Bewuchs ständig – sehenswert, farbenfroh und prachtvoll ist er immer.

Schon allein die landschaftlich beeindruckenden Täler des Rappin- und Staffelbachs mit ihren Klammen, Kaskaden und Gumpen sind eine Tour wert. Wenn man oberdrein noch einen aussichtsreichen, unschwierigen Gipfel als Zugabe bekommt – was will man mehr?

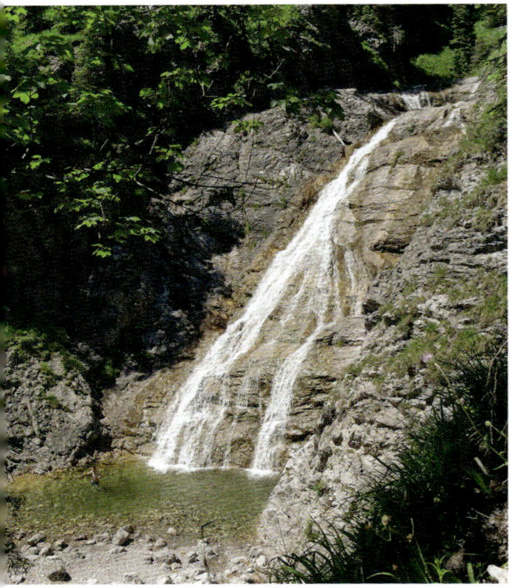

Gelegenheit zum Füße-Kühle.

Ausgangspunkt: Jachenau, 778 m. Anfahrt mit dem Pkw auf der B 13 über Bad Tölz nach Lenggries, dann abbiegen auf die St 2072 und 15 km bis zur Ortschaft Jachenau; großer Wanderparkplatz unterhalb der Kirche (Navi: Wanderparkplatz Jachenau, 83676 Jachenau; N47° 36.390' E11° 25.984'). Von Lenggries Bahnhof mit Bus 9595 bis zur Haltestelle Jachenau-Post (am Wochenende ist die Zeit bis zur Rückfahrt zu kurz für die komplette Tour).

Anforderungen: Größtenteils Forstwege und gut angelegte Bergwege in gutmütigem Wald- und Wiesengelände. In der Rappinschlucht verläuft der schmale Steig direkt am Schluchtrand, hier sind Trittsicherheit und Schwindelfreiheit notwendig – dieses Teilstück keinesfalls bei Vereisung oder Schneeresten begehen! Streckenlänge insgesamt nicht unterschätzen!

Einkehr: Staffelalm (Mai bis Oktober geöffnet, Montag Ruhetag), Gastronomie in Jachenau.

Beste Jahreszeit: April bis Juni.

Variante: Wer ein Stück mit dem Fahrrad zurücklegen möchte, startet 500 m weiter östlich an der St 2072. Dort beginnt ein breiter Forstweg, dem man, an der Berglalm vorbei, bis zum Abzweig der Rappinschlucht folgt.

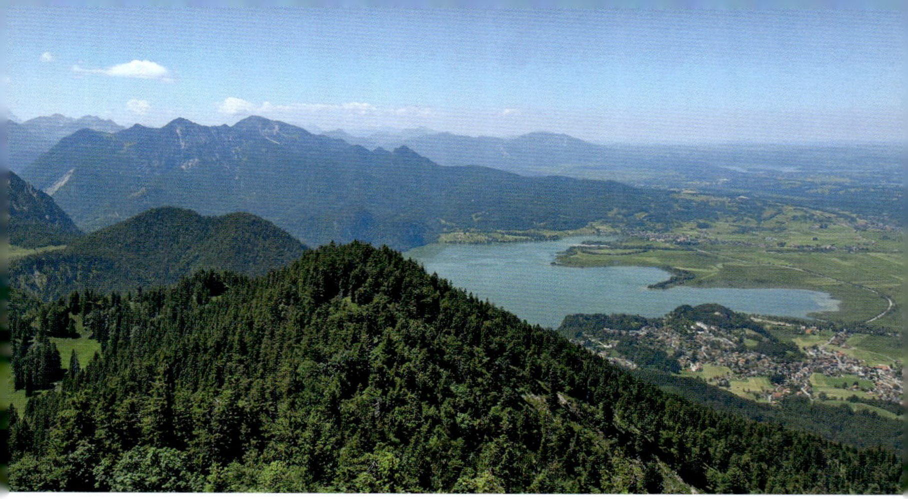

Gipfelblick mit Kochelsee und Estergebirge.

Am großen Wanderparkplatz unterhalb der Kirche in **Jachenau ❶** überqueren wir am Schilderbaum die Metallbrücke und betreten einen gepflegten Wanderweg, der in der linken Hangflanke oberhalb der Großen Laine verläuft. Gleich auf den ersten Metern empfängt uns die typische Frühblüher-Fraktion: Busch-Windröschen *(Anemone nemorosa)*, Huflattich *(Tussilago farfara)*, Leberblümchen *(Hepatica nobilis)*, Zwergbuchs *(Polygala chamaebuxus)* und Hohe Schlüsselblumen *(Primula elatior)*. An sonnigeren Stellen machen sich bereits die Berg-Flockenblumen *(Cyanus montanus)* blühfertig, die besonders schattigen Passagen haben Wald-Bingelkraut *(Mercurialis perennis)* und Wald-Sauerklee *(Oxalis acetosella)* meist für sich. Im abgefallenen Baumlaub des Vorjahrs hat sich eine seltsame Pflanze in kleidsamem Schweinchenrosa gemütlich eingerichtet: Die Blüten der Gewöhnlichen Schuppenwurz *(Lathraea squamaria)* bilden einseitswendige, meist etwas gebogene Trauben, die Einzelblüten sind dabei von schuppigen Tragblättern verdeckt. Die bis zu 20 cm hohe Schuppenwurz hat keinerlei grüne Pflanzenteile, sondern zapft als Vollschmarotzer die Wasserleitungen ihrer Wirtspflanzen (meist Buchen, Haselsträucher oder Erlen) an. Nur im Frühling, wenn die Wasserleitungen vorübergehend auch Zucker enthalten, kann die Schuppenwurz wachsen, im Sommer ist sie wieder vom Erdboden verschwunden und überlebt in unterirdischen Rhizomen.

Unser hübscher Weg mündet in einen quer laufenden Forstweg, dem wir nach rechts folgen. Sumpf-Dotterblume *(Caltha palustris)* und Hohe Schlüsselblume zeigen rund um ein Holzhüttchen den nassen Boden an. Nach wenigen Minuten setzt sich an einer beschilderten Gabelung unser Waldweg rechter Hand fort. Nahezu ohne Steigung schlängelt er sich durch schönen Wald. Auf einer Metallbrücke überqueren wir das wilde Bachbett der Großen Laine und stoßen bald darauf auf den **Fahrweg ❷** zur Staffelalm, dem wir nach links folgen. Am Bachufer begleiten uns nun die nässeliebende Weiße Pestwurz und die rötlich blühende Alpen-Pestwurz (*Petasites albus* bzw. *P. paradoxus*, s. Steckbrief S. 105).

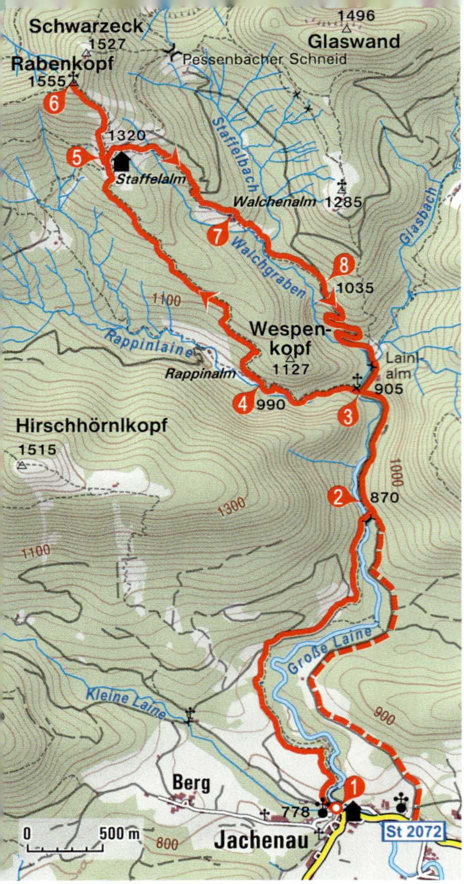

Die **Abzweigung** 3 zur Rappinschlucht wird von einem Wegweiser und einem großen Findling mit Gedenkkreuzen markiert. In seinen Ritzen wachsen bereits die ersten Fels-Aurikeln *(Primula auricula)* – übrigens die einzigen Vertreter der Gattung Primel mit glatten, fleischigen Blättern und somit leicht von Schlüsselblumen (runzelige Blätter) zu unterscheiden. Wir überqueren die Brücke und lassen uns von dem schmalen, aber unschwierigen Steiglein in die rechte Flanke der Rappinschlucht führen. Wer das richtige Zeitfenster erwischt hat, wandelt hier links und rechts durch ausgesprochen stattliche Seidelbast-Sträucher (*Daphne mezereum*, s. Steckbrief S. 129) – die reinste Seidelbast-Allee! Neben Fels-Aurikeln bewachsen zudem der Dreiblättrige Baldrian *(Valeriana tripteris)*, große Horste der Schneeheide *(Erica carnea)* und die entzückenden weißen Blütchen des Alpen-Fettkrauts (*Pinguicula alpina*, s. Steckbrief S. 43) die Felswände zur Rechten. Wer eher im Frühsommer in der Schlucht unterwegs ist, trifft innerhalb weniger Gehminuten einen ungemein artenreichen Mix bunter Gebirgspflanzen. Hier eine kleine und ganz sicher unvollständige Auswahl: Berg-Flockenblumen, Fuchs' Knabenkraut *(Dactylorhiza fuchsii)*, Weiße Schwalbenwurz (*Vincetoxicum hirundinaria*, s. Steckbrief S. 75), Weiße Waldhyazinthen *(Platanthera bifolia)*, Mücken-Händelwurz (*Gymnadenia conopsea*, s. Steckbrief S. 222), Schwarzviolette Akeleien (*Aquilegia atrata*, s. Steckbrief S. 186), Wolfs-Eisenhut *(Aconitum lycoctonum)*, Rindsaugen *(Buphthalmum salicifolium)*, blaue Kugel- und weiße Ährige Teufelskrallen (*Phyteu-*

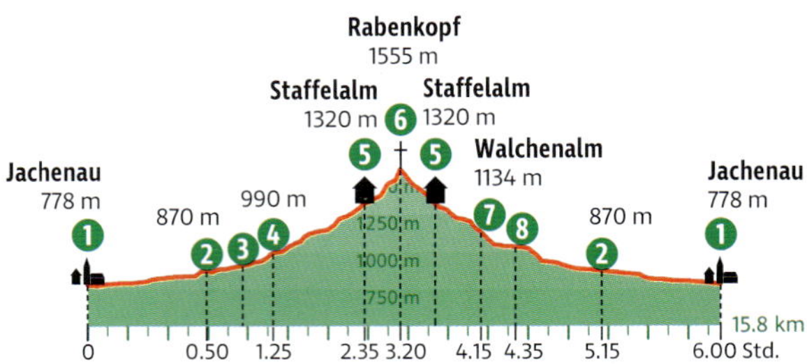

Gewöhnlicher Seidelbast *(Daphne mezereum)*
Familie: *Seidelbastgewächs (Thymelaeaceae)*
Alias: *Echter Seidelbast, Kellerhals*
Standort: *Auwälder, Laub- und Mischwälder (bevorzugt mit Buchen oder Eichen) mit nährstoffreichen, kalkhaltigen Böden; bis 2000 m*
Blütezeit: *Februar bis April*
Charakteristik: *Bis 1,5 m hoch; aufrechter, sommergrüner Strauch. Blüten intensiv rosafarben, erscheinen vor den Blättern, wachsen ohne Stiel direkt aus dem holzigen Stämmchen (Kauliflorie). Einzelblüten ohne Kronblätter, vier verwachsene Kelchblätter übernehmen Schau- und Lockfunktion; Blütenröhre lang und seidig behaart. Laubblätter entwickeln sich erst nach der Blüte an den Zweigspitzen; lanzettlich, Oberseite hellgrün, Unterseite graugrün. Leuchtend rote, beerenartige Früchte im Spätsommer.*
Status: *Ungefährdet, trotzdem nach BNatSchG besonders geschützt. Nach T-NV geschützt.*
Verwandtschaft: *Rosmarin-Seidelbast, Steinröschen (= Gestreifter Seidelbast)*
Wissenswertes: *Aufgrund der frühen Blütezeit ist der Seidelbast eine wichtige Nahrungsquelle für Insekten. Der Seidelbast enthält mehrere starke Giftstoffe (z. B. Mezerein und Daphnetoxin), die Übelkeit, Erbrechen, Nierenschäden, Schwindel und sogar einen Kreislaufkollaps bewirken können. Bei Hautkontakt kann es zu Blasenbildung und Entzündungen kommen. Besonders hoch konzentriert sind die Giftstoffe in den Früchten: für Erwachsene gelten 10 bis 12 Früchte als tödlich, bei Kindern bereits 4 bis 5. Einige Vogelarten scheinen gegen die Gifte immun zu sein, fressen die Früchte und tragen durch ihre Ausscheidungen zur Samenverbreitung bei.*

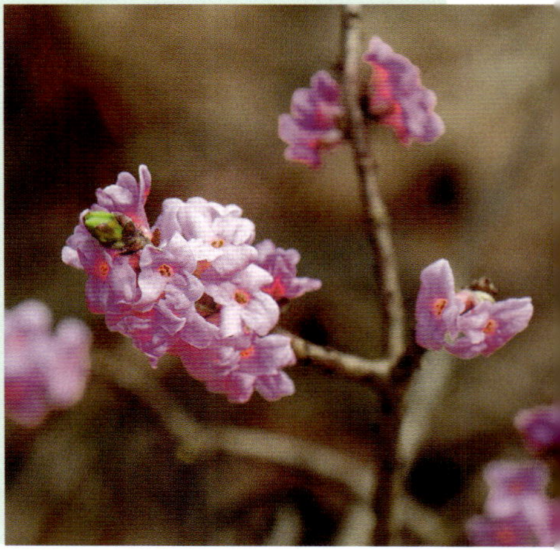

ma orbiculare bzw. *P. spicatum*) und als i-Tüpfelchen einige Türkenbund-Lilien (*Lilium martagon*, s. Steckbrief S. 179). Bitte vor dem Fotografieren einen sicheren Stand einnehmen, denn das Steiglein führt nun – stellenweise etwas exponiert – direkt an der Schluchtkante entlang.

Nach einem felsigen Eck, wo sich der Schluchtverlauf nochmals besonders fotogen präsentiert, stoßen wir etwas überraschend auf eine beschilderte Gabelung. Wir nehmen rechts den **Abzweig ❹** Richtung Staffelalm und gelangen auf einem Zickzack-Steig in gutmütiges, mittelsteiles Waldgelände. Der stattliche Gewöhnliche Seidelbast begleitet uns auch weiterhin in großer Zahl. An sonnigen Lichtungen bilden Frühlings-Enziane alias Schusternagerl *(Gentiana verna)* und Alpen-Fettkraut weiß-blaue Teppiche, auch einige Großblütige Enziane *(Gentiana clusii)* sind schon darunter. In Mulden deuten bezaubernde rosafarbene Gewöhnliche

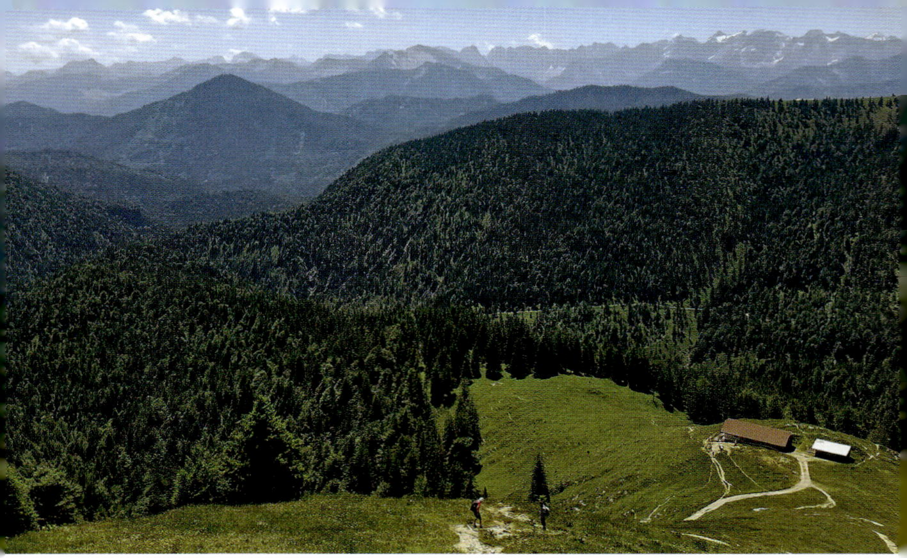

An der Staffelalm (rechts) gabeln sich An- und Abstiegsweg.

Alpenglöckchen *(Soldanella alpina)* und weiße Frühlings-Krokusse *(Crocus vernus* subsp. *albiflorus)* an, dass hier bis vor kurzem noch Schnee lag. Wir passieren die **Staffelalm ❺**, 1320 m, die den Bewirtungsbetrieb meist erst ab Mai aufnimmt, überqueren den Fahrweg und steigen geradeaus im Zickzack den freien Wiesenhang hinauf. Zwischen Zwergbuchs, Schneeheide, Frühlings-Enzian und Großblütigem Enzian fallen uns vor allem die zartblauen Nacktstängeligen Kugelblumen *(Globularia nudicaulis)* auf, deren wuschelige Blütenstände ihren Namen sehr zu Recht tragen. Später im Jahr übernehmen hier die verwandten Herzblättrigen Kugelblumen *(Globularia cordifolia)*. Auch im Frühsommer hält der Gipfelhang botanische Highlights bereit: das für eine Orchidee recht wuchtige Stattliche Knabenkraut *(Orchis mascula)*, die ebenfalls pinkfarbene Kugelorchis *(Traunsteinera globosa)*, die ihre Kugelform aber erst nach dem vollständigen Aufblühen entwickelt, und der kaum zu übersehende, gut bauchhohe Gelbe Enzian (*Gentiana lutea*, s. Steckbrief S. 148). Etwas steilere Serpentinen, teils mit Holzstufen befestigt, leiten uns schweißtreibend, aber unschwierig hinauf zum aussichtsreichen Gipfel des **Rabenkopfs ❻**, 1555 m. Nach Norden reicht der Blick weit über den Starnberger See hinweg ins Flachland, im Westen über den Kochelsee zum Estergebirge mit Herzogstand, Heimgarten und Krottenkopf. Im Süden sind die meist noch verschneiten Gipfel des Wetterstein- und Karwendelmassivs in voller Pracht aufgereiht, dazwischen spitzen bei klarer Sicht sogar ein paar Stubaier Dreitausender hervor. Der Blick nach Osten in die Tegernseer Berge wird von den markanten Gipfeln der Benediktenwand und des Guffert eingerahmt.

Auf bekanntem Weg kehren wir zur **Staffelalm ❺** zurück, wenden uns aber an der Terrasse scharf nach links (Wegweiser »Jachenau über Walchenalm«), wo ein schmales, bisweilen leicht erodiertes Steiglein die Almwiesen hinunterführt. Nach einer Bachquerung empfängt uns wieder die gewohnte Frühlingsflora. Im Frühsommer blühen hier Kugelorchis, Weiße Waldhyazinthen, Mücken-Händelwurze und Rindsaugen. An einem quer laufenden, etwas holperigen Wirtschaftsweg halten wir uns rechts und erreichen nach wenigen Minuten die unbewirtschaftete, schön gelegene **Walchenalm 7**, 1134 m.

Hinter dem Gebäude leiten uns Markierungen rechts hinunter ins Bachbett; hier haben Schmelzwasserbäche tiefe Erosionsrillen gegraben, sodass sich streckenweise mehrere Wegvarianten ausgebildet haben. Zu den intensiv blauen Enzian-Arten und den zartvioletten Kugelblumen bilden die rosafarbenen Mehl-Primeln *(Primula farinosa)* einen hübschen Kontrast. Parallel zum Walchgraben, in dem der Bach hübsche Kaskaden und Mini-Wasserfälle bildet, steigen wir kurzzeitig etwas steiler hinunter in eine Senke, wo Walchgraben und Staffelbach zusammenkommen. Umgeben von Scharen sonnengelber Fels-Aurikeln sind die glasklaren Gumpen und Kaskaden ein absolut idyllischer Platz für eine zweite Brotzeit oder ein erfrischendes Fußbad.

Über einen Holzsteg verlassen wir den Bachgraben und wandern auf einem schmalen, aber problemlosen Steig oberhalb des Staffelbachs talauswärts. Immer tiefer gräbt sich der Bach klammartig ein und bildet so das Gegenstück zur Rappinschlucht beim Aufstieg – Seidelbast-Allee inklusive! Auch der farben- und artenreiche Frühsommer-Bewuchs aus der Rappinschlucht ist wieder vollständig vertreten, die I-Tüpfelchen bilden aber diesmal das strahlend weiße Schwertblättrige Waldvögelein *(Cephalanthera longifolia)*, die äußerst filigrane Ästige Graslilie *(Anthericum ramosum)* und einige Horste von Gelbem Frauenschuh (*Cypripedium calceolus*, s. Steckbrief S. 117). Mit schönen Tiefblicken in die Klamm und auf einen stattlichen Wasserfall wandern wir in der Hangflanke talauswärts. Gerade wenn man sich fragt, wie angesichts der immer enger und wilder werdenden Schlucht wohl der weitere Wegverlauf sein mag, trifft man völlig unvermittelt auf einen **Fahrweg 8**.

Wir folgen diesem nach rechts durch einige Kehren hinunter zur Lainl-Alm. Ein kurzer, ausgeschilderter Abstecher führt von hier zu einem Wasserfall, einem besonders idyllischen Pausen- und Badeplatz. Wenige Minuten nach der Lainl-Alm schließt sich der Kreis an der bekannten **Abzweigung 3** zur Rappinschlucht. Der weitere Abstieg in die **Jachenau 1** erfolgt auf dem Anstiegsweg.

Dreiblättriger Baldrian.

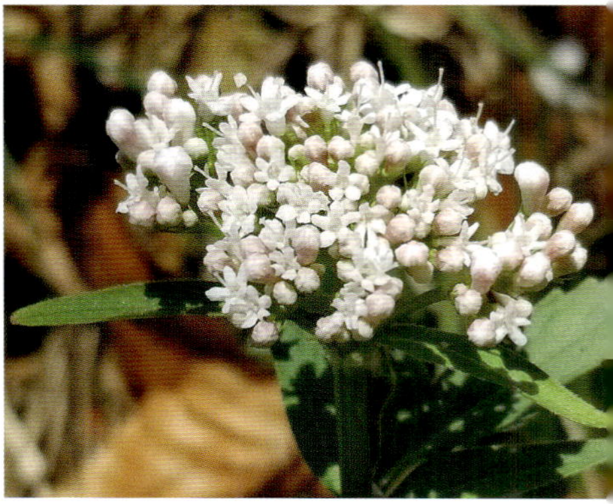

Nacktstängelige Kugelblume.

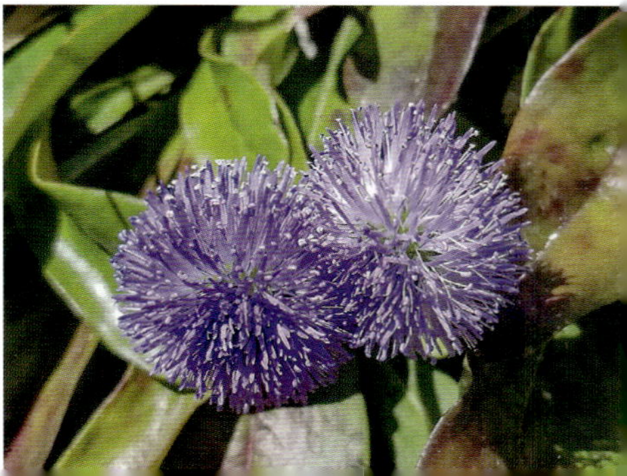

16 Isartal und Rißsattel

Kanada-Feeling an der Isar

TOP | 6.45 Std. | 20,4 km | ↗ 550 m | ↘ 550 m

Orchideen am wilden Fluss

Westlich des Sylvenstein-Stausees darf sich die Isar noch wie ein Wildfluss benehmen: Sie häuft Sandbänke und Inseln auf, bildet Seitenarme, ja sogar ganze türkisfarbene Deltas und wirft das Ganze spätestens beim nächsten Hochwasser wieder über den Haufen. Der Rißbach hingegen wurde schon in den 1970er-Jahren in einem nur bedingt umweltverträglichen Projekt gebändigt: Statt sich wie einst bei Vorderriß in die Isar zu ergießen, wird er in einem 7 km langen Stollen dem Walchensee zugeführt, als Wasserreserve für das dortige Kraftwerk; oberirdisch bleiben nur ein breiter Schwemmkegel und einige Rinnsale. Trotzdem ist die Flusslandschaft an der Einmündung des Rißtals in das Isartal höchst spektakulär und sehenswert, wird sie doch zusätzlich noch von den teils bewaldeten, teils felsigen Gipfeln des Karwendels eingerahmt. Einen Versuch wäre es wert: Machen Sie ein Foto und verschicken Sie es mit Urlaubsgrüßen aus Kanada! Nicht umsonst wird die Wildflusslandschaft Isartal vom Bayerischen Landesamt für Umwelt auf der Liste der schönsten Geotope Bayerns geführt.

Die drei hier beschriebenen Teiletappen mit Anfangs- und Endpunkt jeweils in Vorderriß können nahezu beliebig kombiniert werden: Vom einstündigen, ebenen Spaziergang bis zum tagfüllenden Programm können sich alle das Passende aussuchen.

Botanisch steht das Isarufer ganz im Zeichen der Orchideen, von denen sich ganz verschiedene Arten in jeweils ungewöhnlich großer Stückzahl und prachtvoller Größe angesiedelt haben.

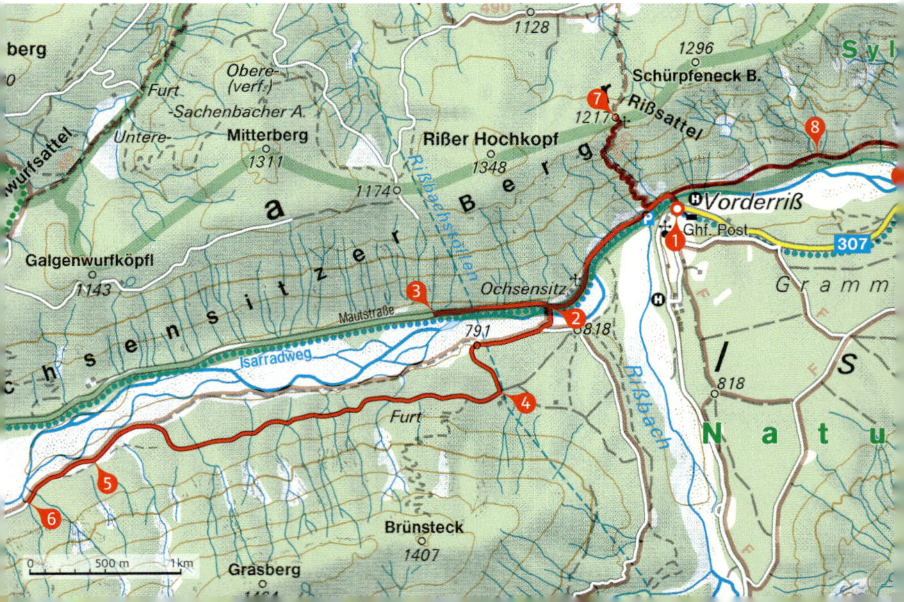

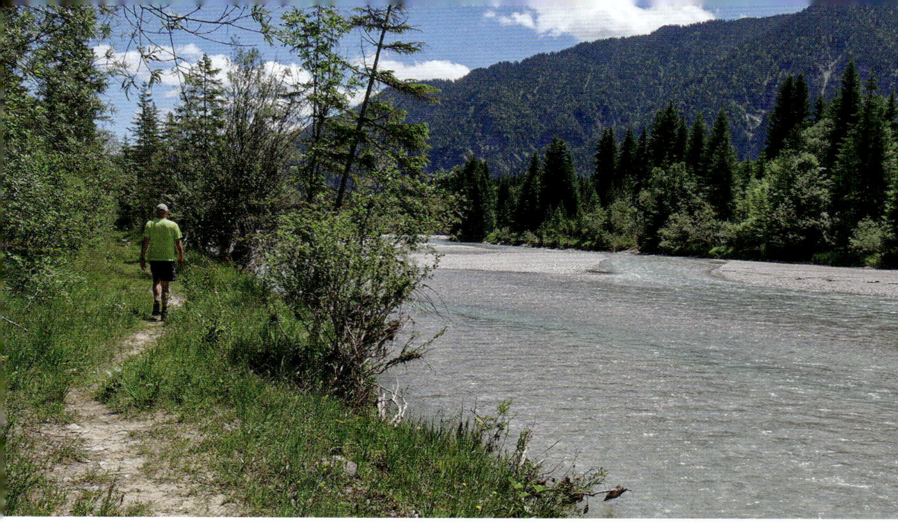

Idyllischer geht es kaum als auf Teiletappe 3 entlang der Isar.

Ausgangspunkt: Vorderriß, Gasthof Post, 783 m. Anfahrt mit dem Pkw auf der B 13 über Bad Tölz und Lenggries zum Sylvensteinspeicher, dann auf der B 307 über Fall nach Vorderriß; viele Parkbuchten am Ortsende (Navi: Vorderriß 5, 83661 Lenggries; N47° 33.549' E11° 26.148'). Bergsteigerbus 9569 ab Lenggries Bhf.

Anforderungen: 1) Von Vorderriß entlang der Isar nach Westen: durchwegs breite Teer- bzw. Forstwege, nur sanfte Höhenunterschiede (auch radtauglich).
2) Aufstieg zum Rißsattel: unzählige, steile Kehren; nicht schwierig, aber schweißtreibend, bei Nässe unangenehm.
3) Von Vorderiß nach Osten: bis zum Wasserfall einfacher, schmaler Weg, danach etwas ausgesetzt in der Steilflanke verlaufend.

Einkehr: Gasthof Post in Vorderriß mit Biergarten (ganzjährig geöffnet, Montag und Dienstag Ruhetag, post-vorderriss.de).

Beste Jahreszeit: Juni bis Juli.

Varianten: Die beschriebenen Teiletappen, alle vom Gasthof Post in Vorderriß aus, sind nahezu beliebig kombinierbar, abkürzbar oder ausbaubar. Wer sich auf breiten Forstwegen am wohlsten fühlt (oder das Rad dabeihat), hält sich an den Westteil der Tour. Wer keine mühsamen Anstiege mag, lässt den Aufstieg zum Rißsattel weg. Liebhaber kleiner Steige mit Wasserzugang haben am Ostteil die größte Freude. Für alle drei Teiletappen wurden schöne Aussichtspunkte als Umkehrstellen gewählt, jede Teiletappe kann aber auch darüber hinaus fortgesetzt werden.

Hinweis: Zum Schutz seltener Vögel und ihrer Gelege ist das südliche Flussufer von März bis August generell mit einem Betretungsverbot belegt, am Nordufer gilt es punktuell (je nach Ausschilderung).

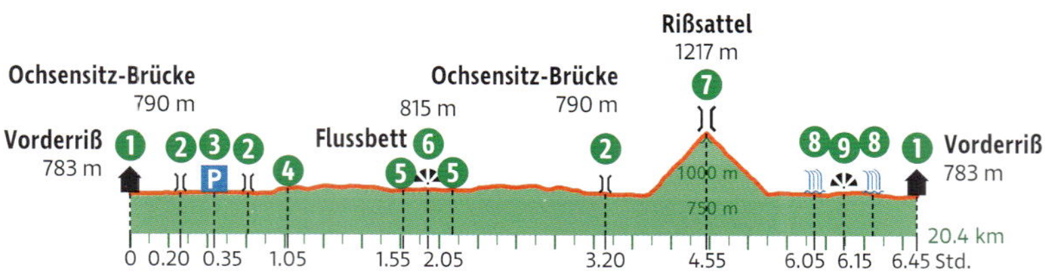

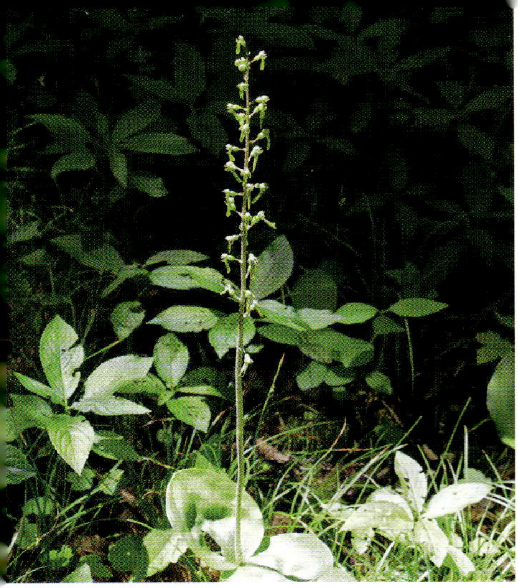

Großes Zweiblatt.

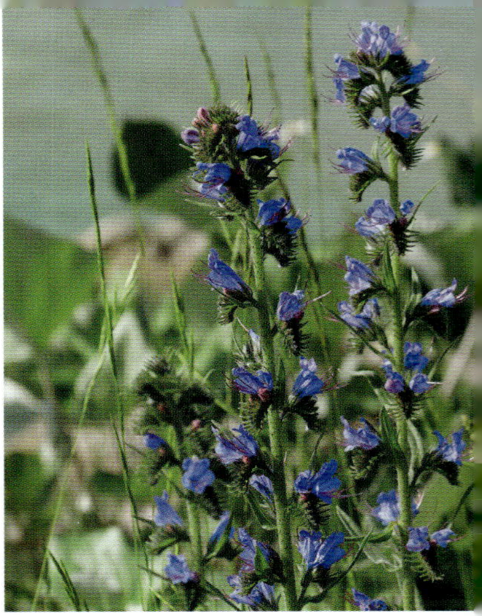

Gewöhnlicher Natternkopf.

1) Im Isartal nach Westen: Wir überqueren die Brücke vor dem Gasthof Post in **Vorderriß ❶** und biegen links ab. Hinter dem Mauthäuschen gibt für einen guten Kilometer das geteerte Fahrsträßchen die Route am Isarufer vor. Die Böschung zur Rechten ist botanisch aber alles andere als langweilig: neben Kugel-Teufelskrallen *(Phyteuma orbiculare)*, Skabiosen-Flockenblumen *(Centaurea scabiosa)*, sonnengelbem Wiesen-Bocksbart *(Tragopogon pratensis)* und den zerbrechlich wirkenden, wunderschönen Ästigen Graslilien *(Anthericum ramosum)* sind hier schon einige Orchideen-Arten vertreten, so z. B. das Schwertblättrige Waldvögelein *(Cephalanthera longifolia)* in strahlendem Weiß, die filigrane Weiße Waldhyazinthe *(Platanthera bifolia)*, rosafarbene, schlanke Mücken-Händelwurze (*Gymnadenia conopsea*, s. Steckbrief S. 222) und das eher etwas unauffälligere Große Zweiblatt *(Neottia ovata)* mit seinen winzigen, grünbraunen Blüten. Im Hochsommer werden hier auch zahlreiche Exemplare der prachtvollen Braunroten Ständelwurz *(Epipactis atrorubens)* in voller Blüte zu bewundern sein. Gegenüber, im trockenen Uferschotter, wachsen Rindsaugen *(Buphthalmum salicifolium)* und der blau-rosa Gewöhnliche Natternkopf *(Echium vulgaris)*. Das Weidegelände unterhalb des Anwesens Ochsensitz kann man dagegen zügig durchqueren und gelangt kurz darauf zur **Ochsensitz-Brücke ❷**.
Es lohnt sich, noch etwa 800 m auf dem Mautsträßchen zu bleiben und hinter den beiden quadratischen weißen Gebäuden des Wasserwirtschaftsamts einen ausgewiesenen **Parkplatz ❸** am linken Fahrbahnrand anzusteuern. Die dort links wegführenden Trampelpfade sind eine der wenigen Möglichkeiten, den unmittelbaren Uferbereich zu betreten, ohne die Naturschutzauflagen (siehe Hinweis) zu verletzen. Und botanisch lohnt sich der kleine Abstecher allemal: eine ganze Oase voller stattlicher Mücken-Händelwurze, schlankem Fuchs' Knabenkraut *(Dactylorhiza fuchsii)* und – sofern sich die Augen mal darauf eingestellt haben – Mengen von Fliegen-Ragwurzen (*Ophrys insectifera*, s. Steckbrief S. 135)!

Wir kehren zurück zur **Ochsensitz-Brücke ❷** und überqueren sie. Wenige Meter dahinter – auf Höhe einer Schranke – führt links ein bezauberndes Weglein durch blühende Wiesen zum Ufer – auch dieser Mini-Abstecher ist absolut hinreißend: Zwischen Sommerwurz *(Orobanche* spec.*)* und Spargelschote *(Lotus maritimus)* bitte den zarten, aber hochinteressanten Knöllchen-Knöterich (*Bistorta vivipara*, s. Steckbrief S. 81) und die hübsche, hellgelbe Kelch-Simsenlilie *(Tofieldia calyculata)* nicht übersehen. Auf breitem Kiesweg folgen wir zunächst dem Flusstal, Abzweigungen nach links dürfen ignoriert werden. Nach einer Linkskurve entfernt sich unser Weg vom Ufer und führt in einer kurzen Steigung hinauf in den Waldbereich.

Fliegen-Ragwurz *(Ophrys insectifera)*
Familie: *Orchideen (Orchidaceae)*
Standort: *Mager-, Trocken- und Halbtrockenrasen auf kalkhaltigen Böden, lichte Buchenwälder, Flachmoore und Schotterbänke von Gebirgsflüssen; bis ca. 1600 m*
Blütezeit: *Mai bis Juli*
Charakteristik: *Bis 40 cm hoch, aber äußerst zart und filigran. Blattrosette grundständig und gelblichgrün (hebt sich etwas vom dunkleren Umgebungsgrün ab). Stängel blattlos, mit locker verteilten Einzelblüten. Blüten (Größe maximal 1,8 cm) mit schmalen braunen Kronblättern und ausgeprägter Unterlippe mit Seitenlappen, eingekerbtem unteren Rand und charakteristischem grauweißen Fleck in der Mitte. Oberer Blütenteil strahlenförmig umgeben von drei gelbgrünen Kelchblättern.*
Status: *Gefährdet und nach BNatSchG besonders geschützt. Nach T-NV geschützt.*
Verwandtschaft: *Die Ragwurz-Arten, die andere Insekten nachahmen, z. B. die heimischen Hummel-, Bienen- und Spinnen-Ragwurze*
Wissenswertes: *Normalerweise ist die Beziehung Pflanze – Insekt eine Win-win-Situation. Die Pflanze wird bestäubt und kann sich fortpflanzen. Für diese »Dienstleistung« bietet sie dem Insekt Pollen, Nektar oder wenigstens einen sicheren Brut- und Schlafplatz. Ragwurze allerdings locken paarungsbereite Insektenmännchen an, indem sie mit ihren Blüten Aussehen und Duft von Insektenweibchen nachahmen. Die Männchen erledigen »im Liebesrausch« sozusagen nebenbei die Bestäubung der Blüte. Eine Gegenleistung bekommt das Insekt nicht, Ragwurze sind typische Sexualtäuschblumen.*

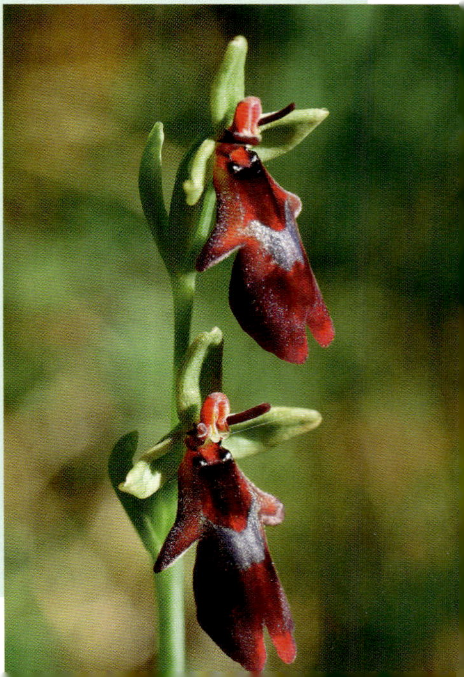

Auch an der folgenden **Gabelung ❹**, 825 m, gilt: Abzweig nach links ignorieren. Auf dem nächsten Teilstück sind uns nur wenige Ausblicke auf die Flusslandschaft vergönnt. Schwarzviolette Akeleien (*Aquilegia atrata*, s. Steckbrief S. 186), Schwertblättrige Waldvögelein, Weiße Waldhyazinthen, Mehl-Primeln *(Primula farinosa)* und Sommerwurze unterhalten uns, bis sich der Weg wieder ins Flusstal absenkt; in schattigen Waldbereichen kommt mit der beigefarbenen Vogel-Nestwurz (*Neottia nidus-avis*, s. Steckbrief S. 192) auch noch eine weitere Orchideenart dazu.

Wieder im flachen **Flussbett ❺** angekommen, sollten wir uns Zeit lassen. Auch wenn die rechte Seite streckenweise eingezäunt ist, bleibt auf dem steinigen Boden noch genügend absolut sehenswerte Botanik übrig, so z. B. der fast metallic-blau leuchtende Schlauch-Enzian *(Gentiana utriculosa)* mit den breiten, geflügelten Kelchen, die Parabolspiegel-Blüten der Weißen Silberwurze (*Dryas octopetala*, s. Steckbrief S. 167) oder Mücken-Händelwurze als fesche Albino-Varianten. Hier gelang der Autorin übrigens ein persönlicher Rekord: 20 Fliegen-Ragwurze auf ca. 2 m^2!

Wer mag, kann den Weg noch rund 600 m fortsetzen und erreicht so einen wunderbaren **Aussichtspunkt ❻** auf einer Anhöhe, wo man – direkt auf dem befestigten Prallhang sitzend – eine besonders spektakuläre Isar-Schleife zu Füßen hat. Auf dem bekannten Weg gehen wir zurück und können kurz vor dem Mauthäuschen gleich den Aufstieg zum Rißsattel anhängen.

2) Vogelperspektive am Rißsattel: Wer vom Gasthof Post in **Vorderriß ❶** kommt, überquert die Brücke, biegt links ab und findet wenige Meter nach dem Mauthäuschen den beschilderten Aufstieg zum Rißsattel. Die Beschaffenheit des sogenannten Kirchwegs ist schnell beschrieben: Wie viele Serpentinen passen in ein Minimum an Strecke? Schweißtreibend leitet Kehre um Kehre durch den Wald, abgelenkt werden wir von Maiglöckchen *(Convallaria majalis)*, ihren Verwandten, den Zweiblättrigen Schattenblümchen *(Maianthemum bifolium)*, Mücken-Händelwurzen und Weißen Waldhyazinthen. Besonders hübsch: Die zahlreichen Schwertblättrigen Waldvögelein werden im oberen Bereich von Roten Waldvögelein *(Cephalanthera*

Blick vom Rißsattel entlang des Rißbachs ins Herz des Karwendels.

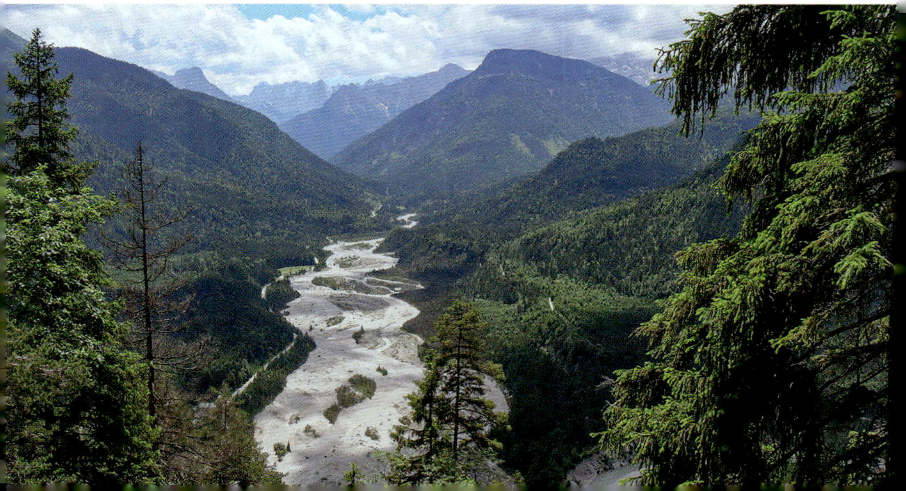

rubra) abgelöst. Die ultimative Belohnung erfolgt – wenige Meter unterhalb des eigentlichen **Rißsattels** ❼, 1217 m – in Form eines besonders schönen Aussichtspunkts mit Bank, auch Kanapee genannt. Von hier reicht der Blick über das ohnehin schon sehenswerte Isartal auch noch weit ins wilde Rißtal hinein. Auf demselben Weg gehen wir zurück bis zur Brücke über den Rißbach. Unmittelbar davor nehmen wir links den Weg entlang des Isarufers nach Osten.

3) Entlang der Isar nach Osten: Wer beim Gasthof Post in **Vorderriß** ❶ startet, überquert die Brücke und biegt direkt dahinter rechts ab. Der breite Weg scheint nach wenigen Metern an einer Felssturzzone zu enden. Bei genauerem Blick ist das bröselige Terrain aber nicht schwierig zu überwinden, dahinter empfängt uns wieder ein deutlicher und wunderschöner Weg. Er führt zunächst direkt am Flussufer entlang, mit einigen Möglichkeiten zum Füße-Kühlen in der Isar. Auch hier herrschen Fuchs' Knabenkraut, Weiße Waldhyazinthe, Sommerwurz und Wiesen-Bocksbart vor. Allmählich wendet sich unser Pfad vom Wasser weg und schlängelt sich durch einen perfekten Auwald, wie es ihn nur noch selten gibt. Dieser ist offenbar das ideale Revier für das Große Zweiblatt, das hier endlich einmal nicht übersehen werden kann, tritt es doch mit ungewöhnlich großen Exemplaren fast ein Spalier bildend zu beiden Wegseiten auf. Dichte Waldzonen wechseln sich ab mit sonnigen Lichtungen, entsprechend vielfältig ist die Botanik: Vogel-Nestwurze, Schwarzviolette Akeleien und Schwertblättrige Waldvögelein, die von ihren Verwandten, den Roten Waldvögelein, abgelöst werden. Etwas früher im Jahr wandelt man hier durch duftende Maiglöckchen-Felder, die im Spätsommer blühenden Schwalbenwurz-Enziane *(Gentiana asclepiadea)* sind auch schon zu erahnen. Vorbei an einem Jägersitz, gelangen wir zu einem Bachübergang. Das Rauschen des Wassers leitet uns wenige Meter nach links zu einem hübschen **Wasserfall** ❽ in der steilen Felswand. Wer nicht schwindelfrei ist, sollte an diesem überaus idyllischen Ort seinen Umkehrpunkt setzen.

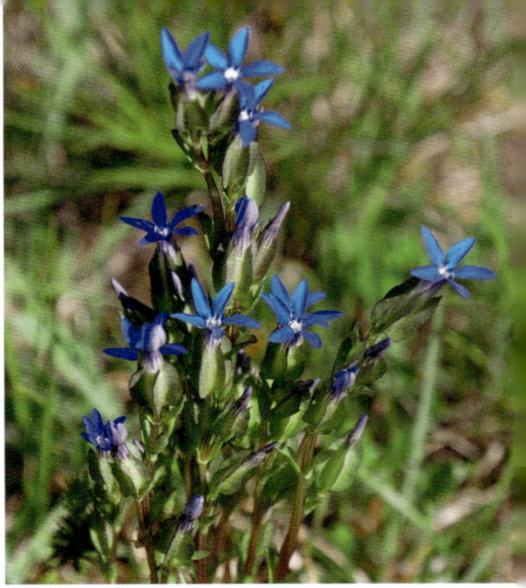

Schlauch-Enzian.

Ab jetzt führt unser Steiglein bergauf und windet sich – unschwierig, aber schmal und leicht ausgesetzt – direkt an der steil abfallenden Hangflanke entlang, reich dekoriert mit prächtigen Waldhyazinthen und Weißer Schwalbenwurz *(Vincetoxicum hirundinaria)*. Unmittelbar vor einem tief eingeschnittenen Graben (ebenfalls mit Wasserfall) gabelt sich unser Pfad; wir nehmen den rechten Ast, der wenige Meter weiter unten an einem fantastischen **Aussichtspunkt** ❾ mit Blick auf die weit verzweigten Isararme endet. Der Rückweg nach **Vorderriß** ❶ erfolgt auf dem Hinweg.

17 Torscharte, 1815 m

Im wilden Herzen des Karwendels

6.00 Std. | 14 km | ↗950 m | ↘950 m

Ganz klassisch: Edelweiß und Enzian

Bei dieser landschaftlich ungemein spannenden und selten überlaufenen Rundtour bewegt man sich quasi im Herzen des Karwendels und bekommt einen höchst imposanten Einblick in die spektakuläre, wilde Felsszenerie und die versteckten Hochtäler, die für diese Gebirgsgruppe so typisch sind. Senkrechte Felswände und schroffe Zacken vermitteln beim Anstieg nahezu Dolomiten-Feeling, ohne dass man dabei die gut angelegten Bergwege verlassen müsste. In der reichhaltigen Flora am Wegrand ist das Edelweiß der eindeutige Star und lässt sich in den Monaten August und September meist mit wenig Sucherei im Bereich der Torscharte finden. Noch mehr Edelweiß und noch mehr Aussicht gibt es beim optionalen Abstecher zum Torkopf, den man aber nur bei solider Trittsicherheit, Schwindelfreiheit und trockenen Verhältnissen anpacken sollte.

Ausgangspunkt: Hinterriß, 930 m. Anfahrt mit dem Pkw auf der B 13 über Bad Tölz und Lenggries zum Sylvensteinspeicher, dann auf der B 307 über Fall nach Vorderriß und weiter nach Hinterriß; große Wanderparkplätze am vorderen und hinteren Ortsrand (Navi: Parkplatz P2, 6215 Hinterriß; N47° 28.183' E11° 28.293'). Bergsteigerbus 9569 ab Lenggries Bhf.

Anforderungen: Forstwege und gut angelegte Bergwege ohne schwierige oder ausgesetzte Stellen. Gesamte Tour ohne Markierungen, aber Wegverlauf eindeutig und klar erkennbar. Im Anstieg und im Bereich der Torscharte ist das Gelände durch Viehtritt arg ramponiert, hier wird es bei vorangegangenen Regenfällen ausgesprochen matschig.

Einkehr: Hotel-Gasthof Post in Hinterriß (post-hinterriss.info).

Beste Jahreszeit: August bis September (Edelweiß), sonst Juni bis Oktober.

Variante: Auf den Torkopf, 2014 m: An der Torscharte auf gut erkennbaren Steigspuren nach Norden durch die Felsen, dann kurz ein paar Meter absteigen und auf Steigspuren einen steilen Wiesenhang hinauf. Eine gerade einmal fußbreite Spur leitet durch eine ausgesetzte Querung und über eine Felsstufe zum Gipfel (schwarze Tour, Schwindelfreiheit und perfekte Trittsicherheit nötig, keinesfalls bei Nässe begehen; gut 200 Hm zusätzlich).

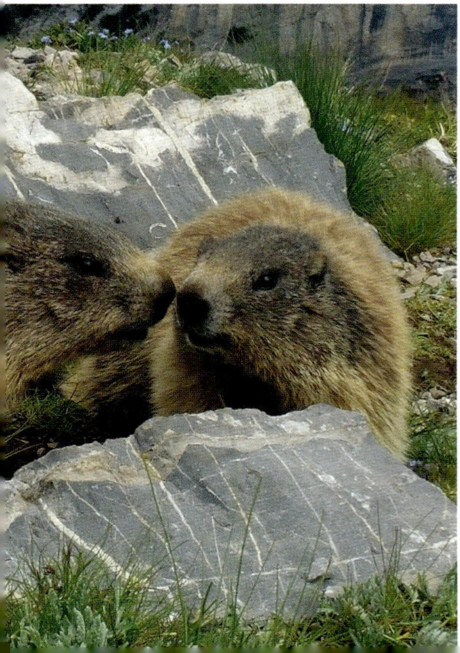

Unterhalb der Torscharte kann man oft Murmeltiere beobachten.

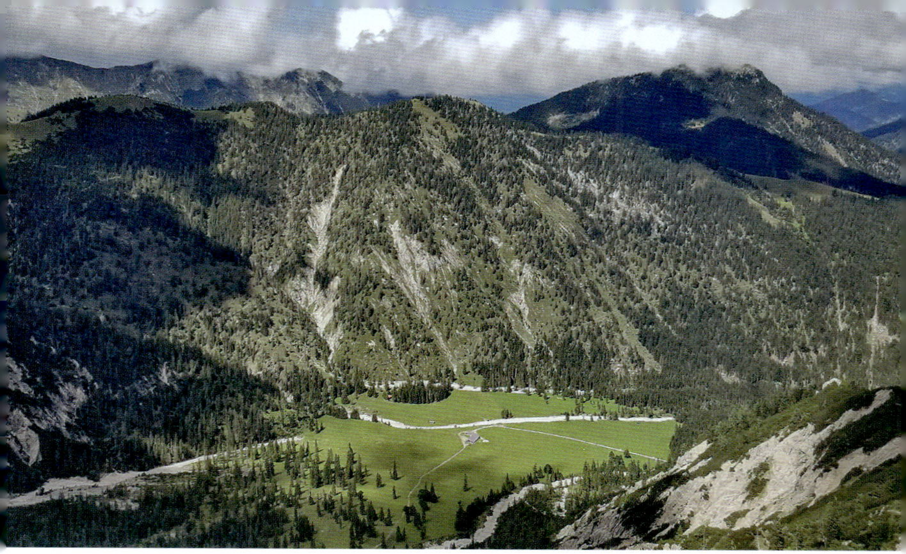

Durch die sonnigen Flächen der Rohnalm führt später unser Rückweg.

Am südlichen Ortsrand von **Hinterriß** ❶ biegen wir rechts in den breiten Forstweg ein (Wegweiser »Tortal, Torscharte«). Nahezu ohne Steigung gelangen wir zu einer Gabelung und folgen dem breiten Hauptweg nach rechts. Kahler Alpendost *(Adenostyles glabra)*, Gewöhnlicher Wasserdost *(Eupatorium cannabinum)*, Große Sterndolden *(Astrantia major)* und die mattgelben Kohl-Kratzdisteln *(Cirsium oleraceum)* blühen zu beiden Seiten des Wegs, an niedrig bewachsenen Stellen kommen das entzückende weiße Sumpf-Herzblatt *(Parnassia palustris)* und der Gewöhnliche Augentrost *(Euphrasia officinalis)* gut zur Geltung. Sehr malerisch schlängelt sich der Fahrweg am östlichen Ufer des Torbachs entlang, der sich hier eine sehenswerte Schlucht gegraben hat. An der linken Böschung entdecken wir die oft bogenförmig überhängenden Stängel des Schwalbenwurz-Enzians *(Gentiana asclepiadea)* mit den intensiv blauen, glockenförmigen Blüten. Aus der Schlucht wird allmählich ein normaler Bachlauf, sodass wir problemlos die Seite wechseln können. Einige bequeme Serpentinen gilt es noch im Wald zurückzulegen, bevor wir den **Tortalalm-Niederleger** ❷, 1152 m, erreichen. Das Sumpf-Herzblatt tritt nun in wahren Massen auf, ebenso das Hain-Greiskraut *(Senecio nemorensis)* mit den schmalen gelben Zungenblüten und den lang gezogenen, gezähnten Blättern.

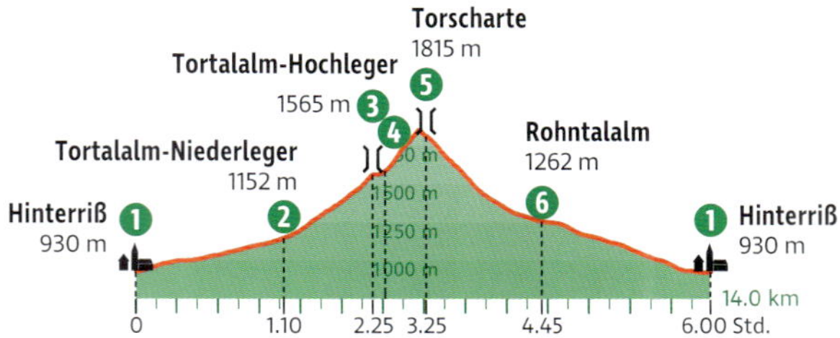

An der Hütte endet der Fahrweg. Ohne Markierung und Beschilderung, aber deutlich zu erkennen, führt ein Steig weiter taleinwärts. Zwischen Roten Lichtnelken *(Silene dioica)* blühen zwei besonders hübsche Lippenblütler in Rosa, der Alpen-Ziest *(Stachys alpina)* und der Echte Dost *(Origanum vulgare)*, übrigens die einheimische Variante von Majoran und Oregano. Auf sonnigeren Stellen haben sich auch einige der ebenfalls rosafarbenen Rauen Kranzenziane *(Gentianella aspera)* weit heruntergewagt, ihnen werden wir im weiteren Verlauf der Tour noch zahlreich begegnen.

Der immer klar erkennbare Weg wendet sich nun nach Westen und folgt dem Verlauf des tief eingeschnittenen Tortals, das sich immer weiter verengt. Höchst spektakulär begrenzen senkrechte Felswände das Tal zur Linken. Leicht ansteigend wandern wir durch Hochstaudenflure, wo wir zwei der giftigsten einheimischen Pflanzen, den Wolfs-Eisenhut *(Aconitum lycoctonum)* und den nicht minder schönen, blau blühenden Bunten Eisenhut *(Aconitum variegatum)* zum Gruppenfoto vereint direkt nebeneinander finden. Zur Wald-Witwenblume *(Knautia dipsacifolia)* und Nesselblättrigen Glockenblume *(Campanula trachelium)* gesellt sich das Ausdauernde Silberblatt *(Lunaria rediviva)* mit seinen eigenartig verdrehten, transparenten Früchten. Augen auf für eine besonders prachtvolle Orchidee am Wegrand: die stattliche Breitblättrige Ständelwurz *(Epipactis helleborine)* mit grünlich-violetten Blüten. Diese trifft man nun wirklich nicht an jeder Ecke!

Ein klein wenig weitet sich das Tal jetzt, Wald wechselt mit freien Flächen, auf denen mächtige Findlinge von früheren Felsstürzen zeugen. Direkt voraus ragt ein höchst fotogenes Gewirr von Felszacken und -türmchen auf und vermittelt im bayrisch-tirolerischen Grenzgebiet ein wenig Dolomiten-Feeling. Endlich machen wir auch mal etwas Höhe gut, im Zickzack leitet unser

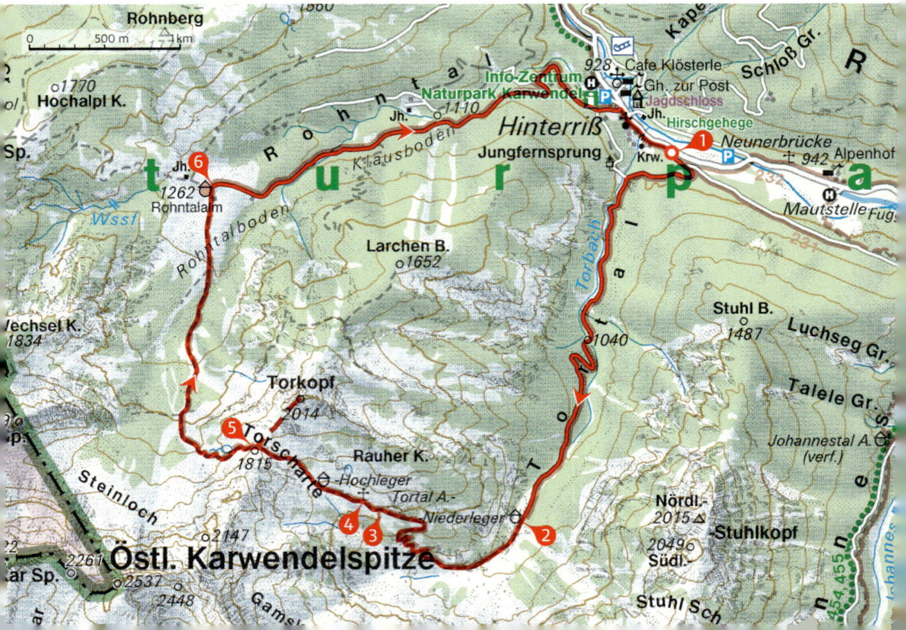

Steig die rechte Hangflanke hinauf. Während die bis 150 cm hohen Blütenstände des Gelben Enzians (*Gentiana lutea*, s. Steckbrief S. 148) bereits am Verwelken sind, sind Rindsaugen *(Buphthalmum salicifolium)*, Alpen-Ziest, Taubenkropf-Leimkraut *(Silene vulgaris)* und einige Sommerwurz-Arten *(Orobanche* spec.*)* in Höchstform. Statt der gängigen Wiesen-Flockenblumen haben sich ein paar Perücken-Flockenblumen *(Centaurea phrygia* agg.*)* mit auffallend fransig bewachsener Blütenhülle angesiedelt. Etwas steiler, aber vollkommen unschwierig steigen wir hinauf zu einem grasigen **Sattel ❸**, 1565 m, mit Wegekreuz und schöner Aussicht auf die bereits bewältigte und die noch vor uns liegende Strecke.

Ein paar Meter geht es nun bergab, dann betreten wir die Kuhweiden des Tortalalm-Hochlegers. Durch Viehtritt sind die Wiesen rundherum ziemlich ramponiert, bei vorausgegangenen Regenfällen kann der Matsch hier schon mal bis über den Stiefelrand reichen. Wir wandern durch den botanisch nicht so ergiebigen, aber landschaftlich tollen grünen Kessel zum einsamen Hüttchen des **Tortalalm-Hochlegers ❹**, 1592 m. Wie zu erwarten, finden wir dort einen typischen Lägerflur, also eine von Kühen in vielen Almsommern gut gedüngte Fläche, mit Alpen-Greiskraut *(Senecio alpinus)* und Brennnesseln.

In etwas steileren Serpentinen geht es hinauf in die weitläufige **Torscharte ❺**, 1815 m. Für Unterhaltung und Ablenkung sorgen auf diesem Wegstück die tolle Landschaft und die vielen Murmeltiere, die dort eigentlich immer irgendwo herumsausen oder sich gerade ihren Winterspeck anfressen.

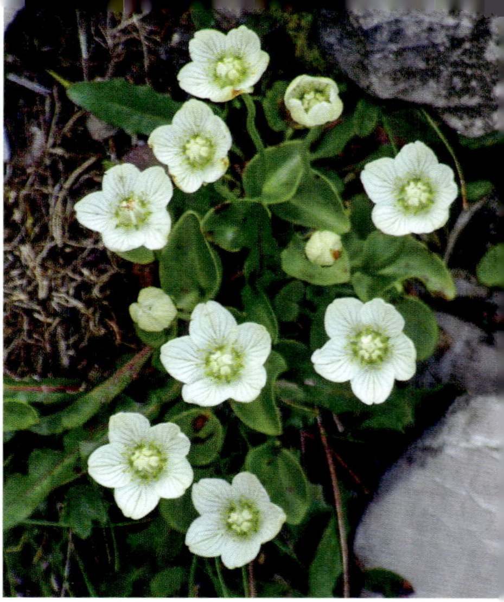

Sumpf-Herzblatt.

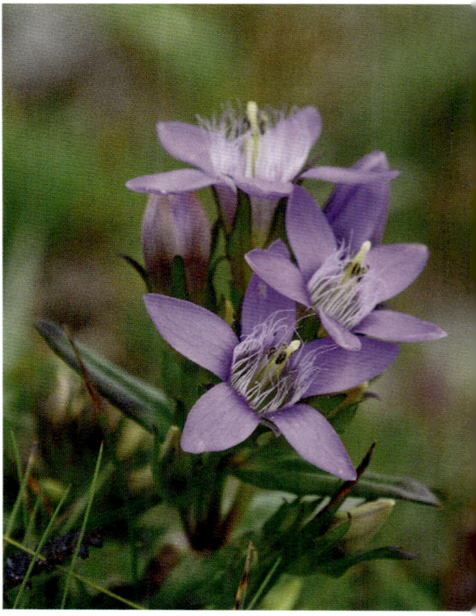

Rauer Kranzenzian.

Und nun auf zum Edelweiß-Suchen! Dazu wendet man sich in der geräumigen, von Alpen-Greiskraut bestandenen Torscharte nach rechts und steigt auf unmarkiertem, aber gut erkennbarem Pfad über das einfache

Wiesengelände hinauf zum Beginn der Felsregion. Wer nur zu den Edelweißen und nicht auf den Torkopf will (siehe Variante), sollte nur bis zu der Stelle gehen, wo der Weg nach einem markanten Felskopf wieder an Höhe verliert. Meist dauert es ein wenig, bis man zwischen Felsen und Gras das erste Edelweiß (*Leontopodium alpinum*, s. Steckbrief S. 143) gefunden hat; haben sich die Augen aber erst einmal richtig justiert, entdeckt man meist gleich eine ganze Menge davon! Dabei wird man sicher auch über das weiße Stängel-Fingerkraut *(Potentilla caulescens)* stolpern, das am liebsten in Felsritzen siedelt. Sehenswert sind auf jeden Fall auch die großen Vorkommen des zart lilafarbenen Rauen Kranzenzians. Durch seine fünf Kronblätter ist er leicht vom ähnlich aussehenden Feld-Kranzenzian (vier Kronblätter) zu unterscheiden. Kahles Berufkraut *(Erigeron glabratus)* und prachtvolle Silberdisteln *(Carlina acaulis)* komplettieren das Weiß-Rosa-Ensemble. Zahlreiche fleischig-glatte Blätter deuten auf massenhaftes Vorkommen von Fels-Aurikeln *(Primula auricula)*, hin, die aber schon im späten Frühling geblüht haben.

Mit vielen Edelweiß-Fotos im Kasten steigen wir von der Torscharte auf gutem Serpentinensteig nach Westen ab. Der Pfad schwenkt nach Norden, dabei müssen ein paar Schuttreissen auf steiniger Trasse gequert werden. Je weiter man sich dem weitläufigen, sonnigen Grund des Rohntals nähert, desto angenehmer wird das Gelände; lichte Lärchenbestände wechseln sich ab mit Wiesen voller Sumpf-Herzblatt, Gewöhnlichem Augentrost und Wiesen-Flockenblumen *(Centaurea jacea)*. Hinter der schön gelegenen **Rohntalalm ❻**, 1262 m, beginnt rechter Hand der Fahrweg zurück nach Hinterriß. Ihm folgen wir bis zu einer unbeschilderten Gabelung, wo wir den rechten oberen Weg nehmen. Schwalbenwurz-Enziane und Wolfs-Eisenhut begleiten uns zurück nach **Hinterriß ❶**.

Das Edelweiß-Revier an der Torscharte.

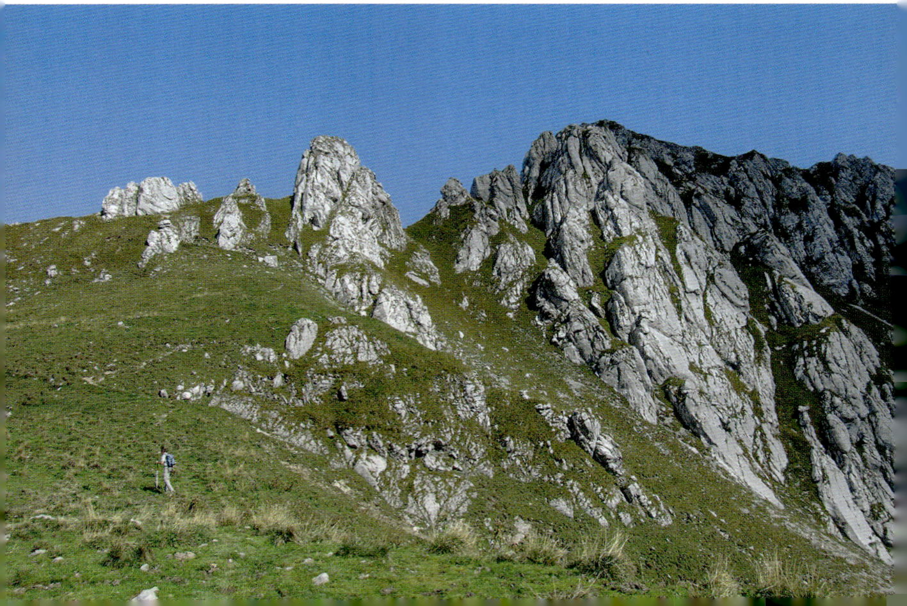

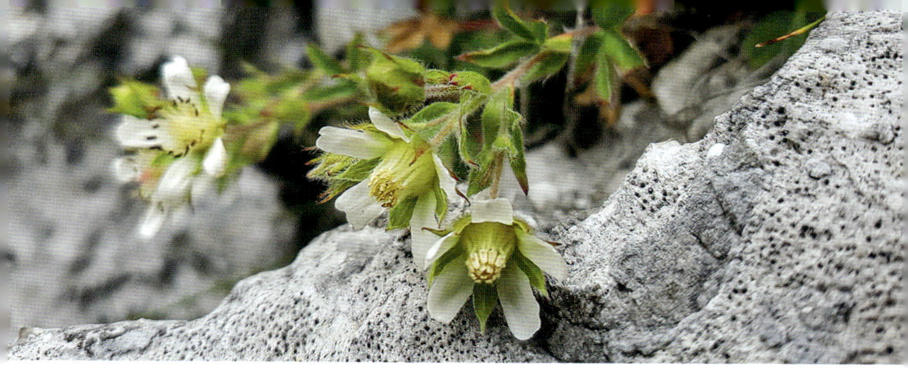

Das Stängel-Fingerkraut wohnt in direkter Nachbarschaft zum Edelweiß.

Alpen-Edelweiß *(Leontopodium alpinum)*
Familie: *Korbblütler (Asteraceae)*
Standort: *Steinige Rasen auf kalkhaltigen Böden, Felsbänder; 1800 bis 3000 m*
Blütezeit: *Juli bis September*
Charakteristik: *Bis 20 cm hoch, Stängel unverzweigt und dicht behaart, Laubblätter schmal und ebenfalls behaart. Das Edelweiß besitzt eine klassische Scheinblüte: Das, was man auf den ersten Blick für Blütenblätter halten könnte, sind in Wirklichkeit Hochblätter, die den eigentlichen Blütenstand sternförmig umgeben. Der weiß-filzige Belag reflektiert das Sonnenlicht, lockt Insekten an und fungiert als Verdunstungsschutz. Die im Filz eingelagerten Luftbläschen verhindern Wärmeverlust. Der Blütenstand in der Mitte der Hochblätter besteht aus mehreren polsterförmigen Teilblütenständen, die sich jeweils aus 60 bis 80 gelblichen Röhrenblüten zusammensetzen.*
Status: *Stark gefährdet, nach BNatSchG besonders geschützt. Nach T-NV geschützt.*
Wissenswertes: *Das Alpen-Edelweiß gilt als Inbegriff der Alpenpflanze, hat aber »Migrationshintergrund« und ist erst nach der letzten Eiszeit aus dem Himalaya-Gebiet zugewandert. Als erste Pflanze überhaupt wurde das Edelweiß in Österreich schon 1886 unter strengen Naturschutz gestellt. Mit dem aufkommenden Bergtourismus im 19. Jahrhundert wurde das Edelweiß zur symbolträchtigen Bergblume schlechthin, die gerne von Touristen gepflückt und von Einheimischen verkauft wurde. Teilweise wurden die Bestände derartig drastisch geplündert, dass zum Beispiel im Allgäu sogar Zeltposten mit Bergwacht-Männern zur Edelweiß-Bewachung eingerichtet werden mussten.*
Extrakte aus eigens angebautem Edelweiß werden in der Kosmetik als Feuchtigkeitsspender und UV-Schutz verwendet.

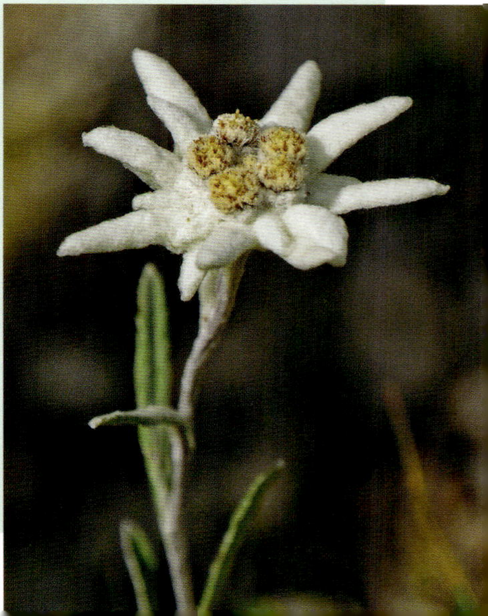

18 Hahnenkampl, 2080 m

Aussichtsloge und Panorama-Spaziergang im Karwendel

5.30 Std. | 12 km | ↗850 m | ↘850 m

Enziane mal nicht in Blau, sondern in Gelb und Rot!
Das Tal des Rißbachs führt mitten hinein ins Herz des Karwendels und endet in einem spektakulären Amphitheater aus Fels, gemeinhin »Eng« genannt. Die jahrhundertealten Bergahornbäume dort sind allein schon eine botanische Attraktion. Das gutmütige Hahnenkampl befindet sich mittendrin zwischen Bergriesen wie Gams- und Sonnjoch oder Lamsenspitze und trennt das Rißtal vom Falzthurntal, sodass der Gipfelblick nicht nur über die Felszacken rund um die Eng reicht, sondern auch fast bis zum Achensee hinaus. Die Überschreitung des Hahnenkampls ist der reinste Panorama-Spaziergang mit unverbautem Rundum-Blick – hat also ein ausgezeichnetes »Schweiß-Leistungs-Verhältnis«! Botanisch steht das Hahnenkampl ganz im Zeichen der Enziane, die in diesem Fall aber nicht klein und blau, sondern groß und gelb bzw. dunkelrot gesprenkelt sind. Immer wieder faszinierend, wie sich Gelber Enzian und Ungarischer Enzian exakt am Binssattel ablösen!

Ausgangspunkt: Alpengasthof Die Eng, 1203 m, großer Parkplatz und Bushaltestelle. Anfahrt mit dem Pkw auf der B 13 über Bad Tölz und Lenggries zum Sylvensteinspeicher, dann auf der B 307 über Fall nach Vorderriß und über Hinterriß bis zum Ende der öffentlichen Straße; ab Hinterriß mautpflichtig und nur von Mai bis Oktober geöffnet (Navi: Parkplatz Ahornboden, 6215 Hinterriß; N47° 24.198' E11° 34.024'). Bergsteigerbus 9569 ab Lenggries Bhf.

Anforderungen: Insgesamt gut angelegte Bergwege und Almstraßen, stellenweise geröllig. Aufstieg zum Binssattel sehr oft feucht und rutschig. Im Abstieg vom Hahnenkampl ein paar ganz kurze, leicht exponierte Stellen, die aber nicht schwierig sind; teilweise mit Seilsicherungen.

Einkehr: Alpengasthof Die Eng (geöffnet Mai bis Oktober, eng.at), Binsalm (geöffnet Mai bis Oktober, binsalm.at), Lamsenjochhütte (Variante, geöffnet Mitte Juni bis Mitte Oktober), Gramaialm-Hochleger (Variante, geöffnet Anfang Juni bis Mitte Oktober), Engalm (geöffnet Mai bis Oktober, engalm.at).

Beste Jahreszeit: Juli bis September.

Variante: 1) Vom Westlichen Lamsenjoch in ca. 20 Minuten überwiegend flach zur Lamsenjochhütte.
2) Wer sich die ganz kurzen, etwas ausgesetzten Stellen im Abstieg vom Hahnenkampl nicht zutraut, geht auf bekanntem Weg vom Gipfel zurück Richtung Binssattel und kann auf halber Strecke zum Gramaialm-Hochleger absteigen, dort einkehren und via Binssattel in die Eng zurückkehren (150 Hm Gegenanstieg).

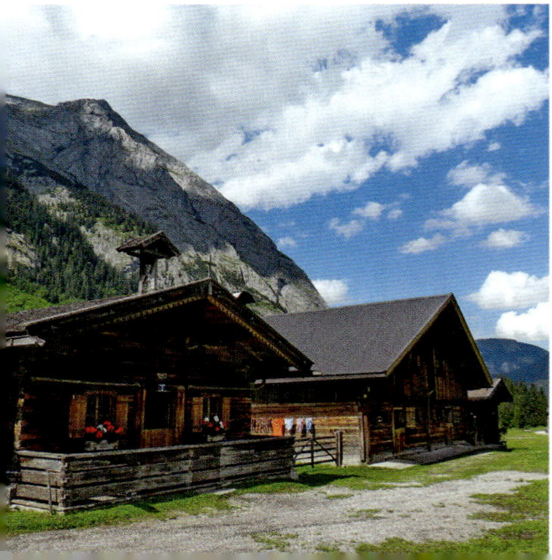

Die Engalmen bilden ein ganzes Dorf.

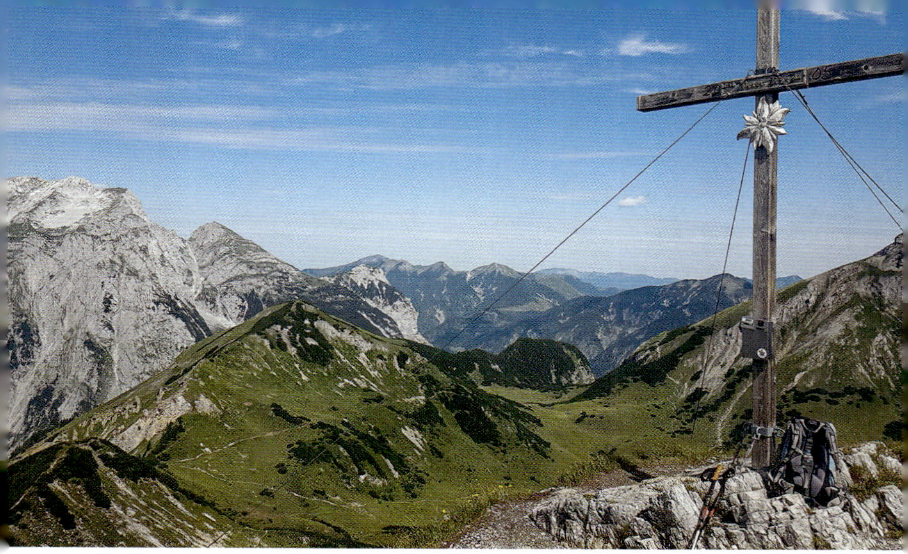

Am Hahnenkampl ist man mittendrin im Karwendel.

Vom großen Wanderparkplatz am **Alpengasthof Die Eng** ❶ geht man wenige Meter auf der Asphaltstraße taleinwärts und folgt gleich hinter der Brücke der Beschilderung zur Binsalm nach links. Auf mittelsteilem, manchmal etwas rutschigem Pfad steigen wir auf steiniger Trasse parallel zum Bachufer bergauf. Begleitet werden wir dabei von einer bunten Pflanzengesellschaft, die feuchte, kühlere Standorte bevorzugt: Gelb blühen Alpen-Greiskraut *(Senecio alpinus)*, Hain-Greiskraut *(Senecio nemorensis)* und Wolfs-Eisenhut *(Aconitum lycoctonum)*. Kahler Alpendost *(Adenostyles glabra)*, Nesselblättrige Glockenblumen *(Campanula trachelium)*, Echter Dost *(Origanum vulgare)* und Wald-Witwenblumen *(Knautia dipsacifolia)* bringen Lila-Violett-Töne ins Bild, Große Sterndolden *(Astrantia major)*, Wiesen-Bärenklau *(Heracleum sphondylium)* und das entzückende Sumpf-Herzblatt *(Parnassia palustris)* strahlen in Weiß. Nach wenigen Minuten wendet sich der Steig vom Bach weg und führt in Serpentinen durch den Wald, bis wir auf eine Almstraße treffen. Ihr folgen wir nun nach links.

Zu beiden Seiten des Wegs blüht eine der häufigsten Orchideen-Arten, die Mücken-Händelwurz (*Gymnadenia conopsea*, s. Steckbrief S. 222), dazu kommen Rindsaugen *(Buphthalmum salicifolium)*, hellgelbe Kohl-Kratzdisteln *(Cirsium oleraceum)*

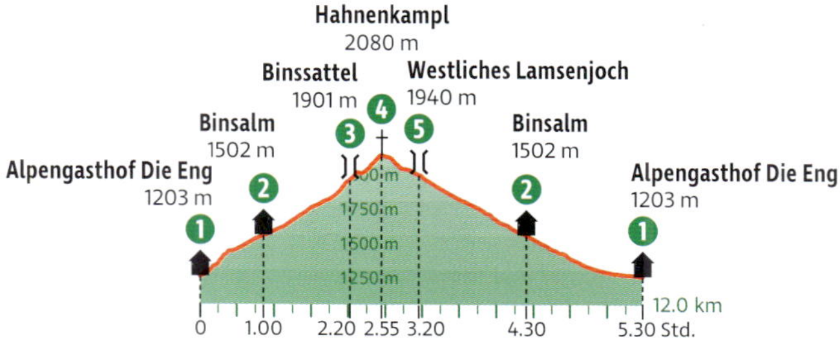

und pinkfarbene Acker-Kratzdisteln *(Cirsium arvense)* sowie die zarten Akeleiblättrigen Wiesenrauten *(Thalictrum aquilegiifolium)*, deren Blüten fast nur aus Staubblättern bestehen. Am Felshang zur Rechten sind öfter kleine Erdrutsche zu sehen, hier betätigen sich Fetthennen-Steinbrech *(Saxifraga aizoides)* und Blaugrüner Steinbrech *(Saxifraga caesia)* als Pionierpflanzen. Orchideen-Liebhaber mit geübtem Blick können direkt am Wegrand auch die Braunrote Ständelwurz *(Epipactis atrorubens)* erspähen. Im Almgelände der bewirtschafteten **Binsalm ❷**, 1502 m, ändert sich der Bewuchs schlagartig. Die Kühe haben mit ihren Hinterlassenschaften für viel Dünger gesorgt, hier fühlen sich Alpen-Ampfer *(Rumex alpinus)*, Brennnesseln, Alpen-Greiskraut und Perücken-Flockenblumen *(Centaurea phrygia* agg.*)* wohl.

An Almgebäude und Kapelle rechts vorbei, bleiben wir noch kurz auf dem Almweg, der eine Kehre nach rechts beschreibt. Kurz danach halten wir uns an einer beschilderten Gabelung links (Wegweiser »Hahnenkampl«). Langsam wird der Bewuchs zu beiden Seiten etwas niedriger, sodass auch die Alpen-Goldrute *(Solidago virgaurea* subsp. *minuta)* und der winzige, aber sehr robuste Knöllchen-Knöterich (*Bistorta vivipara*, s. Steckbrief S. 81) Chancen haben. Im anschließenden lichten Lärchenwald begrüßen uns die ersten Horste der kalkliebenden Bewimperten Alpenrosen (*Rhododendron hirsutum*, s. Steckbrief S. 211) in leuchtendem Pink. Sie dienen auch als Wind- und Sonnenschutz für das wunderschöne Rundblättrige Wintergrün *(Pyrola rotundifolia)* mit den weißen, glockigen Blütchen. Wo der Almweg eine markante Rechtskurve beschreibt, zweigt links der beschilderte Fußweg Richtung Binssattel ab. Umgeben von großen Büscheln Gutem Heinrich *(Blitum bonus-henricus)* und Eisenhutblättrigem Hahnenfuß *(Ranunculus aconitifolius)* steigen wir über den Weidezaun und folgen dem Steig in Serpentinen durch den idyllischen Lärchen-Alpenrosen-Mix. Wir treffen wieder auf die Almstraße, wo wir links abbiegen (Wegweiser »Binssattel«). Nach wenigen Metern halten wir uns nochmals links und spazieren mit schöner Aussicht auf Gamsjoch und Laliderer Wände im Talschluss durch holperige Latschen-

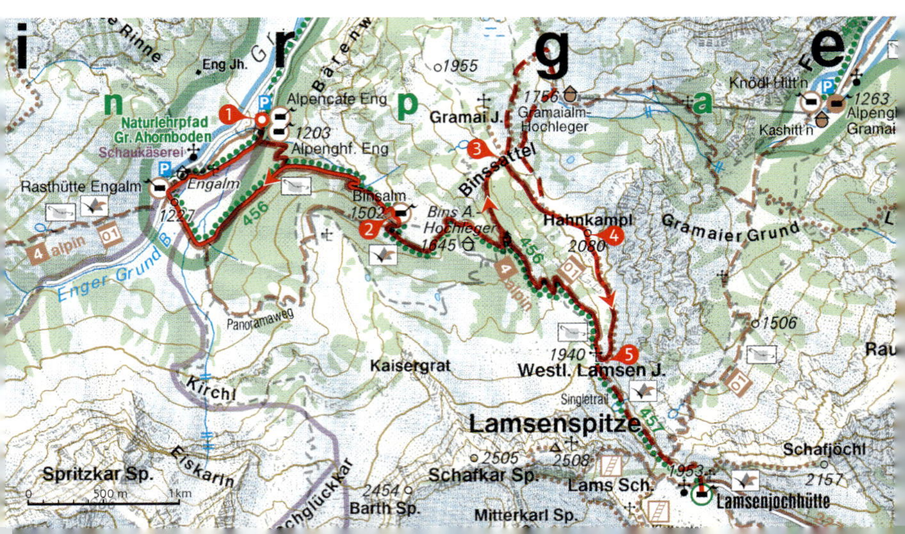

gassen. Zwischen den großflächigen Alpenrosen-Horsten lugen Rindsaugen, Alpen-Goldruten, Mücken-Händelwurz und Großes Zweiblatt *(Neottia ovata)* hervor. Wir gelangen zu einem offenen Hang direkt unterhalb des Binssattels. In engen Kehren, die sehr gut angelegt, aber oft recht glitschig sind, steigen wir bergauf, umgeben von einer Symphonie aus Gelb: Neben Kohl-Kratzdisteln, Alpen-Goldruten und Wolfs-Eisenhut sind es vor allem die gut bauchhohen Gelben Enziane (*Gentiana lutea*, s. Steckbrief S. 148), die fast den ganzen Hang für sich beanspruchen. Bessere Möglichkeiten für Nahaufnahmen direkt vom Weg aus gibt es selten! Bitte vor lauter Enzian-Euphorie nicht die stattlichen lila Rispen des Alpen-Milchlattichs *(Cicerbita alpina)* übersehen!

Steil geht es die letzten Kehren hinauf zum **Binssattel ❸**, 1901 m, wo schlagartig der Blick nach Norden und Osten frei wird. Riesig wirkt die Flanke des Sonnjochs und vergleichsweise winzig der bewirtschaftete Gramaialm-Hochleger an seinem Fuß. Ebenso schlagartig ist es vorbei mit den Gelben Enzianen, sie übergeben nun für den nächsten botanischen Höhepunkt den Staffelstab an den ebenso spektakulären, dunkelrot gesprenkelten Ungarischen Enzian (*Gentiana pannonica*, s. Steckbrief S. 154). Es lohnt sich, im Bereich des Binssattels etwas umherzustreifen. In den freien Stellen zwischen den Latschen finden sich immer wieder größere Bestände an Ungarischem Enzian in verschiedenen Blühphasen, da kommt bestimmt jeder Fotograf auf seine Kosten.

Wir halten uns am Binssattel scharf rechts und steigen – nur kurzzeitig etwas steiler – hinauf zu einem latschenbestandenen Gupf, wo man

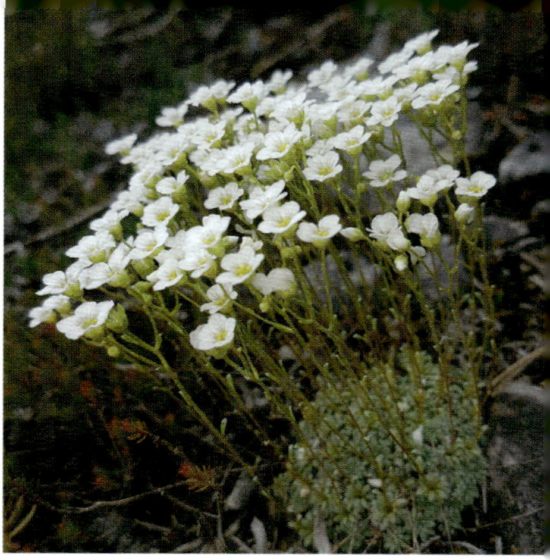

Blaugrüner Steinbrech.

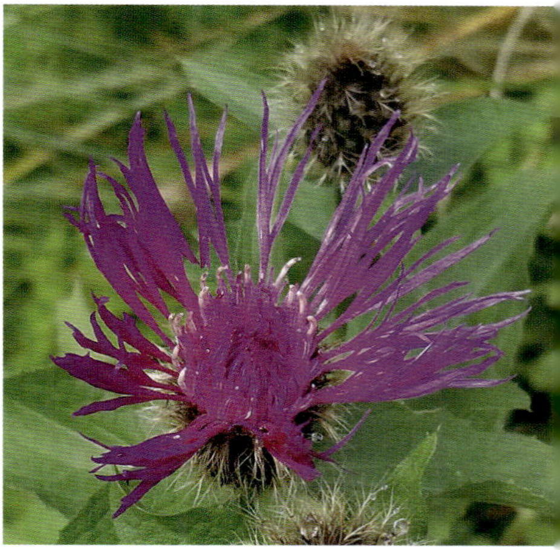

Perücken-Flockenblume.

erstmals das Gipfelziel ausmachen kann. Bequem wandern wir entlang des breiten Kamms über Kuppen und durch kleine Senken; der Bewuchs rundherum wird allmählich etwas alpiner: Neben den allgegenwärtigen Bewimperten Alpenrosen besiedeln das Gewöhnliche Sonnenröschen *(Helianthemum nummularium)* und das Kopfige Läusekraut *(Pedicularis rostratocapitata)* die felsigeren Stellen. Wer bisher Schwierigkeiten hatte, die Händelwurz-Arten auseinanderzuhalten, kann hier »am lebenden

Gelber Enzian *(Gentiana lutea)*
Familie: *Enziangewächse (Gentianaceae)*
Standort: *Alpine Magerrasen, Bergweiden, bevorzugt auf kalkhaltigen Böden; bis 2300 m*
Blütezeit: *Juni bis Juli*
Charakteristik: *Bis 1,5 m; Stängel kräftig, glatt, unverzweigt und hohl. Laubblätter groß, elliptisch geformt und kreuzgegenständig angeordnet (Blätter beim Weißen Germer ähnlich, aber wechselständig). Blüten, zu Büscheln zusammengefasst »etagenartig« in den oberen Blattachseln sitzend. Einzelblüte mit 5 bis 7 goldgelben Kronblättern, 5 ebenfalls gelbe Staubblätter, Griffel mit zwei schneckenförmigen Narben. Bis zur ersten Blüte können bis zu zehn Jahre vergehen.*
Status: *Gilt als gefährdet und ist nach BNatSchG besonders geschützt. Nach T-NV geschützt.*
Verwandtschaft: *Tüpfel-Enzian (Gentiana punctata), auch Hybriden*
Wissenswertes: *Gelber Enzian ist ausgesprochen langlebig, seine Speicherwurzel kann bis zu 60 Jahre alt werden und die Dicke eines menschlichen Unterarms erreichen. Wie alle Enziane enthält auch der Gelbe Enzian den Inhaltsstoff Amarogentin, eine der bittersten in der Natur vorkommenden Substanzen (sie fungiert in der Wissenschaft sogar als Messstandard). Eigentlich dienen Bitterstoffe der Pflanze als Fraßschutz, der »Fraßfeind Mensch« schätzt sie aber als bewährte Verdauungshilfe. Durch den bitteren Geschmack im Mund werden der Appetit angeregt, vermehrt Magensäure und Gallenflüssigkeit gebildet und die Magen-Darm-Tätigkeit gefördert. Darauf einen Enzian-Schnaps!*
Auch wenn Schnapsflaschen aus Marketing-Gründen gerne mit kleinen blauen Enzianblüten verziert werden: Geeignet für die Schnaps-Herstellung sind nur die hochgewachsenen Arten wie Tüpfel-Enzian, Ungarischer Enzian oder eben Gelber Enzian (aufgrund des Schutzstatus nur mit Speziallizenz oder aus Anbau).

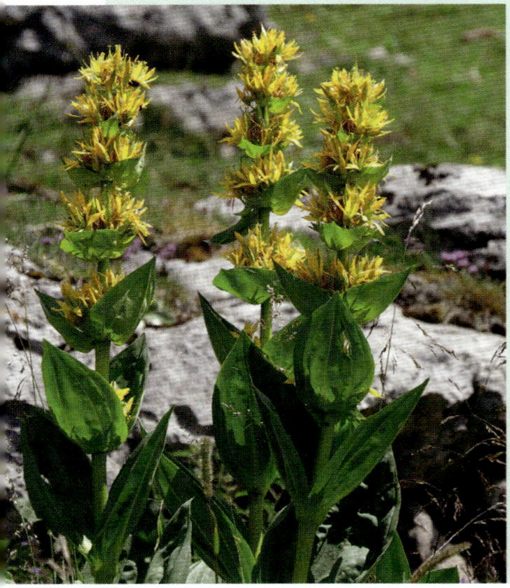

Objekt« üben: Mücken-Händelwurz und Duft-Händelwurz *(Gymnadenia odoratissima)* wachsen in enger Nachbarschaft. Und Augen auf in den grasigen Senken: Dort siedeln etliche der zauberhaften Schwarzen Kohlröschen *(Nigritella rhellicani)*! Die letzten Meter hinauf sind etwas steiler und schrofig, insgesamt aber unproblematisch und von reichlich Zottigem Habichtskraut *(Hieracium villosum)* begleitet. Dann ist es geschafft, wir sind am Gipfelkreuz des **Hahnenkampls** ❹, 2080 m, angekommen!
Kaum zu glauben, dass ein vergleichsweise niedriger Gipfel ein derart umfassendes Panorama bietet.

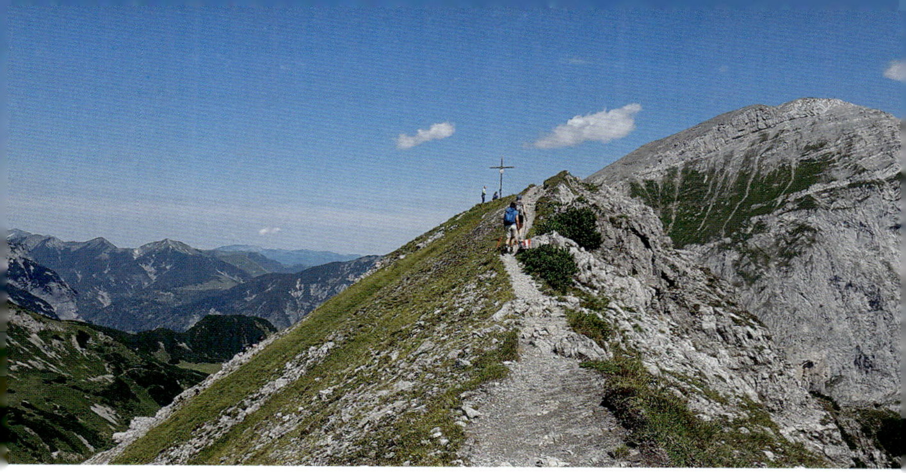

»Panorama-Schaulaufen« beim Abstieg vom Hahnenkampl.

Aus »strategisch günstiger« Position kann man im Nordosten über das gesamte Falzthurntal bis fast zum Achensee hinausschauen. Im Süden sind die senkrechten Felswände der Karwendel-Hauptkette aufgereiht. Im Westen baut sich das Gamsjoch auf (übrigens ein ergiebiges Edelweißrevier für Konditionsstarke).

Nach ausgiebiger Rast überschreiten wir den Gipfel nach Süden, der Steig verläuft dabei im Stil eines Panoramawegs direkt auf der Grathöhe. Nur kurze Stellen sind dabei leicht ausgesetzt oder schrofig, meist ist der Kamm angenehm breit und der Steig insgesamt sehr gut angelegt. Die vergleichsweise exponierteste Stelle, eine abschüssige Querung, ist nur sehr kurz und überdies mit einem Seil solide gesichert. Ablenken kann man sich mit einem Blick auf Duft-Händelwurze und pinkfarbene Berg-Disteln *(Carduus defloratus)*, dazu kommen Polster von Vierzähnigem Leimkraut *(Silene pusilla)* und Blaugrünem Steinbrech, der über spezielle Öffnungen überschüssigen Kalk ausscheiden kann und daher oft einen weißgrauen Belag am Blattrand hat. Der Grat wird allmählich zum breiten Kamm; problemlos erreicht man durch harmloses Wiesengelände das **Westliche Lamsenjoch ❺**, 1940 m.

Dort biegen wir rechts ab und gelangen auf schottrigem Almweg durch Weidegebiet wieder hinunter zum bekannten Aufstiegsweg und folgen ihm zurück zur **Binsalm ❷** und zur Abzweigung des Aufstiegswegs von der Almstraße. Wer noch Zeit und Lust hat, kann einen kleinen Umweg machen: Statt den bekannten Bachsteig zu nehmen, bleibt man einfach auf dem Fahrweg, der in bequemem Gefälle in den Talboden führt. Etwas später im Jahr dürfte sich hier reichlich Schwalbenwurz-Enzian *(Gentiana asclepiadea)* finden. Auf jeden Fall trifft man im Wald auf zwei besonders stattliche Doldenblütler, das Breitblättrige Laserkraut *(Laserpitium latifolium)* und die Wald-Engelwurz *(Angelica sylvestris)*. Den Talboden erreichen wir auf Höhe der Engalmen, wo verstreute Holzhütten ein ganzes Almdorf bilden. Bevor man rechts in wenigen Minuten zum Ausgangspunkt am **Alpengasthof Die Eng ❶** zurückkehrt, kann man hier nochmals einkehren oder sich schmackhafte Almprodukte für das Abendessen einpacken lassen.

19 Schönberg, 1620 m

Der Kleine mit der großen Aussicht

5.30 Std. | 11,8 km | ↗900 m | ↘900 m

Star-Aufgebot: Gelber Enzian, Ungarischer Enzian, Weißer Germer

Schräg gegenüber vom beliebten und per Seilbahn erschlossenen Brauneck bietet der kleine Schönberg eine zwar anstrengendere, aber wesentlich ruhigere Alternative. Hoch über dem Isartal sitzend, genießen wir das Gipfelpanorama, das an klaren Tagen vom Großglockner bis zur Zugspitze und natürlich quer über die Bayerischen Alpen reicht. Botanisch steht die hübsche Runde ganz im Zeichen der nicht blauen und nicht kleinen Enziane. Der stattliche Gelbe Enzian, der durchaus Bauchhöhe erreichen kann, ist im oberen Teil der Tour in großer Zahl anzutreffen. Eine echte Attraktion ist der seltene, hier aber auch zahlreich vorkommende Ungarische Enzian (alias Ostalpen-Enzian) mit weinroten Blüten und feschem Tüpfelmuster. Zwar kein Enzian, aber an Pracht kaum zu überbieten ist der Weiße Germer. Mit etwas Glück und entsprechender Tourenplanung kann man Mitte Juli / Anfang August alle drei Stars gleichzeitig in blühendem Zustand bewundern.

Ausgangspunkt: Fleck, Ortsteil Hohenreuth, 735 m. Anfahrt mit dem Pkw auf der B 13 über Bad Tölz und Lenggries nach Fleck, ausgeschilderter Wanderparkplatz oberhalb von Hohenreuth (Navi: Wanderparkplatz Schönberg, 83661 Lenggries; N47° 39.063' E11° 35.900'). Bus 9569 (ab Lenggries Bhf.), Haltestelle »Gasthaus Papyrer« in Fleck, von dort ca. 1 km zu Fuß.

Anforderungen: Meist gut angelegte Forst- und Bergwege, beim Aufstieg Richtung Maria Eck ein paar kurze, wurzelige Stellen. Beim unmarkierten Abstieg bis zur Einmündung in den Forstweg (9) einige steile, holperige und bei Nässe sehr rutschige Passagen. Dort jeweils Trittsicherheit und erhöhte Aufmerksamkeit nötig. Gipfelplateau bei Nässe und durch Kuhtritt oft recht matschig.

Einkehr: Hotel-Restaurant Papyrer in Fleck.

Beste Jahreszeit: Von Mai bis in den Herbst (für den Gelben Enzian meist Mitte Juli, für den Ungarischen Enzian eher Anfang August).

Hinweis: Der Abstiegsweg empfiehlt sich nur bei trockenen Verhältnissen, sonst auf dem Anstiegsweg retour.

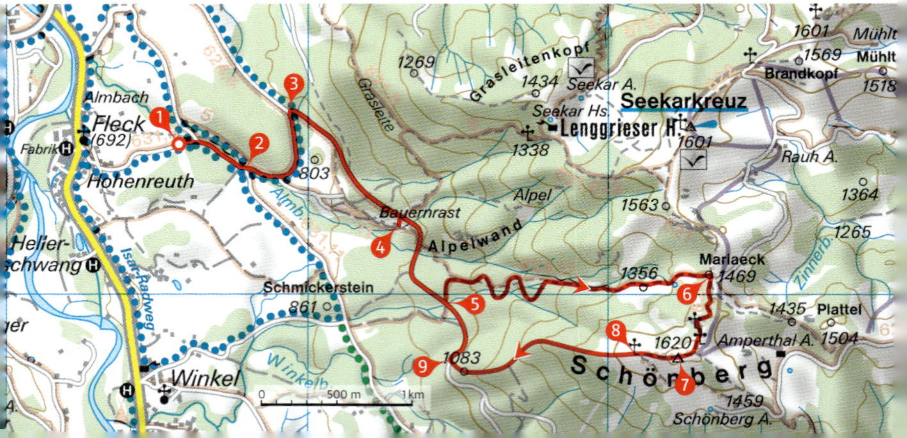

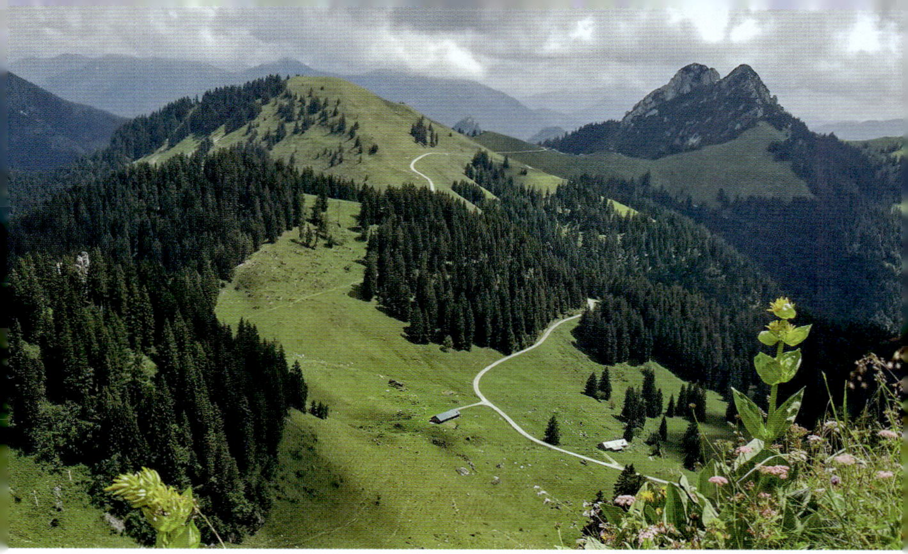

Almlandschaft mit Hochplatte, Buchstein und Roßstein.

Vom Wanderparkplatz bei **Hohenreuth ❶** folgen wir dem breiten Forstweg Richtung Maria Eck/Schönberg. Nach wenigen Minuten treffen wir an zwei Holzhütten auf eine beschilderte **Verzweigung ❷**, halten uns links und überqueren auf einer Brücke den Almbach. Vorbei an einer vom Wiesen-Bärenklau *(Heracleum sphondylium)* in Beschlag genommenen Wiese geht es auf breitem Forstweg weiter, an der nächsten Verzweigung halten wir uns geradeaus (Wegweiser »Schönberg«). Nach einigen Metern tut sich auf der rechten Seite eine bunt blühende Wiese auf, die man zwar aus Naturschutzgründen nicht betreten darf, aber auf jeden Fall vom Weg aus bewundern kann. Auf dem feuchten Untergrund fühlen sich einige Orchideenarten wohl, zum Beispiel das schlanke, vergleichsweise hochgewachsene Fuchs' Knabenkraut *(Dactylorhiza fuchsii)* mit seinem kolbenförmigen Blütenstand und der wunderschönen weiß-rosa Schleifenzeichnung, die filigrane Mücken-Händelwurz (*Gymnadenia conopsea*, s. Steckbrief S. 222) und eine der schönsten einheimischen Orchideen, die Sumpf-Ständelwurz *(Epipactis palustris)*, deren weiße Blüten innen gelb und lachsrot abgesetzt sind. Klar, dass sich auf dem nassem Boden auch die Sumpf-Kratzdistel *(Cirsium palustre)*, der Gewöhnliche Wasserdost *(Eupato-*

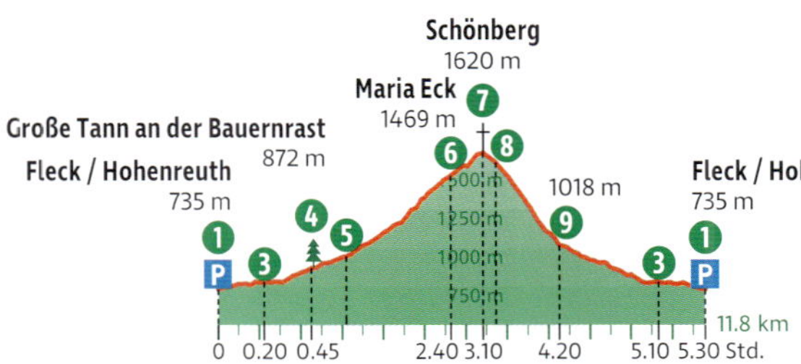

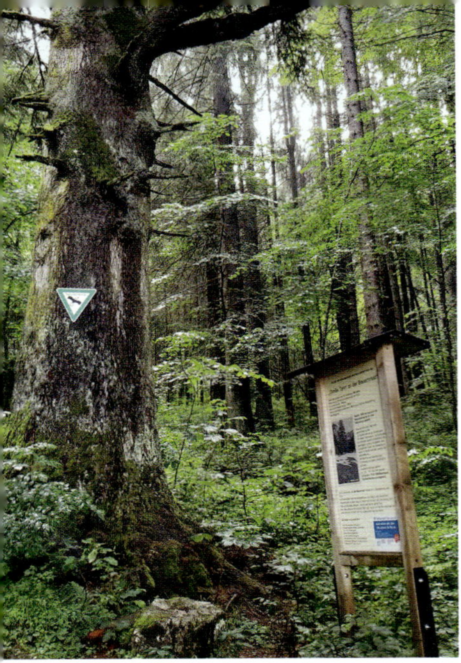

Naturdenkmal »Große Tann«.

rium cannabinum) und das Echte Mädesüß (*Filipendula ulmaria*, s. Steckbrief S. 202) heimisch fühlen. Die nicht ganz so nassen Randbereiche besiedeln der gelb blühende Klebrige Salbei *(Salvia glutinosa)*, der dunkelrote Wald-Ziest *(Stachys sylvatica)* und eine alte, etwas in Vergessenheit geratene Heilpflanze, der Große Odermennig *(Agrimonia procera)* mit seinem lang gestreckten gelben Blütenstand.

Bei der nächsten **Gabelung ❸** biegen wir rechts in den Weg 624 ein (Wegweiser »Schönberg / Maria Eck«) und wandern in mäßiger Steigung bequem durch den Wald bergauf. Begleitet werden wir auf dieser Etappe von eher schattenverträglichen Pflanzen wie dem Tüpfel-Johanniskraut *(Hypericum perforatum)*, der Großen Sterndolde *(Astrantia major)* mit zarten weißen Blüten und handförmigen Blättern sowie dem reich verzweigten Einjährigen Berufkraut *(Erigeron annuus)* mit weißen Zungen- und gelben Röhrenblüten. Die bis zu 1,50 m hohe Echte Tollkirsche *(Atropa belladonna)* ist zwar in allen Pflanzenteilen hochgiftig, ein berührungsfreier Blick auf ihre ausgesprochen schönen, glockenförmigen Blüten mit dem braun-gelben Farbverlauf innen lohnt sich aber allemal. Den Abzweig links Richtung Lenggrieser Hütte dürfen wir getrost ignorieren, interessanter ist da schon das Gehege mit den seltenen Zackelschafen und kurz danach der Abstecher zum Naturdenkmal **»Große Tann an der Bauernrast« ❹**, einer besonders altehrwürdigen Tanne, jeweils nebst Infotafel.

Hellgelbe Kohl-Kratzdisteln *(Cirsium oleraceum)*, pinkfarbenes Indisches Springkraut *(Impatiens glandulifera)* und sonnengelber Gewöhnlicher Gilbweiderich *(Lysimachia vulgaris)* flankieren den Hauptweg bis zu einer ebenfalls mustergültig beschilderten **Verzweigung ❺**, wo wir links in einen zunehmend steiler und ruppiger werdenden Karrenweg einbiegen. Zur Ablenkung bietet die Orchideen-Fraktion hier zusätzlich zu Fuchs' Knabenkraut und Mücken-Händelwurz die beigefarbene Vogel-Nestwurz (*Neottia nidus-avis*, s. Steckbrief S. 192) und das leicht zu übersehende, weil grünlich blühende Große Zweiblatt *(Neottia ovata)* auf, das – nicht ganz überraschend – an zwei gegenständigen, eiförmigen Laubblättern zu erkennen ist. An den beiden nächsten Gabelungen halten wir uns jeweils – der Beschilderung entsprechend – rechts und gelangen so auf einen etwas schmaleren Wurzelsteig. Auch die Ährige Teufelskralle *(Phyteuma spicatum)* mit den lang gestreckten weißen Blütenständen kommt gut im schattigen Wald zurecht, ebenso wie der bis zu 2 m hohe, lila blühende Alpen-Milchlattich *(Cicerbita alpina)*. Hin und wieder entdecken wir auch ein paar der besonders schönen Türkenbund-Lilien (*Lilium martagon*, s. Steckbrief S. 179).

Kurz danach weitet sich das Gelände und wir erreichen eine offene Wiese, wo man mal wieder üben kann, ob man die zahlreichen Exemplare von Gelbem Enzian (*Gentiana lutea*, s. Steckbrief S. 148) und Weißem Germer *(Veratrum album)* gegebenenfalls auch im noch nicht blühenden Zustand unterscheiden kann (Gelber Enzian: gegenständige Blätter, die deutliche Etagen bilden; Weißer Germer: wechselständige, spiralförmige Beblätterung). Zu den schon bekannten Orchideen gesellt sich die Grünliche Waldhyazinthe *(Platanthera chlorantha)*. Besonders hervorzuheben sind auch die stattlichen Exemplare des prächtigen Alpen-Ziests *(Stachys alpina)* mit seinen in Etagen angeordneten bräunlich-violetten Blütenkränzen und den kreuzgegenständigen Blättern (wie für Lippenblütler typisch). Entlang des guten, mittelsteilen Pfades stoßen wir mit dem hellgelben Wolfs-Eisenhut *(Aconitum lycoctonum)* auf eine der giftigsten Pflanzen Europas. Ein echter Glücksfall sind die nicht so häufigen prachtvollen Kugelorchis *(Traunsteinera globosa)* mit ihren runden, dicht gepackten rosa Blütenständen.

Wieder im lichten Wald wandern wir hinauf bis **Maria Eck** ❻, 1469 m, mit Marienbild am Baum, Wegweiser und Zaundurchschlupf. Direkt dahinter biegen wir scharf rechts ab (Wegweiser »Schönberg, 624«). Ein kurzer, steiler Aufschwung bringt uns zu einem weiteren Zaunüberstieg und durch einen kurzen Waldgürtel zu einer Wiese, die wir nach rechts durchqueren. In ihr wachsen prachtvolle Türkenbund-Lilien, die farblich per-

Großer Odermennig.

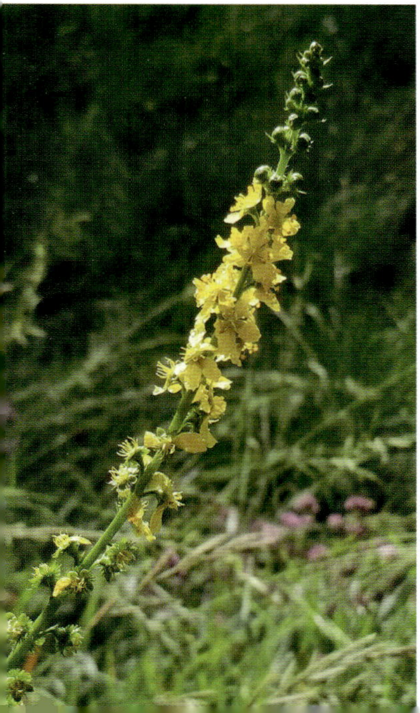

Weißer Germer.

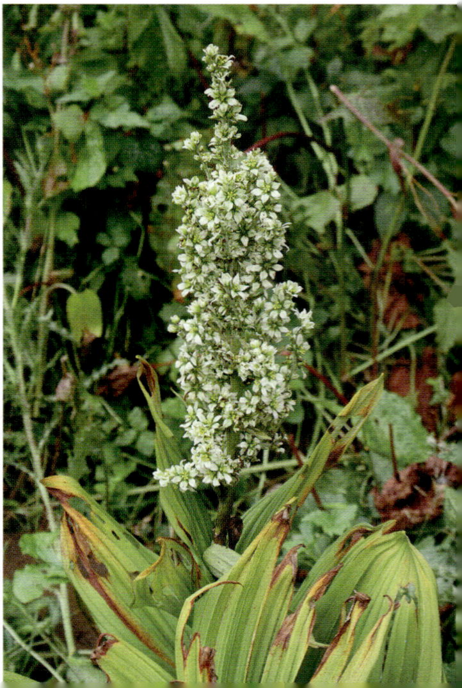

Ungarischer Enzian *(Gentiana pannonica)*
Familie: *Enziangewächse (Gentianaceae)*
Alias: *Ostalpen-Enzian, Pannonischer Enzian*
Standort: *Alpine Magerrasen, Latschengebüsch, Bergweiden, gerne auf kalkhaltigen Böden; bis 3000 m*
Blütezeit: *Mitte Juli bis August*
Charakteristik: *Bis zu 60 cm hoch. Laubblätter kreuzgegenständig, nach oben hin deutlich schmaler und spitzer werdend. Blüten in Büscheln in den oberen Blattachseln und am Stängelende. Blüte glockenförmig, von 5 bis 8 nach außen geklappten Kelchblättern eingefasst (der Purpur-Enzian hat dagegen nur zwei eng anliegende Kelchblätter). Blütenfarbe außen dunkelrot bis rotviolett, innen cremeweiß bis hellgelb. Markant ist das intensive, dunkle Tüpfelmuster auf den Kronblättern.*

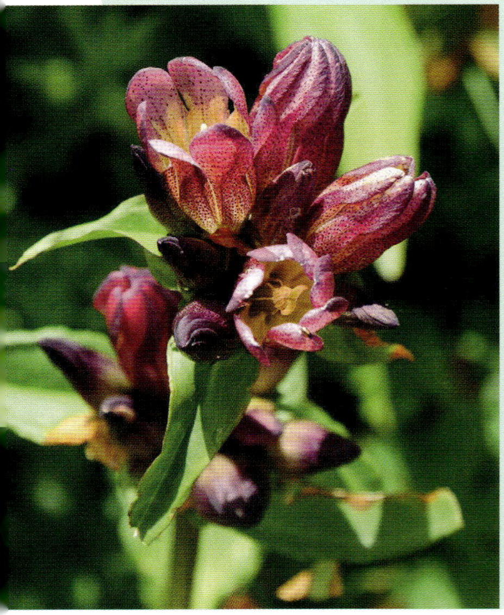

Status: *Gilt erstaunlicherweise als ungefährdet, ist aber trotzdem nach BNatSchG besonders geschützt. Nach T-NV geschützt.*
Verwandtschaft: *Purpur-Enzian*
Wissenswertes: *Ungarischer Enzian und Purpur-Enzian bilden ein sogenanntes vikariierendes Artenpaar und haben den Lebensraum Alpen in West-Ost-Richtung unter sich aufgeteilt, ungefähr entlang der Linie Oberstdorf – Arlberg. Der intensiv dunkelrote, aber kaum getupfte Purpur-Enzian besiedelt dabei den westlichen Bereich und ist daher in Deutschland höchstens im Allgäu zu finden, während sich der Ungarische Enzian im östlichen Teil angesiedelt und bis in die Karpaten verbreitet hat. Zu Inhaltsstoffen und Nutzung siehe Steckbrief Gelber Enzian (S. 148).*

fekt mit den Lila-Pink-Rot-Tönen von Wald-Storchschnabel *(Geranium sylvaticum)*, Grauem Alpendost *(Adenostyles alliariae)*, Berg-Flockenblume *(Cyanus montanus)*, Bach-Nelkenwurz *(Geum rivale)* und Roter Lichtnelke *(Silene dioica)* harmonieren.

In einem Linksbogen gelangen wir zu einer Engstelle zwischen zwei markanten Felsen, wo der Bewuchs mit Bewimperter Alpenrose (*Rhododendron hirsutum*, s. Steckbrief S. 211) und Kugel-Teufelskralle *(Phyteuma orbiculare)* gleich alpiner wird. Besonders hübsch sind auch die Schmetterlingsblüten der Wald-Wicke *(Vicia sylvatica)* mit dem weiß-blauen Streifenmuster. Wir wechseln nochmals die Zaunseite; hier wimmelt es nur so von Türkenbund, Großen Sterndolden, Kugelorchis, Mücken-Händelwurz, Fuchs' Knabenkraut und Wolfs-Eisenhut. Auf dem letzten, etwas steileren Aufschwung zum höchsten Punkt des **Schönbergs** **7** bilden dann große

Bestände des Ungarischen Enzians (*Gentiana pannonica*, s. Steckbrief S. 154) den absoluten Höhepunkt dieses botanischen Raritätenkabinetts. In puncto Panorama kann man auch nicht klagen: Mit den benachbarten Tegernseer (markant: Roß- und Buchstein), Schlierseer und Brandenberger Alpen (mit dominantem Guffert) ist es nämlich nicht getan: Bei guter Sicht reicht der Blick bis zu den Kitzbüheler Alpen, an Großglockner und Großvenediger vorbei bis zum Zillertaler Hauptkamm und quer über die Nördliche Karwendelkette bis zur Zugspitze und zum Estergebirge.

Für die bequeme Gipfelrast mit tollem Isartal-Blick wandern wir über die von Kuhtritt ziemlich malträtierten und entsprechend matschigen Wiesen, deren flächendeckende »Düngung« nur wenig Gelben Enzian und Weißen Germer, dafür aber umso mehr Alpen-Ampfer *(Rumex alpinus)* zulässt. Am etwas tiefer gelegenen, nach Westen vorgeschobenen **Gipfelkreuz ❽** wurden die »Düngerlieferanten« per Holzzaun ausgesperrt, sodass sie sich zwar nicht direkt an der Brotzeit bedienen, aber dem Wanderer immerhin liebevoll den Nacken abschlecken können.

Bei halbwegs trockenen Bedingungen kann man folgenden Abstieg probieren: Vom Gipfelkreuz in gerader Linie nach Westen bis zum Zaun absteigen und dann rechts an ihm entlang bis zu einem Überstieg. Hier treffen wir auf einen nicht markierten, aber gut erkennbaren Steig, der bald wieder in den Wald hineinführt. Zahlreiche Türkenbund-Lilien und Ährige Teufelskrallen, prachtvolle Tollkirschen und ebenfalls hochgiftige Einbeeren *(Paris quadrifolia)* lenken vom etwas mühsamen, rutschigen Steig ab, bis dieser wieder in einen breiten **Forstweg ❾** einmündet. Hier halten wir uns rechts und gelangen so zu der vom Aufstieg bekannten **Verzweigung ❺**.

Der weitere Abstieg nach **Hohenreuth ❶** erfolgt auf dem Aufstiegsweg.

Der Gipfelbereich des Schönbergs ist meist sehr gut gedüngt.

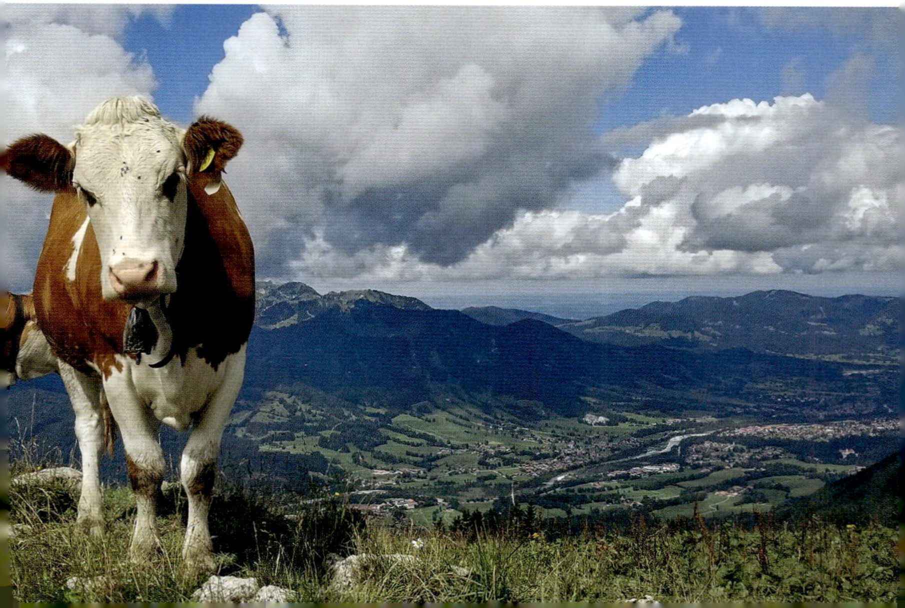

20 Schildenstein, 1613 m

Voralpen-Klassiker mit Kraxelspaß

5.30 Std. | 12,6 km | ↗880 m | ↘880 m

Ein botanisches »Best of«

Die Besteigung des Schildensteins durch die Wolfsschlucht mit einfachem Rückweg über die Geißalm ist ein absoluter Klassiker der Bayerischen Voralpen und völlig zu Recht so bekannt und beliebt. Langweilig wird es auf dieser ungemein abwechslungsreichen Rundtour sicher nicht, geboten werden: eine Schlucht mit hübschen Gumpen, ein spannender Aufstieg mit Kraxeleinlagen, ein überraschend aussichtsreicher unverbauter Gipfel, ein gemütlicher Abstieg durch idyllische Almlandschaft und eine botanische Vielfalt, die kaum Wünsche offen lässt. Auch ein paar durchaus seltene Pflanzen lassen sich finden. Kurz gesagt: eine Bergtour »mit Allem«! Nur mit der großen Bergeinsamkeit sollte man vorsichtshalber nicht rechnen ...

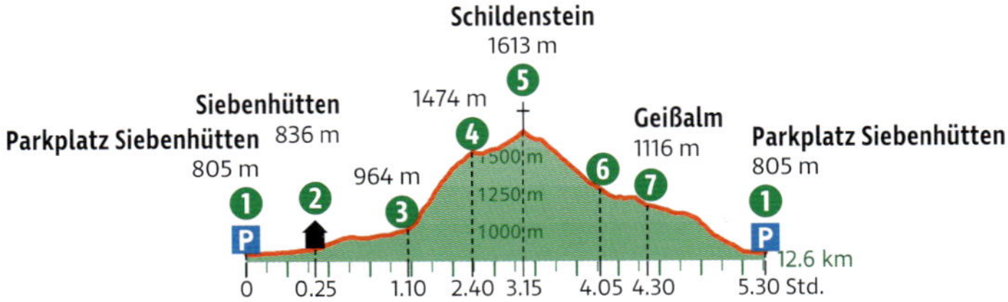

Ausgangspunkt: Parkplatz Siebenhütten / Gernberg, 805 m, an der B 307 ca. 3 km hinter Kreuth. Anfahrt mit dem Pkw über Tegernsee oder Bad Wiessee nach Rottach-Egern, von dort auf der B 307 nach Kreuth und weiter Richtung Achenpass; der Parkplatz befindet sich kurz hinter dem Abzweig nach Wildbad Kreuth (Navi: Parkplatz Siebenhütten, 83703 Kreuth; N47° 37.362' E11° 44.081'). Buslinie 9550 bzw. 9556 ab Tegernsee Bhf.

Anforderungen: Bis zum Beginn der Wolfsschlucht einfache breite Wege. Der Ausstieg aus der Klamm erfolgt über einen sehr steilen, schmalen Steig mit einigen exponierten Stellen (teilweise gesichert), hier sind Trittsicherheit, Schwindelfreiheit und Konzentration unerlässlich; stellenweise müssen auch die Hände zupacken. Abstieg über die Geißalm unschwierig auf nicht exponierten, stellenweise etwas geröligen Berg- und Almwegen.

Einkehr: Siebenhütten (bei Redaktionsschluss wegen Neubau geschlossen, Brotzeit erhältlich, Wiedereröffnung voraussichtlich August 2023), Königsalm (Variante, geöffnet Juni bis September, Dienstag Ruhetag) und Blaubergalm (Variante, geöffnet Mitte Mai bis Mitte Oktober).

Beste Jahreszeit: Juni bis Juli.

Varianten: 1) Von 4 Abstecher zur urigen Blaubergalm mit Bewirtschaftung und Käseverkauf (insgesamt ca. 45 Min. extra).

2) Von 6 Einkehr-Abstecher zur altehrwürdigen Königsalm (ca. 15 Min.); von dort Rückkehr zu 6 mit 100 Hm Gegenanstieg oder Direktabstieg zur Geißalm 7.

Hinweis: Die Tour darf erst unternommen werden, wenn der nordseitige Anstieg durch die Wolfsschlucht schnee- und eisfrei ist. Sonst sehr gefährlich!

Vom **Parkplatz Siebenhütten** ❶ folgen wir dem breiten Fahrweg über die Weißach, die jeweils erste Abzweigung nach links und rechts darf man ignorieren. Auch an der Abzweigung mit Schilderbaum gehen wir geradeaus weiter. An einer V-förmigen Gabelung halten wir uns rechts (Wegweiser »Schildenstein über Wolfsschlucht«). Mit dem schön gezeichneten Fuchs' Knabenkraut *(Dactylorhiza fuchsii)* und dem etwas unauffälligeren Großen Zweiblatt *(Neottia ovata)* tauchen die ersten Orchideen auf. Ob man auf dem landschaftlich großartigen Flachstück entlang der Hofbauernweißach auf dem Fahrweg bleibt oder lieber einen der kleinen Trampelpfade direkt am Bachufer nimmt, ist Geschmackssache. Auf jeden Fall ist der Uferbereich ein botanisches Schatzkästchen: Zwischen Rindsaugen *(Buphthalmum salicifolium)*, Großen Sterndolden *(Astrantia major)* und hellgelben Kelch-Simsenlilien *(Tofieldia calyculata)* wachsen etliche der ungemein filigranen Ästigen Graslilien *(Anthericum ramosum)* und mit den kräftigen rötlich- oder gelblich-braunen Sommerwurzen *(Orobanche* spec.*)* waschechte Vollschmarotzer ohne Blattgrün. Die Orchideenfraktion wird um imposante Exemplare der Mücken-Händelwurz (*Gymnadenia conopsea*, s. Steckbrief S. 222) erweitert. Einen Extra-Applaus für zwei der schönsten heimischen Orchideen! Die Sumpf-Ständelwurz *(Epipactis palustris)* verfügt über rötlich überlaufene Hüllblätter und eine weiße Lippe mit gelbem Farbfleck und roter Äderung. Sie dürfte dem Idealbild einer Orchidee schon ziemlich nahekommen, ebenso die Braunrote Ständelwurz *(Epipactis atrorubens)*, die durch die dunkelroten Einzelblüten samt gelbem Staubblatt wirklich nicht zu verwechseln ist.

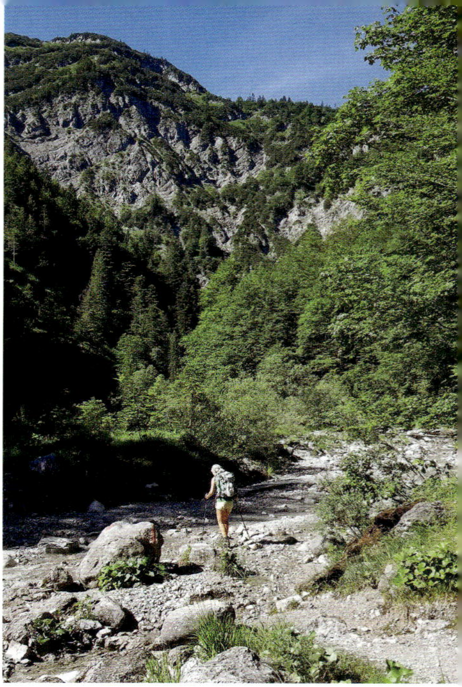

Auf dem Weg in die Wolfsschlucht.

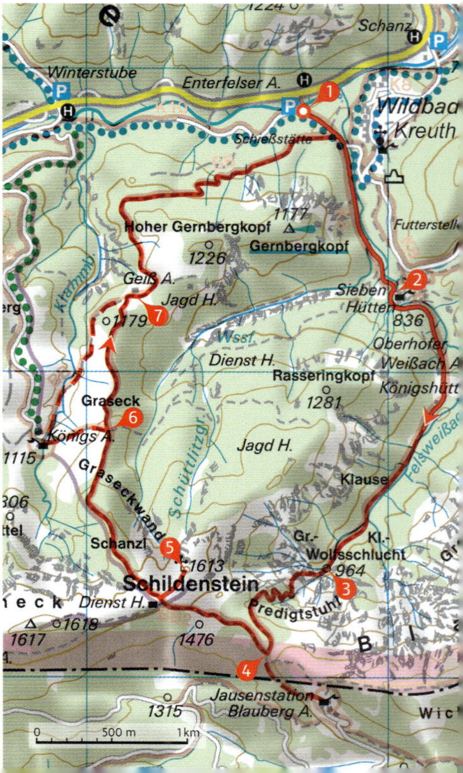

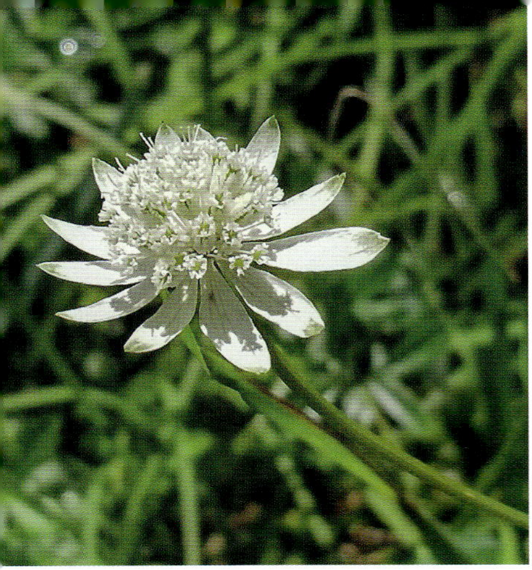

Die Große Sterndolde mag feuchte, halbschattige Standorte.

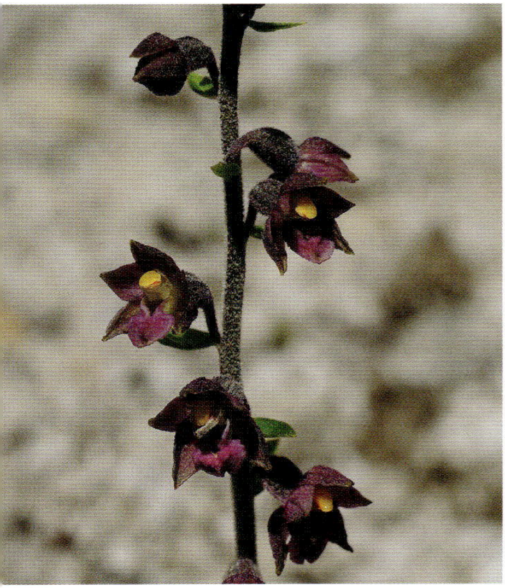

Die Braunrote Ständelwurz wurde 2022 Orchidee des Jahres.

Links taucht nun das ehemalige Almdorf **Siebenhütten** ❷ auf, das heutzutage nur noch aus vier Hütten – darunter eine Jausenstation (bei Redaktionsschluss wegen Neubau geschlossen) – besteht. Wer nicht einkehren will, geht an der Gabelung rechts weiter (Wegweiser »Wolfsschlucht«) und entdeckt an der Böschung zur Rechten mit der Grünlichen Waldhyazinthe *(Platanthera chlorantha)* und der Duft-Händelwurz *(Gymnadenia odoratissima)* weitere Orchideen. Das Gewöhnliche Fettkraut *(Pinguicula vulgaris)* ist, ebenso wie sein Verwandter, das Alpen-Fettkraut (*Pinguicula alpina*, s. Steckbrief S. 43), ein Fleischfresser, blüht im Gegensatz zu diesem aber lila. Der breite Weg schlängelt sich nun in Kehren durch ein Waldstück, dort treffen wir die typischen Vertreter schattiger Standorte: den mannshohen Wald-Geißbart *(Aruncus dioicus)* mit seinen cremefarbigen Blütenrispen, die beigefarbene Vogel-Nestwurz (*Neottia nidus-avis*, s. Steckbrief S. 192), den hochgiftigen Wolfs-Eisenhut *(Aconitum lycoctonum)* mit seinen hellgelben, originell geformten Blüten und den zarten, hellblauen Nesselblättrigen Ehrenpreis *(Veronica urticifolia)*.

Wir passieren ein Gatter und eine hübsche Almhütte und durchqueren eine Kuhweide, wo sich der Bewuchs schlagartig ändert. Wo die Kühe über viele Jahre für reichlich Dünger gesorgt haben, entwickelte sich ein typischer Lägerflur mit Alpen-Ampfer *(Rumex alpinus)* und Alpen-Greiskraut *(Senecio alpinus)*. An der nächsten Gabelung biegen wir links ab, der breite Fahrweg wird nun zu einem Pfad, der flach in die immer enger werdende Schlucht führt. Des Öfteren müssen kleine Bachläufe übersprungen werden, zahlreiche wunderschöne Gumpen versprechen Erfrischung an heißen Tagen. Rindsaugen, der leicht zu übersehende, aber hochinteressante Knöllchen-Knöterich (*Bistorta vivipara*, s. Steckbrief S. 81) und beide Waldhyazinthen-Arten, Grünliche und Weiße Waldhyazinthe *(Platanthera bifolia)*, bewachsen die Böschungen, später im Jahr muss es hier große Bestände von Schwalbenwurz-Enzian *(Gentiana asclepiadea)* geben. Den Abzweig nach links zur kleinen Wolfsschlucht darf man ignorieren. Bewimperte Alpenrosen (*Rhododendron hirsutum*, s. Steckbrief S. 211) besiedeln die Uferböschungen, die immer enger zusammenrücken, teilweise ist der Weg mehr oder weniger in den Bach integriert. Kurz weitet sich das Gelände nochmals für das grandiose Finale am **Ausstieg der Wolfsschlucht** ❸ mit Wasserfall und Gumpen. Hier hört dann auch der einfache Spazierweg auf, der nun folgende steile Anstieg aus der auf den ersten Blick ausweglosen Schlucht erfordert Schwindelfreiheit und Trittsicherheit.

Rechts vom Wasserfall geht es mit steilen Schrofenbänken und schmalen, teilweise etwas ausgesetzten Serpentinen los. In einem steilen, aber kaum exponierten Waldstück kann man ein bisschen durchschnaufen und die reiche Bergflora bewundern: Großes Zweiblatt, Berg-Flockenblume *(Cyanus montanus)*, Vogel-Nestwurz, Wolfs-Eisenhut und Weiße Schwalbenwurz (*Vincetoxicum hirundinaria*, s. Steckbrief S. 75) fühlen sich hier wohl. Mit Braunroter Ständelwurz, Breitblättriger Ständelwurz *(Epipactis helleborine)* und der pink getupften Türkenbund-Lilie (*Lilium martagon*, s. Steckbrief S. 179) sind einige besonders fotogene Pflanzen vertreten. Wieder sind ein paar schrofige, ausgesetzte Passagen zu bewältigen, bei denen auch mal die Hände zupacken müssen (teilweise gesichert); zur Entspannung folgen wiederum vergleichsweise gemütliche Serpentinen im Wald. Noch einmal muss man über ein paar Schrofenrinnen und -hänge kraxeln, die Querung einer unangenehm bröseligen Rinne ist erfreulicherweise gut gesichert.

Bald darauf ist eine Kuppe erreicht, das Gelände lehnt sich spürbar zurück – die anspruchsvollsten Stellen der Tour sind geschafft! Belohnt werden wir mit der üppigsten Blu-

Im Sommer ein Vergnügen: kaltes Bergwasser für müde Füße.

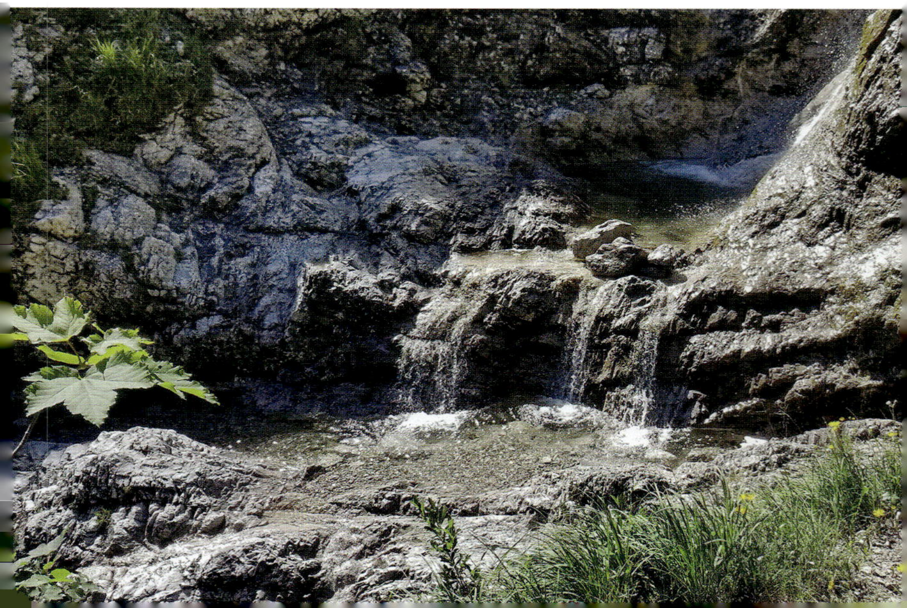

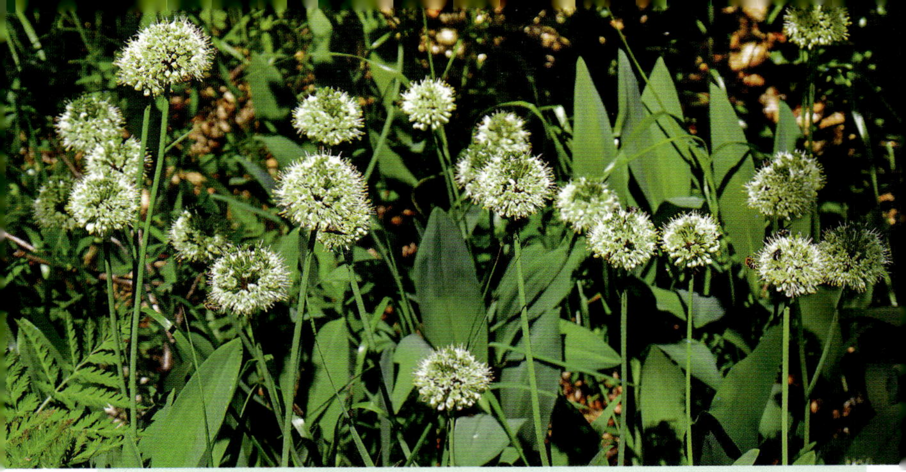

Allermannsharnisch *(Allium victorialis)*
Familie: *Amaryllisgewächse (Amaryllidaceae)*
Alias: *Siegwurz-Lauch, Bergknoblauch, Sigmarslauch, Siegmarsmännlein*
Standort: *Bergwiesen, Hochstaudenflure und grasige Hänge der Höhenstufen 1000–2500 m. Also ein echter Bergbewohner!*
Blütezeit: *Juni bis August*
Charakteristik: *Bis 60 cm hoch, schon vor der Blüte an bis zu 20 cm langen, elliptischen Blättern zu erkennen, intensiver Lauchduft. Blütenknospen in durchsichtige Häutchen verpackt, später vielblütige, kugelförmige Blütenstände, hell- bis grünlichgelb. Meist in größeren Beständen.*
Status: *Ungefährdet, nach BArtSchV nicht besonders geschützt. Nach T-NV ungeschützt.*
Verwandtschaft: *Bärlauch, andere Lauch-Arten*
Wissenswertes: *Die Wurzel des Allermannsharnisch weist ein feines, netzartiges Geflecht aus Härchen auf. Schon im Mittelalter hielt man Allermannsharnisch für ein probates Mittel gegen Unglück und bösen Zauber. Im Dreißigjährigen Krieg, als der gemeine Soldat meist schlecht ausgestattet und ohne Rüstung im Einsatz war, galt eine Allermannsharnisch-Zwiebel unter dem Hemd als zuverlässiger Schutz vor Verwundung. Sie war sozusagen Brustpanzer oder Kettenhemd (Harnisch) für den kleinen Mann (Allermann).*

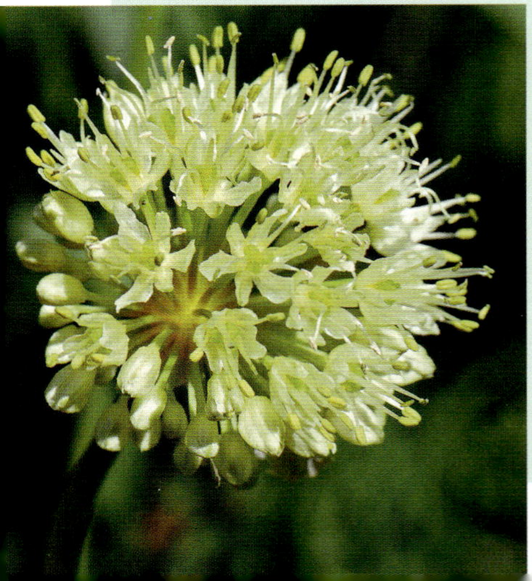

Der Allermannsharnisch ist in Anwendung und Wirkung mit dem Bärlauch zu vergleichen. Auch wenn er nicht explizit geschützt ist: Bitte lassen sie ihn stehen. So große Vorkommen gibt es davon nun auch nicht mehr. Leider sieht man immer wieder Personen im Gebirge umherstreifen, die riesige Mengen »Bergknoblauch« pflücken und an die Gastronomie verkaufen.

menpracht, die man sich vorstellen kann: Der Allermannsharnisch *(Allium victorialis*, s. Steckbrief S. 160) mit den hellgelben, kugelförmigen Blütenständen tritt hier gleich »felderweise« auf, dazwischen drängen sich die entzückenden Berghähnlein alias Narzissen-Windröschen *(Anemone narcissiflora)*, das schlanke Fuchs' Knabenkraut, die originell geformten Schwarzen Teufelskrallen *(Phyteuma nigrum)* und Bewimperte Alpenrosen. Ein angenehmer Weg leitet nun durch einen harmlosen Mix aus Wiesen- und Latschengelände. Die offeneren Stellen werden von Gewöhnlichem Wundklee *(Anthyllis vulneraria)*, Weißer Silberwurz *(Dryas octopetala*, s. Steckbrief S. 167), Kugel-Teufelskrallen *(Phyteuma orbiculare)* und Trollblumen *(Trollius europaeus)* besiedelt. Gemütlich erreichen wir den quer verlaufenden Blaubergkamm und halten uns an der nächsten **Verzweigung** ❹ rechts (Wegweiser »Schildenstein«); links könnte man in 20 Minuten die bewirtschaftete Blaubergalm (bekannt für ihre hausgemachten Almprodukte) besuchen.

Wir spazieren in gutmütigem Wiesengelände direkt auf den Gipfelaufbau des Schildensteins zu und bewundern unterwegs den kunterbunten Mix aus gelbem Glattem Brillenschötchen *(Biscutella laevigata)*, orangefarbenem Gold-Pippau *(Crepis aurea)*, den Rosatönen von Mittlerem Wegerich *(Plantago media)* und Alpen-Steinquendel *(Acinos alpinus)* sowie dem satten Blau der Kugel-Teufelskrallen. Die breiten, wechselständigen Blätter verraten schon die vielen Exemplare des Weißen Germers *(Veratrum album)*, die aber erst ab dem Hochsommer blühen werden. Wir gehen zunächst im Süden unterhalb des Gipfels entlang. Auf den schütteren, steinigen Wiesen lohnt sich ein besonders genauer Blick: Großblütige Enziane *(Gentiana clusii)* und Mehl-Primeln *(Primula farinosa)* sind zwar teilweise schon am Verblühen, dafür beginnen Kalkalpen-Frauenmantel *(Alchemilla alpigena)*, Knöllchen-Knöterich und Duft-Händelwurz gerade mit der Blüte. Für das botanische Highlight kommen noch zwei weitere Orchideen dazu: die Schwarzen Kohlrös-

Der Gipfelaufbau des Schildensteins ist steil, aber nicht schwierig.

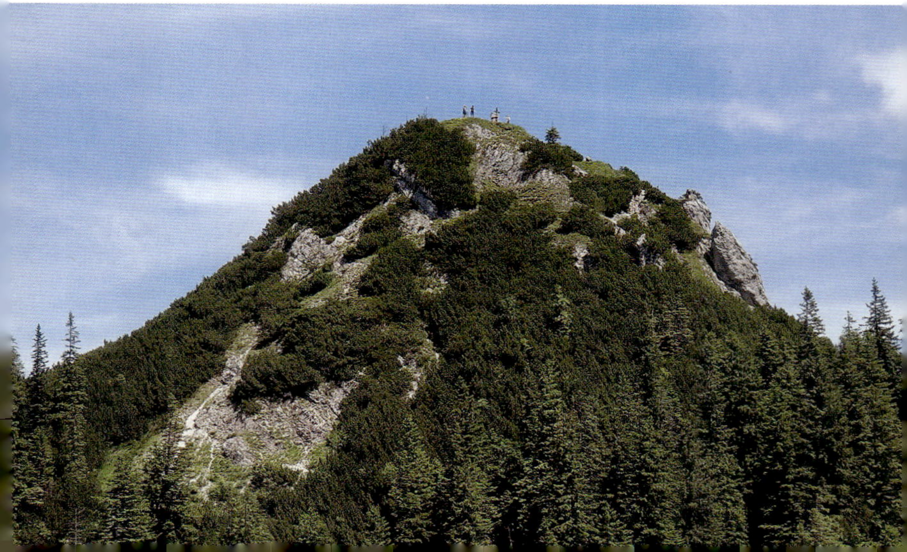

chen *(Nigritella rhellicani)* mit ihren extrem dunkelroten, kegelförmig zusammengesetzten Blütenständen sind ja noch vergleichsweise leicht zu finden, für die auf derselben Wiese siedelnden Grünen Hohlzungen *(Coeloglossum viride)* mit den wenig auffälligen, aber sehr formschönen Blüten in den Variationen grünlich, gelblich und rötlich braucht man schon geübte Augen – oder entsprechende Geduld.

An einer beschilderten Gabelung, umgeben von Berg-Baldrian *(Valeriana montana)*, Wald-Storchschnabel *(Geranium sylvaticum)* und Schwarzvioletten Akeleien (*Aquilegia atrata*, s. Steckbrief S. 186), beginnt der kurze Gipfelanstieg zum **Schildenstein ❺**, 1613 m. Über recht steile, aber unschwierige Serpentinen erreichen wir zügig den höchsten Punkt der heutigen Tour. Auf diesem vergleichsweise niedrigen Gipfel hat man so ein umfassendes Rundum-Panorama vielleicht gar nicht erwartet. Auf allen Seiten »unverbaut« schweift der Blick im Osten und Westen über die gesamten Bayerischen Voralpen, vorbei an der schroffen Nordwand des Guffert zu den Brandenberger Alpen im Süden, über den Achensee hinweg ins Karwendel und im Südwesten zum Wetterstein- und Estergebirge. An klaren Tagen spitzen sogar die hohen Gipfel der Tuxer Alpen und des Zillertaler Hauptkamms hervor.

Zurück an der Gabelung unterhalb des Gipfelaufstiegs halten wir uns nun rechts und folgen dem einfachen, etwas gerölligen Weg durch Latschengassen um die Graseckwand herum. Dabei begleitet uns ein Potpourri der bekannten Pflanzen. Auf besonders steinigen Flächen treffen wir das Kopfige Läusekraut *(Pedicularis rostratocapitata)* an, das als Halbschmarotzer seinen Wasserbedarf bei der jeweiligen Wirtspflanze abzapft. Wir schwenken nach Norden und folgen dem ausgeprägten, behäbigen Rücken – links unter uns breiten sich bereits die weitläufigen Almflächen der Königsalm aus. Das nun folgende Wegstück ist botanisch recht ergiebig: Der vom Aufstieg bekannte Allermannsharnisch taucht

Schon beim Aufstieg reicht der Blick weit nach Süden.

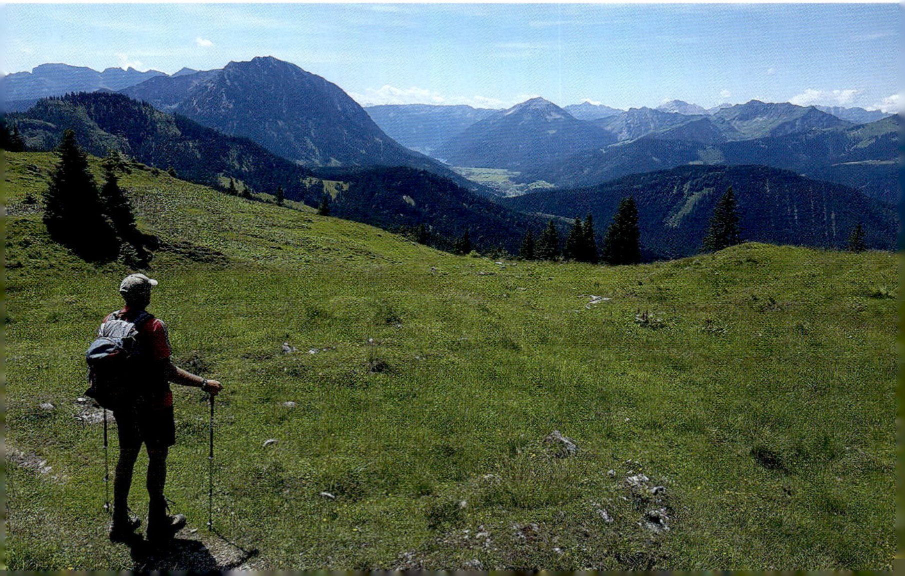

plötzlich wieder in großen Beständen auf, dazu Berg-Flockenblumen, Fuchs' Knabenkraut, Große Sterndolden, die länglichen weißen Ährigen Teufelskrallen *(Phyteuma spicatum)* und einige Türkenbund-Lilien.

An einer beschilderten **Gabelung 6** könnte man in etwa 15 Minuten links zur Königsalm (zur Weidesaison bewirtschaftet) absteigen, muss dann aber nach der Einkehr mit vollem Bauch die knapp 100 Hm wieder hinaufschnaufen. (Wer auf direktem Weg von der Königsalm zur Geißalm geht, verpasst mit dem Brand-Knabenkraut ein weiteres botanisches Highlight.) Wer nicht einkehren will, geht geradeaus weiter. Das nun folgende Teilstück ist botanisch eher uninteressant, zu hoch konzentriert ist hier der von den Kühen produzierte Dünger. Am Ende der Kuhweide auf Höhe eines leichten Gegenanstiegs wird es dafür umso spektakulärer: Nicht nur, dass hier die wunderschönen Braunroten Ständelwurze in rauen Mengen wachsen, auch einige Exemplare des seltenen und ungemein prachtvollen Brand-Knabenkrauts *(Neotinea ustulata)* sind zu finden. Die Blüten mit der weißen Lippe und den dunkelroten Punkten sowie die dunkelroten »Blütenhelme« und Knospen verleihen den Blütenständen den charakteristischen Farbverlauf.

Beschwingt bringen wir den Abstieg über einfaches Wiesengelände zur unbewirtschafteten **Geißalm 7**, 1116 m (auch Gaisalm), hinter uns und wandern auf einem wunderschönen Panoramaweg hoch oberhalb der Schlucht des Klammbachs talauswärts nach Norden. In den halbschattigen Hängen zur Rechten wachsen Waldhyazinthen, Schwarzviolette Akeleien und die entzückenden weißen Ästigen Graslilien. Wir tauchen in den Wald ein und arbeiten uns über viele, manchmal etwas wurzelige Kehren in den Talgrund hinunter. Eine unbeschilderte V-Gabelung muss uns kein Kopfzerbrechen bereiten: Beide Tangenten treffen nach wenigen Metern auf denselben, schon vom Hinweg bekannten quer laufenden Fahrweg. Wir biegen links in diesen ein und erreichen nach wenigen Minuten wieder den **Parkplatz Siebenhütten 1**.

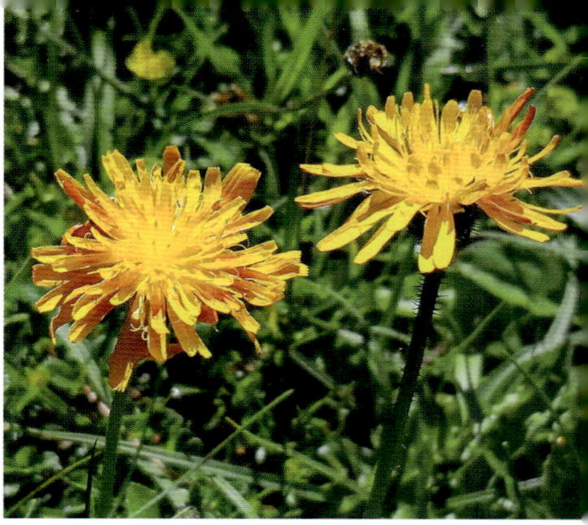

Gold-Pippau.

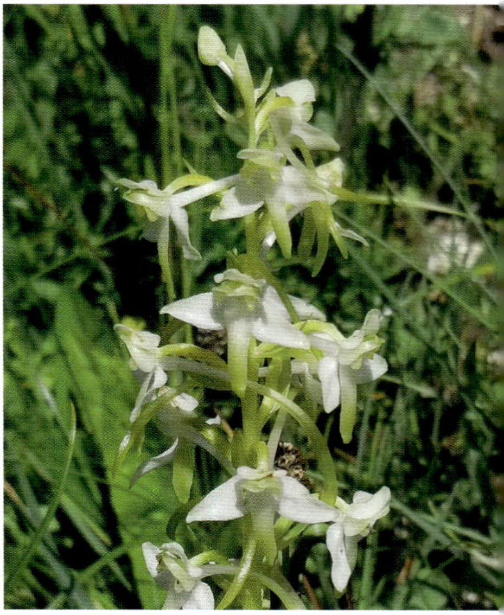

Grünliche Waldhyazinthe.

21 Österreichischer Schinder, 1808 m

Entspannte Südseiten-Tour in den Tegernseer Bergen

5.30 Std. | 11,5 km | ↗930 m | ↘930 m

Kunterbunte Frühsommer-Botanik mit Orchideen-Begleitung

Der frei stehende Bergstock des Schinders, bei dem die beiden Gipfel gerecht auf Tirol und Bayern aufgeteilt sind, bildet sozusagen die östliche – und ruhigere – Fortsetzung der bekannten und stark frequentierten Blauberge. Blumenfreunden sei der einfache und überwiegend südseitige Anstieg auf den Österreichischen Schinder (in manchen Karten auch Trausnitzberg genannt) über die Trausnitzalm empfohlen, der meist schon früh im Jahr schneefrei ist. Schinden muss sich hier niemand, nur bei hochsommerlichen Temperaturen macht der Berg bisweilen seinem Namen alle Ehre. Die umfassende Aussicht vom höchsten Punkt reicht an klaren Tagen sogar bis zu den schneebedeckten Gipfeln der Hohen Tauern und des Zillertaler Hauptkamms. Botanische Highlights sind sicher die stattlichen Bestände der beiden besonders prachtvollen Orchideen Frauenschuh und Schwertblättriges Waldvögelein, aber auch das besonders artenreiche Potpourri alpiner Frühsommerblüher insgesamt.

Ausgangspunkt: Wanderparkplatz Valepp, 878 m, an der Zusammenkunft der Fahrstraßen von Enterrottach und vom Spitzingsee. Anfahrt mit dem Pkw von Tegernsee über Rottach-Egern und Enterrottach auf einer 15 km langen, schmalen Mautstraße; begrenzte Parkmöglichkeiten (Navi: Wanderparkplatz Valepp, 83727 Schliersee; N47° 37.202' E11° 53.383'); alternativ Parkplatz am Forsthaus Valepp, dann 10 Min. zusätzlich. Von Schliersee Bhf. mit Bus 9562 zum Spitzingsee und von dort mit Bus 9560 in die Valepp, Haltestelle Johannesbrücke (nur Mitte Mai bis Mitte Oktober).

Anforderungen: Sehr gut angelegter Bergsteig in meist angenehmer Steigung, zu Beginn an einer Schlucht stellenweise leicht ausgesetzt (Trittsicherheit erforderlich). Im Gipfelbereich etwas steiler mit ausgewaschenen Latschengassen, aber nicht exponiert.

Einkehr: Trausnitzalm (an manchen Tagen Getränkeverkauf). Wiedereröffnung vom Forsthaus Valepp für 2024 geplant.

Beste Jahreszeit: Ende Mai bis September.

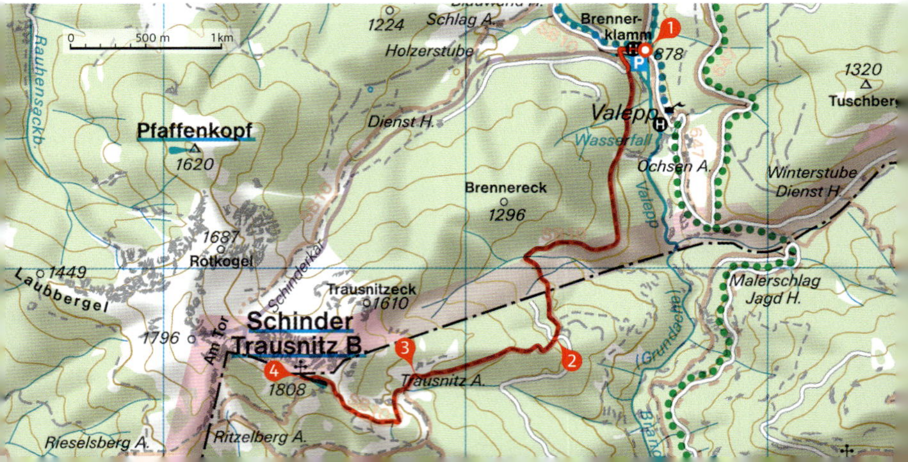

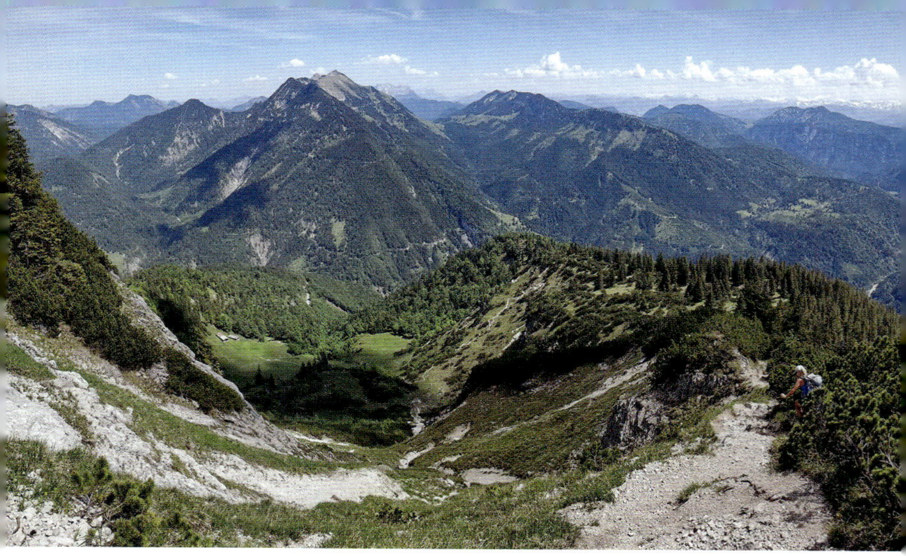

Blick über die Trausnitzalm hinweg zu Hinterem Sonnwendjoch und Veitsberg.

Vom **Wanderparkplatz** ❶ gehen wir ca. 100 m talauswärts, bis wir die Weiße Valepp auf einer Brücke überqueren können. Auf dem breiten, recht steilen Forstweg werden wir sofort auf Betriebstemperatur gebracht. Gleich in der ersten Kehre, wo der breite Weg nach rechts abknickt, folgen wir einem beschilderten Steig geradeaus (Wegweiser »Schinder über Trausnitzalm«). Der schmale, aber gut angelegte Weg schlängelt sich zunächst durch den Wald und dann, stellenweise leicht exponiert, am Rand einer Schlucht entlang. Die Tour beginnt gleich mit einigen botanischen »Wow-Effekten«: In den sonnigeren Bereichen wachsen nämlich einige besonders fotogene Orchideen: die zarte Mücken-Händelwurz (*Gymnadenia conopsea*, s. Steckbrief S. 222), das besonders schön gezeichnete, von weiß bis rosa variierende Fuchs' Knabenkraut *(Dactylorhiza fuchsii)* und das strahlend weiße Schwertblättrige Waldvögelein *(Cephalanthera longifolia)* mit den langen, spitzen Blättern; auch das weniger auffällige, grünliche Große Zweiblatt *(Neottia ovata)* gehört zu dieser Pflanzenfamilie. Blauviolette Berg-Flockenblumen *(Cyanus montanus)* und große Büschel der Weißen Schwalbenwurz (*Vincetoxicum hirundinaria*, s. Steckbrief S. 75) mit winzigen, windradförmigen Blütchen flankieren den Weg. An schattigeren Stellen gedeihen die Schwarzvioletten Akeleien (*Aquilegia atrata*, s. Steckbrief S. 186) mit

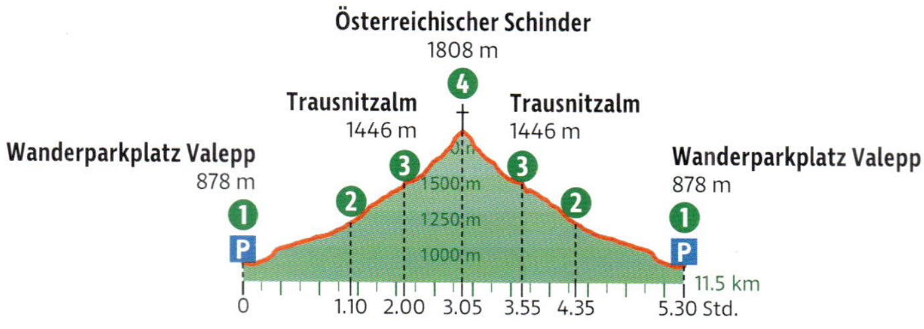

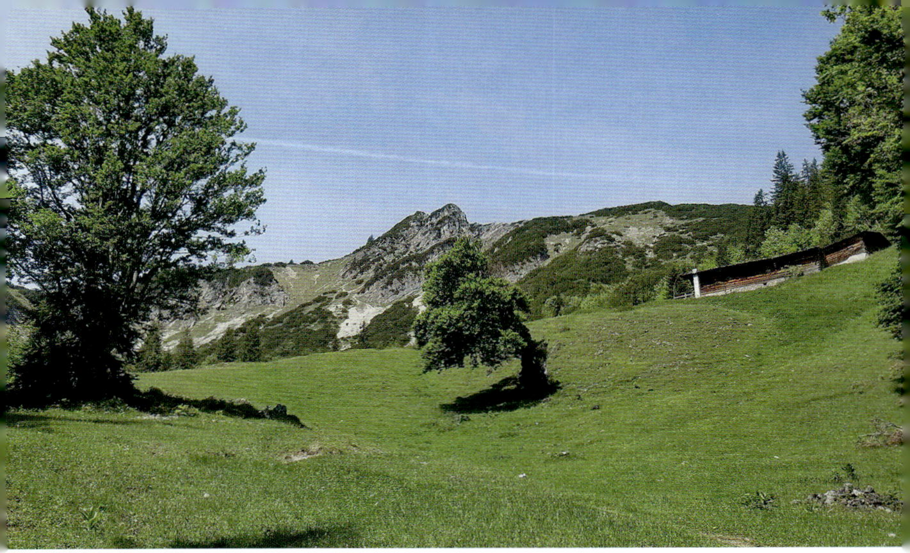

An der Trausnitzalm ist das Gipfelziel schon einsehbar.

ihrer bizarren Blütenform und die beigefarbene Vogel-Nestwurz (*Neottia nidus-avis*, s. Steckbrief S. 192); auch einige kleinere Bestände an Gelbem Frauenschuh (*Cypripedium calceolus*, s. Steckbrief S. 117) blitzen schon durch das Gebüsch.

Wir gelangen in ein weiteres Waldstück – die ausgesetzten Stellen sind vorbei – und halten uns an einem Bachübergang scharf links. Kurz danach ist nochmals ein Wasserlauf zu queren, ein Seil hilft über die glitschigsten Stellen hinweg. Nun muss man eine kleine Schlucht ausgehen, bevor man an den dritten Bachübergang kommt, an dem es botanisch wieder hochinteressant wird. Zwischen lilafarbenem Wald-Storchschnabel *(Geranium sylvaticum)*, Berg-Flockenblumen und rosa Berg-Baldrian *(Valeriana montana)* leuchten große Horste mit Gelbem Frauenschuh, manche davon direkt am Wegrand – besser kann man es zum Fotografieren nicht treffen! Wüsste man nicht, dass noch eine ganze Bergtour vor einem liegt, würde man gleich hier sitzen bleiben!

Über ein paar ausgewaschene Schrofen geht es unschwierig weiter, oberhalb dieser Geländestufe übernehmen mit dem Großblütigen Enzian *(Gentiana clusii)* und dem Gewöhnlichen Wundklee *(Anthyllis vulneraria)* allmählich typische Bewohner alpiner Rasen. Unser Weg mündet in einen quer laufenden **Forstweg** ❷ ein, setzt sich aber wenige Meter weiter rechts fort. In angenehm zu begehenden Serpentinen gewinnen wir Höhe, Waldstücke wechseln mit sonnigen Lichtungen. Zum allgegenwärtigen Wald-Storchschnabel gesellen sich nun viele Trollblumen *(Trollius europaeus)* mit ihren sonnengelben, kugeligen Blütenköpfen und der ebenfalls gelb blühende Hainsalat *(Aposeris foetida)* mit den markanten trapezförmigen Blättern. Alpen-Steinquendel *(Acinos alpinus)* und das zarte, lilablaue Bittere Kreuzblümchen *(Polygala amara)* fühlen sich an niedrig bewachsenen Stellen wohl.

Unvermittelt betreten wir die freien Flächen der **Trausnitzalm** ❸, 1446 m, und spazieren hinauf zu

Weiße Silberwurz *(Dryas octopetala)*
Familie: *Rosengewächse (Rosaceae)*
Standort: *Alpine Rasen und Matten, gerne kalkhaltige Böden in voller Sonne, Felsflure; ca. 1200–2500 m*
Blütezeit: *Juni bis August*
Charakteristik: *Nur ca. 10 cm hoch; bildet mit immergrünen Blättern und kriechenden, verholzenden Trieben ganze Teppiche (überzieht gerne Felsen und Baumstümpfe). Zweige liegen flach am Boden, werden bis zu 1 m lang. Laubblätter markant gekerbt, fühlen sich ledrig an; auf der Oberseite dunkelgrün glänzend, Unterseite filzig weiß behaart. Blüte strahlenförmig mit meist acht Kronblättern (für Rosengewächse ungewöhnlich, daher octopetala). Staubblätter zahlreich, leuchtend goldgelb, Kelchblätter dunkel behaart. Nach der Blüte Verlängerung der Griffel und Bildung silbriger Federchen.*
Status: *Ungefährdet und nicht besonders geschützt*
Wissenswertes: *Die schüsselförmigen Blüten werden exakt der Sonne nachgeführt und wirken wie eine Parabolantenne. So einen aufgewärmten, windgeschützten Platz schätzen Insekten sehr. Die Pflanze ist ausgesprochen langlebig (bis zu 100 Jahre) und kälteresistent. Die Weiße Silberwurz kam auch außerhalb der Botanik zu Ehren, wurde doch eine ganze Kaltzeit nach ihr benannt, die Dryaszeit oder Jüngere Dryas. Damals war die Weiße Silberwurz nämlich von den Alpen bis ins nördliche Skandinavien verbreitet, wie Pollenanalysen beweisen.*

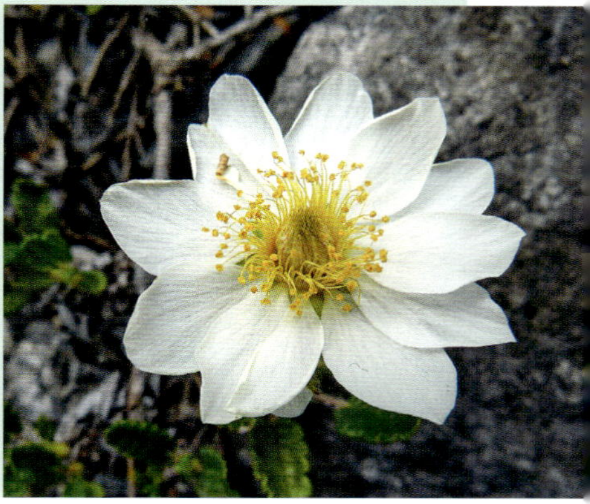

den altehrwürdigen Almgebäuden, wo man mit schönen Blicken zum Hinteren Sonnwendjoch und dem Veitsberg gegenüber eine angenehme Rast einlegen kann. Hier wechselt die Vegetation. Wir haben einen typischen Lägerflur vor uns, wo Kühe mit ihren Hinterlassenschaften in vielen Almsommern für eine im Bergland ungewöhnliche Düngung gesorgt haben. Typische Lägerflur-Pflanzen finden wir direkt vor der Hütte: Brennnesseln, Alpen-Ampfer *(Rumex alpinus)* und massenhaft Guter Heinrich *(Blitum bonus-henricus)*. Letzterer kann auch als Wildgemüse dienen und hat den Beinamen »Wilder Spinat«.

Frisch ausgeruht durchqueren wir das Almgelände nach links; unser Weg durchschneidet hier einen dichten, farbenfrohen Blütenteppich: Frühlings-Enziane *(Gentiana verna)* wechseln sich mit Großblütigen Enzianen ab, Herzblättrige Kugelblumen *(Globularia cordifolia)* bringen noch einen zarteren Blauton dazu, Gewöhnlicher Wundklee und Schopf-Hufeisenklee *(Hippocrepis comosa)* leuchten in intensivem Gelb, während die Weiße Silberwurz (*Dryas octopetala*, s. Steckbrief S. 167) große Polster bildet. An einer Gabelung mitten in der Almwiese halten wir uns rechts (Wegweiser »Schinder«) und steigen in recht bequemen Kehren hinauf zum Ansatz des Südostgrats. Dabei begleiten uns neben Frühlings-Enzianen, Trollblumen und Sumpf-Herzblatt *(Parnassia palustris)* auch einige Exemplare des Alpen-Fettkrauts (*Pinguicula alpina*, s. Steckbrief S. 43) und Massen von Alpen-Hahnenfuß *(Ranunculus alpestris)*. Letzterer ist auf lang anhaltende Schneeabdeckung spezialisiert und entwickelt seine rundlich-nierenförmigen, gelappten Blätter bereits unter dem Schnee. Dass der Verzehr von einigen Blättchen Alpen-Hahnenfuß trittsicher und schwindelfrei wie eine Gämse macht, ist leider ein Märchen – vom Selbstversuch wird abgeraten, da der Alpen-Hahnenfuß wie alle Vertreter seiner Familie giftig ist.

Wald-Storchschnabel.

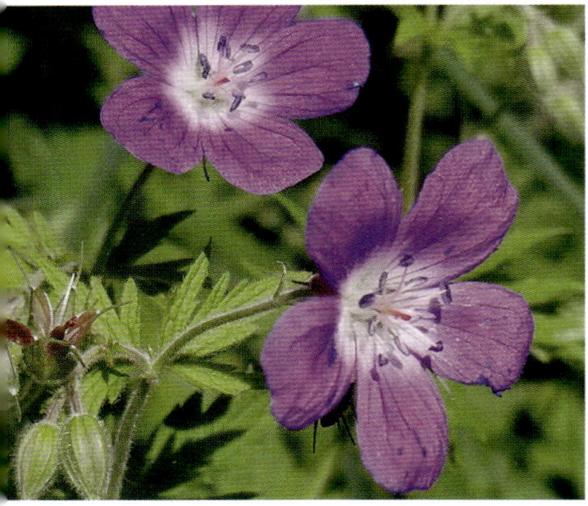

Zwergalpenrose.

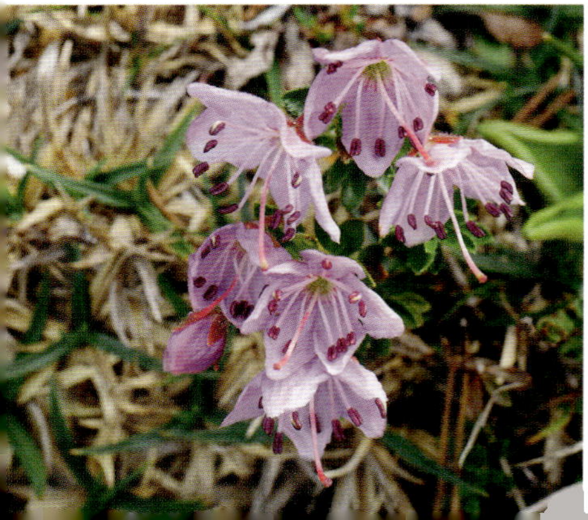

In weitem Bogen nach rechts erreichen wir den breiten Rücken, der nun die Route zum Gipfel vorgibt. Das Stattliche Knabenkraut *(Orchis mascula)* mit der typisch hellgrünen Grundblattrosette und den intensiv pinkfarbenen Blüten mit dem weißen Schlund macht seinem Namen alle Ehre. Zu all den bereits bekannten Pflanzen kommt mit der Alpen-Kuhschelle (*Pulsatilla alpina*, s. Steckbrief S. 172) noch ein besonderer botanischer Höhepunkt dazu. Die letzte Etappe hinauf zum Gipfelgrat führt unschwierig, aber schweißtreibend durch stellenweise steile und ausgewaschene Latschengassen. An felsigen Stellen wächst neben der Weißen Silberwurz hier auch das hinreißende Steinröschen *(Daphne striata)*, ein Verwandter des Seidelbasts, das intensiven Fliederduft verströmt. Am Grat müssen wir nur noch ein kurzes Stück nach links hinüberschlendern zum Gipfelkreuz des **Österreichischen Schinders ❹**, 1808 m. Die umfassende Aussicht schreit förmlich nach einer längeren Gipfelpause: Zu den umliegenden Gipfeln der Bayerischen Alpen kommen Ausblicke zum Wilden Kaiser, den Brandenberger Alpen und ins Karwendel. Wer mit den Sichtverhältnissen Glück hat, kann sogar die meist noch verschneiten Dreitausender im Zillertaler Hauptkamm und den Hohen Tauern bewundern.
Zurück nehmen wir denselben Weg. Bevor wir den Kamm verlassen, empfehlen sich wenige Meter extra auf den östlichen Nebengipfel mit dem Grenzstein. Hier wachsen auf engstem Raum dicht gedrängt wunderschöne Großblütige Enziane, Zwergalpenrosen *(Rhododthamnus chamaecistus)*, Weiße Silberwurze und leuchtend gelbe Fels-Aurikeln *(Primula auricula)*.

Aiplspitze, 1759 m, und Jägerkamp, 1746 m

22

Ungleiche Nachbarn im Spitzing-Gebiet

4.45 Std. | 10,1 km | ↗ 800 m | ↘ 800 m

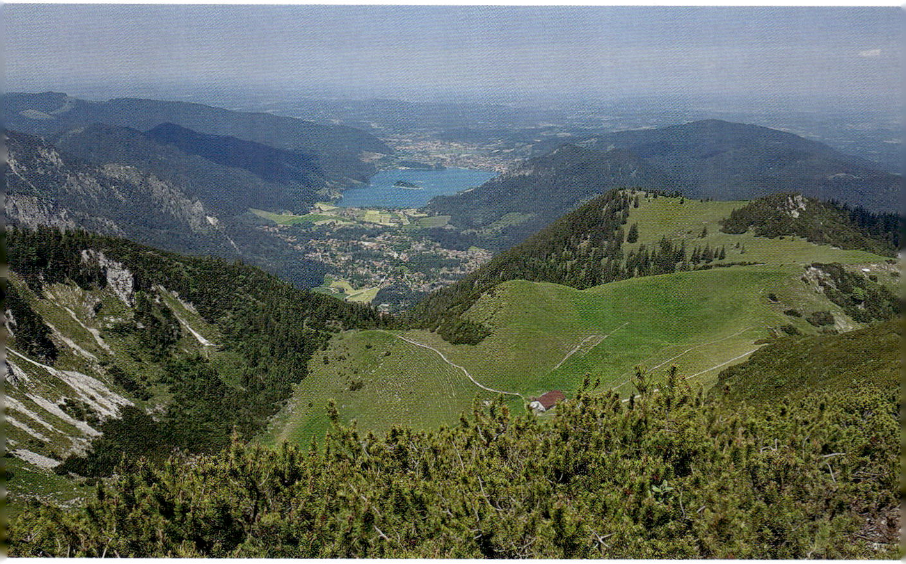

Blick vom Jägerkamp zur Jägerbauernalm (Variante) und zum Schliersee.

Im Reich der Kuhschellen

Trotz bisweilen hohen Besucherandrangs und stark ausgebauter Infrastruktur im Spitzing-Gebiet haben sich am einfach zu erreichenden Jägerkamp noch wirklich schöne und artenreiche Blumenwiesen erhalten. Besonderes Highlight sind im Juni die großen Bestände an Alpen-Kuhschellen. Geübtere Wanderer können gleich noch die Besteigung der benachbarten Aiplspitze in die Tour mit einbauen. Die beiden Gipfel haben ganz unterschiedliche Charaktere: Wo am Jägerkamp sanfte Grashänge und Latschengürtel dominieren, erweist sich der Gipfelaufbau der Aiplspitze als eher felsig. Entsprechend vielfältig ist die Botanik. Die beiden Gipfelziele ergänzen sich nicht nur bei den Blumen höchst vorteilhaft, sondern auch in puncto Aussicht. Dank dichtem Wegenetz kann die Tour nach eigenem Gusto abgewandelt werden.

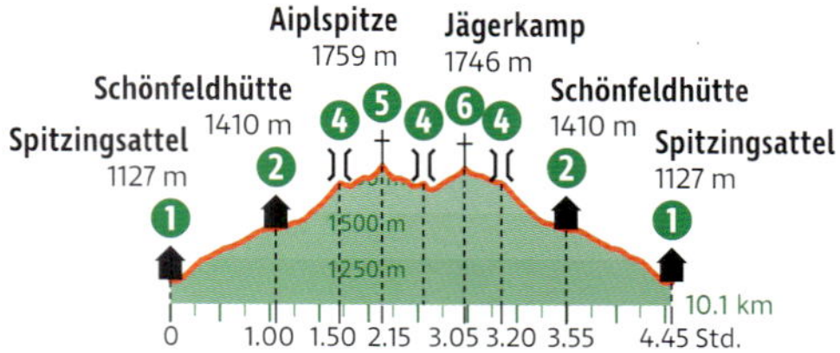

Ausgangspunkt: Spitzingsattel, 1127 m. Anfahrt mit dem Pkw auf der A8 bis Ausfahrt Weyarn, über Miesbach und Schliersee auf der B307 nach Fischhausen-Neuhaus. Kurz nach dem Ort rechts hinauf zum Spitzingsattel (Navi: Spitzingsattel, 83727 Schliersee; N47° 40.333' E11° 53.185'). Wer die Variante über die Jägerbauernalm gehen will und früh startet, kann eine der kostenlosen Parkbuchten unterhalb des Spitzingsattels ergattern; das reduziert den Gegenanstieg am Nachmittag.
Bus 9562 von Schliersee Bhf., Halt direkt am Spitzingsattel.

Anforderungen: Wer nur zum Jägerkamp will, ist auf gut gewarteten, nicht exponierten Bergwegen unterwegs, kurze Stücke können etwas steiler oder wurzelig ausfallen. Insgesamt aber eine leichte Tour mit moderaten Anforderungen an die Kondition (Tendenz zu Kategorie »Blau«). Beim Übergang zur felsigeren Aiplspitze sind kurze, etwas ausgesetzte Stellen zu überwinden, die aber objektiv nicht schwierig und meist gesichert sind (Schwindelfreiheit und Trittsicherheit trotzdem nötig). Am Aiplspitz-Westgrat muss man bisweilen auch die Hände einsetzen.

Einkehr: Am Spitzingsattel, Schönfeldhütte (ganzjährig geöffnet, alpenverein-muenchen-oberland.de/huetten/alpenvereinshuetten/schoenfeldhuette), Jägerbauernalm (Variante, zur Weidesaison geöffnet).

Beste Zeit: Ende Mai bis Anfang Juli (Kuhschellen), aber auch später im Jahr lohnend.

Varianten: 1) Wer keine ausgesetzten Stellen mag und die Tour lieber kurz halten möchte, kann die Aiplspitze natürlich einfach auslassen.

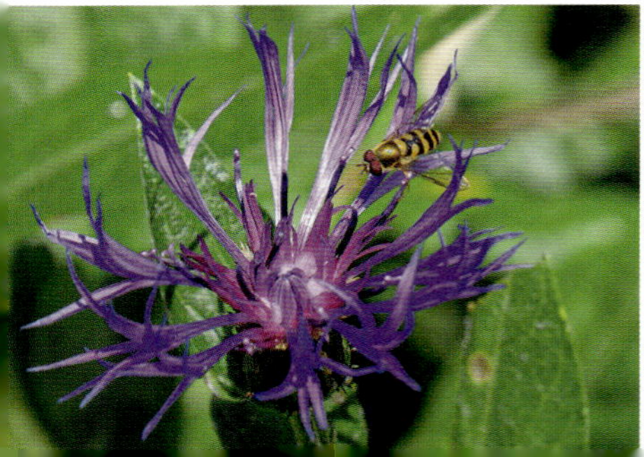

2) Wem es nichts ausmacht, am Ende der Tour auf der Spitzingstraße ca. 1 km und 100 Hm zum Spitzingsattel zurückzugehen, der kann vom Jägerkamp auf nicht beschildertem, aber deutlichem Steig nach Norden zur Jägerbauernalm absteigen. Dort folgen wir dem Wegweiser »Spitzingstraße« zum Waldrand und gehen auf gutem Zickzacksteig durch den Wald talwärts. Auf ca. 1350 m Höhe nehmen wir an einer unbeschilderten Gabelung den rechten Ast (s. Hinweis), steigen zur Spitzingstraße ab und kehren linker Hand zum Spitzingsattel (oder dem jeweiligen Parkplatz) zurück. Die nordseitigen Hänge oberhalb der Jägerbauernalm halten lange den Schnee und so wechseln wir bei diesem Abstieg sozusagen die Jahreszeit – statt üppig blühender Sommerwiesen herrscht hier noch Frühlingsmodus mit Großblütigem Enzian *(Gentiana clusii)*, Herzblättrigen Kugelblumen *(Globularia cordifolia)*, Gewöhnlichem Wundklee *(Anthyllis vulneraria)*, Mehl-Primeln *(Primula farinosa)* und Kopfigem Läusekraut *(Pedicularis rostratocapitata)*. Beim Abstieg im Wald treffen wir auf Pflanzen, die mit weniger Licht zurechtkommen: die Quirlblättrige Weißwurz *(Polygonatum verticillatum)* und die Akeleiblättrige Wiesenraute *(Thalictrum aquilegiifolium)*, die sich die Kronblätter ganz gespart hat und ihre zahlreichen Staubblätter als Schauapparat nutzt.

Hinweis Variante: Für den Jägerkamp-Nordhang gilt ein Wildschutz-Betretungsverbot bis einschließlich 14. Juli, der hier benutzte Weg ist aber davon ausgenommen. Weiter unten trifft man auf eine nicht beschilderte Gabelung. Der linke Weg würde zum Spitzingsattel zurückführen, wird aber nicht mehr gewartet. Im Sommer 2021 war er noch in passablem Zustand, allerdings weist er im Mittelteil sehr schmale und ausgesetzte Stellen im Steilgelände auf. Muren und Felsstürze können den Weg jederzeit unpassierbar machen. Er kann daher nicht empfohlen werden.

Berg-Flockenblume.

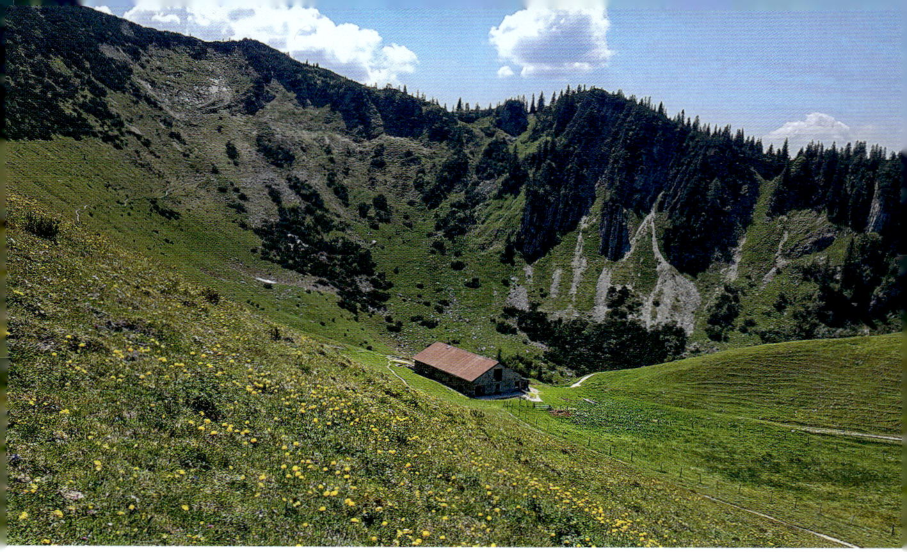

Die Wiesen um die Jägerbauernalm (Variante) sind im Frühsommer eine Pracht.

Am **Spitzingsattel** ❶ durchqueren wir links vom Brotzeitstüberl die Parkplätze und peilen zunächst die Spitzingalm an (Wegweiser »Schönfeldhütte / Jägerkamp«). Kurz vor dem Gebäude gehen wir durch den Viehzaun und folgen einem Steig in einem etwas steileren Aufschwung durch die Kuhwiesen zum Waldrand hinauf. Wald-Storchschnabel *(Geranium sylvaticum)* und die ersten Orchideen des Tages, imposante Exemplare des Stattlichen Knabenkrauts *(Orchis mascula)*, bilden dabei schöne Rosa-Lila-Schattierungen. Nun müssen wir auf recht steinigem und wurzeligem Weg ein kurzes Waldstück hinter uns bringen, Holzbohlen mit Maschendraht dienen dabei als Rutschschutz (manchmal auch als Stolperfalle). Begleitet werden wir von größeren Beständen des hochwüchsigen, weißen Eisenhutblättrigen Hahnenfußes *(Ranunculus aconitifolius)*.

Das unangenehme Teilstück ist bald überwunden, unvermittelt gelangt man an einer Geländekante wieder in die Sonne und zum Endpunkt eines breiten Forstwegs. Wenige

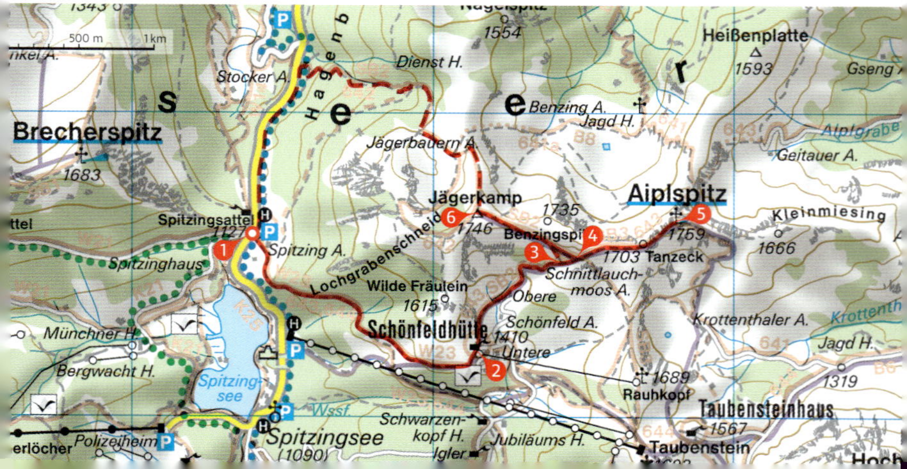

Alpen-Kuhschelle *(Pulsatilla alpina ssp. alpina)*
Familie: *Hahnenfußgewächse (Ranunculaceae)*
Alias: *Alpen-Küchenschelle, Alpen-Anemone*
Standort: *Alpine Matten und sonnige Bergwiesen auf kalkhaltigem Untergrund; bis 2700 m*
Blütezeit: *Mai bis Juli*
Charakteristik: *Bis 40 cm hoch, aufrechter Wuchs. Stattliche Blüten (bis 6 cm Durchmesser), sechs Hüllblätter, viele gelbe Staubblätter, Kelchblätter fehlen. Hüllblätter weiß, außen oft leicht bläulich angehaucht. Unter der Blüte eine Art »Spitzenkragen« aus drei hochblattartigen Stängelblättern; die doppelt dreiteilige Grundblätter entwickeln sich erst während der Blüte. Die behaarten Griffel verlängern sich nach der Blüte und bilden einen wirren Haarschopf (daher Trivialnamen Bergmannli, Wildes Männle oder Hexenbesen).*
Status: *Ungefährdet, nach BArtSchV aber besonders geschützt. Nach T-NV geschützt.*
Verwandtschaft: *Frühlingsküchenschelle, Schwefelgelbe Alpen-Kuhschelle*
Wissenswertes: *In halb geschlossenem Zustand erinnert die glockenähnliche Form der Blüte entfernt an eine Kuhglocke bzw. Kuhschelle. Auch der botanische Name Pulsatilla (pulsare = schlagen, läuten) geht in dieselbe Richtung. Der Begriff Küchenschelle hat übrigens nichts mit der Küche zu tun. Er bezieht sich ebenfalls auf eine Kuh, und zwar auf eine kleine Kuh, ein »Küh-chen« eben …*
Wie alle Hahnenfußgewächse enthalten Kuhschellen Protoanemonin, das bei Verletzung der Pflanze (pflücken!) freigesetzt wird. Äußerlich kann es Hautreizungen bis hin zur Blasenbildung auslösen, innerlich Erbrechen, Durchfall, Krämpfe und Lähmungserscheinungen.

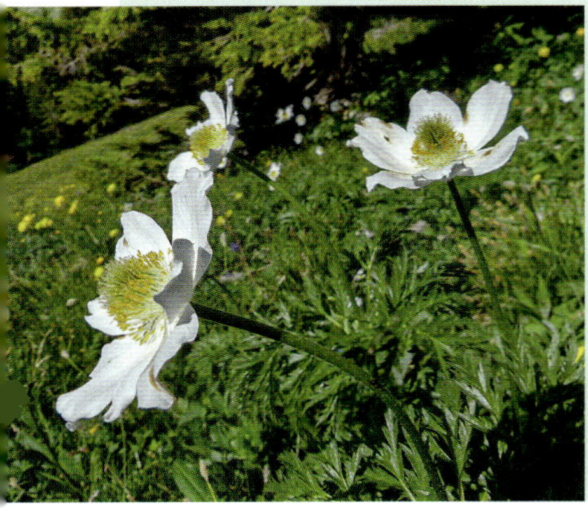

Schritte weiter verlassen wir ihn aber bereits wieder nach links (Wegweiser »Schönfeldhütte / Jägerkamp«) und betreten nun freies Gelände. In Sichtweite der Taubensteinbahn wandern wir durch ungemein artenreiche Bergwiesen: Neben dem bereits bekannten Stattlichen Knabenkraut erweitert die Mücken-Händelwurz (*Gymnadenia conopsea*, s. Steckbrief S. 222) die Orchideen-Fraktion; Wiesen-Bocksbart *(Tragopogon pratensis)* und Gold-Pippau *(Crepis aurea)* scheinen mit ihren gelben bzw. orangefarbenen Korbblüten direkt die Sonne imitieren zu wollen. Die weniger hoch bewachsenen Stellen teilen sich Kugel-Teufelskralle *(Phyteuma orbiculare)*, Gewöhnlicher Wundklee, Mittlerer Wegerich *(Plantago media)* und Alpen-Steinquendel *(Acinos alpinus)*, dessen intensiv nach Pfefferminze duftenden Blätter ihm auch den Beinamen Bergminze eingebracht haben. Berg-Flockenblumen *(Cyanus montanus)* und Wald-Storchschnabel ergänzen die Pracht mit Lila-Akzenten.

Nach einer Kuppe stehen wir unvermittelt direkt vor der **Schönfeldhütte ❷**, 1410 m, und können bereits für eine erste Brotzeit einkehren. Im Umkreis der Hütte treffen wir mit dem Breitblättrigen Knabenkraut (*Dactylorhiza majalis*, s. Steckbrief S. 88) auf eine weitere Orchidee; es ist an den breiten, meist gefleckten Blättern und dem gedrungenen Wuchs in der Regel gut zu identifizieren. Die großen, eiförmigen Blätter mit den markanten Längsrillen gehören übrigens dem Weißen Germer *(Veratrum album)*, der allerdings erst im Hochsommer blüht.

Mit leichtem Höhenverlust durchqueren wir einen wunderbar blumenreichen Wiesenkessel und steigen gegenüber hinauf zu den Holzhütten der Oberen Schönfeldalm. Die ganze Senke ist gefüllt mit einem bunten Durcheinander von Eisenhutblättrigem Hahnenfuß, Wald-Storchschnabel, Trollblumen *(Trollius europaeus)*, Alpen-Ampfer *(Rumex alpinus)* und Berg-Flockenblumen.

Hinter den Hütten leitet der gut angelegte Weg in Serpentinen eine etwas steilere Wiese hinauf. Dieses Teilstück ist derartig blumenreich, dass man ohnehin jegliche Anstrengung vergisst. Zu den bekannten Pflanzen kommen die Schwarzvioletten Akeleien (*Aquilegia atrata*, s. Steckbrief S. 186), deren dunkelrote, ausgesprochen formschöne Blüte einen Blick aus der Nähe lohnt. Der Name des zarten Glatten Brillenschötchens *(Biscutella laevigata)* erklärt sich erst, wenn sich nach der Blüte die jeweils zu zweit zusammengewachsenen, runden Früchte ausbilden, die tatsächlich an Nickelbrillen erinnern. Die filigranen Großen Sterndolden *(Astrantia major)* und der Berg-Baldrian *(Valeriana montana)* bringen eine zarte Weiß-Rosa-Komponente ins Bild. Die absoluten Stars dieses Wegabschnitts sind aber eindeutig die vielen strahlend weißen Alpen-Kuhschellen (*Pulsatilla alpina*, s. Steckbrief S. 172), die sich an diesem Hang offenbar besonders wohlfühlen.

Blumenreiche Wiesen an den Oberen Schönfeldalmen.

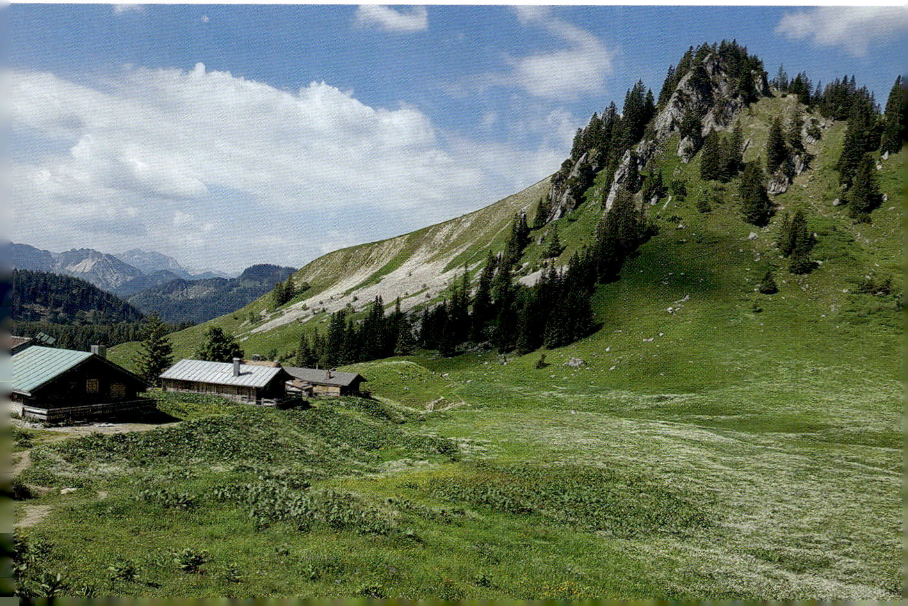

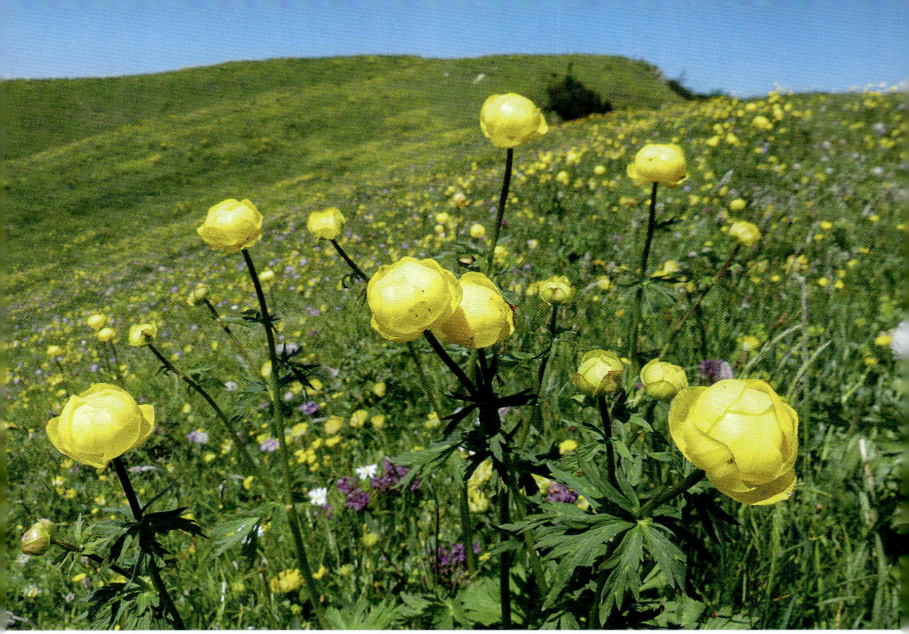

Trollblumen überziehen die Wiesen unterhalb des Jägerkamps.

Sofern man sich von diesem prachtvollen Anblick losreißen kann, gelangt man wenige Minuten danach zu einer beschilderten **Gabelung ❸**. Wer die Aiplspitze auslassen möchte, kann hier direkt links zum Jägerkamp abbiegen. Wir gehen aber zunächst rechts weiter, erreichen zügig einen **Sattel ❹**, 1664 m, und durchqueren rechts bequem einen schönen Wiesenkessel. Ab hier wird die Vegetation zunehmend alpiner: Zum Frühlings-Enzian *(Gentiana verna)*, dem sogenannten Schusternagerl, kommen mit dem Gewöhnlichen Katzenpfötchen *(Antennaria dioica)* und dem Quirlblättrigen Läusekraut *(Pedicularis verticillata)* zwei Gebirgspflanzen mit ungewöhnlichem Blütenaufbau. Das zartrosa bis weiß ausfallende Katzenpfötchen besteht aus mehreren polsterartigen Teilblütenständen, die mit etwas Fantasie wie ein von unten betrachteter Katzenfuß wirken. Das recht seltene Quirlblättrige Läusekraut aus der artenreichen Gattung der Läusekräuter (übrigens allesamt Halbschmarotzer) hat einen dicht gepackten Blütenstand aus intensiv pinkfarbenen Blüten mit dreiteiliger Unterlippe und abgerundeter Oberlippe (im Gegensatz zu Läusekräutern mit geschnäbelter Oberlippe). Die quirlständigen Stängelblätter sind besonders filigran eingeschnitten und oft rötlich überlaufen.

Bevor es wieder kräftiger bergauf geht, verlässt man den Wiesensattel im Latschenbereich durch einen Zaundurchschlupf nach links und gelangt so in die schattige Nordflanke des Tanzecks. Stellenweise leicht exponiert, quert der Steig nun durch die Felswand, an ausgewaschenen Stellen helfen solide Seilsicherungen weiter. Kurz darauf ist man schon wieder in einfacherem und sonnigem Gelände, eine abfallende Felsplatte wird mittels eines quer gespannten Seils in wenigen Schritten problemlos überwunden. Nun liegen die anspruchsvollsten Stellen hinter uns, bis zum Gipfel bewegen wir uns durchgehend in einem Mix aus Gehgelände und einfachen, kaum exponierten Schrofenbänken, die gelegentlichen Handeinsatz erfordern. Begleitet werden wir von typischen Gebirgspflanzen der felsigeren Regionen: der Weißen Silberwurz (*Dryas octopetala*, s. Steckbrief S. 167), der Zottigen Augenwurz *(Athamanta cretensis)* mit ihren zarten weißen Dolden und graugrünen, fast nadelförmigen Blättchen und schließlich dem intensiv duftenden Steinröschen *(Daphne striata)*, einem Verwandten des Seidelbasts. Vom felsigen Haupt der **Aiplspitze** ❺, 1759 m, reicht die Aussicht über die umliegenden Gipfel des Mangfallgebirges, im Norden zieht besonders das direkt gegenüberliegende Wendelsteinmassiv die Blicke an.

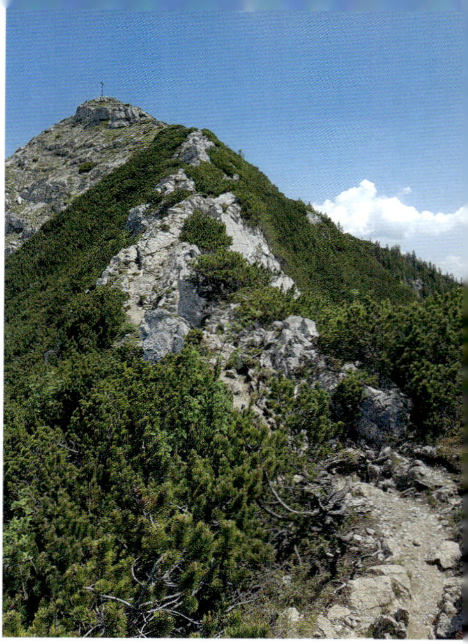

Felsiger Gipfelzustieg an der Aiplspitze.

Auf bekanntem Weg kehren wir nun in den **Sattel** ❹ zwischen Jägerkamp und Tanzeck zurück und halten uns an der Gabelung halb rechts. Auf sehr bequemem Weg queren wir durch die üppig und kunterbunt blühenden Bergwiesen. Ein Großaufgebot von Stattlichem Knabenkraut wechselt sich ab mit kräftigen Horsten von Trollblumen; an niedrig bewachsenen Stellen finden wir große Mengen Gewöhnlicher Wundklee, Quirlblättriges Läusekraut und Frühlings-Enzian. In den Latschengassen, die schließlich völlig unschwierig zum Gipfel des **Jägerkamp** ❻, 1746 m, führen, kommen mit dem gelb-weißen Zwergbuchs *(Polygala chamaebuxus)* und dem Alpen-Hahnenfuß *(Ranunculus alpestris)* noch zwei besonders robuste Alpenbewohner hinzu. Vom Jägerkamp aus ergänzt sich das Bild um den westlichen Teil des Mangfallgebirges, der Blick nach Norden über den in grüne Hügel eingebetteten Schliersee hat schon fast Postkarten-Charakter.

Wer nicht die etwas weitere Variante über die Jägerbauernalm gehen möchte, kehrt auf bekanntem Weg zum Spitzingsattel zurück.

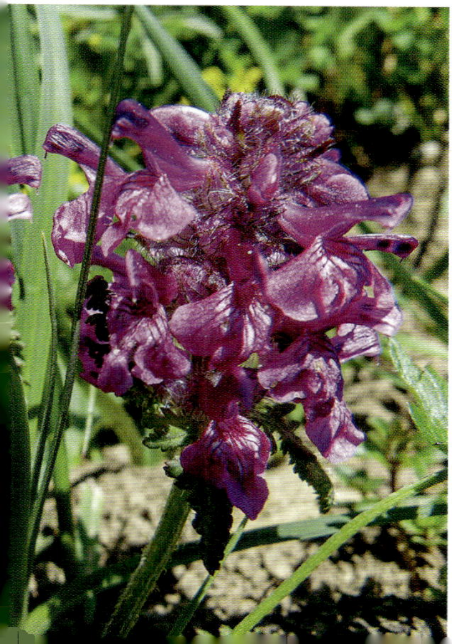

Toller Fund: Quirlblättriges Läusekraut.

23 Rotwand, 1884 m

Zu einer perfekten Aussichtsloge im Mangfallgebirge

TOP | 4.00 Std. | 10,6 km | ↗300 m | ↘810 m

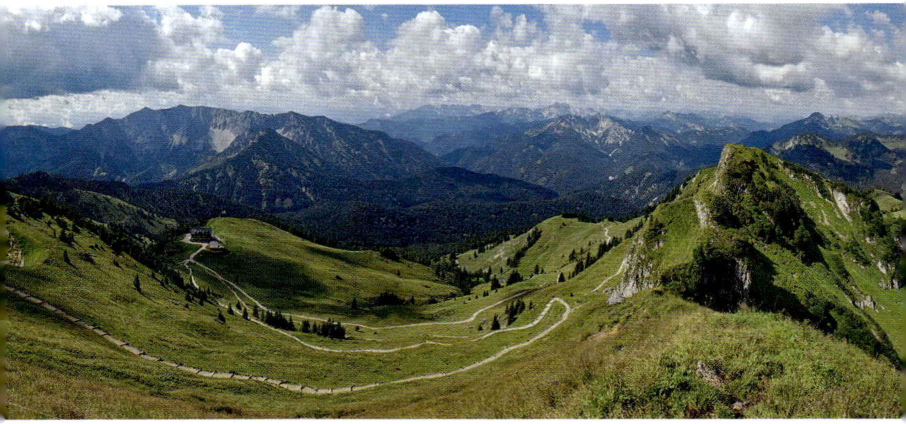

Der komfortable Abstiegsweg zum Rotwandhaus.

Was von der Eiszeit übrig blieb …

Okay, zugegeben: Das Spitzing-Gebiet ist eine der beliebtesten Regionen bei Bergtouristen und Münchner Ausflüglern. Und dass durch Seilbahnen erschlossene Gipfel nicht zu den ruhigsten gehören, ist auch keine Überraschung. Aber das war es dann auch schon mit den schlechten Nachrichten: Trotz zeitweise großen Andrangs ist die hier vorgestellte Rotwand-Runde absolut lohnend. Der wenig anstrengende Übergang von der Bergstation der Taubensteinbahn hinüber zur Rotwand wurde 2021 auf das Luxuriöseste saniert und weist über weite Strecken den Charakter eines aussichtsreichen Panoramawegs auf, den auch Ungeübte und Familien problemlos bewältigen dürften. Übermäßigen Kalorienverlust verhindert das fast ganzjährig geöffnete Rotwandhaus unterhalb des Gipfels.

Botanisch rangieren die durchwanderten Hänge unterhalb von Lämpersberg und Rotwand unter der Rubrik Schatzkästchen, Teile davon schauten nämlich während der letzten Eiszeit aus dem umgebenden Eispanzer hervor und konnten sich so ihre ganz eigene und besonders vielfältige Flora erhalten.

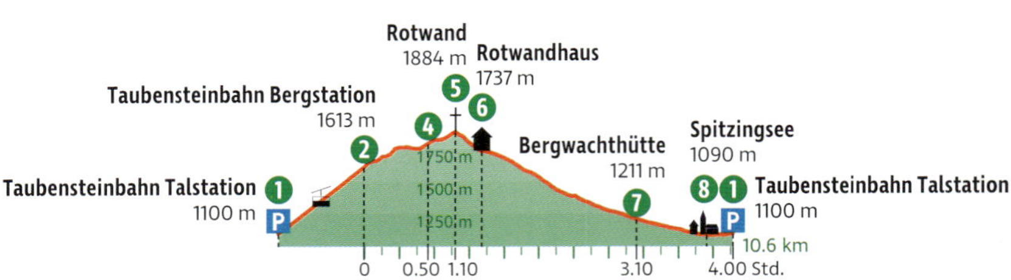

Ausgangspunkt: Talstation der Taubensteinbahn am Spitzingsee, 1100 m. Anfahrt mit dem Pkw auf der A 8 bis Ausfahrt Weyarn, über Miesbach und Schliersee auf der B 307 nach Fischhausen-Neuhaus. Kurz nach dem Ort rechts hinauf zum Spitzingsattel und noch knapp 1 km weiter zur Talstation (Navi: Taubensteinbahn, Spitzingstraße 12, 83727 Schliersee (N47° 39.971' E11° 53.357'). Bus 9562 von Schliersee Bhf., Halt direkt an der Taubensteinbahn.
Anforderungen: Beim Übergang zur Rotwand sehr gut angelegte, breite Bergwege, kurzzeitig steil, aber ohne schwierige Stellen; Abstieg vom Rotwandhaus fast durchwegs auf Forstweg. Beim Aufstieg zum Taubenstein-Gipfel (kann ausgelassen werden) sind Trittsicherheit und stellenweise Handeinsatz nötig (teilweise versichert, Fels sehr abgegriffen und oft rutschig).
Einkehr: Rotwandhaus (fast ganzjährig geöffnet, rotwandhaus.de). Gastronomie in Spitzingsee-Ort.
Beste Jahreszeit: Juni bis September.
Variante: 1) Abstecher auf den Taubenstein, 1692 m (15 Min. extra, Schwierigkeit rot). Auf Steigspuren (verschiedene Varianten möglich) kraxelt man über steile Schrofen zu einer seilversicherten Rinne und durch selbige hinauf zum höchsten Punkt. Belohnt wird die kurze Kraxelei mit einem wunderbaren und überraschend weitreichenden Ausblick. 2) Vom Rotwandhaus kann man in 40 Min. noch zur Auerspitze hinüberwechseln (Schwierigkeit rot) und dort etwas mehr Ruhe genießen. Beim Übergang findet man nicht nur das Kopfige Läusekraut, sondern auch das wesentlich seltenere Quirlblättrige Läusekraut *(Pedicularis verticillata)* und die pinkfarbenen Kugelblüten des wilden Schnitt-Lauchs *(Allium schoenoprasum)*.

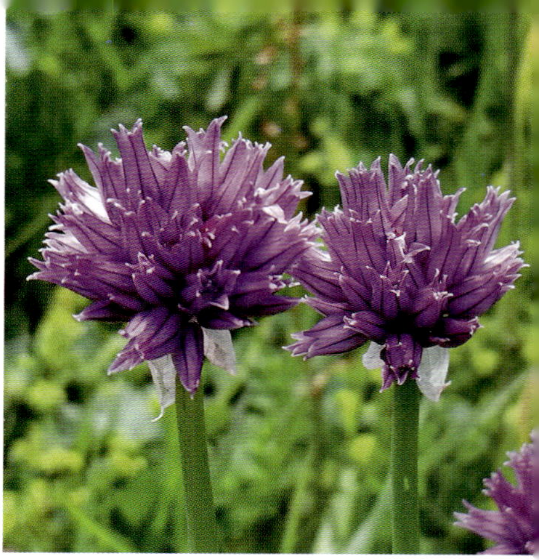

Schnitt-Lauch.

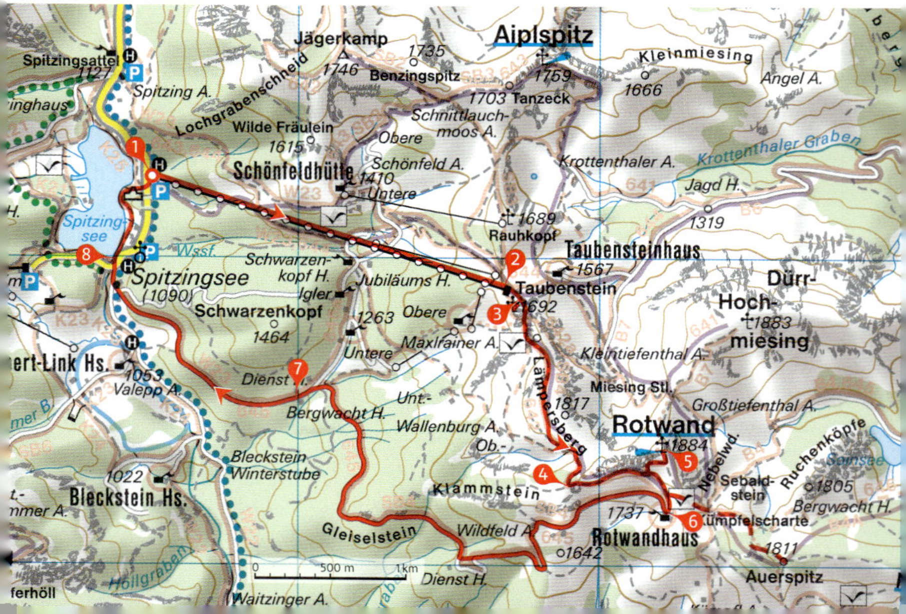

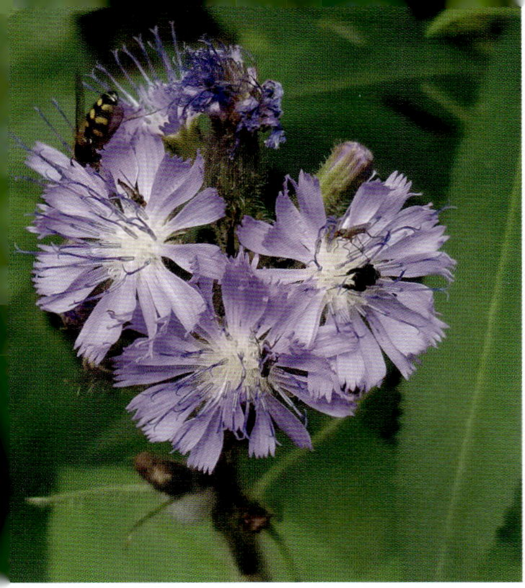

Der Alpen-Milchlattich kann bisweilen die 2-Meter-Marke knacken.

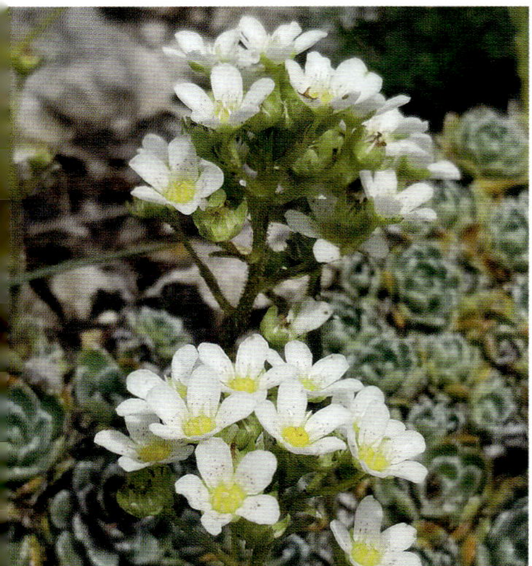

Rispen-Steinbrech, Spezialist für kalkreiche Felsen und trockene Standorte.

Von der **Talstation der Taubensteinbahn ❶** schaukeln wir bequem mit den leicht nostalgischen Vierer-Gondeln hinauf zur **Bergstation ❷**, 1613 m. Hinter dem Gebäude führen etwas steilere, aber breite Serpentinen hinauf zum felsigen Fuß des Taubensteins. Zum langsamen Einstellen der Augen ist keine Zeit, denn gleich in den ersten Minuten steckt man mittendrin in der besonders reichhaltigen Flora des Rotwand-Massivs. Die botanische Ausbeute der ersten Meter besteht aus Wald-Storchschnabel *(Geranium sylvaticum)*, Berg-Flockenblumen *(Cyanus montanus)*, Wiesen-Bärenklau *(Heracleum sphondylium)*, Roten Lichtnelken *(Silene dioica)*, Alpen-Milchlattich *(Cicerbita alpina)* und Berg-Baldrian *(Valeriana montana)*. Die Stars aber sind die Grünlichen Waldhyazinthen *(Platanthera chlorantha)* und die zahlreichen pinkfarbenen Kugelorchis *(Traunsteinera globosa)*, zwei besonders fotogene Orchideen, sowie die prachtvollen rosa gesprenkelten Türkenbund-Lilien (*Lilium martagon*, s. Steckbrief S. 179) direkt am Wegrand. Rund um den felsigen Durchschlupf, durch den wir auf die Rückseite und zum **Felsfuß ❸** des Taubensteins gelangen, wachsen Bewimperte Alpenrosen (*Rhododendron hirsutum*, s. Steckbrief S. 211), Eisenhutblättriger Hahnenfuß *(Ranunculus aconitifolius)* und Rispen-Steinbrech *(Saxifraga paniculata)*. Letzterer kann übrigens über spezielle Öffnungen an seinen Rosettenblättern Kalk ausscheiden, daher der oft weißgraue Belag am Blattrand. Ob man den frechen, kreuzgeschmückten Zacken des Taubensteins erklettern möchte, bleibt jedem selbst überlassen; der kurze felsige Aufstieg ist gut einzusehen. Auch ohne dessen Besteigung lassen sich Gewöhnliches Sonnenröschen (*Helianthemum nummularium)*, Mücken-Händelwurz (*Gymnadenia conopsea*, s. Steckbrief S. 222) und Alpen-Steinquendel *(Acinos alpinus)* bewundern, die am Fuß des Taubensteins wachsen. Auf dem Hauptweg Richtung Rotwand begleiten uns nun das dicht behaarte Zottige Habichtskraut *(Hieracium villosum)* und das Kopfige Läusekraut *(Pedicularis rostratocapitata)*. Ein etwas steilerer Aufschwung im Wald ist mithilfe einiger Treppen schnell und schmerzlos bezwungen; die Botanik schwelgt hier in pastellgelben Tönen: Zu den Alpen-Kratzdisteln *(Cirsium spinosissimum)*, deren dornige Hochblätter die Blüten wie eine Halskrause einfassen, kommt mit dem kugelförmigen Allermannsharnisch (*Allium victorialis*, s. Steckbrief S. 160) eine echte Rarität dazu. Ein Minigrat von wenigen Metern Länge erfordert kurzzeitig etwas Aufmerksamkeit und einen sicheren Stand zum Bewundern der ausgesprochen vielfältigen, kunterbunten Alpenflora: Wald-Storchschnabel und Berg-Flockenblumen übernehmen die Lila-Blau-Töne, Alpen-Mutterwurz *(Mutellina adonidifolia)* und zahlreiche Türkenbund-Lilien die Rosa-Pink-Abstufungen. In Weiß halten

Türkenbund-Lilie *(Lilium martagon)*

Familie: *Liliengewächse (Liliaceae)*

Standort: *Halbschattige, kühle Laub- oder Mischwälder; oberhalb der Waldgrenze auch in Hochstaudenfluren, gerne auf kalkhaltigen Böden; bis 2200 m*

Blütezeit: *Juni bis Juli*

Charakteristik: *Ca. 1 m hoch (stattlichste einheimische Lilien-Art). Stängel rund, im unteren Teil 8–14 ovale Blätter jeweils in markanter Quirl-Formation. Blütenstand rispig, mit bis zu 15 Einzelblüten in den Achseln der Tragblätter. Blüte nicht in Kelch- und Kronblätter gegliedert, sondern sechs gleichförmige Blütenhüllblätter, nach außen und oben umgebogen. Farbspektrum hellrosa über violett bis braunrot, jeweils dunkles Punkt- oder Fleckenmuster. Staubbeutel nach unten hängend und weit herausragend, Pollen intensiv orangefarben. Durch abendlichen und nächtlichen Duft werden zur Bestäubung vorwiegend Nachtfalter angelockt. Sie kommen mit den hängenden Blüten gut zurecht, da sie keinen Landeplatz brauchen – sie arbeiten kolibriartig schwirrend. Damit ihr langer Rüssel auch zum Nektar findet, hat die Blüte spezielle Führungsschienen.*

Status: *Ungefährdet, trotzdem nach BNatSchG besonders geschützt. Nach T-NV geschützt.*

Verwandtschaft: *Feuerlilie*

Wissenswertes: *Die Knospen des Türkenbunds werden gerne von Rehen abgeknabbert. Sowohl der botanische als auch der deutsche Name dürfte sich auf die voluminösen Kopfbedeckungen (martagan) türkischer Sultane beziehen, denen die Blüte mit den nach oben gebogenen Hüllblättern ein wenig ähnelt.*

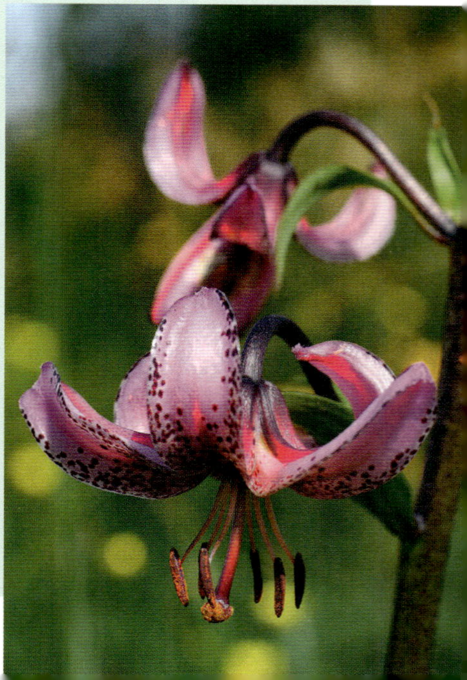

Große Sterndolden *(Astrantia major)* und – etwas früher im Jahr – etliche Alpen-Kuhschellen (*Pulsatilla alpina*, s. Steckbrief S. 172) dagegen. Die noch fehlenden Gelb-Akzente übernehmen Trollblumen *(Trollius europaeus)* und Gold-Pippau *(Crepis aurea)*, die eine mit Seilen gut gesicherte Felspassage einrahmen. Dann betreten wir durch ein Gatter weitläufiges, gutmütiges Wiesengelände. Am linken Rand des Hangs steigen wir steil über Holzstufen in die Flanke des Lämpersbergs hinauf. Auf wenigen Metern lässt sich hier sehr deutlich der Unterschied zwischen Kuhweide rechts (artenarm) und ungedüngter Naturfläche links (artenreich) erleben. Kugelorchis und Türkenbund-Lilien wachsen am linken Wegrand direkt vor dem Kameraobjektiv, ebenso die Bewimperten Alpenrosen, die wie so oft den Wind- und Sonnenschutz für das filigrane Rundblättrige Wintergrün *(Pyrola rotundifolia)* abgeben. Auch in der nun anschließenden flachen Querung findet sich rechts in den Kuhweiden meist die typische Lägerflur-Vegetation mit Alpen-Ampfer *(Rumex alpinus)* und Alpen-Greiskraut *(Senecio alpinus)*. In den steilen Hängen zur Linken hingegen haben sich einige Alpenbewohner angesiedelt, die magere Böden bevorzugen. Zu Gewöhnlichem Wundklee *(Anthyllis vulneraria)* und Alpen-Steinquendel kommen gleich zwei Teufelskrallen-Arten: die Ährige Teufelskralle *(Phyteuma spicatum)* mit den länglichen, weißen Blüten und die blaue Kugel-Teufelskralle *(Phyteuma orbiculare)*. Absolut keinen Dünger ertragen die heimischen Orchideen, von denen es auf der linken Hangseite etliche besonders zarte gibt. Also Augen in den Zoom-Modus oder am besten gleich auf die Knie gehen! Am leichtesten zu entdecken sind aufgrund ihrer Färbung und der »knubbeligen« Blütenstände die Schwarzen Kohlröschen *(Nigritella rhellicani)*. Sie wachsen oft im Doppelpack mit den nicht minder schönen, aber weniger auffälligen Grünen Hohlzungen *(Coeloglossum viride)*, die man meist nur wahrnimmt, wenn ihre wunderschönen Blüten etwas ins Rötliche changieren. Ausgesprochen zierlich und

Nach dem Gipfel wartet die Einkehr im Rotwandhaus.

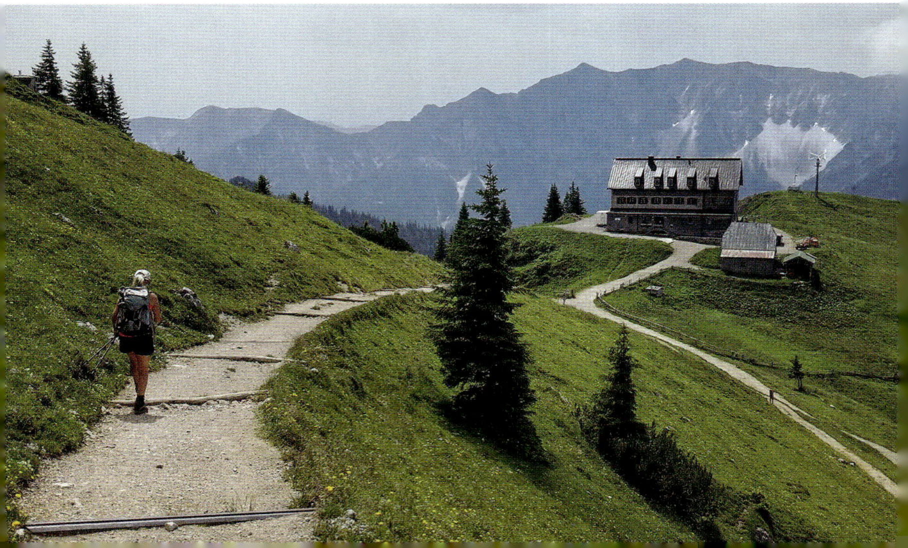

daher ebenfalls leicht zu übersehen sind die pastellgelben, dicht gepackten Blütenstände des Weißzüngels *(Pseudorchis albida)*.

Auf angenehmer Trasse steigen wir nun hinauf zu einem quer laufenden Bergrücken namens **Kirchstein ❹**, 1791 m. Den dortigen Wegweiser zur Rotwand ignorieren wir (er schlägt den Weg nach schräg rechts unten vor; dabei verliert man allerdings unnötig Höhe). Wir bleiben stattdessen einfach geradeaus auf dem unmarkierten, aber sehr deutlichen Steig, der – ungefähr die Höhe haltend – direkt unter den Felsen durch die Südflanke des Rotwandkopfs führt. Die Wiesen zu beiden Seiten des bequemen Steigs leuchten in allen Farben, hier ist quasi das Who is who der heimischen Alpenblumen vertreten. Schließlich mündet unser wunderbares Steiglein in den breiten, vom Rotwandhaus heraufziehenden Wanderweg ein, der uns bis zum felsigen Gipfelaufbau führt. Über eine Mini-Kletterstelle erreichen wir zügig den höchsten Punkt der **Rotwand ❺**, 1884 m. Wir picknicken zwischen Gutem Heinrich *(Blitum bonus-henricus)* und riesigen Wollkopf-Kratzdisteln *(Cirsium eriophorum)* und mit absolut spektakulärem Panorama: Über die benachbarten Gipfel des Mangfallgebirges schweift der Blick zu den Brandenberger Alpen und westwärts über die Karwendelgipfel zum Wettersteinmassiv mit der Zugspitze; sogar einige Zacken der Ammergauer und Lechtaler Alpen spitzen hervor. Bei guter Sicht kann man im Süden auch einige Dreitausender der Hohen Tauern und der Zillertaler Alpen ausmachen. Allerdings muss man seine Brotzeit vehement gegen freche Alpendohlen verteidigen, die arg zur Selbstbedienung neigen.

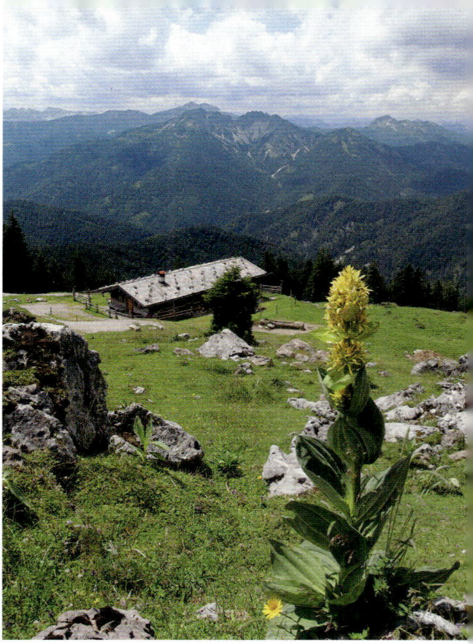

Der Gelbe Enzian mit seinen Bitterstoffen ist vor Weidetieren sicher.

Nach ausgiebiger Pause steigen wir auf dem breiten Hauptweg ab zum **Rotwandhaus ❻**, 1737 m, wo man einkehren und die Variante zur Auerspitze anhängen kann. Für den Abstieg biegen wir vor dem Gebäude am »Verkehrsknotenpunkt« rechts in den Almweg ein. Während wir in bequemem Gefälle südwestlich unterhalb der Rotwand-Südflanke hindurchqueren, können wir nur staunen, wie häufig hier die ansonsten eher seltene Kugelorchis mit ihren runden bis pyramidenförmigen Blütenständen vorkommt! Sie ist dabei in Gesellschaft von Stattlichem Knabenkraut *(Orchis mascula)*, Schwarzen Kohlröschen und Grünlichen Waldhyazinthen – allesamt besonders prächtige Orchideen.

Vor der schön gelegenen Oberen Wildfeldalm stehen rechts im Steilhang einige Exemplare des gut bauchhohen Gelben Enzians (*Gentiana lutea*, s. Steckbrief S. 148), der aufgrund seiner Bitterstoffe von den Kühen verschmäht wird. In wechselnder Steilheit folgen wir dem Almweg bergab. Fast wie in einem Alpenblumengarten wuchert an den Böschungen ein buntes Durcheinander aus Schwarzvioletter Akelei (*Aquilegia atrata*, s. Steckbrief S. 186), Alpen-Astern (*Aster alpinus*), Stattlichem Knabenkraut, Duft-Händelwurz (*Gymnadenia odoratissima*), Rindsaugen (*Buphthalmum salicifolium*), Kelch-Simsenlilie (*Tofieldia calyculata*), Berg-Baldrian (*Valeriana montana*), Gewöhnlichem Sonnenröschen (*Helianthemum nummularium*), Berg-Flockenblumen, Gewöhnlichem Hornklee (*Lotus corniculatus*), Großen Sterndolden und Alpen-Goldruten (*Solidago virgaurea* subsp. *minuta*).

Im mittleren Teil erlauben uns beschilderte Steiglein, die ein oder andere Schlaufe des Fahrwegs abzukürzen. Wir tauchen allmählich in den Wald ein und treffen dort auf die typischen Bewohner schattiger Standorte: Die zarten Nesselblättrigen Glockenblumen (*Campanula trachelium*) werden überragt von lila Alpen-Milchlattich, cremeweißem Wald-Geißbart (*Aruncus dioicus*) und hellgelbem Wolfs-Eisenhut (*Aconitum lycoctonum*), die allesamt an die Zwei-Meter-Marke heranreichen können. Im Bereich eines Bachübergangs freuen wir uns über zahlreiche Exemplare von Fuchs' Knabenkraut (*Dactylorhiza fuchsii*), Großem Zweiblatt (*Neottia ovata*) und Türkenbund-Lilie.

Auf Höhe einer **Bergwachthütte** ❼ treffen wir auf den Schwarzenkopfweg und biegen links ab. Große Büschel der hübsch weiß-blau gestreiften Wald-Wicken (*Vicia sylvatica*) und die eigentümlich beigefarbenen Vogel-Nestwurze (*Neottia nidus-avis*, s. Steckbrief S. 192) begleiten uns entlang des Asphaltsträßleins, das wiederum in die Valeppstraße einmündet. Dort halten wir uns rechts und gelangen so in wenigen Minuten in den Ort **Spitzingsee** ❽. Für den Rückweg zur **Taubensteinbahn-Talstation** ❶ empfiehlt sich der schöne Fußweg direkt am Seeufer.

Grüne Hohlzunge (links) und Weißzüngel (rechts) sind leicht zu übersehen.

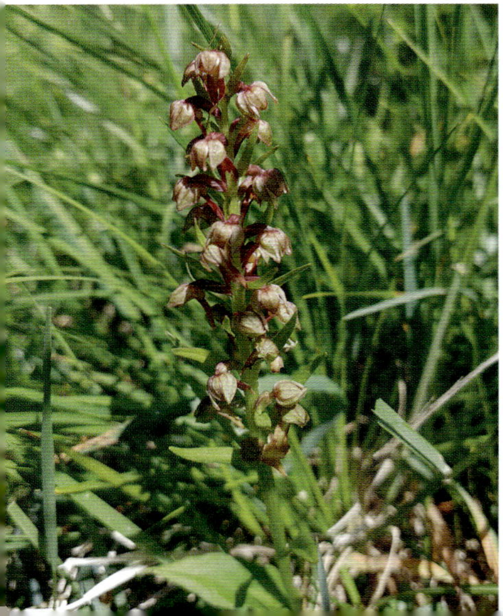

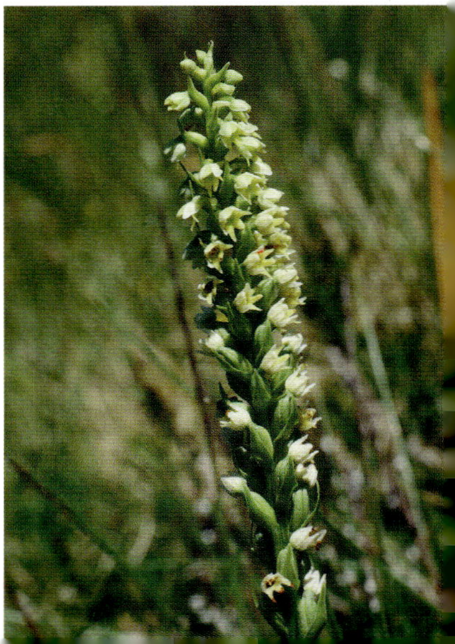

Mitterberg, 1214 m, und Rampoldplatte, 1422 m

Zwei Gipfel zwischen Mangfallgebirge und Chiemgauer Alpen

24

4.15 Std. | 9,4 km | ↗ 650 m | ↘ 650 m

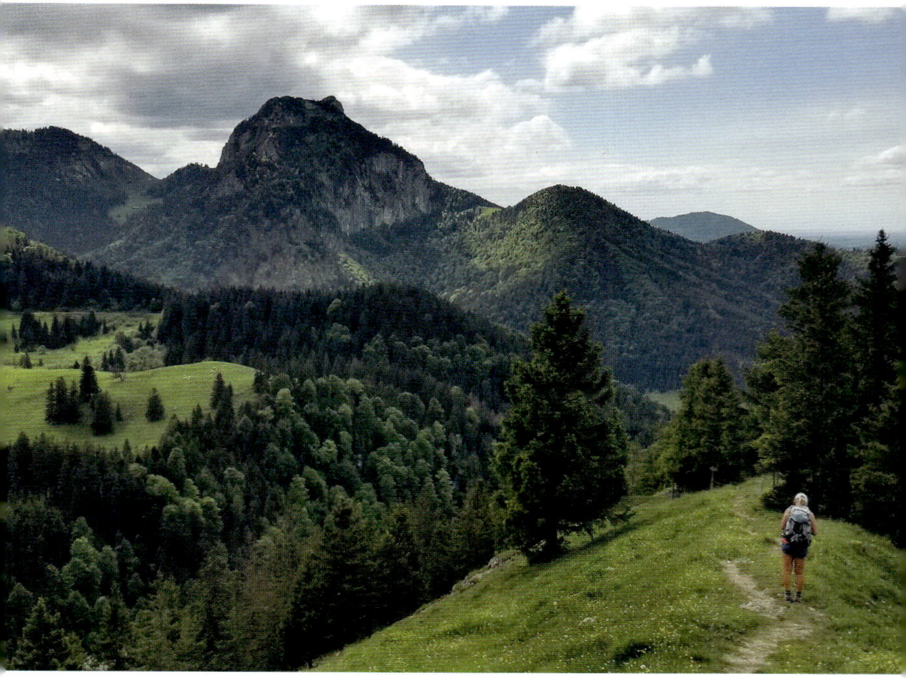

Aussichtsreicher Abstiegsweg mit dem Breitenstein vor Augen.

Stattliches Knabenkraut, Akeleien und ein bunter Alpenblumen-Mix

Die kleine Graskuppe des Mitterbergs und der runde Gupf der Rampoldplatte sind sicher keine Geheimtipps, führt doch ein ganzes Netz an Wegen sowohl von Bad Feilnbach als auch von Brannenburg hinauf. Während sich die meisten Bergfreunde an die bequemen und radtauglichen Almstraßen halten, werden hier zwei weniger frequentierte idyllische Steige zu einer höchst abwechslungsreichen Runde verbunden. Wer damit nicht ausgelastet ist und etwas alpineres Feeling möchte, kann noch die Hochsalwand anhängen (siehe Variante). Trotz der geringen Höhe ist die Aussicht von allen Gipfeln durchaus sehenswert, sitzt man doch halbwegs mittig zwischen Wendelsteinmassiv und Chiemgauer Alpen mit weitem Blick ins Voralpenland.

Zusätzlich zu einem bunten und artenreichen Querschnitt der heimischen Gebirgspflanzen punktet diese Tour vor allem mit großen Beständen an Schwarzvioletten Akeleien und Stattlichem Knabenkraut. Letzteres begleitet uns auf einem Großteil der Strecke und erweist sich – für Orchideen – als erstaunlich düngerresistent.

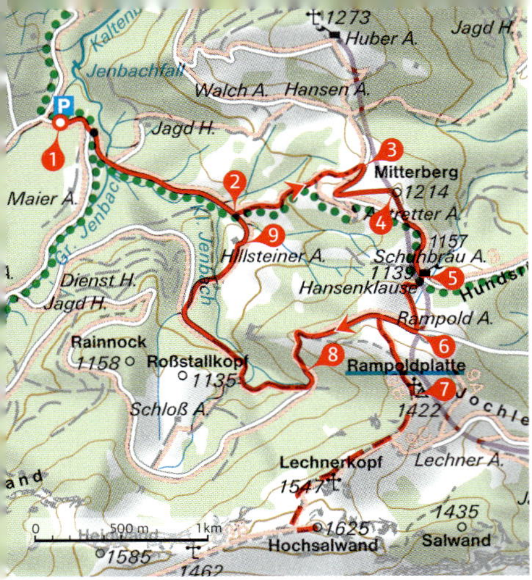

Ausgangspunkt: Oberes Jenbachtal, 828 m. Anfahrt mit dem Pkw auf der A 8 bis Ausfahrt Bad Aibling und auf der St 2089 nach Bad Feilnbach. Im Ort rechts in die Kufsteiner Straße und direkt nach der Brücke links in die Wendelsteinstraße. Noch ca. 4,7 km auf guter Bergstraße bis zum großen Wanderparkplatz Oberes Jenbachtal (Navi: Wanderparkplatz Jenbachtal, 83730 Fischbachau; N47° 44.300' E12° 01.019').

Anforderungen: Leichte Tour auf breiten Almwegen und schmalen Steigen im Wald- und Wiesengelände. Die Steiglein sind nicht ausgesetzt, aber bisweilen steinig, wurzelig und bei Nässe sehr rutschig.

Einkehr: Schuhbräualm (Montag und Dienstag Ruhetag, schuhbräu-alm.de), Hillsteiner Alm (beide während der Weidesaison geöffnet).

Beste Jahreszeit: Ab Mitte Mai; das Stattliche Knabenkraut blüht Ende Mai / Anfang Juni.

Variante: In ca. 45 Min. kann man von der Rampoldplatte noch zur Hochsalwand weiterwandern (Schwierigkeit schwarz). Dazu direkt vom Gipfel über einen Zaundurchstieg und eine kurze felsige Steilstufe hinunter. Ein hübscher Steig führt anschließend durch einen idyllischen Wiesensattel auf einen mit Trollblumen übersäten Kamm und schließlich in eine längere Querung durch den Wald. Die Höhenmeter werden dann mittels einer steilen, weitgehend seilgesicherten Felsrinne, die öfter mal Handeinsatz verlangt (oft feucht und glitschig), am Stück abgearbeitet. Am Kamm nach links in wenigen Minuten zum Gipfelkreuz der Hochsalwand, 1625 m. Auf demselben Weg zurück. Wegen der Nordwest-Ausrichtung findet man auf dieser Route bis in den Frühsommer hinein typische Frühlingsblüher bzw. schattenliebende Pflanzen, z. B. Hohe Schlüsselblume *(Primula elatior)*, Alpen-Fettkraut (*Pinguicula alpina*, s. Steckbrief S. 43), Alpen-Gänsekresse *(Arabis alpina)*, Weiße Pestwurz (*Petasites albus*, s. Steckbrief S. 105), Alpen-Hahnenfuß *(Ranunculus alpestris)*, Rundblättriger Steinbrech *(Saxifraga rotundifolia)*, Quirlblättrige Zahnwurz *(Cardamine enneaphyllos)*, Finger-Zahnwurz *(Cardamine pentaphyllos)* und Zweiblütiges Veilchen *(Viola biflora)*.

Hinweise: 1) Die Straße ins Jenbachtal ist meist von Anfang Mai bis Ende Oktober geöffnet, kann aber nach Unwettern oder für Waldarbeiten kurzfristig gesperrt werden (aktuelle Infos unter bad-feilnbach.de/kur-und-tourismus/wandern).

2) Nicht von den teils unsinnigen Zeitangaben auf den Schildern verwirren lassen: Da wird der Zeitbedarf bisweilen größer, je mehr man sich dem Ziel nähert.

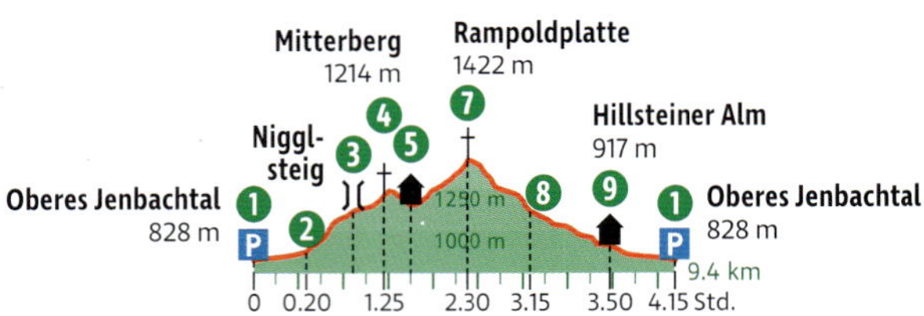

Wenige Meter, nachdem wir den Parkplatz **Oberes Jenbachtal** ❶ verlassen haben, halten wir uns an einer Gabelung links. Unser Weg wird von Bach-Nelkenwurz *(Geum rivale)*, Roten Lichtnelken *(Silene dioica)*, Trollblumen *(Trollius europaeus)* und Unmengen von Rauhaarigem Kälberkropf *(Chaerophyllum hirsutum)* üppig eingerahmt. Nach der Brücke über den Großen Jenbach biegen wir an einer beschilderten Verzweigung rechts ab. Berg-Flockenblumen *(Cyanus montanus)*, Echtes Barbarakraut *(Barbarea vulgaris)* und der in nassen Senken blühende Eisenhutblättrige Hahnenfuß *(Ranunculus aconitifolius)* begleiten uns aus dem Wald ins Almgelände, das wir durch ein Drehkreuz betreten. Wir folgen mit wenig Steigung dem breiten Almweg bis zur Abzweigung des **Nigglsteigs** ❷ links (Wegweiser »Farrenpoint über Nigglsteig«).

Mit schönem Blick auf die Hillsteiner Alm, bei der wir auf dem Rückweg einkehren können, schlängelt sich der gut angelegte Steig in angenehmer Steigung die Almwiesen hinauf. Herzblättrige Kugelblumen *(Globularia cordifolia)*, Mehl-Primeln *(Primula farinosa)*, Alpen-Steinquendel *(Acinos alpinus)*, Mücken-Händelwurz (*Gymnadenia conopsea*, s. Steckbrief S. 222), Mittlerer Wegerich *(Plantago media)* und Kugel-Teufelskrallen *(Phyteuma orbiculare)* sorgen dabei für intensive Pink-Lila-Töne, Gewöhnlicher Wundklee *(Anthyllis vulneraria)*, Schopf-Hufeisenklee *(Hippocrepis comosa)* und Gewimpertes Kreuzlabkraut *(Cruciata laevipe)* halten mit Gelb-Schattierungen dagegen. Wiederum durch ein Drehkreuz gelangen wir in den Wald (großes Schild »Niggl-

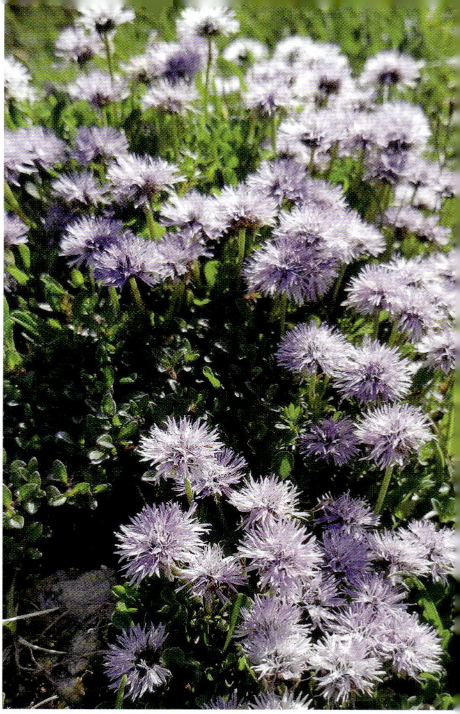

Herzblättrige Kugelblumen.

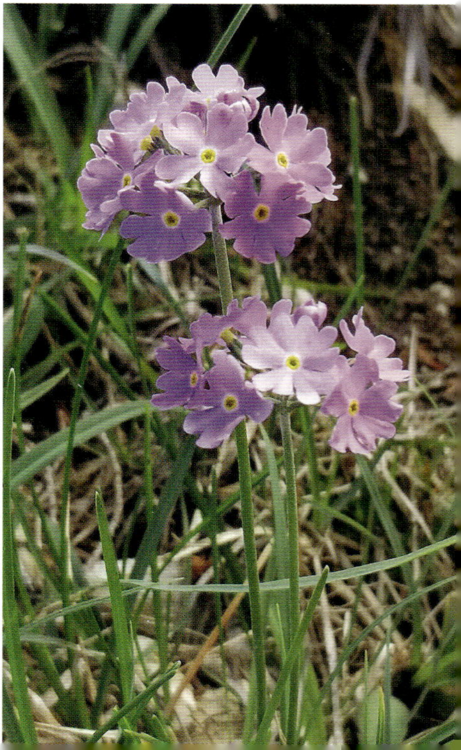

Mehl-Primeln.

steig«) und werden von besonders stattlichen Berg-Flockenblumen und den ersten Schwarzvioletten Akeleien (*Aquilegia atrata*, s. Steckbrief S. 186) mit ihrer ungewöhnlichen Blütenform empfangen. Mit der beigefarbenen Vogel-Nestwurz (*Neottia nidus-avis*, s. Steckbrief S. 192), dem zarten Nesselblättrigen Ehrenpreis *(Veronica urticifolia)* und den weißen, länglichen Köpfchen der Ährigen Teufelskralle *(Phyteuma spicatum)* sind einige Spezialisten für schattige Standorte vertreten. Auf guten Serpentinen gewinnen wir zügig an Höhe. Sobald sich der Wald lichtet, lohnt sich ein genauer Blick in die halbschattige Hangflanke zur Linken – hier sind durchaus ein paar botanische Schätze zu finden: Neben Großblütigem Enzian *(Gentiana clusii)* sowie den zartrosa Blüten von Berg-Baldrian *(Valeriana montana)* und Einköpfigem Berufkraut *(Erigeron uniflorus)* entdecken wir das Gewöhnliche Fettkraut *(Pinguicula vulgaris)*, also den lila blühenden Verwandten des Alpen-Fettkrauts (*Pinguicula alpina*, s. Steckbrief S. 43). Geübten Augen

Schwarzviolette Akelei *(Aquilegia atrata)*
Familie: *Hahnenfußgewächse (Ranunculaceae)*
Alias: *Schwärzliche Akelei, Dunkle Akelei, Narrenkappe*
Standort: *Wälder, Gebüsche, Hochstaudenflure, Berg- und Moorwiesen, gerne auf kalkhaltigen Böden; bis 2000 m*
Blütezeit: *Juni bis Juli*
Charakteristik: *Bis 80 cm hoch; gestielte Laubblätter mit je drei Fiederblättchen, bestehend aus drei Lappen mit gezacktem Rand. Blüten sitzen am Sprossende, glockenförmig nach unten hängend, markante braunviolette Färbung. Fünf spitze, meist nach außen gebogene Kelchblätter, fünf kürzere Kronblätter innen, in gebogenen Spornen auslaufend; deutlich hervorstehende Staubblätter.*

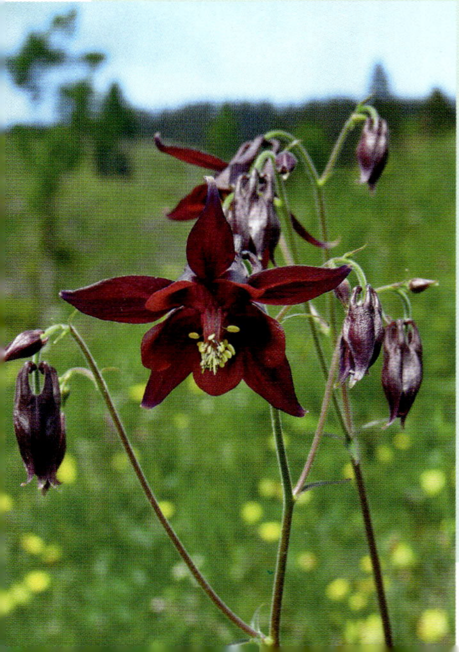

Status: *Als ungefährdet eingestuft, trotzdem nach BNatSchG besonders geschützt. Nach T-NV geschützt.*
Verwandtschaft: *Andere Arten der Gattung Akelei, z. B. Kleinblütige Akelei, Gewöhnliche Akelei (beide blau blühend)*
Wissenswertes: *Die gebogenen Sporne – verantwortlich für den volkstümlichen Namen Narrenkappe – enthalten Nektar. Planmäßig sollten sich schlanke Insekten mit langem Rüssel aus dem Blüteninneren in den Sporn zwängen und dabei gleich die Bestäubung der Blüte erledigen. Allerdings hat es sich bei dickeren, kurzrüsseligen (oder schlauen) Insekten herumgesprochen, dass man auch einfach von außen ein Loch in den Sporn beißen und den Nektar ohne Gegenleistung genießen kann.*

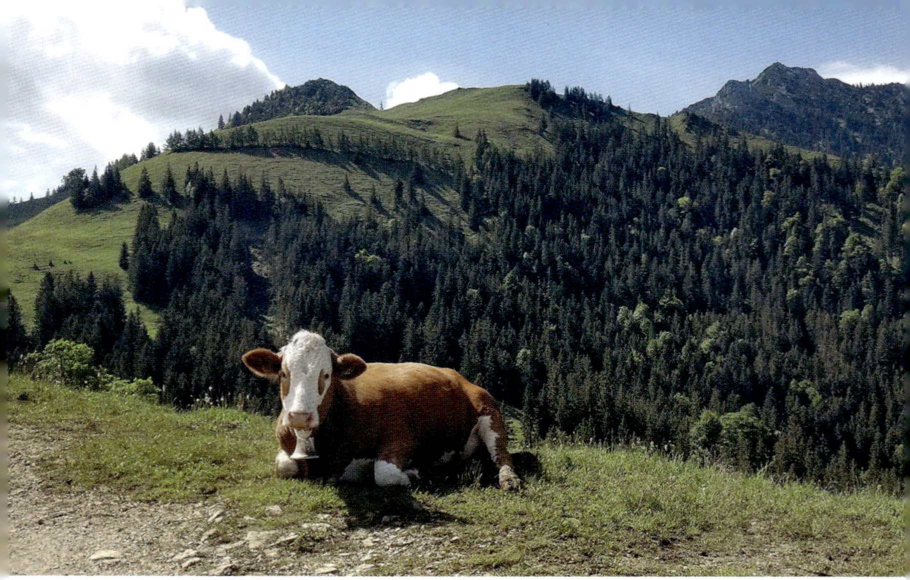

Tiefenentspannte einheimische Fauna, im Hintergrund die Rampoldplatte.

entgehen auch die beiden Vertreter der Orchideen-Familie nicht, wobei das Schwertblättrige Waldvögelein *(Cephalanthera longifolia)* mit den reinweiß strahlenden Blüten und den lang gezogenen spitzen Blättern dabei wesentlich auffälliger ist als die kaum 2 cm großen bräunlichen Blütchen der Fliegen-Ragwurz (*Ophrys insectifera*, s. Steckbrief S. 135).
Im Zickzack und mit Holzstufen gut befestigt, überwindet der Weg ein etwas steileres Teilstück, den Abzweig rechts zur Antretter Alm dürfen wir ignorieren. Stets begleitet von herrlichen Berg-Flockenblumen und Akeleien erreichen wir kurz nach kunstvoll geschnitzten Baumstümpfen freie Wiesen, wo uns die ersten Exemplare des Stattlichen Knabenkrauts *(Orchis mascula)* erwarten. Es trägt seinen Namen wirklich zu Recht, der gedrungene kräftige Stängel mit dem zylindrischen Blütenstand kann schon mal über 50 cm hoch werden. An der hellgrünen Blattrosette und dem hellen Blütenschlund mit dunklen Punkten ist diese Orchideenart vergleichsweise leicht zu identifizieren. Ein Zaunüberstieg bringt uns wieder ins Almgelände. Erstaunlicherweise bleibt das Stattliche Knabenkraut trotz »Kuhdüngung« nicht zurück – im Gegenteil: Es bekommt sogar noch Gesellschaft vom Breitblättrigen Knabenkraut (*Dactylorhiza majalis*, s. Steckbrief S. 88)! Die beiden sind – für Orchideen – hinsichtlich ihres Standorts einigermaßen tolerant und daher im Voralpenraum noch relativ häufig anzutreffen. Den kurzen Aufstieg zum **Sattel ❸**, 1119 m, zwischen Farrenpoint und Mitterberg verzieren außerdem große Bestände von Mehl-Primeln, an felsigen Stellen auch der reizende gelb-weiße Zwergbuchs *(Polygala chamaebuxus)*.
Unser Steig mündet in einen Almweg, auf dem wir – rechts haltend – die steilen Grasflanken des Mitterbergs zunächst »unterwandern«, dabei gibt es reichlich Gelegenheit für Porträt-Aufnahmen des Stattlichen Knabenkrauts. Direkt hinter einer

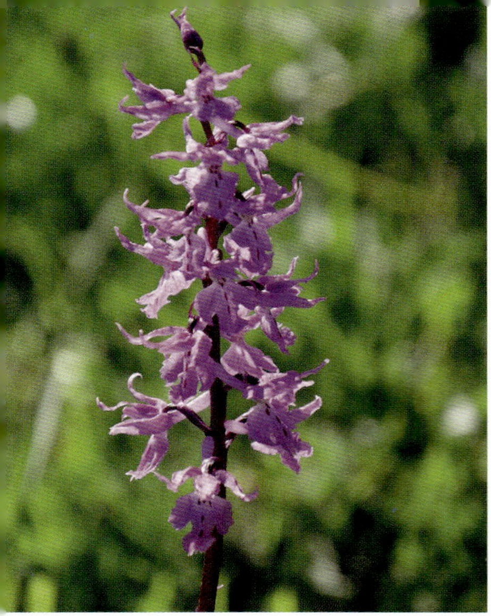

Stattliches Knabenkraut.

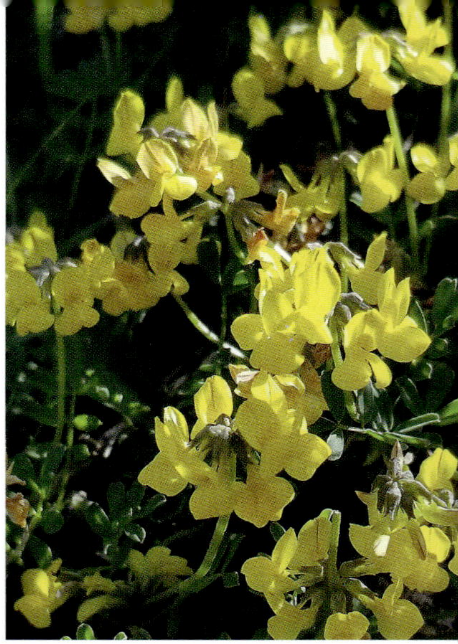

Schopf-Hufeisenklee.

Geländekante mit Wegweiser können wir links auf dünnem Trampelpfad über einige Aufschwünge dem Grasgupf des **Mitterbergs** ❹, 1214 m, aufs kreuzgeschmückte Haupt steigen. Weit reicht der Blick ins flache Alpenvorland und über den Inn hinweg zu den Chiemgauer Alpen!

Rechts vom Kreuz bringt uns ein deutlicher Steig wieder hinunter zum Almweg. Herzblättrige Kugelblumen, Alpen-Steinquendel, Gewimpertes Kreuzlabkraut und Zypressen-Wolfsmilch *(Euphorbia cyparissias)* tauchen den Hang in einen poppigen Lila-Gelb-Kontrast. Wir folgen der Almstraße nach links und gelangen so in wenigen Minuten zur meist gut besuchten **Schuhbräualm** ❺, 1157 m, hinter der rechter Hand der Anstieg zur Rampoldplatte beginnt. Der Steig windet sich durch freie Wiesen, den unteren Teil verwandelt ein Meer aus Scharfem Hahnenfuß *(Ranunculus acris)* in leuchtendes Gelb. Im etwas steileren oberen Bereich, den die Kühe offenbar weniger bequem finden, nimmt der Artenreichtum schlagartig zu: Die Stattlichen Knabenkräuter sind wieder da, dazu kommen Frühlings-Enziane *(Gentiana verna)* und an felsigen Stellen auch ganze Teppiche der Weißen Silberwurz (*Dryas octopetala*, s. Steckbrief S. 167).

Hinter der **Rampoldalm** ❻ halten wir uns am Wegweiser rechts, steigen über einen breiten, steinigen Wirtschaftsweg hinauf zu einer Einsattelung und biegen am dortigen Wegweiser links ab. Auf den sanften Wiesen-Aufschwüngen und dem felsig-gerölligen, aber völlig unschwierigen Schlussstück bilden zahlreiche heimische Gebirgspflanzen ein buntes Vielerlei: Großblütiger Enzian, Frühlings-Enzian, Mehl-Primel, Alpen-Fettkraut, Gewöhnlicher Wundklee und Schopf-Hufeisenklee auf grasigen Matten, Herzblättrige Kugelblume, Fels-Aurikel *(Primula auricula)* und Polster von Gewöhnlichem Katzenpfötchen *(Antennaria dioica)* an steinigen Passagen. Das kleinräumige Gipfelchen der **Rampoldplatte** ❼, 1422 m, erweitert das Mitterberg-Panorama um die eindrucksvollen Felswände von Breitenstein und Hochsalwand und erlaubt einen zufriedenen Blick zurück auf den bisherigen Aufstieg – Gipfelbrotzeit verdient!

Auf bekanntem Weg steigen wir ab zur Einsattelung oberhalb der Rampoldalm, halten uns dort aber links (ohne Wegweiser). Nach einer Kuppe mit Viehtränke folgen wir einem nur leicht fallenden Karrenweg. Nach einer Wendestelle löst sich der Almweg auf, direkt geradeaus führt aber ein gut angelegter Steig mittelsteil durch die prächtigen Wiesen bergab. In engen Serpentinen bewältigen wir problemlos einen Steilhang; das halbschattige Terrain ist wie geschaffen für Unmengen Schwarzvioletter Akeleien und Schwertblättriger Waldvögelein. Nach einem Zaunüberstieg betreten wir den Wald und treffen passenderweise gleich auf Waldmeister *(Galium odoratum)* und Bärlauch *(Allium ursinum)*. Ebenfalls schattentauglich sind die lila blühende Finger-Zahnwurz *(Cardamine pentaphyllos)*, der gelbe Knoten-Beinwell *(Symphytum tuberosum)* und die Quirlblättrige Weißwurz *(Polygonatum verticillatum)*, deren grünlich-weiße Blüten im Gegensatz zu anderen Weißwurz-Arten nicht in Reihe angeordnet sind, sondern etagenweise um den Stängel herum. Ob die Türkenbund-Lilien (*Lilium martagon*, s. Steckbrief S. 179) mit den typischen Blattquirlen auch zum Blühen kommen, hängt von den Rehen ab – sie knabbern gourmetmäßig meist nur die Knospen ab und verschmähen den Rest.

Unvermittelt mündet unser Waldweg in einen quer laufenden **Forstweg 8**. Kaum sind wir links abgebogen, geht es nach wenigen Metern an einem beschilderten Abzweig wieder nach rechts (Wegweiser »Oberes Jenbachtal«). Ganz bezaubernd schlängelt sich unser Steiglein im Wald am Kleinen Jenbach entlang, der hier hübsche Kaskaden bildet. Eine weitere Forststraße wird nur berührt, rechts setzt sich unser höchst idyllischer Waldsteig fort. Direkt am Bachufer warten noch einige Prachtexemplare der Vogel-Nestwurz, dann gilt es, den Bach an geeigneter Stelle zu überqueren: Dabei stehen je nach Wasserstand die Optionen springen, balancieren oder waten zur Auswahl. Gleich nach dem Bach betreten wir die Almflächen der **Hillsteiner Alm 9**, 917 m, wo wir uns nochmals stärken können.

Rechts vom Gebäude beginnt ein Fahrweg, der uns in wenigen Minuten zum bekannten Abzweig des **Nigglsteigs 2** und schließlich zurück zum Parkplatz **Oberes Jenbachtal 1** führt.

Bach-Hüpfen vor der Hillsteiner Alm.

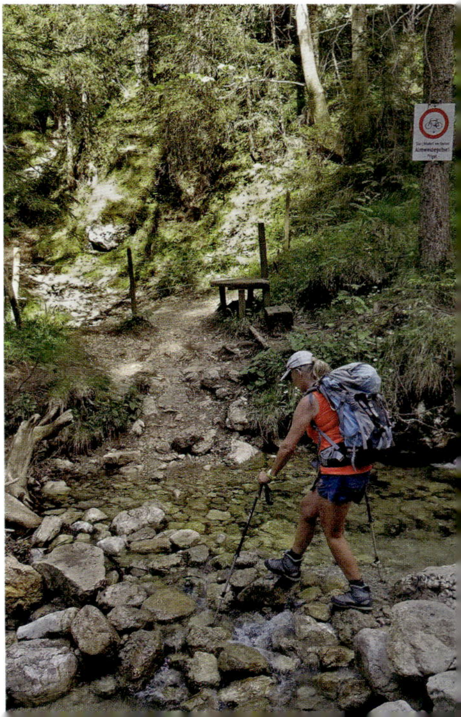

25 Brünnstein, 1634 m

Frecher Felsriegel am Ostrand der Bayrischen Voralpen

5.15 Std. | 9,4 km | ↗ 880 m | ↘ 880 m

Paradies für Orchideen und Orchideen-Freunde

Trotz seiner vergleichsweise überschaubaren Höhe ist der Brünnstein durch seine vorgeschobene, unverbaute Lage eine hervorragende Aussichtskanzel, wo der Blick an klaren Tagen durchaus bis zu den Hohen Tauern reichen kann. Die Zustiege lassen sich zu ausgesprochen abwechslungsreichen Rundtouren kombinieren und statt mit den für die Voralpen üblichen runden Kuppen besticht der Brünnstein mit einem frechen, felsigen Gipfelkamm. Wer mag, kann dort auf dem Julius-Mayr-Steig seine Tauglichkeit für einfache Klettersteige testen, es steht aber auch ein Alternativweg zur Verfügung. Man kann auch einfach seine ganze Aufmerksamkeit und Zeit den ungemein blumenreichen Brünnstein-Südhängen widmen und sich mit einer anschließenden Einkehr am Brünnsteinhaus zufriedengeben.

In botanischer Hinsicht gehört der Brünnstein nämlich zu den ganz Großen. Die vielen unterschiedlichen Orchideen, die im Frühsommer an seinen Südhängen blühen, muss man nicht suchen, sie wachsen einem am Wegrand förmlich ins Kameraobjektiv hinein. Auf sonnigen Almflächen und Felsriegeln oberhalb der Waldgrenze ist dann noch das gesamte Who is who der heimischen Gebirgspflanzen vertreten.

Ausgangspunkt: Wanderparkplatz Hintere Gießenbachklamm, 758 m. Anfahrt mit dem Pkw auf der A 93 bis Ausfahrt Kiefersfelden, in der Ortsmitte von Kiefersfelden an der Kieferbachbrücke Richtung Breitenau abbiegen. An der Gleisanlage der Wachtlbahn entlang nach Breitenau und weiter zum Parkplatz Vordere Gießenbachklamm. An einer Gabelung rechts halten, dann noch ca. 3 km auf schmaler Fahrstraße zum Parkplatz Hintere Gießenbachklamm; größtenteils asphaltiert, zuletzt Schotterstraße, durchgehend beschildert (Navi: Wanderparkplatz Gießenbach, 83088 Kiefersfelden; N47° 37.581' E12° 06.237'). Vom Bahnhof Kiefersfelden ca. 8 km (Rad erforderlich).

Anforderungen: Auf- und Abstiegswege unterhalb des Brünnsteinhauses im unteren Teil schmal und steil, beide bei Nässe sehr unangenehm; im oberen Bereich breite Wander- und Almwege. Gipfelaufstieg über Julius-Mayr-Klettersteig sehr steil mit Leitern und leichter Schrofenkraxelei (Klettersteig Kategorie A), stellenweise ausgesetzt, aber bestens versichert, Schwindelfreiheit und Trittsicherheit unbedingt nötig.

Einkehr: Brünnsteinhaus (bruennsteinhaus.de, fast ganzjährig geöffnet).

Beste Jahreszeit: Mai bis Juli.

Varianten: 1) Wer Gipfel und Einkehr auslassen möchte, kann an der Kreuzung bei der Bergwachthütte links abbiegen und direkt auf dem quer laufenden Fahrweg zur Himmelmoosalm hinüberspazieren. Ein paar Meter weiter oben gibt es auch einen Steig parallel zum Fahrweg.

2) Wer sich den Julius-Mayr-Klettersteig nicht zutraut, kann direkt vor dem Brünnsteinhaus auf Serpentinen durch den Wald aufsteigen und gelangt so zum einfacheren Gipfelanstieg über den Westgrat (gerölliger Serpentinensteig, im oberen Teil seilversicherte, wenig exponierte Schrofenrinnen).

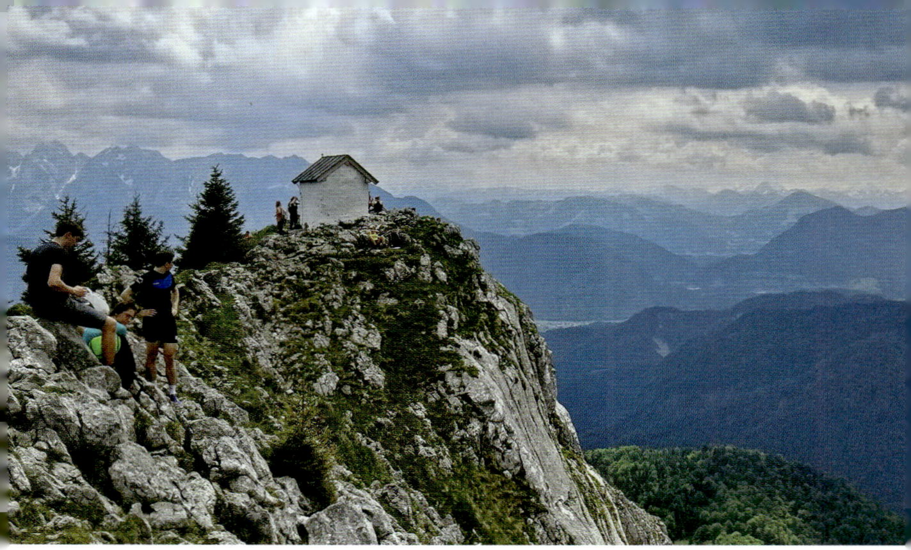

Den Brünnstein-Gipfel ziert auch ein Kapellchen.

Vom **Wanderparkplatz Hintere Gießenbachklamm ❶** folgen wir dem Fahrweg taleinwärts. Für Restmüdigkeit ist keine Zeit, denn bereits kurz nach dem Parkplatz zeigen sich in den Böschungen zu beiden Seiten die ersten Orchideen: reinweiße Schwertblättrige Waldvögelein *(Cephalanthera longifolia)*, das langstielige Fuchs' Knabenkraut *(Dactylorhiza fuchsii)* mit den schlanken Blütenständen und der herrlichen weiß-rosa Schleifenzeichnung, das gedrungene Breitblättrige Knabenkraut (*Dactylorhiza majalis*, s. Steckbrief S. 88) mit kurzem Stiel und wuchtigem, dunkelrosa Blütenstand und – Jubelschrei und Freudensprung – die ersten Horste mit Gelbem Frauenschuh (*Cypripedium calceolus*, s. Steckbrief S. 117). Was für eine Ouvertüre!

Die Abzweigung zur Oberaudorfer Alm lassen wir links liegen und gehen noch ungefähr 400 m geradeaus weiter, dann dürfen wir den scharf rechts abknickenden Fußweg nicht übersehen. Was zuerst nur wie die Einfahrt zur **Schmiedalm ❷** aussieht, erweist sich aufgrund der blassen Farbmarkierung am Abzweig und dem Drehkreuz im Zaun tatsächlich als Steig. Direkt hinter dem Zaun halten wir uns links und wandern auf dünner Spur bis zum Ende der Wiese. Am Bacheinschnitt wenden wir uns nach rechts und finden nun auch einen deutlichen

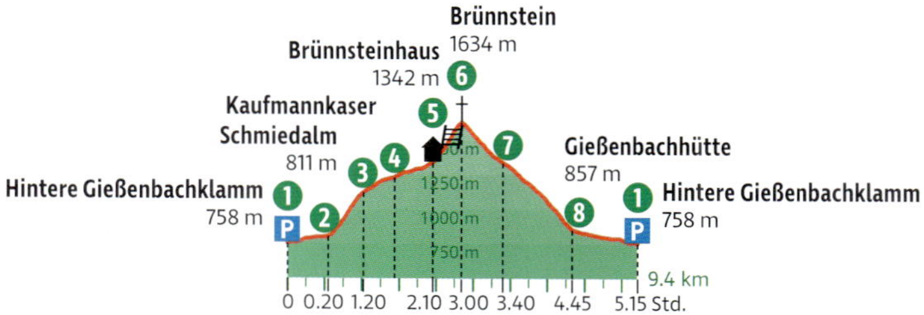

Weg, der schmal, aber gut begehbar in Serpentinen durch die Kuhweiden leitet. Kleiner Klappertopf *(Rhinanthus minor)*, Mehl-Primel *(Primula farinosa)* und zahlreiche Gewöhnliche Katzenpfötchen *(Antennaria dioica)* begleiten uns dabei.
Nachdem wir an einem Zaunübertritt das gut gedüngte Weidegelände verlassen haben, ändert sich der Bewuchs schlagartig. Im lichten Wald breiten sich Maiglöckchen *(Convallaria majalis)* teppichartig aus, dazwischen wachsen massenhaft ungewöhnlich stattliche Schwertblättrige Waldvögelein. Formschöne Schwarzviolette Akeleien (*Aquilegia atrata*, s. Steckbrief S. 186) und lila-blaue Berg-Flockenblumen *(Cyanus montanus)* lugen hervor. Frauenschuh-Horste leuchten dank der aufgeblasenen, gelben Unterlippen ihrer Blüten

Vogel-Nestwurz *(Neottia nidus-avis)*
Familie: *Orchideen (Orchidaceae)*
Standort: *Schattige, nährstoffreiche Buchen- und Mischwälder, bevorzugt auf kalkhaltigen Böden; bis ca. 1600 m*
Blütezeit: *Mai bis Juni*
Charakteristik: *Bis 40 cm hoch; Stängel dick mit anliegenden bräunlichen Schuppenblättern. Macht keine Fotosynthese, daher kein Blattgrün (Chlorophyll), keine grünen Laubblätter. Blütenstand dicht gepackt, hellbraun-beige, nach Honig duftend. Einzelblüte mit halbkugeligem Helm und verlängerter zweispaltiger Lippe. Von der Keimung bis zur Blüte vergehen ca. 9 Jahre. Bestäubung durch Fliegen oder (unterirdische) Selbstbestäubung.*
Status: *Eigentlich ungefährdet, trotzdem nach Bundesnaturschutzgesetz (BNatSchG) streng geschützt. Nach T-NV geschützt.*
Wissenswertes: *Alles, was die Vogel-Nestwurz zum Leben braucht (Wasser, Nährstoffe, Zucker etc.) bezieht sie von ihrem Wirt, in diesem Fall einem Bodenpilz. Allerdings stellt auch der Pilz die wichtigen Kohlenstoffverbindungen nicht selbst her, sondern bekommt sie in echter Symbiose von Bäumen, denen er wiederum Wasser und Nährstoffe abgibt. Das Überleben der Vogel-Nestwurz hängt also von der Dreiecksbeziehung mit Pilzen und Bäumen ab, wobei die Vogel-Nestwurz als echter Parasit keinerlei Gegenleistung erbringt. Das Risiko eines Vollschmarotzers ist, dass er auf Gedeih und Verderb von seinen Wirten abhängig ist. Dafür aber braucht er kein aufwendiges Wurzelgeflecht und kann mit wenig Sonnenlicht auskommen, da er ohnehin keine Fotosynthese betreibt. Somit kann er auch extrem schattige Standorte besiedeln, an denen andere Pflanzen nicht mehr zurechtkommen. Der Name Vogel-Nestwurz geht übrigens auf das nestartige Wurzelgeflecht zurück.*

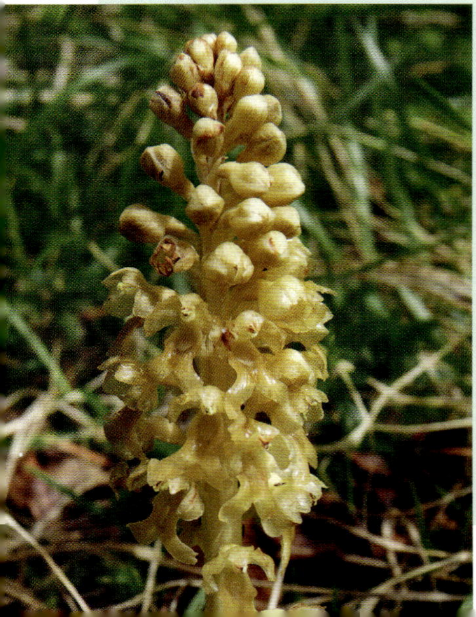

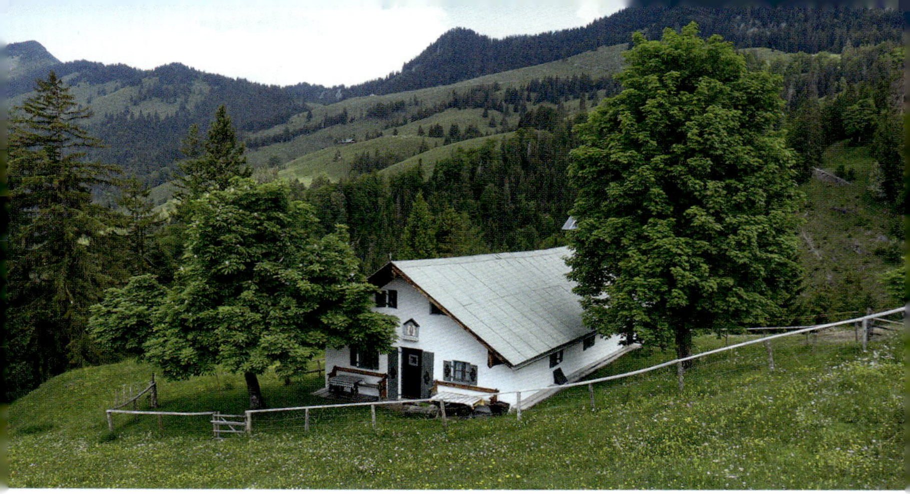

Beim Kaufmannkaser betritt man sanftes Almgelände.

nur so durch den Wald! Gut angelegt, aber mitunter recht steil und schweißtreibend führen die engen Kehren zügig den Hang hinauf; die Orchideen-Fraktion bekommt dabei Zulauf durch die filigrane, zartrosa Mücken-Händelwurz (*Gymnadenia conopsea*, s. Steckbrief S. 222), die bräunliche Vogel-Nestwurz (*Neottia nidus-avis*, s. Steckbrief S. 192) und die weiß blühende Grünliche Waldhyazinthe *(Platanthera chlorantha)*. Zur Maiglöckchen-Familie gehört auch die Quirlblättrige Weißwurz *(Polygonatum verticillatum)* mit den traubig in den Blattachseln baumelnden, grünlichgelben Blütchen. An einem Zaundurchschlupf treten wir abrupt aus dem Wald hinaus in freies Almgelände und orientieren uns an roten Markierungspfosten in der Wiese. Auf dem kurzen Stück hinauf zum unbewirtschafteten **Kaufmannkaser ❸**, 1126 m, treffen wir auf wunderbar bunte Almvegetation: Gold-Pippau *(Crepis aurea)*, Schopf-Hufeisenklee *(Hippocrepis comosa)*, Gewöhnlicher Wundklee *(Anthyllis vulneraria)* und Gewöhnliche Sonnenröschen *(Helianthemum nummularium)* bilden die Gelb-Orange-Töne, Mehl-Primel, Mittlerer Wegerich *(Plantago media)* und Gewöhnliches Fettkraut *(Pinguicula vulgaris)* die Rosa-Lila-Kontraste.

Ab dem Kaufmannkaser folgen wir einem breiten Almweg durch die Wiesen. An den bei Kühen weniger beliebten Stellen finden wir Gewöhnliche Katzenpfötchen, Herzblättrige Kugelblumen *(Globularia cordifolia)*, hellgelbe Kelch-Simsenlilien *(Tofieldia calyculata)* und bis in den Frühsommer hinein Frühlings-Enziane *(Gentiana verna)*. Wir spa-

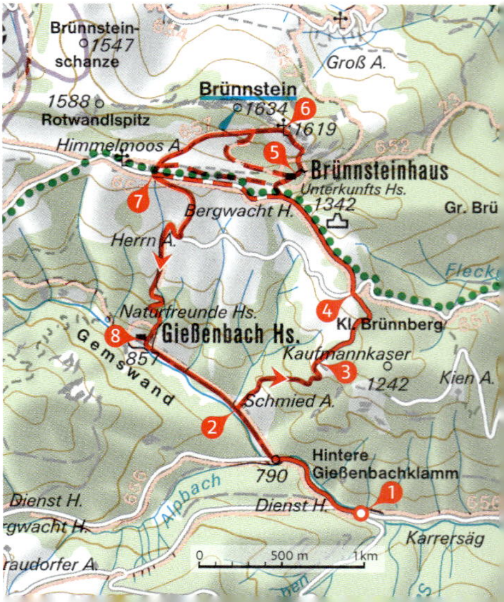

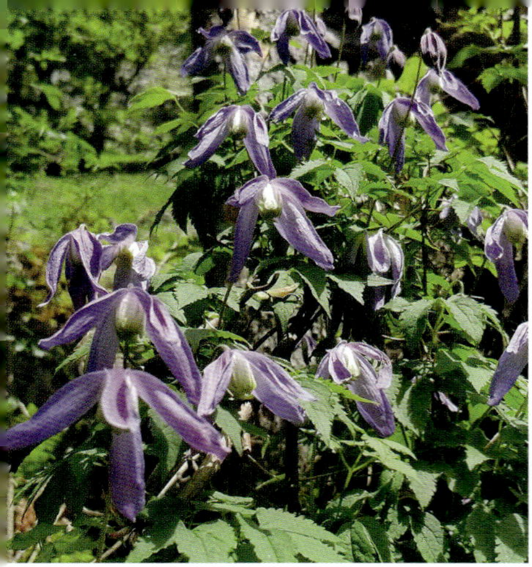

Alpen-Waldrebe.

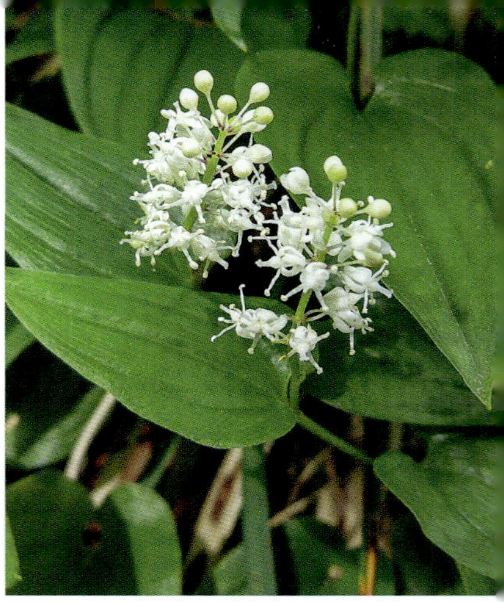

Zweiblättriges Schattenblümchen.

zieren über eine Kuppe mit schönen altehrwürdigen Buchen und treffen kurz danach auf eine Gabelung, wo wir uns rechts halten. Gleich darauf mündet unser Almweg in den von Rechenau heraufkommenden **Fahrweg ❹**, in den wir links einbiegen. Die nächste Etappe zum Brünnsteinhaus steht ganz im Zeichen einer weiteren Orchidee: Das Stattliche Knabenkraut *(Orchis mascula)* mit hellgrüner Blattrosette und weißem Blütenschlund trägt seinen Namen absolut zu Recht. An den Böschungen des Fahrwegs richtet die Weiße Silberwurz (*Dryas octopetala*, s. Steckbrief S. 167) ihre schüsselförmigen Blüten exakt nach der Sonne aus. Wir passieren eine Bergwachthütte, in deren »Vorgarten« etliche Breitblättrige Knabenkräuter wachsen, und müssen uns an der direkt dahinter liegenden Kreuzung erstmals entscheiden: Wer Gipfel und Einkehr auslassen möchte, kann hier gleich linker Hand auf den Fahrweg einschwenken (siehe Variante 1). Anderenfalls gehen wir geradeaus weiter und erreichen in wenigen Minuten das ganzjährig bewirtschaftete **Brünnsteinhaus ❺**, 1342 m.

Wem der einfachere Weg zum Gipfel lieber ist (siehe Variante 2), wählt den direkt vor dem Gebäude links abzweigenden Steig. Schwindelfreie Klettersteig-Aspiranten finden ihren Zustieg an der Terrasse hinter dem Haus. Auf wurzeligem Pfad und zwischen verschlungenen Alpen-Waldreben *(Clematis alpina)* geht es zunächst durch den Wald, dann steil hinauf zum Felsfuß. Metallstufen leiten über einen felsigen Absatz zu einem engen Felsdurchschlupf, wo sich jeder am Brünnsteinhaus vertilgte Knödel negativ auswirkt. Nach dem offiziellen Beginn des 1898 erbauten Julius-Mayr-Wegs folgt eine weitere Metalltreppe und eine teils gesicherte Schrofenpassage. Ein luftiger, aber gut mit Seilen versicherter Quergang leitet hinauf in einfacheres Terrain. In einem Mix aus Gehgelände und leichtem Gekraxel erreichen wir den höchsten Punkt des **Brünnsteins ❻**, 1634 m, mit Marienkapelle und Gipfelkreuz. Über das Inntal hinweg zieht der Wilde Kaiser die Blicke auf sich, ganz hinten ragen sogar ein paar Gipfel der Berchtesgadener und Loferer Alpen hervor. An klaren Tagen sind die Dreitausender der Hohen Tauern wie auf einer Kette aufgereiht, den Vordergrund bilden die Kitzbüheler Alpen, weiter im Südwesten schließen sich Zillertaler und Tuxer Alpen an, bevor das Rundum-Panorama bei den Bayerischen Voralpen endet. Noch Wünsche offen?

Hinter der Kapelle steigen wir über eine gesicherte Schrofenrinne nach Westen ab; sie wandelt sich bald zu einem gut begehbaren Steig. In den Steilhängen wuchert ein bunter Mix aus pinkfarbenem Alpen-Steinquendel *(Acinos alpinus)*, grüngelber Zypressen-Wolfsmilch *(Euphorbia cyparissias)*, zartrosa Mittlerem Wegerich und Berg-Baldrian *(Valeriana montana)* sowie dunkelblauem Großblütigen Enzian *(Gentiana clusii)*. An einer beschilderten Gabelung halten wir uns rechts (links ginge es zum Brünnsteinhaus zurück) und steigen hinunter zu den verstreuten Hütten der Himmelmoosalm. Augen auf in den feuchten Wiesen: Zusammen mit Mehl-Primeln, Gewöhnlichen Katzenpfötchen, Stattlichem und Breitblättrigem Knabenkraut lebt hier mit der seltenen Grünen Hohlzunge *(Coeloglossum viride)* die neunte Orchideenart dieses Tages. Nehmen Sie sich Zeit, das erste Exemplar zu finden; meist sieht man dann gleich mehrere – versprochen!

Wir queren die vom Brünnsteinhaus herüberziehende **Fahrstraße** ❼ (hier kommt Variante 1 dazu), setzen unseren Abstieg aber auf dem beschilderten Steig direkt gegenüber fort. Angenehm wandern wir durch Almgelände und einen Waldgürtel. Das von Weitem sichtbare grasgrüne Dach kündigt die unbewirtschaftete Herrenalm mit dem »Kuhkindergarten« an. Kurzzeitig wird der Weg etwas ruppig, er verliert sich teilweise in erodierten Bachrinnen. Flankiert von besonders schönen Beständen an Schwarzvioletten Akeleien gelangen wir zu einer Geländekante mit Zaunüberstieg. Unzählige enge und sehr schmale Serpentinchen leiten nun durch den Steilhang talwärts. Hier ist vorsichtiges Gehen gefragt und ein sicherer Stand, um die prachtvolle Flora zu bewundern und abzulichten: die Schwertblättrigen Waldvögelein treten hier wieder in rauen Mengen auf, unterbrochen von Frauenschuh-Horsten und Weißer Schwalbenwurz *(Vincetoxicum hirundinaria)*. In den schattigeren Lagen siedeln Vogel-Nestwurze und – wie passend – das Zweiblättrige Schattenblümchen *(Maianthemum bifolium)*, dem man die Verwandtschaft mit den ebenfalls vorhandenen Maiglöckchen sofort ansieht.

Auf Höhe der **Gießenbachhütte** ❽, 857 m, eines Naturfreundehauses, ist der anstrengende Teil der Tour vorbei; hier treffen wir auf den Fahrweg, der uns linker Hand zum **Wanderparkplatz Hintere Gießenbachklamm** ❶ zurückführt.

Der Abstiegsweg ist gut gesichert.

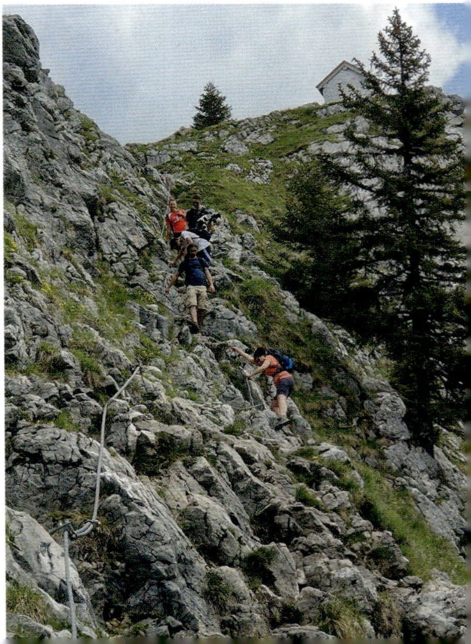

26 Pendling, 1563 m

Auf den Wächter über dem Inntal

4.00 Std. | 8,7 km | ↗ 650 m | ↘ 650 m

Im Reich der Schneerosen

Wer auf der A 93 Richtung Süden unterwegs ist, dem sticht der Pendling garantiert ins Auge: Direkt »am Eck«, wo das Inntal nach Südwesten abknickt, erhebt er sich als schroffer, abweisend wirkender Felszahn. Überraschend zügig und einfach gestaltet sich seine Besteigung, die sich auch weniger Geübte zutrauen dürfen. Entsprechend seiner Lage bietet der Gipfel nicht nur einen spektakulären 1000-Meter-Tiefblick auf Kufstein, sondern auch einen Logenplatz vor Kaisergebirge, Hohen Tauern, Zillertaler und Tuxer Alpen.

Dass der Pendling über die Region hinaus zur Berühmtheit wurde, liegt aber eher an den Abertausenden Schneerosen, die im zeitigen Frühling aus jedem noch so kleinen schneefreien Fleckchen sprießen. Suchen muss man sie nicht – das normalerweise extrem seltene Hahnenfußgewächs findet auf den Hängen oberhalb Kufsteins (auch gegenüber am Stadtberg bzw. Brentenjoch) ideale Bedingungen und tritt entsprechend flächendeckend auf.

Ausgangspunkt: Thiersee, Alpengasthof Schneeberg, 960 m. Von Kufstein oder über Bayrischzell und den Ursprungpass nach Thiersee, weiter Richtung Hinterthiersee und im Ortsteil Mitterland links der Beschilderung zum Gasthof folgen; großer Wanderparkplatz (Navi: Parkplatz Schneeberg, Schneeberg 48, 6335 Mitterland; N47° 34.802' E12° 05.610'). Bus 4046 von Kufstein Bhf. bis Haltestelle Pfarrwirt-Mitterland, von dort knapp 30 Min. bergauf zum Alpengasthof Schneeberg.

Anforderungen: Überwiegend breite Forst- und gut angelegte Waldwege; dank überschaubarer Höhendifferenz auch für Familien und weniger geübte Wanderer geeignet. Der Aufstiegsweg ist stellenweise steinig, mit Holzstufen aber gut gangbar gemacht. Aufgrund der nordseitigen Lage muss zur Blütezeit der Schneerosen stellenweise noch mit Schneeresten oder Vereisung gerechnet werden.

Einkehr: Pendlinghaus (Kufsteiner Haus, Mai bis Anfang November geöffnet, pendlinghaus.at), Kala-Alm (ganzjährig geöffnet, Montag und Dienstag Ruhetag, kala-alm.at).

Beste Jahreszeit: Je nach Schneeschmelze März bis Mai.

Variante: Der Fahrweg über die Kala-Alm zum Pendlinghaus ist eine Alternative bei ganz ungünstigen äußeren Bedingungen und in schneefreiem Zustand auch bei Radlern sehr beliebt.

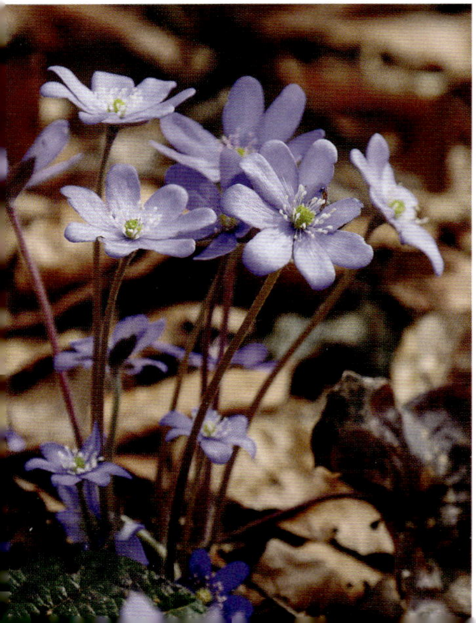

Leberblümchen sorgen für die ersten Farbkleckse im Frühling.

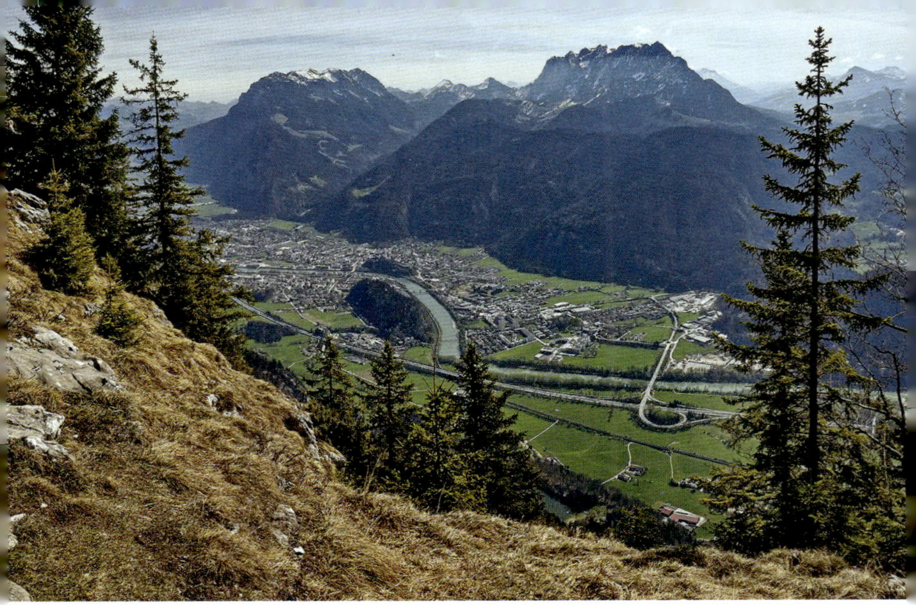

Der berühmte 1000-Meter-Tiefblick auf Kufstein.

Am großen Parkplatz gehen wir rechts vom **Alpengasthof Schneeberg ❶** in den asphaltierten Fahrweg, ignorieren den Abzweig zum Höhlensteinhaus und wandern in Gesellschaft von Hohen Schlüsselblumen *(Primula elatior)*, Huflattichen *(Tussilago farfara)* und Busch-Windröschen *(Anemone nemorosa)* zu einer beschilderten **Gabelung ❷**. Für den Aufstieg halten wir uns links weiterhin auf dem breiten Fahrweg, von rechts wird später unser Rückweg einmünden.

Zwischen den in allen Lila-Schattierungen leuchtenden Leberblümchen *(Hepatica nobilis)* entdecken wir auch schon die botanischen Stars dieser Tour: die im Frühstadium reinweißen, später rötlich-grünlich verfärbten großblütigen Schneerosen (*Helleborus niger*, s. Steckbrief S. 199). Sie werden uns ab jetzt in großer Zahl fast bis hinauf zum Pendlingkamm begleiten. Vor lauter Schneerosen-Euphorie bitte nicht die recht stattlichen Seidelbast-Exemplare (*Daphne mezereum*, s. Steckbrief S. 129) und die entzückenden Quirlblättrigen Zahnwurze *(Cardamine enneaphyllos)* mit den hellgelben hängenden Glöckchenblüten übersehen! Bevorzugt an feuchten Stellen am Wegrand drücken sich die dicken knubbeligen Blütenstände der Weißen Pestwurz (*Petasites albus*, s. Steckbrief S. 105) aus dem Boden und entwirren schleunigst ihre bis zu 50 Blütenkörbchen.

Wir folgen dem Fahrweg, bis linker Hand der beschilderte **Steig ❸** zum Pendling beginnt, der sich steinig, aber stets angenehm breit und unschwierig durch den Wald schlängelt. Der Fahrweg wird auf Höhe des Standorts Kaltwasser, 1170 m, nochmals gekreuzt, unser Steig setzt sich aber direkt gegenüber fort. Die allgegenwärtigen Schneerosen und Busch-Windröschen werden nun von den reizenden fransigen Blütchen des Gewöhnlichen Alpenglöckchens *(Soldanella alpina)* verstärkt. Unser Steig zieht geschickt angelegt im

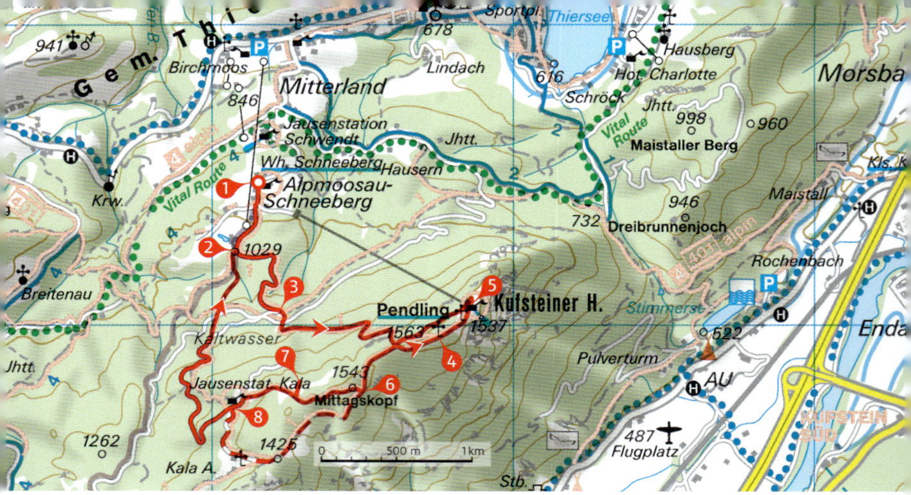

Zickzack durch die schattige, immer feuchte Nordflanke, vorbei an Felsabbrüchen und Höhlen. Holzstufen helfen über rutschige Stellen hinweg, mit Schneeresten oder vereisten Stellen sollte man hier aber immer rechnen. Schneerosen und Leberblümchen begleiten uns noch lange, an völlig sonnenlosen Stellen kommt aber nur noch das unverwüstliche Bingelkraut *(Mercurialis perennis)* zurecht.

Zügig erreichen wir die Kammhöhe des Pendling und gelangen endlich wieder in die Sonne – entsprechend schlagartig ändert sich auch der Bewuchs. Die Spezialisten für schattiges und feuchtes Terrain (Schneerosen, Pestwurz) bleiben zurück, dafür empfangen uns wieder Hohe Schlüsselblumen, stattlicher Seidelbast und große Bestände der Schneeheide *(Erica carnea)* mit ihren nadelförmigen Blättern und den weit aus den Blüten ragenden Griffeln.

Abermals überqueren wir den Fahrweg, setzen unseren Weg aber halb links auf dem beschilderten Steig fort. Er leitet etwas wurzelig und holperig, aber völlig gefahrlos einen Aufschwung hinauf; schon bald stehen wir vor dem etwas nach links versetzten ersten Gipfelkreuz des **Pendling** ④, 1563 m. Der Ausblick nach Süden ist zwar teilweise von Bäumen verstellt, aber den direkt gegenüber aufragenden Großvenediger und den Großglockner links davon kann man auf jeden Fall schon bewundern. Im Stil eines Panoramawegs führt unser Steig weiter den Kamm entlang nach Nordosten und nach wenigen Minuten ist das zweite Gipfelkreuz mit Altar erreicht. Jenseits des Inns sind Tuxer, Zillertaler und Kitzbüheler Alpen und die

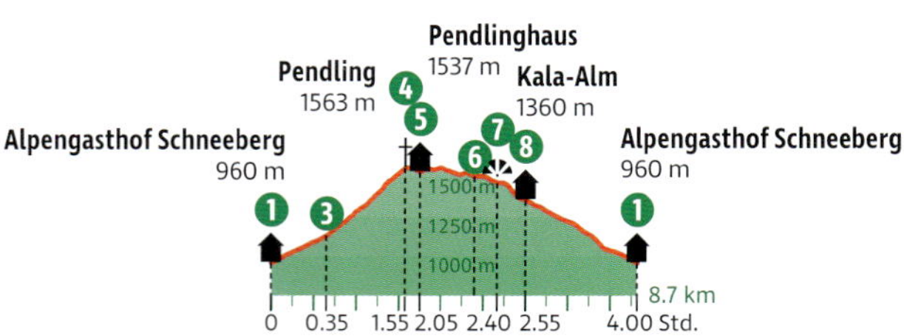

Schneerose *(Helleborus niger)*
Familie: *Hahnenfußgewächse (Ranunculaceae)*
Alias: *Christrose, Lenzrose, Schwarze Nieswurz (nicht verwirren lassen: in älteren Büchern wird oft auch der Weiße Germer als Nieswurz bezeichnet)*
Standort: *Lichte Laub- und Mischwälder auf kalkhaltigen Böden, halbschattige Gebüsche; bis 1900 m*
Blütezeit: *Februar bis April*
Charakteristik: *Bis 30 cm hoch; ledrig-dunkelgrüne Laubblätter wachsen direkt aus dem Boden (nicht aus dem Stängel) und sind 7- bis 9-fach gefingert. Stängel fleischig und kahl, nur am Blütenansatz mit zwei eiförmigen Hochblättern. Blüte einzeln am Stängel, bis zu 10 cm Durchmesser. Die weiße oder rötliche, fünfteilige Blütenhülle wird nicht von Kronblättern, sondern von Kelchblättern gebildet, die hier die Schaufunktion übernehmen; sonnengelbe Staubblätter. Kronblätter umgebildet zu gelbgrünen tütenförmigen Nektarblättern mit reichlich Nektar.*
Da die Laubblätter zur Blütezeit meist schon verwelkt sind, bilden die Kelchblätter nach der Befruchtung Chlorophyll (sie werden dabei immer grünlicher) und übernehmen so lange die Fotosynthese, bis neue Laubblätter nachgewachsen sind.
Status: *Laut Roter Liste als gefährdet eingestuft und nach BNatSchG besonders geschützt. Nach T-NV geschützt.*
Verwandtschaft: *Verschiedene, eigentlich nicht heimische Nieswurz-Arten (oft verwilderte Zierpflanzen)*
Wissenswertes: *Aufgrund des großen Nektarvorrats und der frühen Blütezeit sind Schneerosen außerordentlich wertvolle Futterpflanzen für Insekten.*
Schneerosen beinhalten in allen Pflanzenteilen, besonders aber im Wurzelstock, gleich mehrere giftige Substanzen wie Herzglykoside, Saponine und Protoanemonin, ein spezielles Toxin der Hahnenfußgewächse. Schon in der Antike galten die Inhaltsstoffe der Schneerose als vielfältig anwendbares Heilmittel, aufgrund der Giftstoffe werden sie heute nur noch in der Homöopathie eingesetzt.

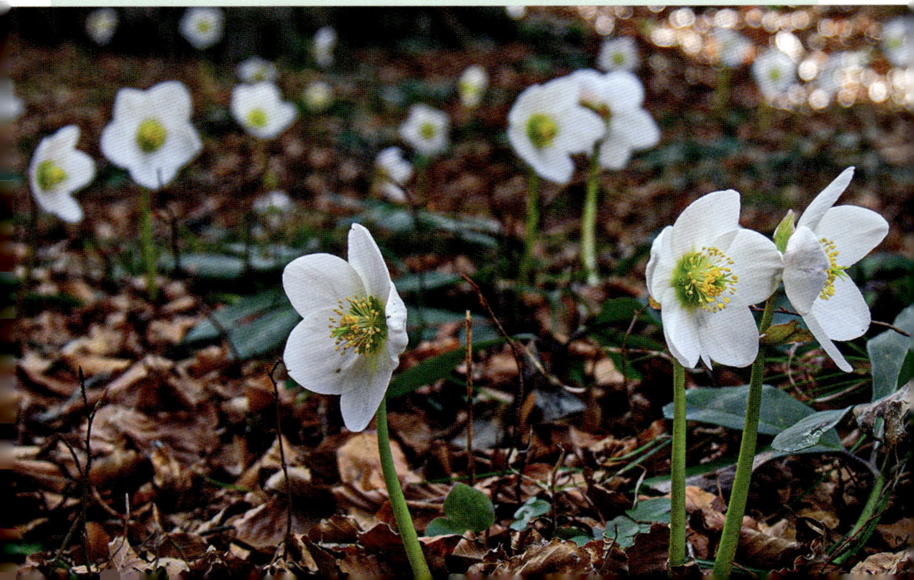

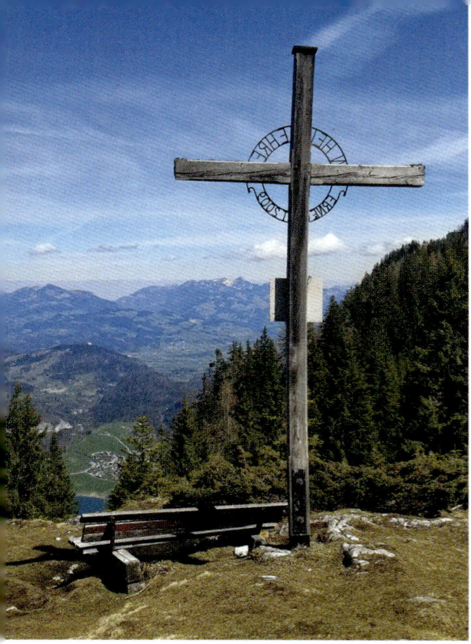

Am Heimkehrerkreuz.

westlichen Hohen Tauern aufgereiht, Wilder und Zahmer Kaiser wirken aus dieser Perspektive wie uneinnehmbare Felsbastionen.

Das wenige Meter tiefer gelegene, meist gut besuchte **Pendlinghaus ❺**, 1537 m, schimmert bereits durch die Bäume. Von der riesigen Terrasse klappt es dann auch mit dem berühmten 1000-Meter-Tiefblick auf Kufstein, außerdem wird die nördliche Hälfte des Rundum-Panoramas nachgeliefert: Geigelsteingebiet, Mangfallgebirge und Karwendel; als markante Berggestalten ragen Hinteres Sonnwendjoch, Veitsberg und Guffert heraus.

Links vom Pendlinghaus beginnt der Fahrweg, der uns zunächst zurück zur Kreuzung mit unserem Aufstiegsweg führt und dann mit einem kurzen Gegenanstieg auf die Südseite des Pendlingkamms; hier sind Hohe Schlüsselblumen, Huflattich-Teppiche und einige prachtvolle Seidelbast-Exemplare zu bewundern. Theoretisch könnte man dem Fahrweg, der nun aussichtsreich hoch über dem Inntal verläuft, bis zur Kala-Alm oder gleich bis zum Ausgangspunkt folgen, abwechslungsreicher ist es aber, den beschilderten **Abzweig ❻** rechts zum Heimkehrerkreuz zu nehmen. Kurz hinauf zum Kamm und auf der anderen Seite auf wurzeligem Waldweg wieder bergab zu einem Wiesensattel mit Wegweiser: Zur Kala-Alm geht es links, den kaum zweiminütigen Abstecher rechts zum **Heimkehrerkreuz ❼** mit Bank und schönem Blick auf das Thierseetal sollte man aber unbedingt einlegen.

Mit Soldanellen und Hohen Schlüsselblumen bewachsene Wiesen und ein kurzes Waldstück bringen uns – vorbei an einem erstaunlich belebten Tümpel mit Kröten und Bergmolchen – hinunter zur restaurantartigen **Kala-Alm ❽**, 1360 m. Dort treffen wir wieder auf den Fahrweg, dem wir nun durch einige Kehren folgen. Schlagartig begleiten uns jetzt wieder auf beiden Hangseiten die fantastischen Schneerosen, dicke Pestwurze bewachsen in großer Zahl den Wegrand, Leberblümchen und Huflattiche bilden lila bzw. gelb leuchtende Teppiche, Seidelbaste ungewöhnlich stattliche Sträucher. In nassen Senken kommt mit dem grüngelb blühenden Wechselblättrigen Milzkraut *(Chrysosplenium alternifolium)* ein neuer Farbton dazu.

An einem beschilderten Abzweig biegen wir vom Fahrweg ab in einen Steig. Nochmals kreuzen wir einen Forstweg, bleiben aber geradeaus auf unserem Steig, der uns zuverlässig bei der bekannten **Gabelung ❷** abliefert. Hier schließt sich der Kreis. Der weitere Abstieg zum **Alpengasthof Schneeberg ❶** erfolgt auf dem Aufstiegsweg.

Rund um den Bärnsee

Pflanzen- und Tierrefugium vor Chiemgauer Bergkulisse

1.15 Std. | 3,3 km | ↗ 85 m | ↘ 85 m

Auf Holzstegen durch artenreiche Moorwiesen

Die letzte Eiszeit hat uns mit dem Bärnsee ein entzückendes kleines Naturjuwel vor der bekannten Kulisse der Chiemgauer Alpen hinterlassen. Die umgebenden Streuwiesen und Moorgebiete sind wertvolle Lebensräume für viele gefährdete Pflanzen und Tiere. Der See und sein Uferbereich stehen bereits seit 1966 unter Landschaftsschutz und lassen sich auf gut angelegten Wegen und Holzstegen bequem umwandern. Die feuchten Sumpfwiesen bieten große Blumenvielfalt auf vergleichsweise wenig Strecke. Eine aussichtsreiche Einkehrmöglichkeit und gegebenenfalls ein Besuch im Moorbad schließen die einfache Rundtour ab. Legen Sie bei der Fahrt auf der A 8 doch einfach mal einen Stopp am Bärnsee ein – die idyllische Voralpenlandschaft und die reichhaltige Flora beruhigen auch die Nerven der gestresstesten Autofahrer! Übrigens: Kreuzende Blindschleichen und Ringelnattern haben grundsätzlich Vorfahrt – egal, aus welcher Richtung sie angeschlängelt kommen!

Ausgangspunkt: Moorbadeplatz in Aschau im Chiemgau, Ortsteil Haindorf, 601 m. Anfahrt mit dem Pkw auf der A 8, Ausfahrt Frasdorf, und nach Aschau. Der Beschilderung zum Café Pauli folgen, Parkplatz am Moorbadeplatz unterhalb des Cafés (Navi: Moorbadeplatz, 83229 Aschau im Chiemgau; N47° 47.404' E12° 19.894'). Von Aschau Bhf. 1,5 km.

Anforderungen: Breite, überwiegend flache Spazierwege und Holzstege, nur kurze Anstiege. Auch für Kinder und weniger geübte Wanderer gut zu bewältigen.

Einkehr: Café Pauli (Ende März bis Anfang November geöffnet, Dienstag Ruhetag, cafe-pauli.de).

Beste Zeit: Mai bis Juli.

Hinweis: Der Bärnsee ist ein Landschaftschutzgebiet. Baden ist nicht erlaubt, der unmittelbare Uferbereich darf nicht betreten werden. Statt im See kann man sich im Moorbad am Ausgangspunkt erfrischen.

Für das Ufer des idyllisch gelegenen Bärnsees gilt ein Betretungsverbot.

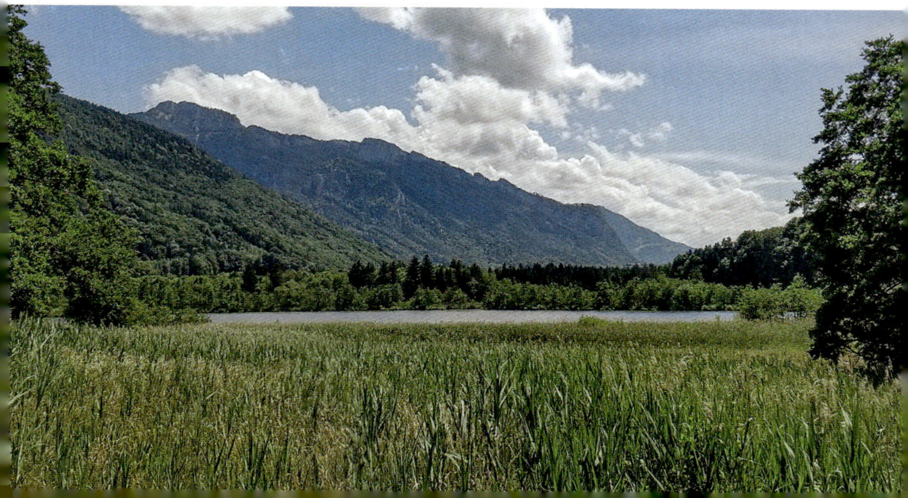

Echtes Mädesüß *(Filipendula ulmaria)*
Familie: *Rosengewächse (Rosaceae)*
Alias: *Großes Mädesüß, Federbusch, Rüsterstaude, Spier, Waldbart*
Standort: *Feuchte Wiesen, Gräben, Ufer; bis 1500 m*
Blütezeit: *Juni bis August*
Charakteristik: *Bis 1,5 m hoch; Sprosse aufrecht, erst im oberen Teil verzweigt und rötlich überlaufen. Laubblätter unpaarig gefiedert, Endblättchen dreilappig; 3 bis 5 Blattpaare mit lanzettlicher Form und gesägtem Rand wechseln sich mit kleinen Nebenblättchen ab. Blütenstand rispig mit Unmengen kleiner, cremefarbener Blütchen. Einzelblüten radiär mit je 5 Kron- und Kelchblättern und vielen deutlich hervorragenden Staubblättern. Abends intensiver Honigduft.*

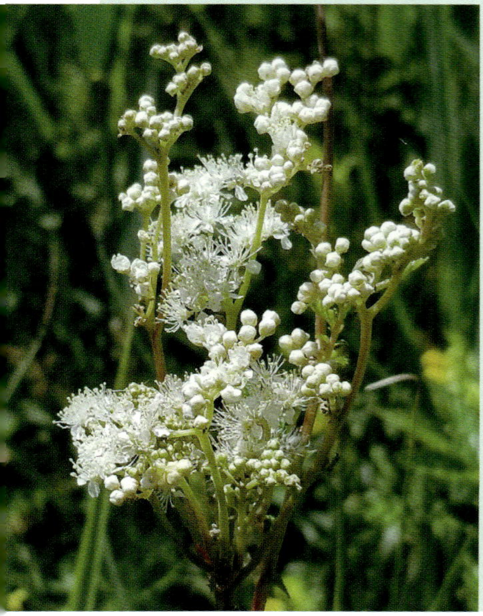

Status: *Ungefährdet und ungeschützt*
Verwandtschaft: *Kleines Mädesüß alias Knollen-Mädesüß (Filipendula vulgaris) auf Trockenrasen*
Wissenswertes: *Mädesüß enthält Salicylsäure, einen entzündungshemmenden und schmerzstillenden Wirkstoff, der heute – synthetisch hergestellt und abgewandelt – als Acetylsalicylsäure Bestandteil vieler Schmerzmittel ist. Vom Mädesüß stammt indirekt auch der Markenname Aspirin. Mädesüß wurde früher nämlich zu den Spiersträuchern gerechnet (Spirea), wovon sich »-spirin« ableitet. Das Anfangs-A steht für Acetyl.*

Rechts vom kleinen Parkplatz befindet sich der **Moorbadeplatz ①**, von links oben auf dem Hügel grüßt schon das weithin sichtbare Café Pauli herunter – von dort werden wir am Ende der Tour zurückkommen. Vorerst gehen wir aber geradeaus in den breiten Feldweg mit dem Wegweiser »Bärnsee – Spöck – Bernau«. Gleich auf den ersten Metern bekommen wir links und rechts des Wegs ganz unterschiedliche Vegetationsformen zu sehen: Die offensichtlich trockeneren Kuhwiesen rund um eine besonders stattliche alte Eiche zur Linken sind übersät mit gelbem Echtem Labkraut *(Galium verum)* und rosa Gewöhnlichem Heilziest *(Betonica officinalis)*. Die rechte Seite ist dicht mit Schilf bewachsen und gehört den Pflanzen, die auf »nasse Füße« spezialisiert sind: Der pinkfarbene Gewöhnliche Blutweiderich (*Lythrum salicaria*, s. Steckbrief S. 99) schätzt dauerhaft nasse Wiesen oder Gräben als

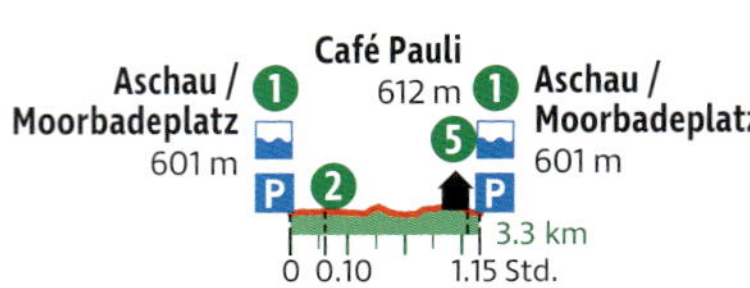

Lebensraum, ebenso das filigrane, cremefarbene und nach Vanille duftende Echte Mädesüß (*Filipendula ulmaria*, s. Steckbrief S. 202). Dritter im Bunde der Sumpf-Spezialisten ist der Arznei-Baldrian *(Valeriana officinalis)* mit den weißen Blütendolden und den markant geschlitzten, gegenständigen Blättern, der schon mal an die 2 Meter Höhe erreichen kann.

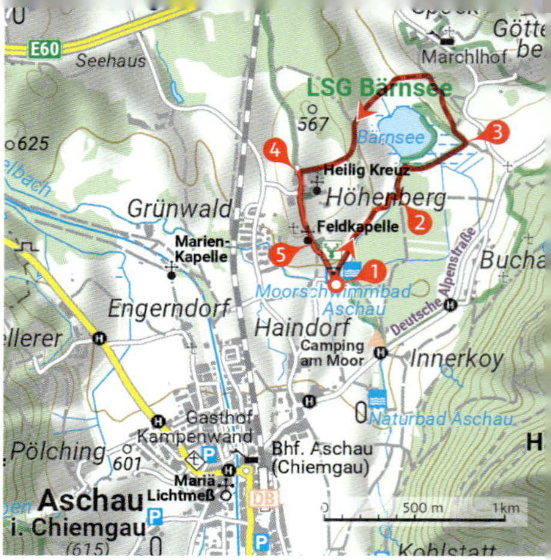

Wir folgen weiterhin dem flachen Feldweg. Nach dem Schilfgürtel entdecken wir in den feuchten Wiesen zu beiden Seiten rosafarbene Kuckucks-Lichtnelken *(Silene flos-cuculi)* und Exemplare des Fleischfarbenen Knabenkrauts *(Dactylorhiza incarnata)* mit ausgeprägten rötlichen Tragblättern.

Wir passieren eine von Schilf und Mädesüß eingefasste idyllische Sitzbank mit der Aufschrift »Paules Ruh« und treffen kurz dahinter auf eine **Kreuzung 2**. Die dortigen Infotafeln erklären die Entstehung der Moore rund um den Bärnsee und ihren besonderen ökologischen Wert als Lebensraum für seltene Pflanzen und Tiere. Nun folgen wir dem Seerundweg (Weg 24) nach links und spazieren durch schöne Birkenbestände. Danach knickt unser Weg nach rechts ab (Wegweiser »Spöck – Reitham – Bernau«) und führt als Holzsteg durch Schilf und artenreiche Moorwiesen. Während das Scheiden-Wollgras *(Eriophorum vaginatum)* einen zarten weißen Schleier über die Wiesen legt, sorgen Trollblumen *(Trollius europaeus)*, Gewöhnlicher Gilbweiderich *(Lysimachia vulgaris)* und Sumpf-Schwertlilie *(Iris pseudacorus)* für kräftige Gelb-Akzente. Zum bereits bekannten Fleischfarbenen Knabenkraut kommen mit der Weißen Waldhyazinthe *(Platanthera*

Auf Stegen lassen sich die Moorwiesen trockenen Fußes durchqueren.

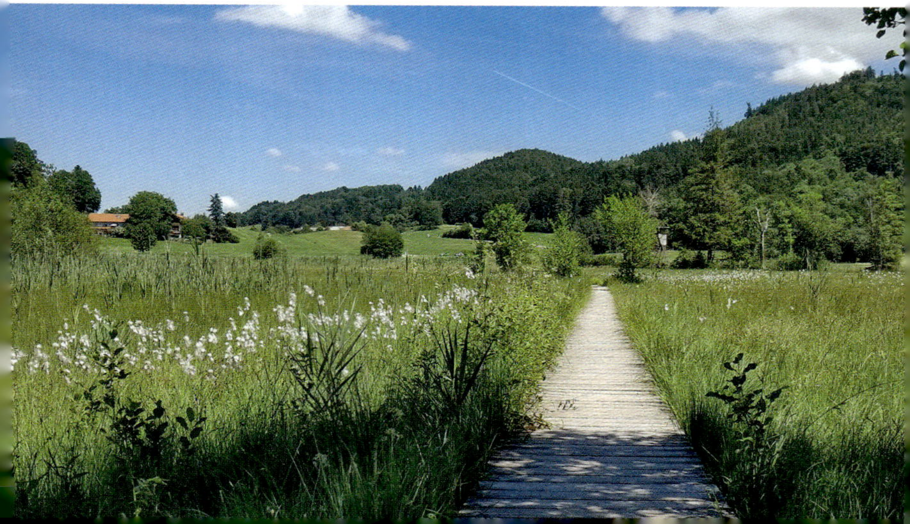

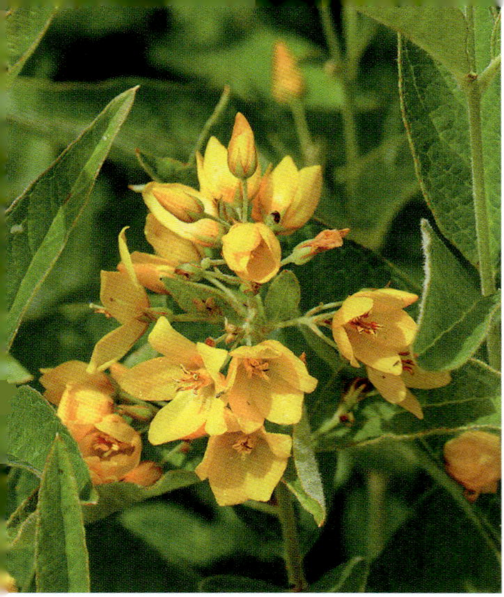

Gewöhnlicher Gilbweiderich.

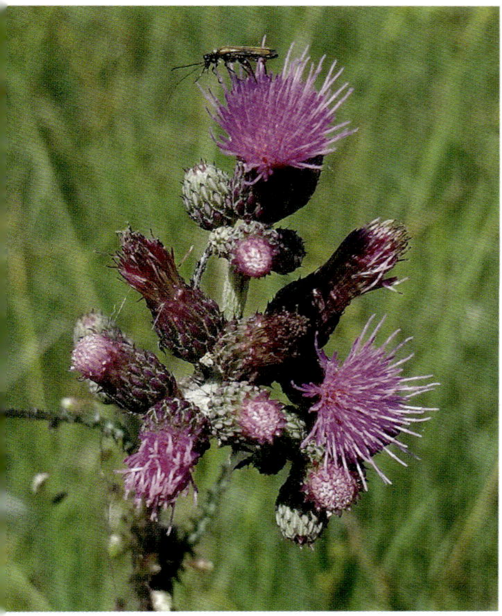

Sumpf-Kratzdistel.

bifolia) und dem farblich von Weiß bis Rosa variierenden Fuchs' Knabenkraut *(Dactylorhiza fuchsii)* weitere Orchideen-Arten dazu. Auch die zarten pastellgelben Kelch-Simsenlilien *(Tofieldia calyculata)* und die etwas staksigen Sumpf-Kratzdisteln *(Cirsium palustre)* fühlen sich auf dem nassen Untergrund wohl. Heimlicher Star der Blumenwelt ist aber ein sehr kleines Pflänzchen: Die Blätter des Rundblättrigen Sonnentaus (*Drosera rotundifolia*, s. Steckbrief S. 58) sind nur ca. 0,5 bis 2 cm groß und trotz ihrer roten »Tentakel« oft schwierig zu entdecken. Hier wachsen sie teilweise dicht neben dem Holzsteg und lassen sich so bequem und trockenen Fußes bewundern und fotografieren.

Am **Ende des Stegs ❸** biegen wir gemäß unseres Seerundwegs 24 links ab. Ein kurzes Stück begleiten uns noch Mädesüß, Gewöhnlicher Blutweiderich und Arznei-Baldrian, dann betreten wir einen kurzen Waldgürtel. Für einige Meter geht es etwas steiler bergauf, an einer Einmündung halten wir uns links und folgen weiter der Wegnummer 24. Vorbei an stattlichen Exemplaren Ähriger Teufelskrallen *(Phyteuma spicatum)* wandern wir bergab und wenden uns am Ende des Waldbereichs abermals nach links, durchgehend als Seerundweg beschildert.

Mit prachtvollem Bergblick nähern wir uns nun in leichtem Gefälle wieder dem See. In den weitläufigen Wiesen zu beiden Seiten blühen Kuckucks-Lichtnelken, Acker-Witwenblumen *(Knautia arvensis)*, Wiesen-Flockenblumen *(Centaurea jacea)*, Gewöhnlicher Heilziest und Wiesen-Platterbse *(Lathyrus pratensis)*. Wer auf dem Hinweg keinen Sonnentau entdecken konnte – hier klappt es bestimmt, blühen doch etliche Exemplare nur wenige Zentimeter neben dem Steg. Am besten einfach mal auf die Knie gehen oder gleich die Bauchlage einnehmen und den Augen ein wenig Zeit geben, die winzigen Fangblätter mit den leuchtend roten Tentakeln auf spärlich bewachsenen Stellen zu finden. Kelch-Simsenlilien, Scheiden-Wollgras, Waldhyazinthen und Fleischfarbenes Knabenkraut besiedeln ebenfalls die feuchten Stellen, während auf der rechten Seite das Heidekraut *(Calluna vulgaris)* die etwas erhöhten, trockenen Bereiche für sich reserviert hat. Die Großen Sterndolden *(Astrantia major)*, die sich in schattigeren Bereichen wohlfühlen, sind zwar keine Raritäten, ihr filigraner und wunderschöner Blütenaufbau verdient aber genaueres Hinsehen.

Am Ende des Stegs treffen wir im Wald auf eine Gabelung und halten uns an den Weg 24a (Wegweiser »Seerundweg, Café Pauli 500 m«), also rechts. Auf dem steilen, aber nur kurzen Aufschwung durch den Wald stoßen wir auf das Großblütige Springkraut *(Impatiens noli-tangere)*, dessen Blüten immer ein wenig an leuchtend gelbe Zipfelmützen oder Zaubererhüte erinnern. Vorbei an Ährigen Teufelskrallen und den zartlila Blütenständen von Nesselblättrigen Glockenblumen *(Campanula trachelium)* verlassen wir den Wald und gelangen so in den Weiler **Höhenberg ❹**. Im Ort halten wir uns links; wer mag, kann sich hier mit frischen Fischprodukten zum Mitnehmen eindecken. Mit schönem Panoramablick in die idyllische Voralpenlandschaft schlendern wir auf der Fahrstraße bergab. Flankiert von stattlichen Exemplaren Wiesen-Bärenklau *(Heracleum sphondylium)* – erkennbar an schmirgelpapierrauen Blättern, ausgeprägten Blattscheiden und wuchtigen, cremeweißen Doppeldolden – erreichen wir zuerst eine Marienkapelle und kurz danach das **Café Pauli ❺**, wo man die Tour mit einer Einkehr abrunden kann. Vom Gastgarten sind es dann nur noch wenige Minuten bergab bis zum bereits sichtbaren Parkplatz am **Moorbadeplatz ❶**.

Am Ende der Runde wartet die Einkehr im Café Pauli.

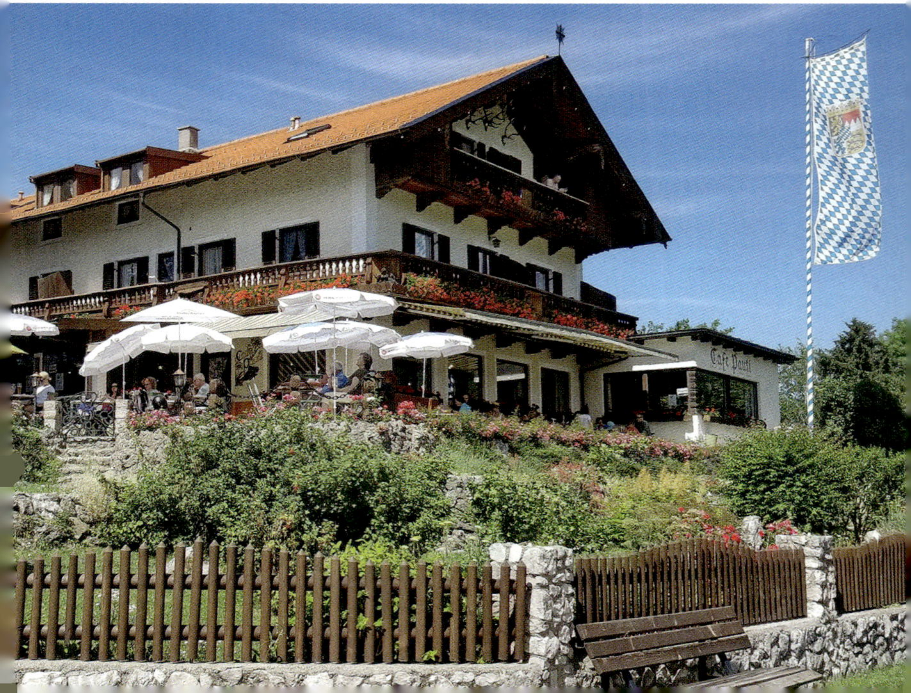

28 Brandelberg, 1516 m, und Zinnenberg, 1565 m

Ruhige, aber nicht minder schöne Alternative zum Geigelstein

6.15 Std. | 15,2 km | ↗ 920 m | ↘ 920 m

Botanisch von allem etwas

Brandelberg und Zinnenberg sind zwei wenig ausgeprägte und eigentlich unspektakuläre Gipfel über dem Priental in den Chiemgauer Alpen. Dass sich die beiden geradezu ideal zu einer Runde verbinden lassen und dass sich zwischen ihnen eine ungewöhnlich weitläufige und botanisch ausgesprochen interessante Hochfläche aufspannt, macht den eigentlichen Reiz der Tour aus. Die Wanderung ist zwar nicht gerade kurz, auf jeden Fall aber abwechslungsreich: ein anfänglicher Aufstieg im Wald, schönste Bergwiesen, ein felsiges Intermezzo am Brandelberg, ein riesiges Hochplateau – und die Botanik ändert sich jedes Mal mit! Beim Orchideen-Suchspiel rund um die Feichtenalm sollte man die Zeit im Auge behalten, man könnte sich hier nämlich stundenlang beschäftigen. Dass die meisten Bergwanderer die bekannteren und »erschlosseneren« Nachbargipfel Geigelstein, Hochries und Spitzstein bevorzugen, ist ein zusätzlicher angenehmer Nebeneffekt.

Ausgangspunkt: Innerwald, an der St 2093 zwischen Aschau im Chiemgau und Sachrang, 715 m. Anfahrt mit dem Pkw auf der A 8 bis Ausfahrt Frasdorf, durch Aschau und auf der St 2093 noch ca. 8 km Richtung Sachrang bis Innerwald; großer Wanderparkplatz (Navi: Parkplatz Innerwald, 83229 Aschau im Chiemgau; N47° 42.631' E12° 17.011'). Bus 9502 von Aschau Bhf. oder Bernau Bhf., Haltestelle Innerwald.

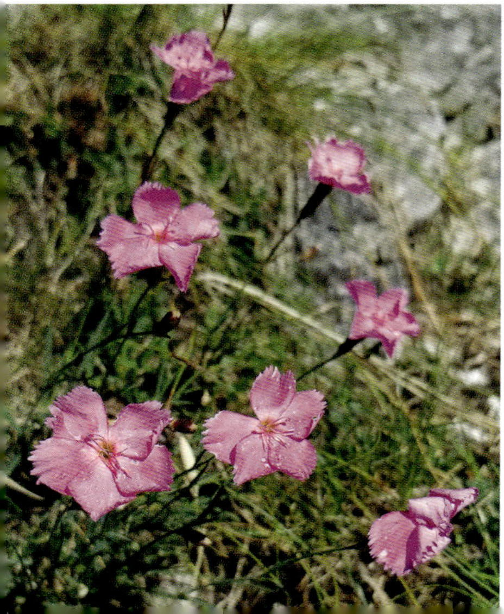

Anforderungen: Überwiegend gut angelegte Bergwege, beim Abstieg vom Brandelberg Richtung Feichtenalm ein paar kurze schmale, sehr wurzelige Passagen (dort Trittsicherheit und erhöhte Aufmerksamkeit nötig), unterhalb der Klausenhütte ist der Weg stellenweise durch Viehtritt ziemlich malträtiert. Länge der Tour nicht unterschätzen.

Einkehr: Keine.

Beste Jahreszeit: Juni bis Juli.

Variante: 1) Wer die Tour abkürzen will, kann an einer unbeschilderten Gabelung unterhalb der Brandelbergalm direkt zu den Wiesen der Feichtenalm aufsteigen und so den Brandelberg auslassen. Diesen Weg kann man auch nach Überschreitung des Brandelbergs im Abstieg benützen und so den Zinnenberg auslassen.

2) Beim Abstieg kann man noch zur dauerhaft geschlossenen und dem Verfall preisgegebenen Klausenhütte hinaufwandern und von dort entlang des Felsgrats zum Gipfelkreuz des Klausenbergs spazieren.

Stein-Nelken – Raritätenfund an der Brandelbergalm.

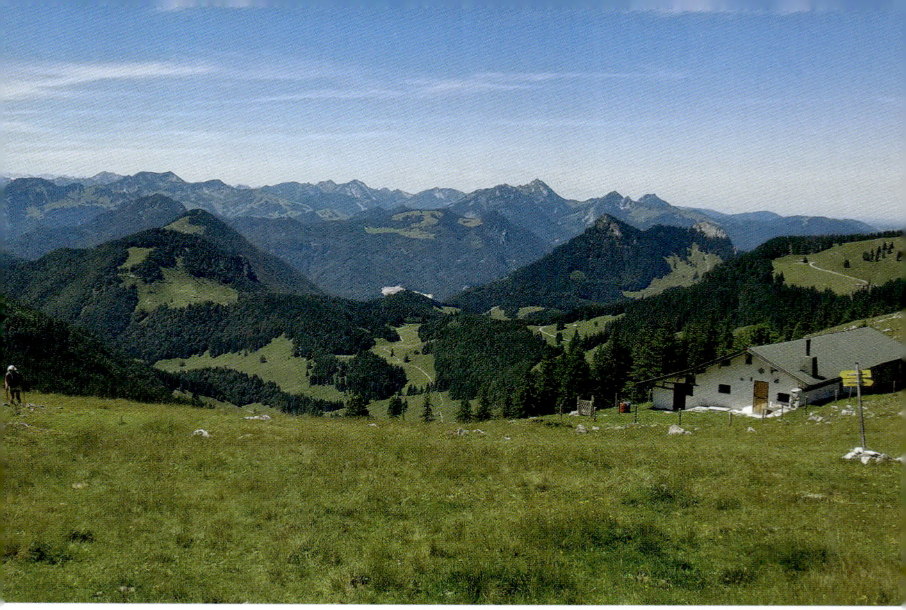

Die Wiesen um die Feichtenalm sind botanisch ausgesprochen ergiebig.

Vom Wanderparkplatz bei **Innerwald** ❶ direkt an der Staatsstraße spazieren wir auf breitem Forstweg hinauf zur Wegverzweigung am westlichen Dorfrand. Dort findet man auch zusätzliche Parkmöglichkeiten. An der Gabelung orientieren wir uns links (Wegweiser »Spitzstein, Brandelberg«). Auf breitem Forstweg geht es weiter, die erste Abzweigung links zum Spitzsteinhaus dürfen wir dabei ignorieren.

Erst an der nächsten Gabelung biegen wir links ab (Wegweiser »Brandelberg, Spitzstein, Klausen 8«). In Kehren folgen wir nun für ein längeres Stück im schattigen Wald dem Verlauf des Kohlstätter Bachs. Begleitet werden wir von Pflanzen, die notfalls auch mit weniger Sonnenlicht zurechtkommen: Das Fuchs' Knabenkraut *(Dactylorhiza fuchsii)* ist eine der häufigeren Orchideenarten und – genauso wie die in der Nachbarschaft vorkommende Grünliche Waldhyazinthe *(Platanthera chlorantha)* – hinsichtlich des Standorts recht flexibel. Der Rundblättrige Steinbrech *(Saxifraga rotundifolia)* mit den hübschen roten oder gelben Punkten auf den weißen Kronblättern ist dagegen ein echter Schattenspezialist. Botanischer Höhepunkt auf dieser ersten Etappe sind die herrlich geformten und pink gesprenkelten Blüten der

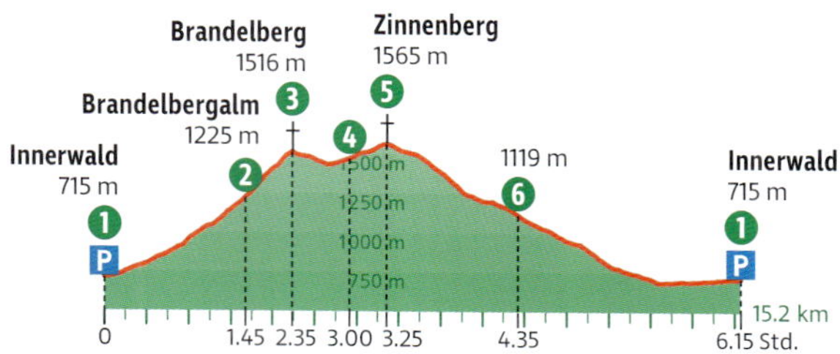

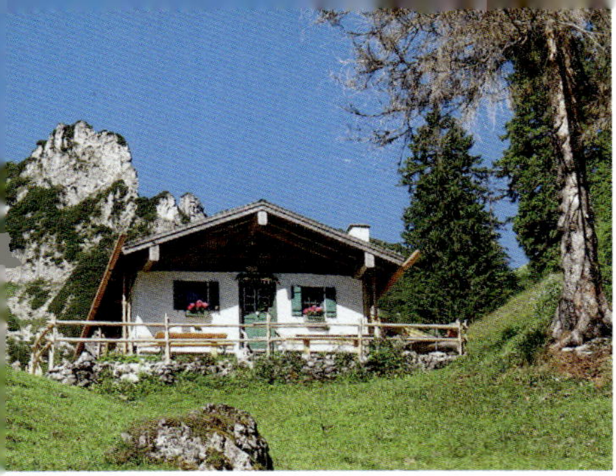

Die Brandelbergalm.

Türkenbund-Lilie (*Lilium martagon*, s. Steckbrief S. 179). An einer unbeschilderten Gabelung halten wir uns geradeaus (rechter Hand könnte man unter Umgehung des Brandelbergs direkt zur Feichtenalm aufsteigen, siehe Variante 1) und erreichen nach wenigen Minuten die Waldgrenze und die wunderbar sonnigen Wiesen rund um die idyllisch in einem Wiesenkessel gelegene **Brandelbergalm ❷**, 1225 m.

Zu beiden Seiten des Pfades, der sich hinter der Hütte den mittelsteilen Hang hinaufschlängelt, explodiert förmlich die Flora: Sonnengelb leuchten die zahlreichen Rindsaugen *(Buphthalmum salicifolium)* und die Gewöhnlichen Sonnenröschen *(Helianthemum nummularium)*. Großblütige Braunellen *(Prunella grandiflora)*, Alpen-Steinquendel *(Acinos alpinus)*, Mücken-Händelwurz (*Gymnadenia conopsea*, s. Steckbrief S. 222), Kugel-Teufelskrallen *(Phyteuma orbiculare)* und Echter Dost *(Origanum vulgare)* sind für die Rosa-Lila-Schattierungen zuständig. Die Blutrote Sommerwurz *(Orobanche gracilis)* hat sich als Vollschmarotzer auf Schmetterlingsblütler als Wirtspflanzen spezialisiert. Einen Tusch für die zahlreichen Kugelorchis *(Traunsteinera globosa)* mit ihren runden, aus vielen Einzelblüten gepackten, pinkfarbenen Köpfen! Und einen doppelten Tusch für die hübschen Stein-Nelken *(Dianthus sylvestris)*, die in einem Büschel direkt am Wegrand friedlich vor sich hin blühen und doch eigentlich in den Bayerischen Voralpen gar nicht vorkommen sollten!

Durch üppigsten Bewuchs steigen wir im Zickzack hinauf zum Kamm, den wir in der Einsattelung zwischen Spitzstein und Brandelberg erreichen. Auf engem Raum blühen hier Geflecktes Johanniskraut *(Hypericum maculatum)*, Taubenkropf-Leimkraut *(Silene vulgaris)*, Fuchs' Knabenkraut und Mücken-Händelwurz. Wir wenden uns nach rechts (Wegweiser »Klausenhütte«) und stoßen bereits nach wenigen Schritten auf den stattlichen Alpen-Ziest *(Stachys alpina)*, dessen rosabräunliche Blütchen etagenweise in den Blattachseln sitzen, wie für Lippenblütler typisch. Und es hört gar nicht auf mit den botanischen Höhenpunkten: Nur wenige Meter weiter treffen wir auf etliche Exemplare einer selteneren und beson-

Rindsaugen.

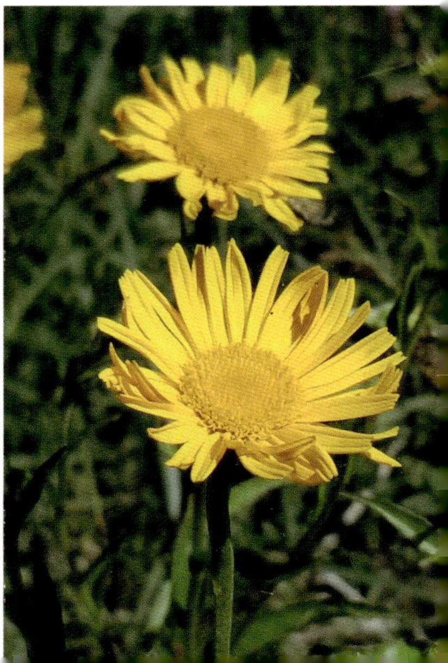

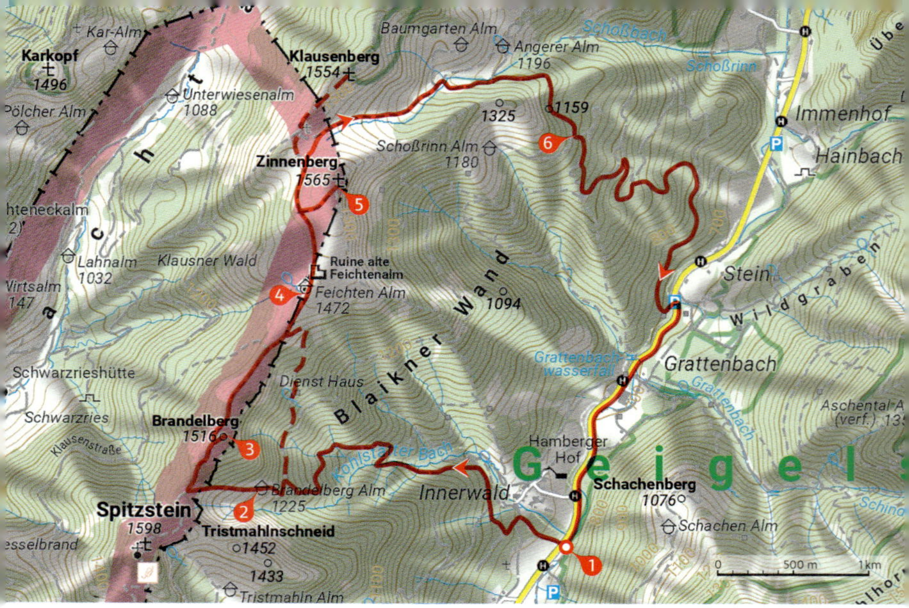

ders hübschen Orchidee, des Brand-Knabenkrauts *(Neotinea ustulata)*. Die Blüten verfügen über eine dreiteilige weiße Lippe mit dunkelroten Punkten und über einen dunkelroten Helm. Auch die Knospen sind vor dem Aufblühen dunkelrot. Da sich die Blüten von unten nach oben öffnen, entwickelt sich der charakteristische »abgebrannt« aussehende Farbverlauf.

Der schmale Steig folgt mehr oder weniger dem Kammverlauf und nähert sich in einigen, bisweilen steileren Aufschwüngen dem Brandelberg, in dessen felsigeren Bereichen der Gewöhnliche Wundklee *(Anthyllis vulneraria)* und die Bittere Schafgarbe *(Achillea clavennae)* siedeln. An einer unbeschilderten, aber deutlichen Verzweigung mitten in den Latschen können wir uns rechts in wenigen Minuten durch etwas aufdringliche Latschen zum höchsten Punkt des **Brandelbergs** ❸, 1516 m, hinaufarbeiten. Ihn ziert nur ein Grenzstein, schön ist allerdings der Blick nach Westen über den Inn hinweg zum Mangfallgebirge, nach Osten über das Priental zum Geigelstein und nach Süden ins Kaisergebirge; im Norden können wir bereits die gesamte Hochfläche um die Feichtenalm und die schwach ausgeprägte Kuppe des Zinnenbergs dahinter überblicken.

Wieder zurück am Hauptweg queren wir mit einigem Gefälle die Westflanke des Brandelbergs, der Steig ist hier recht wurzelig und ruppig, auf wenigen Metern auch leicht ausgesetzt (Vorsicht, vor allem bei Nässe!). Auf der gesamten Querung begleiten uns dichte Horste der Bewimperten Alpenrosen (*Rhododendron hirsutum*, s. Steckbrief S. 211), die farblich wunderbar zum ebenfalls häufig auftretenden Kopfigen Läusekraut *(Pedicularis rostratocapitata)* passen. Dicke Büschel Trollblumen *(Trollius europaeus)* und Kugel-Teufelskrallen ergänzen das Bild. Der Weg wird schnell wieder angenehmer und leitet hinunter in die weitläufigen Almflächen der Feichtenalm. Hier können wir nun, mit ei-

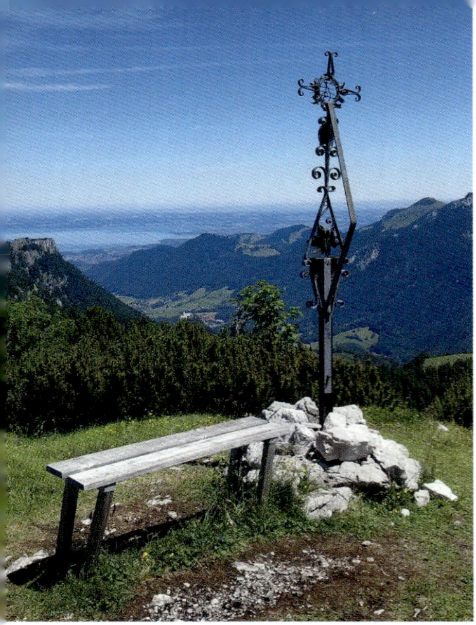

Der wenig ausgeprägte Gipfel des Zinnenbergs besticht mit Chiemseeblick.

nem Fuß in Bayern und mit einem in Tirol, nach Lust und Laune über die Wiesen spazieren, Farbmarkierungen und das weithin sichtbare Almgebäude geben dabei die grobe Richtung vor. Kleiner Tipp für Orchideensucher: Am erfolgversprechendsten sind Stellen, die für Kühe eher unbequem sind, also felsdurchsetzte Kuppen oder steilere Abhänge – dort ist dann zur Freude der Orchideen garantiert nicht »gedüngt«. Mit etwas Übung bzw. Geduld finden sich hier größere Bestände der Grünen Hohlzunge *(Coeloglossum viride)* mit den grünlichen, oft rötlich angehauchten Blüten und des schlanken hellgelben Weißzüngels *(Pseudorchis albida)*. Kohlröschen (Gattung *Nigritella*) können – je nach Art – von hellrosa bis schwarzrot variieren; die jeweilige Art zu bestimmen, ist allerdings eher eine Aufgabe für Fortgeschrittene. Natürlich übersehen wir vor lauter Orchideen nicht die entzückenden rosafarbenen Gewöhnlichen Katzenpfötchen *(Antennaria dioica)*, die mit ihren polsterartigen Teilblüten wirklich ein wenig an von unten betrachtete Katzenfüße erinnern.

Wir passieren die **Feichtenalm** ❹, 1472 m, und steigen gemütlich die freien Wiesenhänge hinauf. Bevor wir einen Durchschlupf im dichten Latschengürtel erreichen, sollten wir die markierte Trasse verlassen und rechter Hand dem höchsten Punkt des Zinnenbergs einen Besuch abstatten. Einen richtigen Weg dort hinauf gibt es zwar nicht, aber diverse Steigspuren. Solange man im sanften Wiesengelände rechts der Latschen bleibt, kann man auch nicht verloren gehen.

Am Gipfel des **Zinnenbergs** ❺, 1565 m, den eine Bank, ein Grenzstein und ein außergewöhnlich hübsches, schmiedeeisernes Kreuz mit integriertem Notenschlüssel zieren, reicht der Blick vom Wilden Kaiser bis zum Chiemsee. Gewöhnliches Sonnenröschen, Berg-Baldrian *(Valeriana montana)* und Zottige Augen-

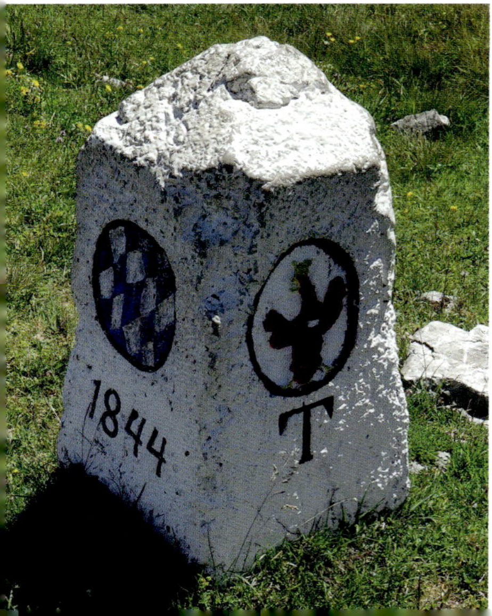

Mit einem Fuß in Bayern, mit dem anderen in Tirol.

wurz *(Athamanta cretensis)* leisten bei der Gipfelbrotzeit Gesellschaft.

Zurück am Hauptweg steigen wir in nördlicher Richtung durch Latschengassen hinunter zu den Almflächen unterhalb der Klausenhütte. Sofern man nicht den Klausenberg anhängen möchte (siehe Variante 2), kann man sich den Gegenanstieg zur verfallenden Hütte sparen und stattdessen halb rechts durch ein kleines Tälchen abkürzen. In den nordseitigen Hängen blühen bis in den Sommer hinein Großblütige Enziane *(Gentiana clusii)* und Mehl-Primeln *(Primula farinosa)*. Über vom Vieh ziemlich malträtierte Wiesen treffen wir wieder auf den von der

Bewimperte bzw. Rostrote Alpenrose
(Rhododendron hirsutum bzw. Rhododendron ferrugineum)

Familie: *Heidekrautgewächse (Ericaceae)*

Alias: *Almenrausch, Almrose*

Standort: *Beide Alpenrosen-Arten bevorzugen steinige Matten, lichte Wälder und Gebüsche oder Zwergstrauchheiden; sie kommen in Lagen von 600 bis 2800 m vor. Die beiden Arten treten vikariierend auf, das heißt sie lösen sich gegenseitig je nach Bodenbeschaffenheit ab. Während die Bewimperte Alpenrose kalkhaltigen Untergrund braucht und demzufolge ihren Schwerpunkt in den Nördlichen und Südlichen Kalkalpen hat, meidet die Rostrote Alpenrose kalkhaltige Böden und ist somit vor allem in den Silikat-Gebieten des Alpenhauptkamms zu finden.*

Blütezeit: *Juni bis August*

Charakteristik: *Bis 1 m hoch; reich verzweigter, immergrüner Strauch. Blätter ledrig, schmal bis elliptisch, mit glänzender Oberfläche. Blüten intensiv pinkfarben, glockenförmig, sitzen in traubige Blütenstände gebündelt an den Zweigenden. Bei der Bewimperten Alpenrose sind Blattober- und -unterseite grün, am Blattrand deutlich sichtbare, waagrecht abstehende Härchen. Die Rostrote Alpenrose hat glatte Blattränder ohne Härchen und eine braunrote Blattunterseite.*

Status: *Ungefährdet, nicht besonders geschützt*

Verwandtschaft: *Zwerg-Alpenröschen, Zuchtformen des Rhododendron*

Wissenswertes: *Wie alle Rhododendren ist die Alpenrose (auch für Menschen) giftig und wird in der Regel vom Weidevieh verschmäht. Gefährdet sind unter Umständen Wildtiere, denen in schneereichen Wintern keine Futterauswahl bleibt. Obwohl sie ein echter Alpenbewohner ist, ist die Alpenrose recht wärmebedürftig und frostempfindlich. Im Winter braucht sie eine dicke Schneedecke als Schutz vor Kälte und Austrocknung.*

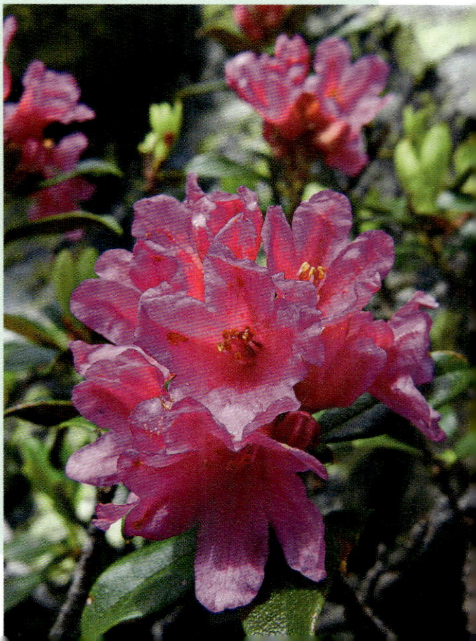

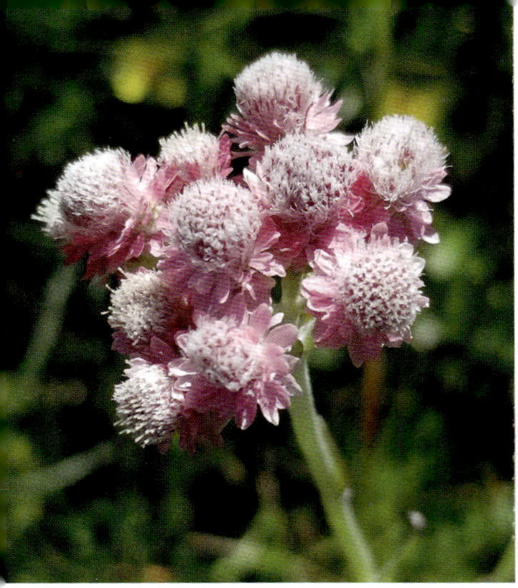

Gewöhnliches Katzenpfötchen.

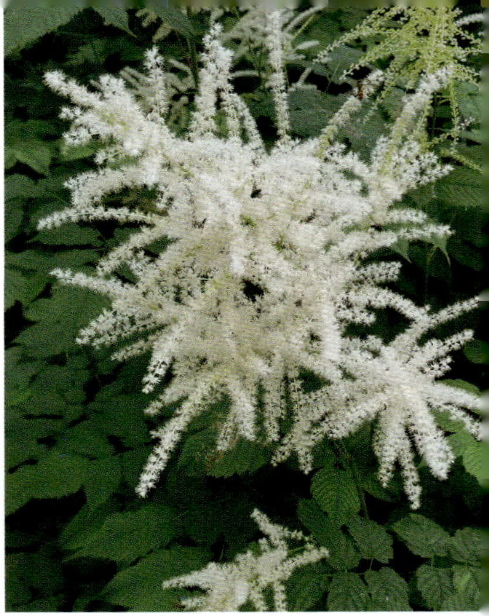

Wald-Geißbart.

Hütte herabziehenden Hauptweg. Er führt, streckenweise etwas geröllig, am Schoßbach entlang und hinunter zu den Almflächen der Baumgartenalm, die aber links liegen bleibt. Breitblättriges Wollgras *(Eriophorum latifolium)*, Breitblättriges Knabenkraut (*Dactylorhiza majalis*, s. Steckbrief S. 88), Kuckucks-Lichtnelken *(Silene flos-cuculi)*, Gewöhnliches Fettkraut *(Pinguicula vulgaris)* und Bach-Nelkenwurz *(Geum rivale)* zeigen dauerhaft nasse Stellen an. In den trockeneren Gebieten treffen wir Kugelorchis, Fuchs' Knabenkraut und Bewimperte Alpenrosen wieder, in schattigeren Passagen auch den intensiv lilafarbenen Wald-Storchschnabel *(Geranium sylvaticum)* und die hübschen Wald-Wicken *(Vicia sylvatica)* im weiß-blauen Streifen-Look.

An einem Wegweiser halten wir uns rechts (Weg 211) und überqueren den Schoßbach. Dahinter verbreitert sich der Wanderweg. Von links stößt wenig später Weg 10 von der Baumgarten- und Elandalm dazu, wir gehen geradeaus weiter (Wegweiser »Hainbach«). Aus dem Wanderweg wird nun ein gut gepflegter Fahrweg. Nach wenigen Kehren auf dem Fahrweg können wir auch das beschilderte **Abkürzungssteiglein ❻** nehmen. Nun sind wir mitten in der Waldflora: Ährige Teufelskrallen *(Phyteuma spicatum)* und Nesselblättriger Ehrenpreis *(Veronica urticifolia)*, Wald-Geißbart *(Aruncus dioicus)*, Grauer Alpendost *(Adenostyles alliariae)* und Wolfs-Eisenhut *(Aconitum lycoctonum)* besiedeln mannshoch die Böschungen, vereinzelt finden wir auch Türkenbund-Lilien und Vogel-Nestwurz (*Neottia nidus-avis*, s. Steckbrief S. 192). Wiederholt treffen wir auf den Fahrweg und können meist gleich wieder in den nächsten Abkürzer einbiegen. Der letzte Abschneider – erkennbar am Schild »Hainbach 20 Min.« – darf nicht genommen werden, sonst landet man mit zu viel Versatz zum Ausgangspunkt in Hainbach. Also bleiben wir auf dem Fahrweg und treffen erst kurz vor Grattenbach auf die St 2093. Der kombinierte Rad- und Fußweg führt uns rechts die 1,8 km zurück zum Ausgangspunkt in **Innerwald ❶**.

Tiroler Heuberg, 1603 m
Kecker Felsgupf zwischen Chiemgauer Alpen und Kaisergebirge

5.15 Std. | 11,2 km | ↗ 880 m | ↘ 880 m

Frühblüher-Parade in Gelb und Weiß

Trotz vergleichsweise geringer Höhe ist der Tiroler Heuberg (nicht zu verwechseln mit dem Inntaler Heuberg) ein absolut lohnendes Gipfelziel, sitzt er doch quasi als Bindeglied zwischen zwei völlig konträren Gebirgsgruppen: den sanft gerundeten, begrünten Chiemgauer Alpen im Norden und den schroff-abschreckenden senkrechten Felsbastionen des Kaisergebirges im Süden.
Auch botanisch ist der kleine Heuberg ganz groß: Frühlings-Märzenbecher gibt es sonst nicht allzu häufig, aber in den steilen Hangflanken treten sie gleich in riesigen Beständen über mehrere Hundert Höhenmeter auf. Auch die hinreißenden Goldsternchen sind eine Rarität – und beides zusammen eine kleine Sensation! Nur den richtigen Zeitpunkt muss man erwischen: spät genug, um sich nicht mehr mit schneegefüllten Rinnen herumplagen zu müssen, aber früh genug für die weiß-gelbe Frühblüher-Parade!

Ausgangspunkt: Durchholzen, Wanderparkplatz Kaiseraufstieg, 735 m. Anfahrt mit dem Pkw auf der A 93 bis Ausfahrt Oberaudorf, dann auf der B 172 bis Durchholzen. Im Ort direkt hinter der Bushaltestelle nach rechts und auf der Hochbergstraße noch ca. 700 m bis zum Parkplatz (Navi: Parkplatz Am Brand, 6344 Walchsee; N47° 38.033' E12° 17.640'). Von Kufstein Bhf. mit Bus 4030 bis Haltestelle Durchholzen und in 10 Min. zu Fuß zum Parkplatz.
Anforderungen: Gut angelegte Steige, teilweise felsig oder wurzelig, aber unschwierig. Im Bereich der Bachschlucht kurz auf schmaler, oft rutschiger Trasse, zum Teil mit Holzbohlen befestigt.
Einkehr: Hageralm (nur während der Weidesaison geöffnet).
Beste Jahreszeit: April bis Mai (je nach Schneelage).
Hinweise: Wegen der Märzenbecher empfiehlt sich eine Begehung im Frühling; allerdings sollte man die Tour auch nicht zu früh im Jahr unternehmen, da der Anstieg größtenteils nordseitig verläuft und sich in einigen Rinnen lange bockharter Altschnee hält.

Der Walchsee, eingebettet in Chiemgauer Berglandschaft.

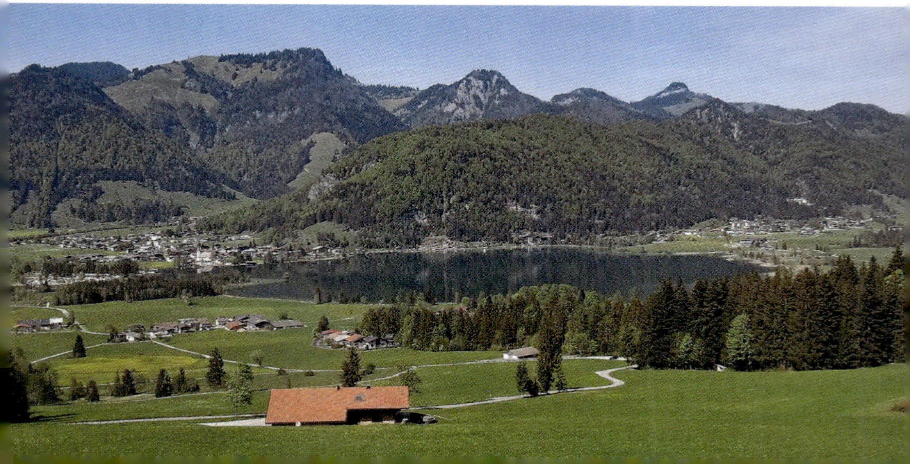

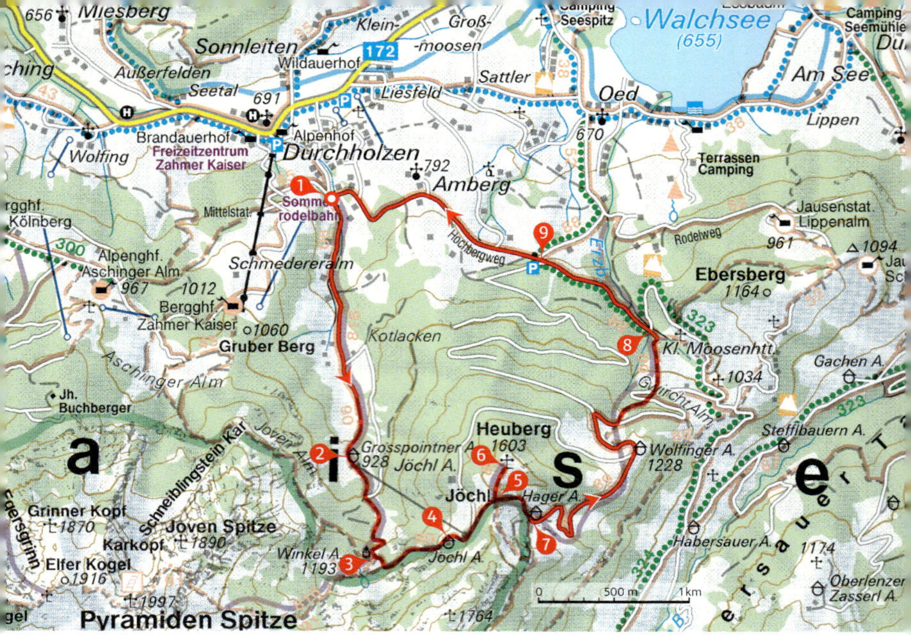

Unsere vorwiegend gelb-weiße Frühlingsparade beginnt paradoxerweise mit den Farbtönen Pink, Violett und Blau. Während wir vom **Wanderparkplatz Kaiseraufstieg** **1** in **Durchholzen** auf dem Teersträßchen taleinwärts schlendern, begleiten uns nämlich Rote Lichtnelken *(Silene dioica)*, Rote Pestwurze (*Petasites hybridus*, s. Steckbrief S. 105), Wald-Vergissmeinnicht *(Myosotis sylvatica)* und unten am schattigen Ufer des Jennbachs ganze Felder der Finger-Zahnwurz *(Cardamine pentaphyllos)*, eines lila blühenden Kreuzblütlers mit charakteristisch handförmig eingeschnittenen Blättern. Im kurzen Waldgürtel herrschen die Gefleckte Taubnessel *(Lamium maculatum)* und die schattenverträglichste einheimische Pflanze, der Wald-Sauerklee *(Oxalis acetosella)*, vor. Letzterer kann bereits bei 10 Prozent des Tageslichts seine volle Fotosyntheseleistung erbringen, zum reinen Überleben reicht ihm 1 Prozent.

Vorbei am Chalet »Auszeit« betreten wir weitläufige Kuhwiesen, die naturgemäß botanisch etwas weniger ergiebig sind. Vor der Jager-Ried-Hütte quetschen wir uns zwischen zwei Findlingen durch den Zaundurchschlupf und wandern – nun

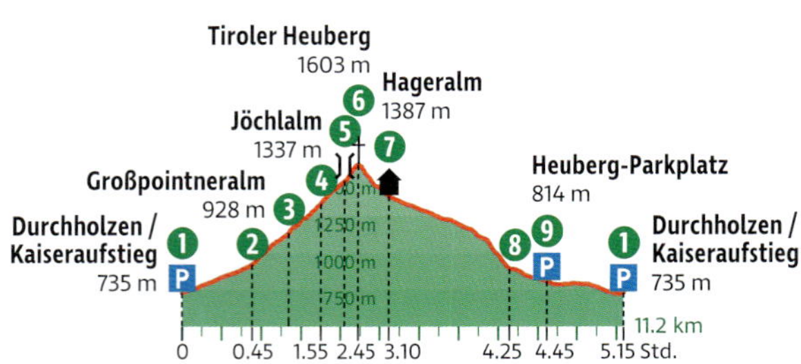

auf geschottertem Weg – taleinwärts. Ab jetzt blüht es zunehmend gelb und weiß: Die lilafarbene Finger-Zahnwurz wird abgelöst von der pastellgelben Quirlblättrigen Zahnwurz *(Cardamine enneaphyllos)*, dazu kommen zartgelbe Hohe Schlüsselblumen *(Primula elatior)*, sonnengelbe Sumpf-Dotterblumen *(Caltha palustris)* und – auf steinigen Flächen am Bachufer – die weiße Alpen-Gänsekresse *(Arabis alpina)*. Die Wiesen rund um die **Großpointneralm ❷**, 928 m, sind mit Frühlings-Enzianen *(Gentiana verna)* bedeckt.

Hier geht der Almweg in einen Steig über, der gut markiert taleinwärts in das felsige Amphitheater von Roßkaiser und Pyramidenspitze führt. An einer beschilderten Gabelung halten wir uns links, verlassen das Weidegebiet durch ein Drehkreuz und betreten den von Schmelzwasser und Lawinen malträtierten Hang. Ein sehr gut angelegter Steig lässt uns zügig Höhe gewinnen, an sonnigen Stellen gedeiht der – passenderweise in Gelb-Weiß gehaltene – Zwergbuchs *(Polygala chamaebuxus)*. In lange schneebedeckten Mulden dagegen arbeiten sich gerade erst die bezaubernden Gewöhnlichen Alpenglöckchen *(Soldanella alpina)* aus dem Boden. Ab jetzt weisen große Büschel schmaler, langer Blätter auf einen der Stars unserer Tour hin: riesige Vorkommen der Frühlings-Märzenbecher (*Leucojum vernum*, s. Steckbrief S. 216)! Ihre lampenschirmartig hängenden weißen Glöckchen mit den dekorativen gelbgrünen Tupfen werden uns – ebenso wie die Blüten der Hohen Schlüsselblume und der Quirlblättrigen Zahnwurz – fast bis hinauf zum Jöchl begleiten. Sie bilden an diesem Hang spektakuläre, weil flächendeckende Blütenteppiche.

Über einen s-förmigen Aufschwung erreichen wir eine Geländekante und dahinter einen reizvollen Wiesenkessel mit **Wegweiser ❸**. Kurzzeitig regieren die Rosa-Töne von Schneeheide *(Erica carnea)*, Dreiblättrigem Baldrian *(Valeriana tripteris)* und ein paar ausgesprochen stattlichen Exemplaren des Hohlen Lerchen-

Nach der Blüte zieht sich das Wald-Goldsternchen in seine Zwiebel zurück.

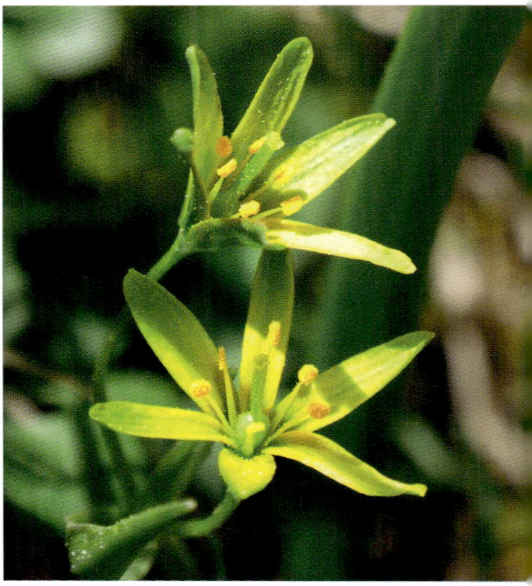

Beim Finger-Zahnwurz gibt es keinen Zweifel – eindeutig Kreuzblütler.

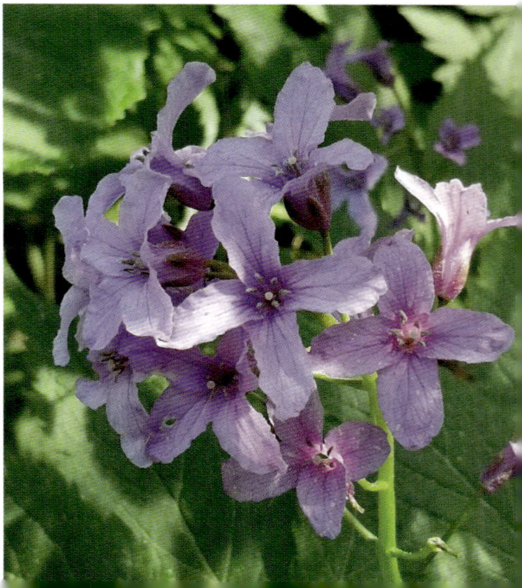

Frühlings-Märzenbecher *(Leucojum vernum)*
Familie: *Narzissengewächse (Amaryllidaceae)*
Alias: *Frühlings-Knotenblume, Märzglöckchen*
Standort: *Feuchte, nährstoffreiche Wiesen und Auwälder in sonniger oder halbschattiger Lage; bis 1600 m*
Blütezeit: *März bis Mai*
Charakteristik: *Bis 30 cm hoch; Stängel blattlos, Laubblätter dunkelgrün, lang und schmal. Einzelne Blüte am Sprossende, wie eine kleine Laterne nickend aufgehängt. Die Blüte besteht aus 6 Perigonblättern mit auffälligen Zipfeln und gelbgrünen Punkten. Sie wird überragt von zwei verwachsenen Hochblättern. Die Frucht besteht aus einer fleischigen, ovalen Kapsel mit vielen Samen, sie senkt sich bei Reife bis zum Boden. Märzenbecher sind stark giftig (Alkaloide).*
Status: *Auf der Vorwarnliste und nach BNatSchG besonders geschützt. Nach T-NV geschützt.*
Verwandtschaft: *Sommer-Märzenbecher (Leucojum aestivum). In dieselbe Familie, aber zu anderen Gattungen gehören Narzissen und Schneeglöckchen.*

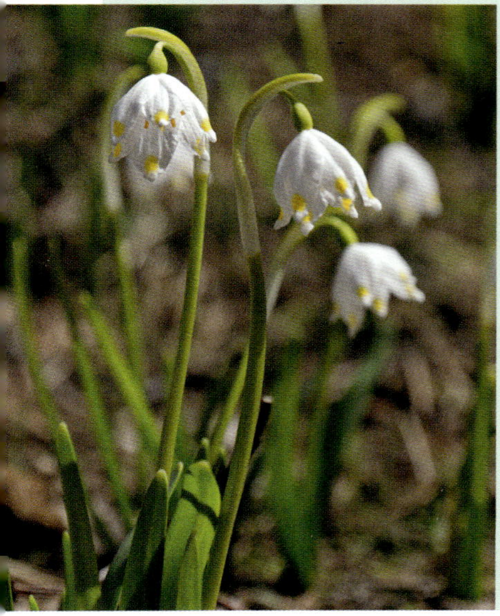

Wissenswertes: *Durch die frühe Blüte kann der Märzenbecher seinen Lebenszyklus (Blühen, Samen bilden und verteilen) vollenden, bevor sich im Laubwald das Kronendach schließt und kaum mehr Licht zum Boden lässt. Bereits im Frühsommer werden auch die Blätter eingezogen, der Märzenbecher verschwindet von der Bildfläche und zieht sich in seine bis zu 30 cm tief im Boden liegende Zwiebel zurück.*
Die Samenverbreitung erfolgt über Tiere: Bisweilen wird die gesamte Kapsel gefressen, die Samen werden andernorts wieder ausgeschieden. Dass Ameisen von den Samen lediglich die leckeren Anhängsel abbeißen und das restliche Samenkorn irgendwo liegenlassen, ist ebenfalls ganz im Sinne des Märzenbechers.

sporns *(Corydalis cava)*. Der Sockel des Wegweisers ist mit einem dichten, gelbgrünen Polster aus Wechselblättrigem Milzkraut *(Chrysosplenium alternifolium)* überzogen, bei genauem Blick fallen rundherum schon kleinere Bestände unseres zweiten Pflanzenstars, des ebenfalls grünlich-gelben Wald-Goldsternchens *(Gagea lutea)*, ins Auge.

Wir wenden uns am Abzweig nach links. Kurzzeitig fordert eine schmale Wegpassage im Steilgelände unsere Aufmerksamkeit, ebenso die kleine Bachschlucht, wo – trotz Befestigung mit Holzbohlen – mit erhöhter Rutschgefahr zu rechnen ist. Schnell gelangen wir aber wieder in gutmütiges Wiesengelände, wo nun Frühlings-Märzenbecher und Wald-

Goldsternchen zur Höchstform auflaufen. Unterstützt wird das weißgelbe Farbenspiel nach Kräften noch von Huflattich *(Tussilago farfara)* und Weißer Pestwurz (*Petasites albus*, s. Steckbrief S. 105).

Vorbei an der Ruine der **Jöchlalm 4** – das Almgebäude fiel 2009 einer gewaltigen Lawine zum Opfer – kommen wir zu einer Kuppe mit Hangbefestigung und überqueren einen Wirtschaftsweg. Etwas nach links versetzt führt unser Steig durch nasse Senken voller Sumpf-Dotterblumen und Wechselblättrigem Milzkraut – das reinste Gelb-Spektakel! In wenigen Minuten ist der Wiesensattel namens **Jöchl 5**, 1495 m, erreicht. Wer Schwierigkeiten hat, die sternförmigen gelben Blüten des Scharbockskrauts *(Ranunculus ficaria)* und der Wald-Goldsterne zu unterscheiden, kann hier üben – die beiden wachsen direkt nebeneinander!

Linker Hand führt ein mittelsteiler, gut angelegter Zickzack-Steig zum Gipfel: Die Gelb-Fraktion wird durch Zwergbuchs und Frühlings-Fingerkraut *(Potentilla verna)* vertreten, unterbrochen von hübschen dunkelblauen Frühlings-Enzianen. Dass der Gipfelbereich mitunter von Weidetieren besucht (und gedüngt!) wird, verraten uns der stellenweise auftretende Gute Heinrich *(Blitum bonus-henricus)* und der Alpen-Ampfer *(Rumex alpinus)*. Wenige Meter unterhalb des Gipfelkreuzes ist am Zaundurchstieg Schluss mit der Düngung, hier empfängt uns der letzte neue Gelb-Vertreter für heute: die entzückende Fels-Aurikel *(Primula auricula)* mit den fleischigen, glatten Blättern. Die Aussicht vom Gipfel des **Tiroler Heubergs 6**, 1603 m, ist ausgesprochen reizvoll, da sie aus zwei ganz unterschiedlichen Szenarien besteht: im Westen und Norden die sanften, grünen Kuppen von Mangfallgebirge und Chiemgauer Alpen mit dem Geigelstein und dem Kamm Spitzstein – Zinnenberg, im Süden

Vom Jöchl ist es nicht mehr weit zum Gipfel.

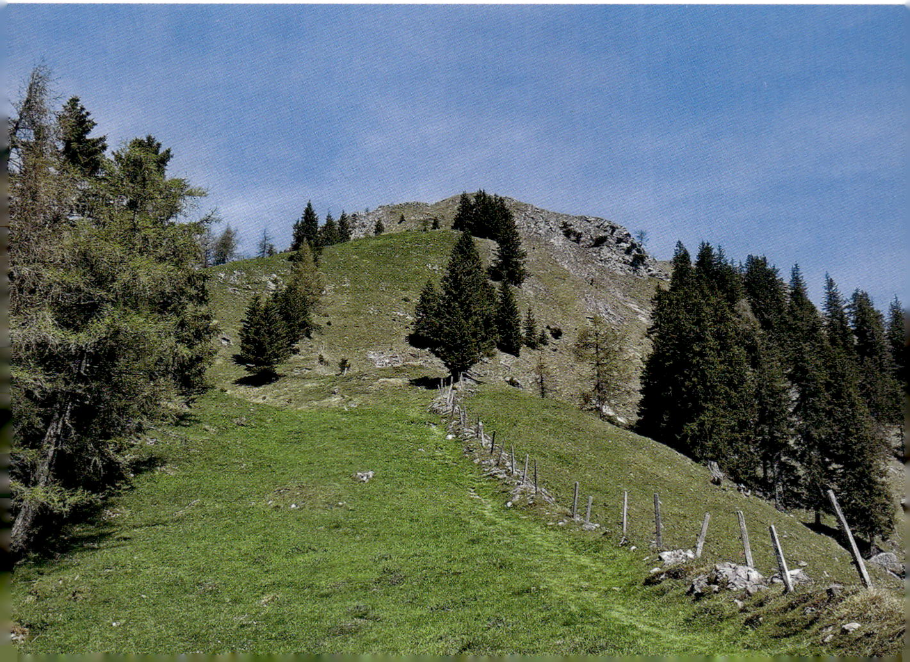

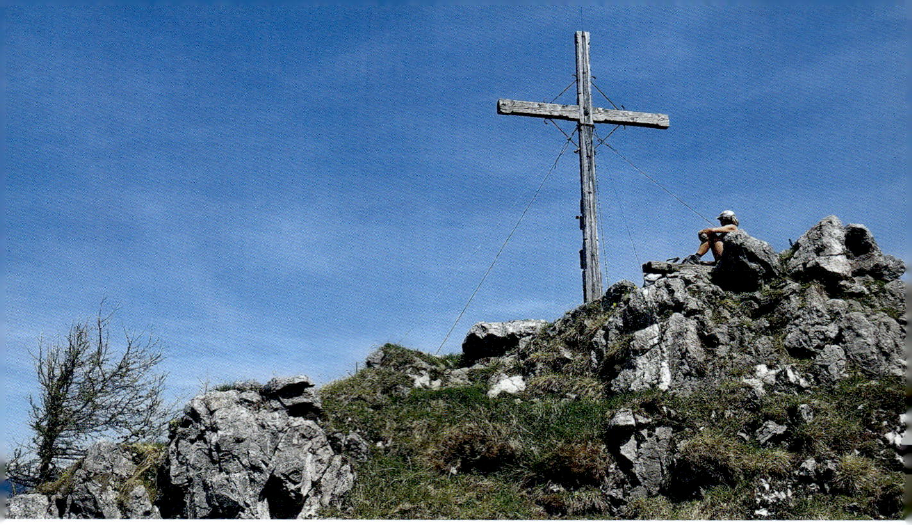

Für die Gipfel-Aussicht sollte man sich Zeit lassen.

und Osten dagegen die schaurigen senkrechten Felsabstürze von Zahmem und Wildem Kaiser und die Felsbastionen der Loferer und Leoganger Steinberge. Am besten dreht man sich auf dem Gipfelbankerl viertelstundenweise um 90 Grad, um all die Eindrücke aufzusaugen!
Für den Abstieg kehren wir zunächst zum **Jöchl ❺** zurück und steigen von dort auf einem deutlich markierten Trampelpfad über die Kuhwiesen hinunter zur **Hageralm ❼**, 1387 m.
Hier beginnt ein Fahrweg, dem wir fürs Erste folgen. Die botanischen Sensationen halten sich im Almgebiet naturgemäß in Grenzen, in Schmelzwasserrinnen gedeihen aber immerhin stattliche Weiße und Rote Pestwurze, in ungedüngten Wiesenbereichen auch Frühlings-Enziane und Mehl-Primeln *(Primula farinosa)*. Die langen, etwas eintönigen Almweg-Schlaufen lassen sich an mehreren Stellen durch unbeschilderte, aber deutlich markierte Steiglein abkürzen. So oder so gelangen wir schließlich im Einschnitt des Erzbachs zu einem **Teersträßchen ❽**. Mit Parade-Blick auf den wunderschön eingebetteten Walchsee und die gleichnamige Ortschaft wandern wir talauswärts und passieren den **Heuberg-Parkplatz ❾**, 814 m.
An der Gabelung dahinter behalten wir die Richtung bei und nehmen den kleinen Gegenanstieg zum Weiler Hochberg in Angriff; begleitet werden wir dabei von Vergissmeinnicht, Roten Lichtnelken und Wald-Storchschnabel *(Geranium sylvaticum)*. Kurz vor Ende der Tour gibt es noch eine botanische Überraschung: Auf einer offenbar wenig gedüngten Wiese auf der linken Seite drücken ein paar Breitblättrige Knabenkräuter (*Dactylorhiza majalis*, s. Steckbrief S. 88) ihre stark gefleckten Blätter und die massiven, pinkfarbenen Blütenstände aus dem Boden – somit ist auch die Orchideen-Familie vertreten! Wir durchqueren das hübsche Dörfchen Hochberg und erreichen in wenigen Minuten an einer T-Kreuzung wieder den Jennbach. Autofahrer gelangen dort links in wenigen Minuten wieder zum **Wanderparkplatz Kaiseraufstieg ❶**, Bus-Passagiere kehren gleich rechter Hand nach **Durchholzen** zurück.

Hochfelln, 1674m

Auf ruhigen Wegen zum bekannten Seilbahnberg

6.00 Std. | 13,3 km | ↗ 950 m | ↘ 950 m

Sommerliche Orchideen und herbstliche Enzian-Pracht

Natürlich gibt es – auch dank Seilbahn – wesentlich kürzere Anstiege zum Hochfelln als die beschriebene Runde. Dafür ist man hier aber sonnseitig und in recht abwechslungsreichem, idyllischem Gelände unterwegs und kommt mit dem Gewimmel und Gewusel eines Seilbahnbergs nur unmittelbar am Gipfel in Kontakt. Das Panorama ist über alle Zweifel erhaben: Wo kann man schon mal Chiemsee, Watzmann und Großvenediger gleichzeitig sehen? Die unter botanischen Gesichtspunkten beste Zeit für die Hochfelln-Tour ist gar nicht leicht zu bestimmen, wechselt der sehenswerte Bewuchs doch mehrmals durch: Nach den Frühlingsblühern bringen im Sommer Türkenbund-Lilien, Alpenrosen, Berghähnlein und verschiedene Orchideen Farbe an den Berg. Im Herbst ist der Hochfelln fest in der Hand der Enziane, von denen uns dann gleich drei verschiedene Arten auf der Runde begleiten: in schattigen Waldpassagen der bogenförmig überhängende Schwalbenwurz-Enzian (Gentiana asclepiadea), im Wiesengelände rund um Thorau- und Fellnalm der intensiv blaue Gewöhnliche Fransenenzian (Gentianopsis ciliata) und der violette, meist reich verzweigte Raue Kranzenzian (Gentianella aspera).

Ausgangspunkt: Ruhpolding, Ortsteil Vorderbrand, Wanderparkplatz Staudiglhütte, 704 m. Anfahrt mit dem Pkw auf der A 8 bis Ausfahrt Siegsdorf / Traunstein, über Eisenärzt nach Ruhpolding, dort für gut 4 km der Beschilderung Richtung Brand und zur Glockenschmiede folgen (Navi: Staudiglhütte, 83324 Ruhpolding; N47° 44.555' E12° 36.808'). Von Ruhpolding Bhf. mit Bus 9532 (Ruhpoldinger Dorflinie) bis Haltestelle »Freizeitpark / Vorderbrand«; auf der Straße 200 m zurück und links über die Brücke zum Wanderparkplatz.

Anforderungen: Überwiegend gut angelegte Bergwege oder Forststraßen; oberhalb der Thoraualm teilweise sehr steiler Steig mit kurzen Schrofenriegeln. Im Abstieg zur Farnbödenalm ruppige, schrofige Teilstücke; bei Nässe sehr schmierig und unangenehm, aber nicht exponiert.

Einkehr: Gastronomie in Ruhpolding, Thoraualm (Juni bis Oktober geöffnet, Montag Ruhetag), Hochfellnhaus (fast ganzjährig geöffnet, hochfelln.de).

Beste Jahreszeit: Juni bis September.

Hinweis: Durch die Zeitangaben auf den Wegweisern nicht verunsichern lassen: Sie sind nicht nur extrem großzügig ausgelegt, sondern teilweise auch widersinnig.

An der Thoraualm kann man sich für die weitere Tour stärken.

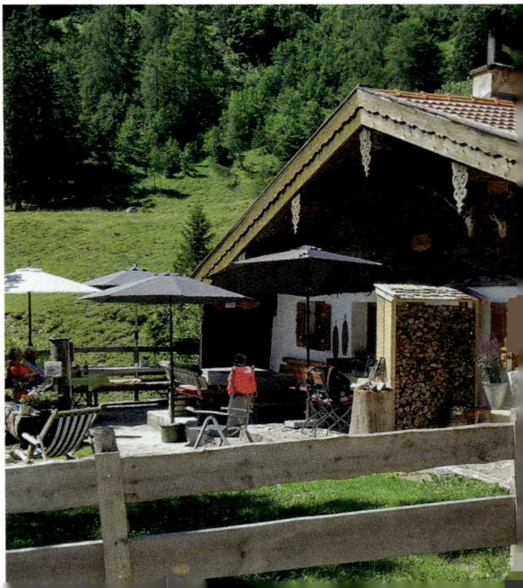

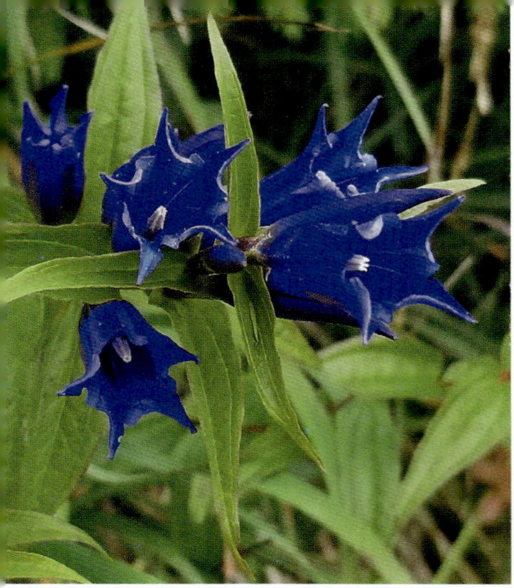

Schwalbenwurz-Enzian.

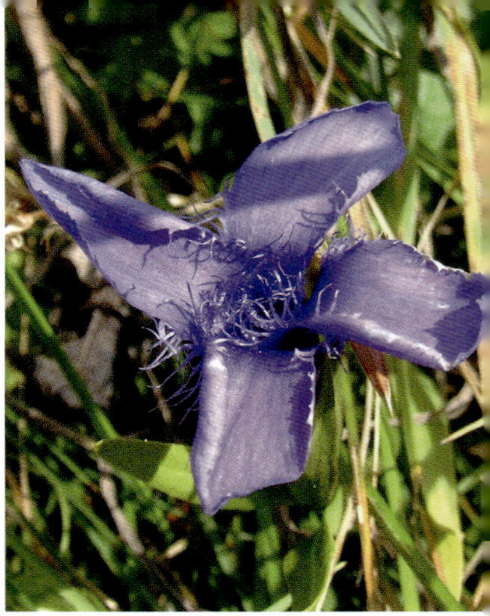

Gewöhnlicher Fransenenzian.

Vom Wanderparkplatz in **Vorderbrand** ❶ folgen wir den Wegweisern zum Hochfelln und gehen – vorbei an der Staudigl-Diensthütte – auf geteerter Fahrstraße durch den Wald bis zum Museum Glockenschmiede. Dabei freuen wir uns schon auf den ersten Metern über die bunte Begleitung: die zarten, dunkelroten Blüten des Wald-Ziest *(Stachys sylvatica)*, die cremeweißen Rispen des Echten Mädesüß (*Filipendula ulmaria*, s. Steckbrief S. 202) und die großen Bestände des sonnengelben Gefleckten Johanniskrauts *(Hypericum maculatum)*. Hinter dem Museum wird die Fahrstraße zu einem Forstweg, der parallel zum hübschen, teilweise schluchtartig eingeschnittenen Thoraubach verläuft. An den Wegrändern entdecken wir Pflanzen, die auch mit schattigeren Standorten zurechtkommen: trübroten Gewöhnlichen Wasserdost *(Eupatorium cannabinum)*, dunkelblaue Berg-Flockenblumen *(Cyanus montanus)*, lila Wald-Witwenblumen *(Knautia dipsacifolia)*, grünlich-weiße Große Sterndolden *(Astrantia major)*, zartrosa Arznei-Baldrian *(Valeriana officinalis)* und gelb blühenden Klebrigen Salbei *(Salvia glutinosa)*, bei dem man die typische Schnabelform der Blüte mit Ober- und Unterlippe (daher Lippenblütler!) perfekt studieren kann.

An einer Wegverbreiterung (eventuell Holzlagerplatz) zweigt – zunächst etwas undeutlich und nur mit einem altem Holzschild gekenn-

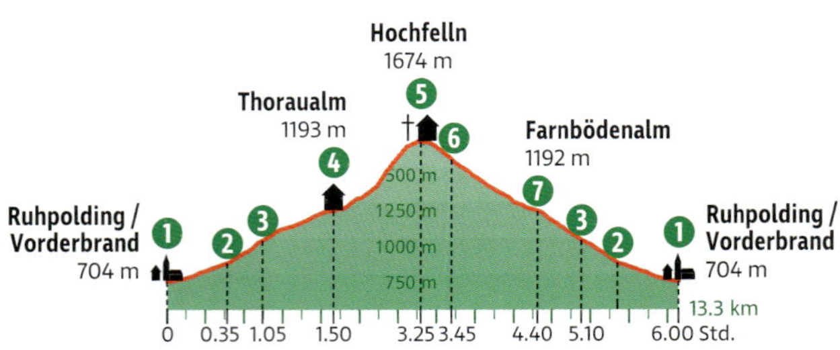

zeichnet – linker Hand ein **Steig 2** ab, der eine schöne Alternative zum Forstweg darstellt und von einigen stattlichen Fuchs' Knabenkräutern *(Dactylorhiza fuchsii)* eingeleitet wird. Etwas holperig und steinig, aber auch recht idyllisch schlängelt sich das Steiglein am Bach entlang; die Parade der schattenverträglichen Pflanzen setzt sich fort mit dem hellgelben, hochgiftigen Wolfs-Eisenhut *(Aconitum lycoctonum)*, dem kräftig-gelben Hain-Greiskraut *(Senecio nemorensis)*, der Schwarzvioletten Akelei (*Aquilegia atrata*, s. Steckbrief S. 186) und den originellen cremefarbenen Rispen des mannshohen Wald-Geißbarts *(Aruncus dioicus)*. Der Steig mündet schließlich in einen quer laufenden Karrenweg. Rechter Hand könnte man zur Forststraße zurückkehren; wir gehen aber links, überqueren eine mehrfach geflickte Holzbrücke und nehmen den unmittelbar dahinter rechts abzweigenden Steig (Holzschild »Thoraualm«). Im Wald treffen wir – wenig überraschend – den absoluten Spezialisten für lichtarme Standorte, die Vogel-Nestwurz (*Neottia nidus-avis*, s. Steckbrief S. 192), zudem die weiß blühenden Ährigen Teufelskrallen *(Phyteuma spicatum)*. Mittelsteil windet sich der Steig durch

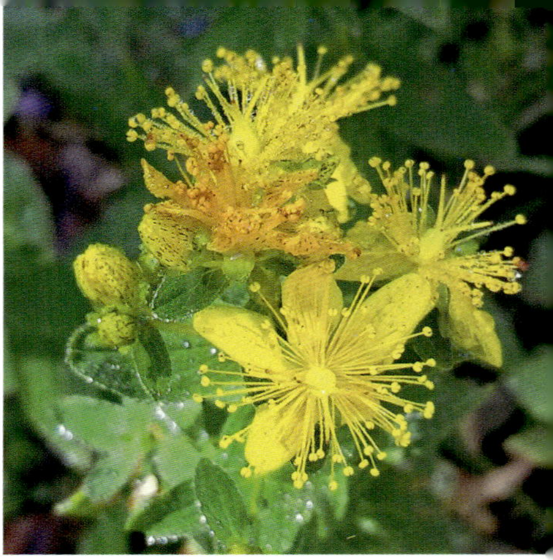

Geflecktes Johanniskraut.

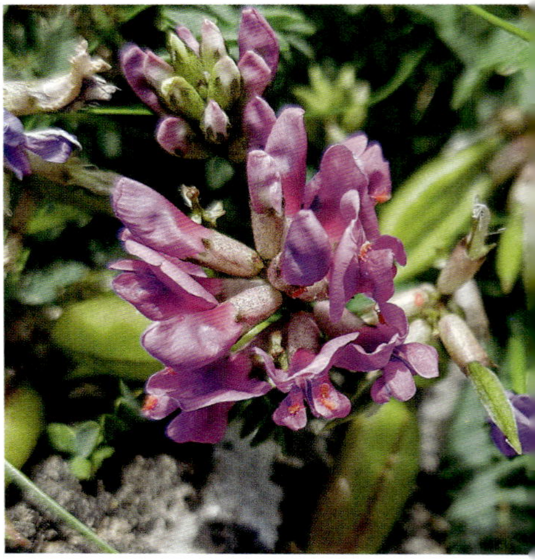

Berg-Spitzkiel.

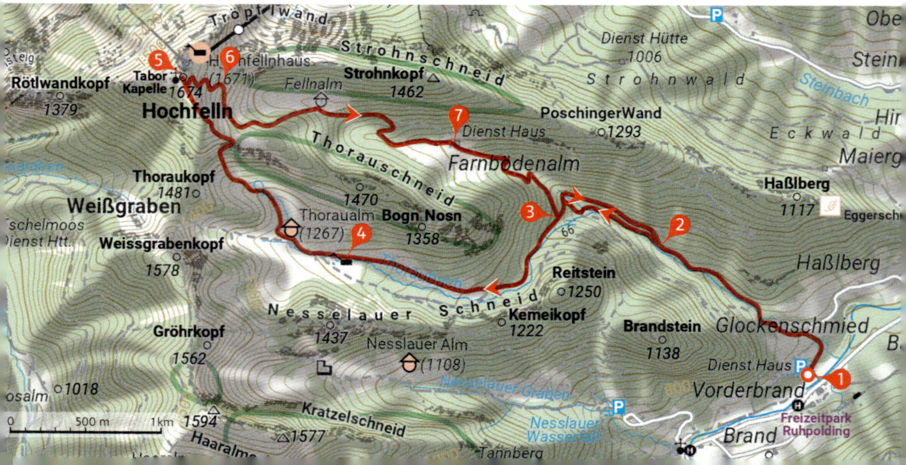

Mücken-Händelwurz *(Gymnadenia conopsea)*
Familie: *Orchideen (Orchidaceae)*
Alias: *Große Händelwurz*
Standort: *Magerrasen, Berg- und Moorwiesen, lichte Wälder; bis 2200 m*
Blütezeit: *Mai bis August*
Charakteristik: *Bis max. 70 cm hoch, aber stets mit schlanker Silhouette. Laubblätter lang, schmal, stets ungefleckt, bilden Rosette an der Basis; kürzere Blätter wechselständig am Spross. Lang gezogener, schlanker Blütenstand aus bis zu 100 Einzelblüten; Farbspektrum von dunkel- über hellrosa bis weiß. Einzelblüten mit deutlich dreigeteilter Lippe, ohne Zeichnung. Markant ist der sehr lange, dünne und nach unten gebogene Sporn (der darin enthaltene Nektar ist somit Schmetterlingen mit langem Rüssel vorbehalten).*

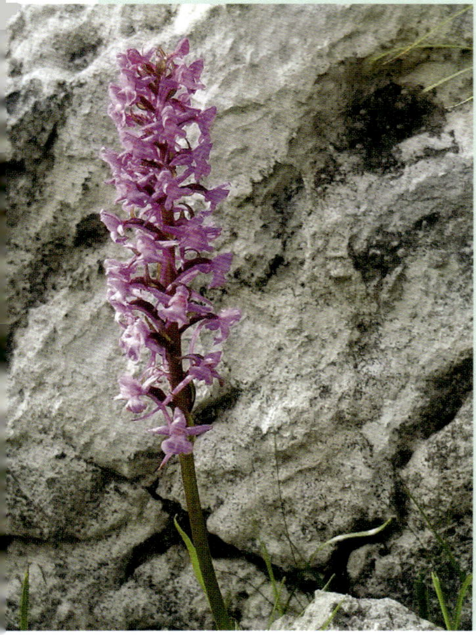

Status: *Steht auf der Vorwarnliste und ist nach BArtSchG besonders geschützt. Nach T-VN geschützt. Im Voralpenland und den Bayerischen Alpen noch relativ häufig vorkommend.*
Verwandtschaft: *Duft-Händelwurz (Gymnadenia odoratissima) mit kürzerem, dickerem Sporn und wenig ausgeprägter Dreiteilung der Blütenlippe. Der intensive Duft liegt irgendwo zwischen Gewürznelke und Vanille.*
Wissenswertes: *Der Name Händelwurz geht auf die handförmig eingeschnittene Knolle zurück. Die Mücken-Händelwurz bildet mehrere Unterarten aus und hybridisiert sowohl mit Kohlröschen- als auch mit Knabenkraut-Arten.*

das Waldstück, ehe er wieder in den Fahrweg einmündet. Wir halten uns links, bewundern die imposanten lila Blütenstände des Alpen-Milchlattichs *(Cicerbita alpina)* und treffen nach Kurzem auf eine beschilderte **Gabelung ❸**, wo sich Hin- und Rückweg trennen.
Von rechts kommt unser späterer Abstiegsweg von der Farnbödenalm hinzu, wir halten uns für den Aufstieg aber geradeaus Richtung Thoraualm. Die Böschung rechts ist offenbar der ideale Standort für die wunderschönen, rosa gesprenkelten Türkenbund-Lilien (*Lilium martagon*, s. Steckbrief S. 179), die hier entsprechend zahlreich auftreten. Schon bald endet der Wald. Vorbei an einer mit Fuchs' Knabenkraut übersäten Wiese gelangen wir auf freie, weitläufige Almböden. Hier ist ein Großteil der Vegetation in Kuhmägen gelandet, nur die überaus imposanten Wollkopf-Kratzdisteln *(Cirsium eriophorum)* mit den riesigen, spinnwebartigen Blütenkörbchen sind aus gutem Grund stehen geblieben.

An der idyllisch in einem Wiesenkessel gelegenen **Thoraualm** ❹, 1193 m, kann man die erste Brotzeitpause einlegen und sich Kraft holen für die folgende Etappe. Wir gehen noch bis zum Ende des Forstwegs und nehmen dort die steile, schotterige Trasse halb rechts hinauf – auch wenn der dortige Wegweiser den Hochfelln nicht kennt. Kaum endet das Weidegebiet, wird der Bewuchs schlagartig wieder artenreicher: Kugel-Teufelskrallen *(Phyteuma orbiculare)*, Alpen-Steinquendel *(Acinos alpinus)*, Rindsaugen *(Buphthalmum salicifolium)* und einige gelb-rote Sommerwurz-Arten *(Orobanche* spec.*)* machen den Anfang. Nach wenigen Minuten legt sich das Gelände schon wieder zurück und wir spazieren bequem links an einem hübschen Almhüttchen vorbei. Mit etwas Glück (oder Geduld) trifft man hier auf gar nicht schüchterne Murmeltier-Familien. Im Bogen nähern wir uns nun den Felswänden, die den Wiesenkessel begrenzen. Felsige Stellen sind höchst dekorativ mit leuchtend gelben Gewöhnlichen Sonnenröschen *(Helianthemum nummularium)* und pastellgelben Kelch-Simsenlilien *(Tofieldia calyculata)* bewachsen. Direkt am Wegrand, nur Zentimeter vom Fuß entfernt, stehen einige Exemplare einer Orchidee, die eigentlich gar nicht so selten ist, aber aufgrund ihrer grün-bräunlichen Farbe oft übersehen wird: die Grüne Hohlzunge *(Coeloglossum viride)*.

Das nächste Wegstück wirft die Frage auf: »Wie viele Höhenmeter passen in ein Minimum an Strecke?« Der Steig ist also recht steil und mühsam, teilweise auch leicht erodiert, aber niemals schwierig. Zudem helfen Holzstufen über die rutschigsten Stellen hinweg. Hier säumen unzählige Rindsaugen den Weg, etwas weiter oben übernehmen die Große Bibernelle *(Pimpinella major)* und die Gattung Händelwurz das Gelände flächendeckend: Interessanterweise findet man hier sowohl die stattlichere Mücken-Händelwurz (*Gymnadenia conopsea*, s. Steckbrief S. 222) als auch die zierlichere Duft-Händelwurz *(Gymnadenia odoratissima)*. Also auf die Knie und

Hinter der Thoraualm öffnen sich schöne Wiesenkessel.

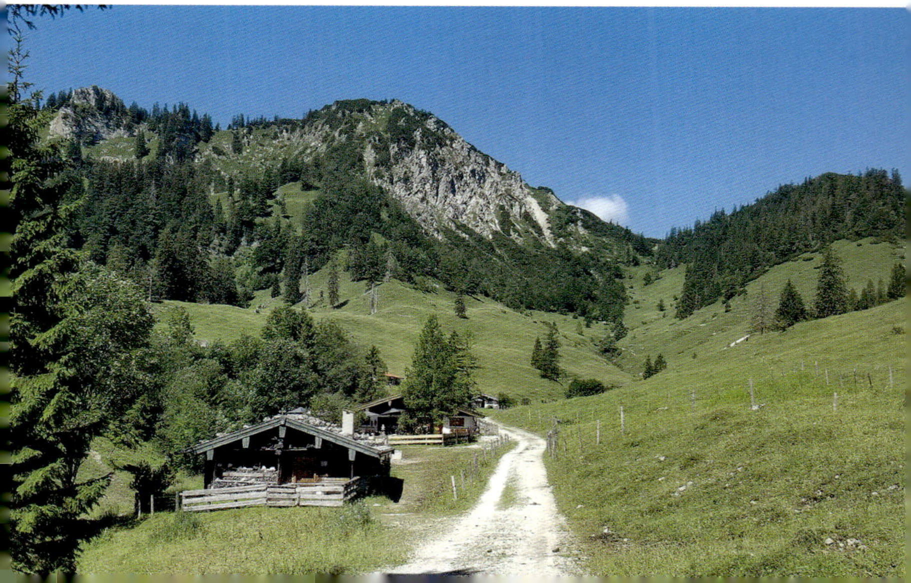

eine Brise Händelwurz-Vanille-Duft eingesogen – damit lassen sich auch Verschnaufpausen gut kaschieren. An einer Einmündung halten wir uns rechts (Wegweiser »Hochfelln«) und arbeiten uns über steile, etwas rutschige Schrofen hinauf zum Kamm. Wer Glück hat, erwischt das prächtige Reichblättrige Läusekraut *(Pedicularis foliosa)* noch in gelb blühendem Zustand. Ansonsten wird man mit Braunroter Ständelwurz *(Epipactis atrorubens)*, Kriechendem Gipskraut *(Gypsophila repens)* und dem hübschen Stängel-Fingerkraut *(Potentilla caulescens)* in Felsritzen adäquat getröstet. An einer Geländekante mit Mehrfach-Wegweiser biegen wir scharf links ab. Bewimperte Alpenrosen (*Rhododendron hirsutum*, s. Steckbrief S. 211) bilden nun ein Spalier, unterbrochen werden sie – je nach Jahreszeit – durch so rare und prächtige Pflanzen wie die Alpen-Kuhschelle (*Pulsatilla alpina*, s. Steckbrief S. 172), das weiße

DIe Wollkopf-Kratzdistel ist recht sicher vor Fraßfeinden.

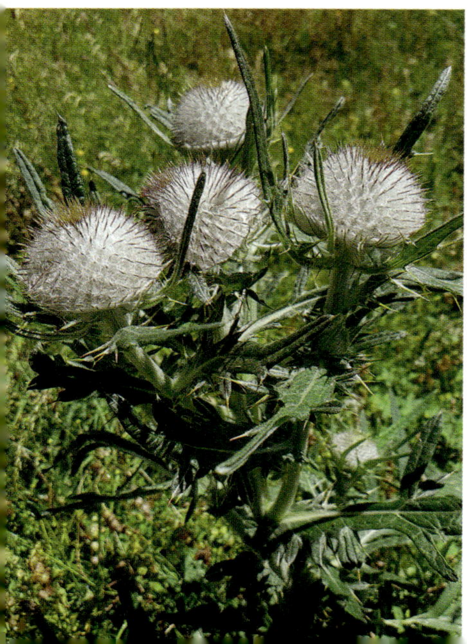

Berghähnlein alias Narzissen-Windröschen *(Anemone narcissiflora)*, die Kugelorchis *(Traunsteinera globosa)* und den Allermannsharnisch (*Allium victorialis*, s. Steckbrief S. 160). Über harmlose Schrofenriegel, Wurzeln und Latschengassen ersteigen wir schweißtreibend, aber unschwierig einen Vorgipfel und treffen unvermittelt auf einen breiten, gut gepflegten Panoramaweg. Offenbar befinden wir uns jetzt im Einzugsbereich der Seilbahnstation! Tatsächlich erreichen wir in wenigen Minuten den Gipfelbereich des **Hochfelln** **5**, 1674 m. Ihn zieren die Tabor-Kapelle, das Hochfellnhaus und das Gipfelkreuz, das 1886 anlässlich des hundertsten Geburtstags König Ludwigs I. errichtet wurde.

Die Aussicht darf als durchwegs prachtvoll bezeichnet werden: Über das Alpenvorland mit dem Chiemsee im Nordosten schweift der Blick im Osten und Südosten zu den prominenten Gipfeln der Berchtesgadener Alpen, der Loferer und Leoganger Steinberge sowie im Süden zu den Kitzbüheler Alpen, hinter denen an klaren Tagen die Hohen Tauern sichtbar werden. Im Südwesten bauen sich die schroffen Nordwände des Kaisergebirges auf, im Westen überblickt man weitere Chiemgauer Gipfel und das Mangfallgebirge. Auch für die überaus bunt und artenreich bewachsenen Felsbänke zwischen Gipfelkreuz und Kapelle sollte man sich Zeit lassen: Da siedeln – neben vielen anderen Arten – auch nicht so häufig anzutreffende Felsspezialisten wie der lilafarbene Berg-Spitzkiel *(Oxytropis jacquinii)*, der Milchweiße Mannsschild *(Androsace lactea)* oder das Zottige Habichtskraut *(Hieracium villosum)*, dessen gelbe Blüten von dicht behaarten Kelchblättern besonders warm eingepackt sind.

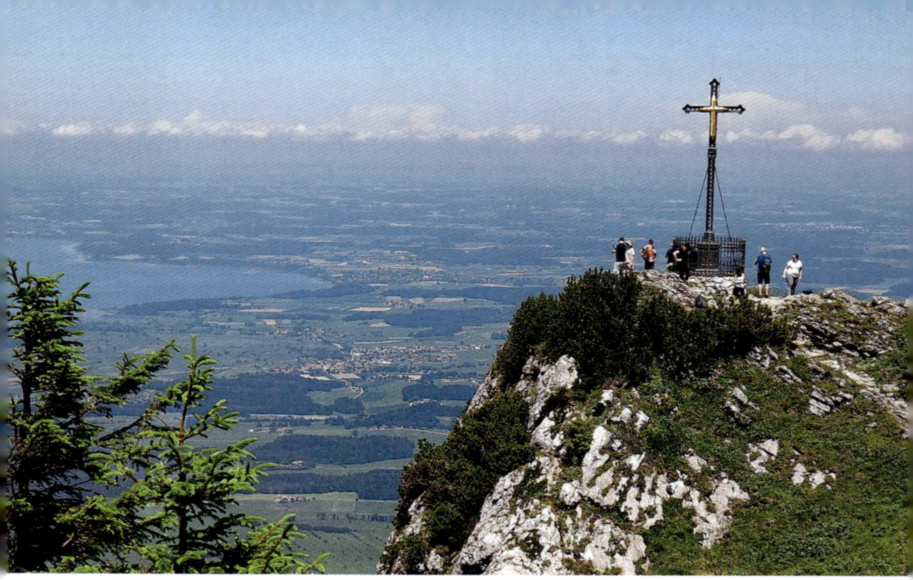

Der Hochfelln-Gipfel mit Chiemsee-Blick.

Wir nehmen für wenige Meter den breiten Weg Richtung Seilbahnstation, biegen aber am XXL-Wegweiser rechts ab Richtung Farnbödenalm. An diese Beschilderung halten wir uns auch an der folgenden Gabelung, gehen also links. Begleitet von wunderschönen Hochstaudenfluren, u. a. mit Wald-Storchschnabel *(Geranium sylvaticum)*, Alpen-Goldruten *(Solidago virgaurea* subsp. *minuta)*, Berg-Baldrian *(Valeriana montana)*, Kugelorchis und Berghähnlein, geht es recht steil und steinig hinunter zur nächsten **Verzweigung ❻**, dort nehmen wir den rechts abzweigenden Steig. Das schmale, etwas ruppige Weglein führt – gesäumt von Bewimperten Alpenrosen – über ein paar Schrofenriegel (bei Nässe sehr schmierig) in einen hübschen Wiesensattel, in dem linker Hand die einsame Fellnalm sitzt. Zwischen Knöllchen-Knöterich (*Bistorta vivipara*, s. Steckbrief S. 81) und Gold-Pippau *(Crepis aurea)* wächst hier die ultimative Belohnung für alle Mühen der Tour: das Brand-Knabenkraut *(Neotinea ustulata)* mit dem typischen, spektakulären Farbverlauf von Weiß (unten) zu Dunkelrot (oben) und den gepunkteten Blüten. Wenig später komplettiert die Grünliche Waldhyazinthe *(Platanthera chlorantha)* die unendlich formenreiche Orchideenfamilie.

Im folgenden Waldabschnitt wird der Weg angenehmer, an einer Gabelung orientieren wir uns nach rechts, Richtung Glockenschmiede. Wir steigen hinunter zu einer idyllischen Waldlichtung, wo linker Hand ein Almweg beginnt. Vorbei an einer Gedenkstätte für verstorbene Almbauern wandern wir hinaus zu den Gebäuden der **Farnbödenalm ❼**, 1192 m.

Auf dem hier ansetzenden breiten Forstweg begleiten uns prächtiges Fuchs' Knabenkraut und viele Türkenbund-Lilien zurück zur bekannten **Gabelung ❸**. Der weitere Abstieg nach **Vorderbrand ❶** erfolgt auf dem Aufstiegsweg. Zur Abwechslung kann diesmal die Almstraße gewählt werden.

Glossar

Fotosynthese: Ihr Blattgrün (Chlorophyll) erlaubt es Pflanzen, mithilfe des Sonnenlichts aus Wasser und Kohlendioxid unter Freisetzung von Sauerstoff Zucker zu bilden. Zusammen mit den aus dem Bodenwasser aufgenommenen Substanzen können die Pflanzen aus dem Zucker wiederum alle zum Leben notwendigen Stoffe selbst erzeugen, sind also autotroph.

Fruchtblätter: Weiblicher Teil der Blüte, bestehend aus Narbe (= Landeplatz für den Pollen), Griffel (= Leitsystem zur Eizelle) und Fruchtknoten (= Samenanlage mit Eizellen).

Gegenständig: Anordnung der Laubblätter: Je zwei Blätter entspringen dem Spross auf derselben Höhe, sie stehen sich also direkt gegenüber.

Grundständig: Anordnung der Laubblätter: Die Laubblätter sind nicht an der Sprossachse verteilt, sondern befinden sich direkt über dem Boden.

Halbschmarotzer: Zapft Wasser und die darin gelösten Nährstoffe von seiner Wirtspflanze ab und spart sich so ein aufwendiges Wurzelgeflecht. Betreibt aber selbstständig Fotosynthese.

Kelchblätter: Umhüllen die Blüte im Knospenstadium und schützen sie vor Hitze, Kälte und Gefressen-Werden.

Kreuzgegenständig: Anordnung der Laubblätter: Je zwei Blätter entspringen dem Spross auf derselben Höhe. Die beiden Blätter einer Etage sind gegenüber den benachbarten Blattpaaren um 90 Grad gedreht.

Kronblätter: Die Kronblätter (umgangssprachlich Blütenblätter genannt) übernehmen durch optische Reize das Anlocken der Insekten, bieten ihnen einen Landeplatz und gegebenenfalls Nektar.

Perigon: Bei manchen Pflanzenarten sind Kelch- und Kronblätter nicht unterscheidbar, dann spricht man von einem Perigon.

Pionierpflanze: Besiedelt als erste Pflanze neue Lebensräume (z. B. nach einem Felssturz). Sie kann bereits auf kleinsten Erdansammlungen gedeihen, festigt mit ihren Wurzeln den instabilen Untergrund und schafft somit bessere Bedingungen für nachfolgende Arten.

Quirlständig (wirtelig): Anordnung der Laubblätter: Drei oder mehr Blätter entspringen dem Spross auf derselben Höhe.

Radiär: Strahlenförmige Blütenform, bei der man mehrere Symmetrieachsen durch die Mitte legen kann und stets zwei identische Blütenhälften bekommt.

Staubblatt: Männlicher Teil der Blüte, bestehend aus Staubfaden und Staubbeutel, der in sogenannten Pollensäcken den Pollen (= männliche Erbanlagen) trägt.

Vollschmarotzer: Holen sich nicht nur Wasser, sondern auch Zucker und alle anderen zum Leben notwendigen Stoffe von ihren Wirtspflanzen. Sie betreiben selbst keine Fotosynthese und haben in der Regel kein oder kaum Blattgrün (Chlorophyll). Ohne die Notwendigkeit zur Fotosynthese können Vollschmarotzer auch recht lichtarme Standorte besiedeln.

Wechselständig: Anordnung der Laubblätter: Die Blätter stehen abwechselnd an der Sprossachse, d. h. jedes Blatt entspringt auf einer anderen Höhe.

Zygomorph: Blütenform, bei der die Blüte durch eine Symmetrieachse in zwei identische Hälften geteilt werden kann.

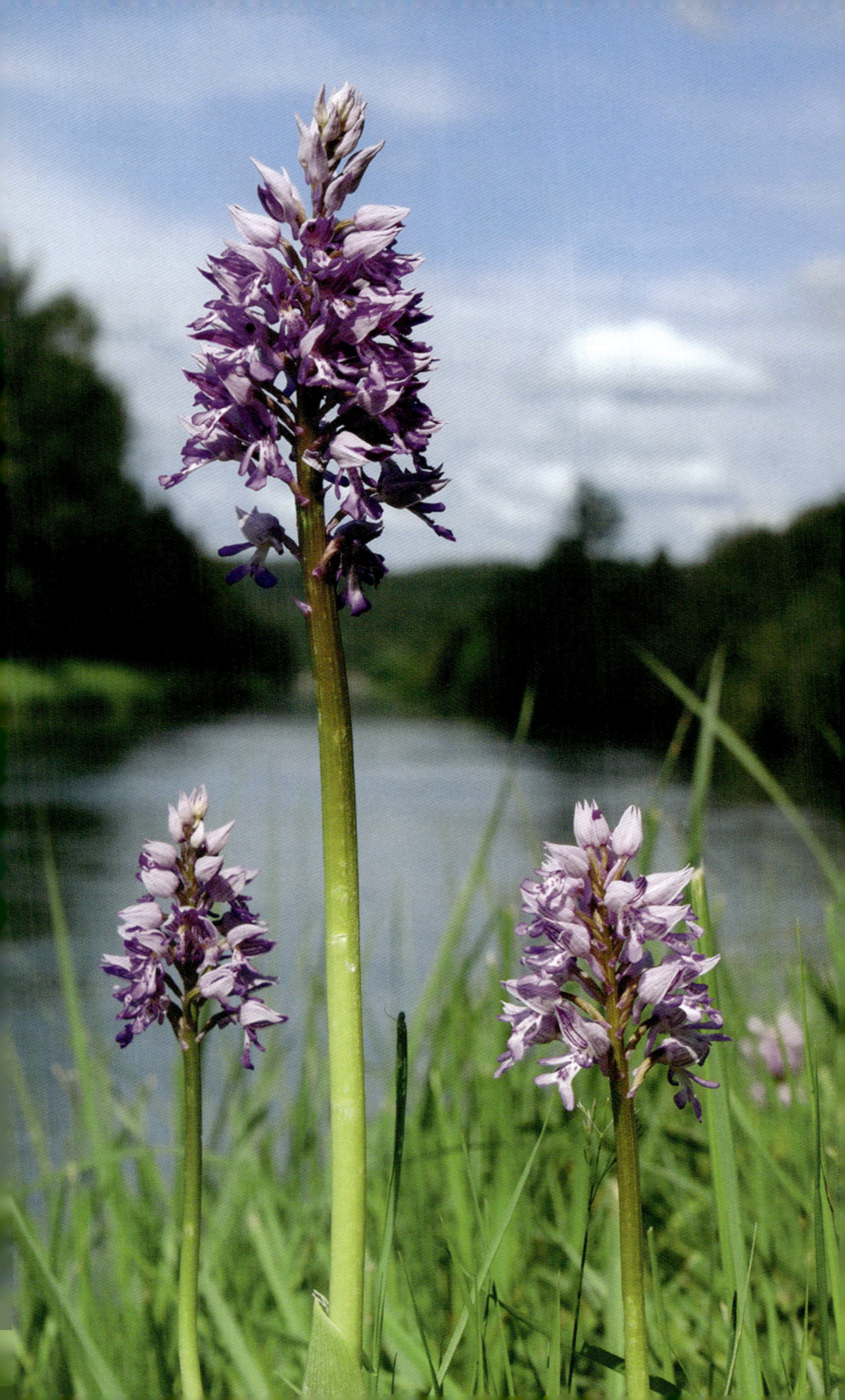

Stichwortverzeichnis

Pflanzenregister

Fett gedruckte Seitenangaben weisen auf einen Pflanzen-Steckbrief oder eine Abbildung hin.

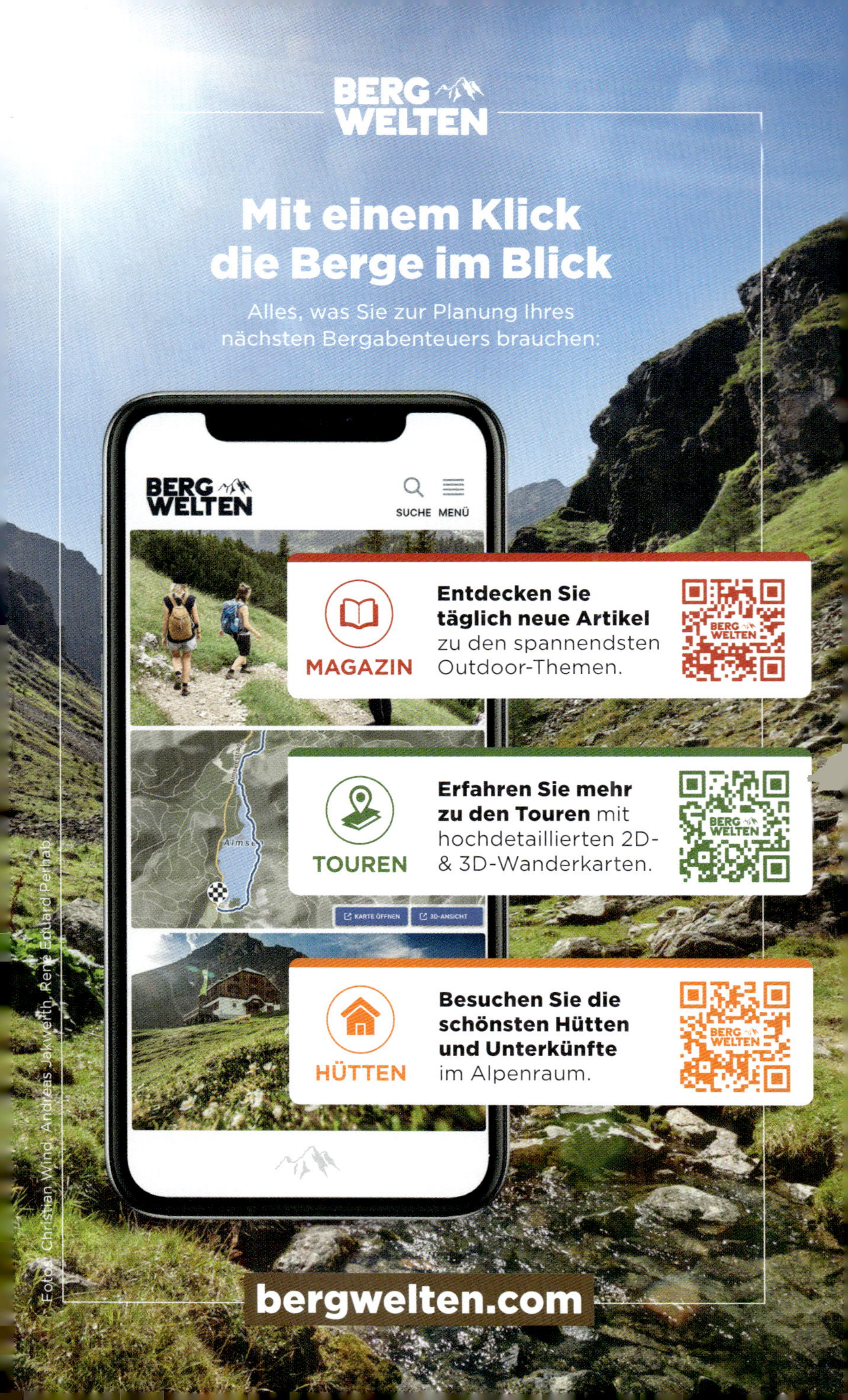
BERG WELTEN
Mit einem Klick
die Berge im Blick
Alles, was Sie zur Planung Ihres
nächsten Bergabenteuers brauchen:
BERG WELTEN
SUCHE
MENÜ
MAGAZIN
Entdecken Sie
täglich neue Artikel
zu den spannendsten
Outdoor-Themen.
TOUREN
Erfahren Sie mehr
zu den Touren mit
hochdetaillierten 2D-
& 3D-Wanderkarten.
HÜTTEN
Besuchen Sie die
schönsten Hütten
und Unterkünfte
im Alpenraum.
bergwelten.com
Fotos: Christian Wind, Andreas Jakwerth, René Eduard Perhab

Impressum

Umschlagbild: Der gesamte Gipfelbereich des Hönig (Tour 1) ist ein einziges Blumenmeer.

Bild Seite 1: Frühlingswiesen am Barmsee (Tour 11).

Bild Seite 30/31: Kunterbunte Bergwiesen beim Aufstieg zur Schönfeldhütte (Tour 22).

Bild Seite 227: In der Pupplinger Au (Tour 13) wachsen prachtvolle Helm-Knabenkräuter direkt am Weg.

Alle Fotos von Margit und Holger Hiller.

Kartografie: Wanderkärtchen der Touren 1–3, 6, 7, 11, 12 und 16–30 im Maßstab 1:50.000, © Freytag & Berndt, Wien;
Wanderkärtchen der Touren 4, 5, 8–10 und 13–15 im Maßstab 25.000 und 50.000, Geodaten © OpenStreetmap und Mitwirkende,
kartografisches Design: Freytag & Berndt Prag, freytagberndt.cz;
2 Übersichtskärtchen im Maßstab 1:800.000 und 1:1.700.000,
© Freytag & Berndt, Wien

Die Ausarbeitung aller in diesem Wanderbuch beschriebenen Touren erfolgte nach bestem Wissen und Gewissen der Autorin. Die Benutzung dieses Buchs geschieht auf eigenes Risiko. Soweit gesetzlich zulässig, wird eine Haftung für etwaige Unfälle und Schäden jeder Art aus keinem Rechtsgrund übernommen.

1. Auflage 2023

ISBN 978-3-7633-3317-2

MIX
Papier aus verantwortungsvollen Quellen
FSC www.fsc.org
FSC® C021956

Wir freuen uns über jeden Korrekturhinweis zu diesem Wanderbuch!
Bitte per E-Mail an: **leserzuschrift@rother.de**

ROTHER BERGVERLAG · Keltenring 17 · D-82041 Oberhaching
Tel. +49 89 608669-0 · rother.de